[개정판]

SOCIAL WELFARE
POLICY

사회복지정책론

김세원 저

양 성 원

머리말

불과 한 세대 전 만 하더라도 우리나라의 가족 정책은 불임과 단산이었다. 고령화와 저 출산이 이어지면서 지난 2020년, 태어나는 사람보다 죽은 사람이 많은 첫 해를 맞이했다. 합계출산율은 1 미만을 벗어나지 못하고 최저 신기록을 갱신 중 이다. 이런 추세가 이어진다면 우리나라 인구가 2067년에는 3000만 명대까지 쪼그라들 것으로 예상된다. 외국인 근로자들이 없으면 우리의 일상은 돌아가지 않는다.

둘러싼 환경은 우리들의 변화를 강제하고 있다. 그것도 급격한 변화를 요구한다. 사회복지는 사람을 사람답게 살게 하는 것이고, 인간은 행복을 향유할 권리를 갖는다. 오직 한번 뿐인 인간의 삶은 분명 존중되어야 하고, 행복해야 한다. 국가와 인종, 성별, 나이, 종교, 업종, 학력은 부차적인 것이다.

사회복지정책과 서비스는 인간다운 삶을 살기위한 최소한의 안전장치다. 그 안전장치가 제대로 작동하기 위해서는 많은 연구와 예산, 인력이 투입되어야 한다. 복지정책의 역사적 배경과 시대적 이해가 필요하고 미래에 대한 통찰도 요구된다. 변화에 대처할 융합적 지식도 필요하다.

사회보장은 많은 사람들의 생활안정을 위협하고 빈곤에 떨어지게 할 위험이 있는 일정한 사회적 사고에 대해 사전에 준비하는 것이다. 따라서 사회적 위험은 시대에 맞게 새롭게 등장하고 늘어날 것이다.

새로운 사회적 위험의 등장 배경으로는 세계화, 지식기반경제로의 이행, 노동시장의 유연화, 고착화된 저성장, 노동운동의 약화, 가족구조의 변화, 저출산 고령화, 제4차 산업혁명, AI 등을 꼽을 수 있겠다. 여기에 코로나19가 팬데믹에서 감기나 독감과 같은 엔데믹으로 전환되고 있는 현실에서 보듯 '듣도 보도 못한 바이러스들의 잦은 창궐'이 이어질 개연성이 크다.

새로운 사회적 위험은 경제적으로 취약한 계층이나 사회적 약자들에게 우선적으로, 또 더 심각한 상황을 조성할 것이라는데 문제가 있다. 사회보장 사각지대 해소, 소득보장 급여의 현실화, 복잡다단한 사회복지 제도와 지원체계 정비, 노인 한부모가족 등의 새로운 가족구조 증가에 따른 맞춤형 서비스 개발과 보급, 저소득 고령층의 디지털 역량강화, 고갈되는 복지재원의 안정적 확보 방안은 우리가 해결해야 할 과제다. 또 우리가 치열하게 사회복지정책을 공부해야 하는 이유이기도 하다.

본서는 사회복지정책의 기본적인 내용과 이론, 실제를 담았다. 이를 통해 변화에 대응, 인간의 삶을 윤택하고 존귀하게 만들어 나가는 밑거름이 되었으면 하는 것이 필자의 작은 바램이다. 교육현장의 학생들은 물론 실천현장의 사회복지사 들을 위한 지식과 실천의 안내서로 쓰이기를 희망한다.

가족이 있었기에 이 책은 완성되었다. 아내 김옥미와 딸 하은의 격려와 보살핌에 감사한다. 가족을 이룬 영훈과 세림도 든든한 지원군이었다. 특별히 딸기 도령의 존재는 힘든 순간을 이겨내는 자양분이자 버팀목이 되었다.

노력을 기울였지만 부족한 부분이 많음을 고백한다. 애정 어린 비판과 충고, 그리고 가르침을 기대한다. 이 책이 나오기까지 도움을 주신 양성원 직원 여러분께 감사를 드린다.

2023년 8월 愚蚩

차 례

머리말 / 3

Chapter 01 **사회복지정책의 개념** 9

1. 사회복지 10
2. 사회복지정책 11

Chapter 02 **사회복지정책의 가치와 이념** 19

1. 사회복지정책이 추구하는 가치 20
2. 사회복지정책의 이념 26

Chapter 03 **사회복지정책 발달이론** 41

1. 사회양심이론 42
2. 수렴이론: 기술결정론 43
3. 확산(전파)이론 45
4. 이익집단론 46
5. 시민권론 48
6. 음모이론 50
7. 국가중심이론 51
8. 정치경제학적 이론 53

Chapter 04 **사회복지정책의 과정 분석** 55

1. 정책의제 57
2. 사회복지정책 대안의 형성 63
3. 사회복지정책의 결정 68
4. 정책집행 75
5. 정책평가 81

Chapter 05 사회복지정책의 내용 분석 87

1. 사회복지정책의 분석틀 88
2. 목표체계 91
3. 대상체계 92
4. 사회복지 급여 체계 95
5. 전달체계 97
6. 재정체계 101

Chapter 06 사회복지정책의 역사 107

1. 영국 108
2. 미국 120
3. 일본 129
4. 대한민국 136

Chapter 07 복지국가 155

1. 복지국가의 기원과 목표 156
2. 복지국가의 유형 159
3. 복지국가의 발전 164
4. 복지국가의 위기와 대응 171
5. 복지사회 174

Chapter 08 사회보장 177

1. 사회보장의 정의 178
2. 사회보장의 운영 181
3. 사회보장의 목적 182
4. 사회보장의 원칙 183
5. 사회적 위험 185
6. 사회보장의 기능 188

Chapter 09 공공부조와 사회보험, 사회서비스 191

1. 공공부조 192
2. 사회보험 193
3. 사회서비스 201

Chapter 10 공공부조정책 253

1. 국민기초생활보장제도 254
2. 긴급복지 지원 276
3. 의료급여 288
4. 기초연금 293

Chapter 11 사회보험 303

1. 국민연금 304
2. 산업재해 보상보험 329
3. 고용보험 332
4. 건강보험 336
5. 노인장기요양보험 349

Chapter 12 직역연금 361

1. 공무원연금 362
2. 사립학교 교직원 연금 368
3. 군인연금 371

Chapter 13 사회복지정책의 과제 375

1. 사회복지정책의 환경변화 376
2. 분야별 과제 385

참고문헌 / 390

찾아보기 / 395

01
CHAPTER

사회복지정책의 개념

1. 사회복지
2. 사회복지정책

사회복지정책은 사회복지와 정책이라는 두 용어가 융합되어 만들어진 용어다. 우선적으로 사회복지와 정책에 대한 이해가 필요하다.

1. 사회복지

사회복지란 용어는 시대와 국가 학자들 사이에도 그 정의를 놓고 일치된 의견을 보이지 못하고 있다. 인간의 존엄을 지키며 인간다운 삶을 살 수 있도록 노력하는 것이 사회복지라고도 한다. 국민들이 자유롭고 평등한 생활을 영위할 수 있도록 노력하고, 이를 위해 체계적이고 조직적인 활동을 하는 것을 사회복지라고 볼 수 있다.

1958년 윌렌스키(Wilensky)는 산업사회와 사회복지에서 사회복지의 개념을 잔여적 개념[1]과 제도적 개념[2]으로 설명하였다. 잔여적 개념에서의 사회복지제도란 가족 혹은 시장과 같은 정상적 공급이 기능하지 못하는 경우 활동을 시작하는 것으로 인식한다. 가정에서 주수입원의 실직이나 병으로 가정의 기능이 정상적으로 작동하지 않는 경우에 한해 사회복지가 개입하는 것이다. 보충적 일시적 대체적인 성격을 갖는다.

제도적 개념에서 본 사회복지는 시민들이 만족한 만한 수준의 삶과 건강을 누릴 수 있도록 제도적 기능을 수행하는 것으로 인식한다. 각 개인이 자신의 능력을 계발하고 자아실현을 위해 사회복지적 개입이 이루어져야 한다는 인식이다. 경제적으로는 개인주의와 자유시장을 인정한다. 연금이나 건강보험과 같은 제도가 제도적인 사회복지를 설명하는 대표적인 프로그램이다.

사회복지를 넓게 혹은 좁게 해석하는 개념으로 나눌 수 있다. 광의의 개념에서는 전체 사회구성원을 대상으로 한다. 전체 국민이 생활의 각 측면에서 기본적인 사회적 욕구를 충족하기 위해 제공되는 사회적 서비스를 모두 말한다. 국민의 복지와 사회질

1) residual concept

2) institutional concept

서 유지 및 안정을 위한 사회제도 모두가 포함된다.

좁은 의미의 사회복지는 사회적으로 어려움을 겪고 있는 약자들이나 보호와 개입이 필요한 사람들에게 제공하는 서비스로 한정지을 수 있다. 조세를 통한 국가의 개입이 아닌 자선, 구호, 박애도 복지에 해당한다.

복합적 의미의 사회복지는 좁은 의미와 넓은 의미의 두 개념이 상호 배타적이라기보다는 상호 보완적인 것으로 보며 연속선상에서 복합적인 내용으로 사회복지의 의미를 파악하는 것이다. 한정적 의미로는 사회적 약자나 구호가 요구되는 사람과 분야에 대한 재정적 원조와 서비스가 이루어지는 것이다. 넓은 의미 혹은 적극적인 사회복지는 보편적인 욕구에 대응하고 책임을 지는 것이다.

2. 사회복지정책

1) 정책

티트머스(Titmuss, 1974)는 정책을 "주어진 목적을 달성하기 위해 지향된 행동을 다스리는 원칙"이라고 정의 했다. 프레스만과 윌다프스키[3]는 "목표 등을 실전하기 위한 행동지침"으로 칸[4]은 "지속적인 계획, 장래 의사결정의 지침이나 결정의 연속선"으로 인식했다.

디어(Dear, 1995)는 정부와 그 대표자가 할 수 있고 할 수 없는 것을 정해 주는 원칙, 계획, 절차, 행동 과정으로 보았다. 정책은 일반적으로 원칙, 계획, 절차, 행동 과정을 담고 있다.

3) Pressman & Wildavsky 1984)

4) Kahn 1979

2) 사회복지정책 개념

나라마다 그 개념이 조금 씩 다르다.

사회복지정책은 사람이 기본적인 인간 욕구를 다루기 위해서 매일 사용하는 사회복지 프로그램이라고 볼 수 있다. 이 경우에 사회복지 프로그램은 급여와 서비스를 말한다(Abramovitz, 2004).

(1) 영국의 사회복지정책

사회복지정책이라는 용어보다는 사회정책, 사회행정이라는 용어를 사용한다. 타운젠드는 " 공공행정과 관련된 정책으로 사회문제를 해결하거나 사회적 목적을 추구하기 위한 국가와 지방의 건강교육복지 및 사회보장서비스 등의 개발과 관리와 관련된 것"으로 사회정책을 정의했다. 티트무스는 "사회정책이란 일정한 물질적 사회적 욕구에 대하여 시장이 충족시키지 못하거나 충족시킬 수 없는 것을 특정의 사람에게 부여하는 정부의 행위"라고 규정했다.

그는 사회정책은 시민들의 복지를 마련하는 것, 경제적 목적뿐 아니라 소득유지의 최저기준 등을 마련하는 것, 누진적 재분배를 포함한다고 설명했다. 영국은 사회정책을 독립된 분야로 보지 않고 다른 학문과 상호의존이 높다는 입장이다. 사회철학, 사회학, 정치학, 경제학 등을 포함시키고 있다.

(2) 독일의 사회정책

영국과 마찬가지로 사회복지정책보다는 사회정책이라는 용어를 더 사용하고 있다. 와그너는 "사회정책이란 분배과정에서 발생하는 폐해를 입법과 행정수단으로 극복하는 국가의 정책"이라고 정의했다. 슈몰러는 사회정책을 분배적 정의에 입각해 부자와 빈자의 균형을 유지하는 수단으로 보고 사회정책을 통해 사회를 점진적으로 개량시키려는 윤리적 타협정책으로 보았다(신섭중, 1998. 재인용).

브렌따노(Brentano)는 사회정책을 "사유재산제도와 상속권을 지키면서 문화진보의 조건을 보호하고 독립된 소득을 보장함으로써 윤리적이고 정치적 향상을 도모해 노동자 생활의 안정과 향상을 기하는 한편 각 개인의 능력을 최대한 발휘할 수 있도록 하는 것"이라고 정의했다.

호프너(Hoffner)는 인간존엄과 사회존재에서 비롯된 것처럼 사회생활의 법적 승인하에 사회적 공동생활의 질서에 대한 적절한 수단의 선택과 도입을 사회정책이라고 설명했다. 그는 사회정책은 인간의 올바른 사회행동, 사회조직 및 인간공동생활의 질서를 다룬다고 하였다. 또한 노동문제뿐 아니라 사회의 질서에 유의하고 있고, 폐단의 완화나 제거보다는 건강보호에 더 큰 의의를 두고 있다고 하였다.

(3) 미국의 사회복지정책 개념

미국은 사회정책과 사회복지정책을 혼용하고 있다. 미국의 사회정책은 사회복지정책보다 포괄적인 용어로 사용된다. 길버트와 스펙트는 사회복지정책은 사회정책이나 공공정책과 혼용되는 다소 어려운 개념이지만, 사회복지정책은 엄밀히 보면 공공정책이나 사회정책과는 다르다고 설명했다. 사회복지정책의 대부분은 정부의 재원을 사용하기에 공공정책과 같이 여겨지기도 하나 공공정책은 국방 우주개발 등과 같은 정부의 재원으로 진행되는 영역까지 포함한다. 질(Gil)은 빈곤 아동학대 주택과 같은 특수 욕구나 문제에 대한 사회적 대응을 사회복지정책이 하고 있다는 입장이다. 반면 사회정책은 이보다 더 넓은 개념으로 삶의 질, 구성원의 삶, 인간과 사회의 관계를 형성하는 노력과 관련된 것으로 인식하였다.

3) 사회복지정책의 영역

사회복지정책의 영역을 좁게 보느냐 넓게 보느냐에 따라서 그 영역이 달라진다. 고전적인 영역은 소득보장, 의료 보장, 주거보장, 교육 보장 그리고 사회복지 서비스 영역이다.

좀 더 넓게 사회복지를 인식할 경우 조세와 노동 교통 문화 환경에 까지 영역이 확장되고 있다.

〈표 1-1〉 사회복지정책의 영역

정책	영역
소득보장정책	국민연금 고용보험, 국민기초생활보장제
의료보장정책	국민건강보험, 의료급여
사회복지서비스 정책	아동, 장애인, 노인, 여성 등을 위한 정책과 서비스
주거보장 정책	공공임대, 저소득 중산층 위한 주택 지원
노동정책	일자리 창출, 고용할당제
조세정책	소득재분배 목적의 누진세
문화정책	사회적 약자 문화 복지 지원
교통정책	교통약자를 위한 지원확대와 유니버설 디자인
교육보장정책	교육불평등 해소 정책, 장애인 비장애인 통합교육, 중증 장애인 특수학교 설립과 운영

4) 사회복지정책의 필요성

(1) 생존권 보장

생존권이란 생존 혹은 삶의 영위를 위해 필요한 조건을 확보하는 것이다. 1919년 독일의 바이마르 헌법은 생존권 개념을 도입하였다. 사회복지는 인간의 생존권을 보장해 준다. 대한민국 헌법 제 34조 1항은 "모든 국민은 인간다운 생활을 할 권리를 갖는다"고 규정하고 있다.

(2) 빈곤해소

가난 구제는 나라님도 못 한다[5]는 말이 있다. 그 만큼 어렵다는 경험의 축적이다. 농경사회에서는 상부상조를 중심으로, 중세 봉건사회에서는 자선사업에 의해, 또 근대

영국에서는 빈민법 등으로 빈곤 문제와 맞서 왔다. 미국의 존슨대통령은 빈곤과의 전쟁을 선포 빈곤을 뿌리뽑겠다는 강력한 의지를 밝힌바 있다. 사회보험, 공공부조 등을 통해 빈곤을 해소시키려는 노력은 지속되고 있다.

(3) 사회통합

비 통합적 상태에 있는 사회 안의 집단이나 또는 개인이 서로 적응함으로써 단일의 집합체로서 통합되어 가는 과정이다. 파슨즈(Parsons T.)는 통합을 일컬어 다음의 상태 또는 그 상태로 인도하는 과정이라고 하였다. 즉 복수의 사람들 사이에 공통의 목표가 존재하며 그 목적을 달성하기 위한 각자의 역할이 분담되어 있고 그 역할 외 수행이 당연한 권리이자 의무임을 서로 인정하고 있으며 분담하고 있는 역할은 크든 작든 그 사람에게 욕구충족을 가져다주는 것으로 정의하고 있다.

(4) 사회 안정

소득재분배 정책은 사회의 불평등을 완화시켜 계층 간의 갈등을 줄일 수 있다. 각종 사회문제의 해결책으로 만들어지고 다듬어진 사회복지정책은 사회 안정에 기여한다.

(5) 자립증진

온전한 사회복지적 인간은 타인의 도움없이 한 개인으로서의 인간다운 삶을 살아가는 것이다. 일시적으로 정부나 지방자치단체의 지원과 개입이 이루어질 수 있지만 이를 극복하고 경제적 정서적으로 자립하는 것이 사회복지정책의 궁극적 목적이다. 자신의 능력에 따라 성장하고 발전해 가는 환경을 조성하는 것이다.

(6) 평등 실현

평등은 세 가지 형태가 있다. 먼저 기회의 평등이다. 사회집단간의 제도나 사회적

5) 가난한 사람을 도와주기란 끝이 없는 일이어서 개인은 물론 나라의 힘으로도 구제하지 못한다는 속담

위치에 접근할 평등의 조항이다. 즉 남녀 공학, 모든 계급 출신의 학생들이 대학에 입학할 수 있는 평등과 같은 것이다. 두 번째는 조건의 평등이다. 사회집단의 삶의 조건에서의 평등, 즉 소득의 평등과 같은 것이다. 조건의 평등을 수반하지 않고 기회의 평등을 극대화하는 것은 불가능하다.[6)]

세 번째는 결과의 평등이다. 궁극적인 평등의 시발점이다. 불평등을 없애기 위해 다양한 사회집단에 서로 다른 정책이나 과정을 적용하는 것이다.[7)]

5) 사회복지정책의 특성

(1) 인간 지향적 정책

사회복정책의 출발점은 인간의 존엄성을 유지하는 것이다. 인간의 존엄성을 위협받거나 훼손되었을 때 강력한 개입이 필요하다.

(2) 정치성

시장보다는 정치에 의해 결정된다. 사회적 자원을 배분하기 위해 국가가 행하는 일련의 행위로 국민의 대표들은 국민들의 의사를 존중할 수밖에 없고, 그 의사는 표로 이어진다.

(3) 재분배적 성격

경제적 성과를 배분하는 것이 곧 사회복지정책이다. 가지지 못한 사람, 사회적 약자, 고통을 받고 있는 사람들이 정책의 주 대상이 된다.

---

6) 상이한 능력을 가진 개인에 의해 획득된 다양한 특혜를 즐기는 기회의 평등 옹호자들은 성공을 거둔 한 세대에 의해 다음 세대로 전달할 수 있는 물질적, 문화적 이점을 무시한다. 조건의 불평등은 기회의 평등을 방해한다. 모든 사람들이 동일지점에서 출발하는 것은 아니기 때문이다.

7) 교육이나 직업적 선발에서 여성이나 흑인, 혹은 도시 내의 빈민에게 유리하게 차별대우하는 것은 조건의 불평등을 상쇄하는 것을 의미하는데, 그렇지 않으면 기회의 평등이 무의미해질 것이다. 사회적 평등은 무계급성과 동의어가 아니다. 계급의 정의는 다양하지만 계급의 철폐가 그 자체로서 모든 사회적 불평등을 제거하는 것은 아니라는 것이 받아들여지고 있다.

6) 사회문제와 사회복지정책

다양한 사회문제로 고통을 받거나 어려움을 겪고 있는 가족이나 개인 집단에 대해 문제를 해결하기 위해 정부와 지방자치단체가 나서게 된다. 정부의 정책적 제도적 개입은 사회문제를 공적으로, 또 공동으로 해결하는 접근으로 과정과 단계는 전문적이다.

(1) 사회문제

와인버그는 사회의 구성원들에 의해 바람직하지 못하다고 받아들여지는 상황이나 행동양식으로 자신들의 불만이나 관심을 다양한 방법[8]으로 표현한다. 또한 자신들의 의도된 혹은 적용된 조치들이 효과를 거두지 못했거나 만족스럽지 못한 상태에 있을 때라고 사회문제를 정의했다.

슈나이더는 사회문제의 원인이 사회적이고, 사회구성원들의 가치지향에 비추어 문제로 정의되고 평가되어야 하며, 광범위한 시민적 관심을 불러일으켜야 한다고 했다. 또, 문제의 피해가 직접적인 피해자 외에 많은 사람들에게 영향을 주어야 하고 문제에 대처하기 위해 행동이나 개입을 만들어 낼 때 사회문제가 성립된다고 정의했다.

사회문제는 그 원인이 사회적이며, 사회구성원의 지배적 가치나 규범에서 벗어난 것이라고 판단해야 한다. 또한 사회의 관심을 불러일으키고 이는 다시 국가적인 개입을 가져오며 사회운동을 불러 일으킨다.

사회문제를 통해 우리가 인식해야 할 것은 사회문제 인식에는 그 가치가 개입된다는 점이다. 사회문제를 규정하는 기준은 항상 변화한다. 사회문제를 이해하는데 있어 문화적인 상대성[9]을 반드시 고려해야 한다.

---

8) 회합, 서신교환, 시위, 항의 방문, 전화항의, 문자항의 등

9) 지역과 국가에 따라 같은 단어를 다르게 인식하는 경우가 그 대표적이다.

02
CHAPTER

사회복지정책의 가치와 이념

1. 사회복지정책이 추구하는 가치
2. 사회복지정책의 이념

1. 사회복지정책이 추구하는 가치

가치[1]란 인간 행동에 영향을 주는 어떠한 바람직한 것, 또는 인간의 지적 · 감정적 · 의지적인 욕구를 만족시킬 수 있는 대상이나 그 대상의 성질을 의미한다. 철학적으로는 어떤 대상에 대한 인간 주체와의 관계에 있어서 그것이 가지는 의의 또는 인간의 정신적 노력의 목표로 간주되는 객관적 당위를 뜻한다. 경제학적으로는 인간의 욕망을 충족시키는 재화의 중요 정도를 가리킨다.

사회복지정책에 있어서 가치는 사회복지정책이 갖는 목표와도 일치한다. 정책의 목표가 이중적이거나 애매모호할 경우 정책의 집행과 결과는 본연의 역할을 상실하기 마련이다. 따라서 정책의 목표를 명확히 밝히는 것은 매우 중요한 작업이다. 가치는 사회복지정책의 형태나 모형을 결정짓는 단초가 된다.

틸튼과 퍼니스(Tilton & Furniss)는 사회복지정책이 추구하는 가치로 자유, 평등, 민주주의, 사회적 연대, 생존권의 보장, 경제적 효율 등을 제시했다. 길버트와 스펙트(Gilbert & Specht)는 평등과 공평, 적절성을 사회복지의 기초가 되는 가치로 꼽았다.

다음은 사회복지정책이 추구하는 가치들이다

1) 자유(freedom)

18세기 이래 인류를 움직여 온 사회가치가 곧 자유다. 엄격한 신분제로 인해 암흑의 시대라고 불렸던 중세의 억압 속에서 일반 국민의 피와 땀을 토대로 성취한 고귀한 산물이기도 하다.

자유는 소극적 자유(negative freedom)와 적극적 자유(positive freedom)로 분류할 수 있다. 다른 사람의 간섭이나 의지로부터의 자유(free from)를 소극적 자유로 정의할

1) 재화 또는 서비스의 유용성 및 유용성을 위해 투입된 비용의 다과. 재화나 서비스를 사용함으로써 느끼는 만족감의 크기에 따라 결정되는 가치를 사용가치, 효용가치 또는 주관적 가치라고 한다.

수 있는데 언론의 자유, 정부의 간섭을 받지 않고 모임을 갖거나 노동조합에 가입할 수 있는 집회 및 결사의 자유, 직업을 선택할 수 있는 자유 등이 이에 해당한다. 소극적인 자유는 결과보다는 기회의 측면을 강조하고 있다.

반면, 적극적인 자유는 능력의 측면을 강조한다(송근원 · 김태성, 1999). 사회적 약자에게 능력을 증진시켜 선택의 폭을 넓히고 스스로 자신의 삶을 설계하고 실행해 나가도록 만들어 가는 과정과 결과를 모두 아우른다.

사회복지정책에 있어 자유는 종종 제한을 받을 수 있는데, 프리드먼(Friedmann)은 사회복지정책에 의한 자원의 배분은 자유로운 선택을 제한하여 이루어지는 경향이 있다(Friedmann, 1962)고 밝혔다. 이는 개인의 자유보다는 평등과 공평한 분배를 중시하는 사회복지의 가치에서 비롯된 정책의 현실을 지적한 것이라 볼 수 있다.

밀(Mill)은 자유의 한계를 다른 사람에게 해를 주느냐의 여부로 결정지을 수 있다고 주장했다. 스톤(Stone)은 개인에게 해를 미치는 경우와 사회에 해를 끼치는 경우 자유의 한계를 규정했다. 한 사람의 행위로 타인이 신체적인 해를 입는 경우처럼 인과관계가 명확할 때 자유를 제한해야 한다는 것이다. 문제는 복잡한 현대사회에서는 해를 끼친 사람과 피해를 입은 사람과의 인과관계를 명확히 하기 어렵다는 것이다.

행위가 정서, 혹은 심리적으로 해악을 끼친 경우 어느 정도 선까지 자유를 제한할 수 있느냐는 것은 매우 판단하기 어렵다.

어떤 행위가 사회구성원 개인에게는 해를 입히지 않지만, 사회 전체적으로 해가 되는 경우가 있다. 소수의 행위는 큰 문제가 되지 않지만 사회구성원 대다수가 행동으로 옮길 때 부정적이고 바람직하지 못한 상태가 발생한다. 사회보험에 가입했던 사람이 계약을 파기하고 돈을 돌려받으려 한다면, 보험은 본래의 기능을 상실한다. 가입 여부와 절차를 완전히 자유에 맡긴다면 사회보험의 운용은 불가능해진다. 사회보험의 가입을 강제하고 탈퇴에 일정한 제한을 두는 것은 이런 혼란을 줄이고 안정성과 항시성을 유지하기 위해서다.

2) 평등(equality)

평등은 수량적 평등(numerical equality), 비례적 평등(proportional equality),기회의 평등(equal opportunity)으로 분류할 수 있다. 수량적 평등은 결과의 평등으로도 불리며 3가지 중 가장 적극적인 평등 상태다. 사회적인 자원을 개인의 욕구나 능력과 무관하게 똑같이 나누는 것이다. 현실적으로 결과의 평등이 완전하게 이루어진 역사적 예는 없다. 그러나 대다수 사회복지정책은 능력이 부족한 사회적 약자에게 자원을 할당해 소득격차를 줄이고 삶의 질을 향상시키는 것을 목적으로 한다.

비례적 평등은 공평(equity)함이다. 개인의 노력이나 기여 정도, 능력에 부합하는 사회적 자원의 배분을 의미한다. 수량적 평등에는 미치지 못하나 기회의 평등보다는 평등의 정도가 상대적으로 적극적이다. 자본주의 사회에서 실질적인 평등의 개념으로 널리 사용되고 있다.

가장 소극적인 평등 상태는 기회의 평등이다. 과정상의 기회를 똑같이 부여하되, 결과에 대해서는 고려치 않는다. 기회가 평등하게 주어졌다면 결과의 불평등은 문제 삼지 않는다는 것이다. 기회의 평등은 정책적으로 추구하는 것이 비교적 쉽고, 현실적이다. 또한, 적극적으로 결과의 평등을 추구하기 위해 야기될 수 있는 경제의 왜곡현상이 발생할 개연성이 적은 것도 장점이다. 그렇지만 이상적인 기회의 평등은 발생 가능한 모든 방법을 고려해야 한다는 전제를 안고 있다. 이는 현실적으로는 불가능하다.

롤스(Rowls, 1971)는 기회평등의 이런 속성을 두고 "사회의 기득권자 등이 자기들의 위치를 합리화하기 위한 구호에 불과하다."고 했다.[2)]자본주의 사회에서 기회의 평등을 강조하다 보면 사회복지의 기본 가치는 퇴색될 수밖에 없다. 결과의 평등을 추구하되 기회의 평등은 보조적으로 사용되어야 한다는 의미이다.

2) 1960년대 미국에서 기회의 평등을 강조했던 프로그램(빈곤층 대상의 교육, 훈련 프로그램)은 구호나 당위성에 비해 정책적 성공을 거두지 못했다는 비판도 있다.

3) 효율(efficiency)

최소자원을 투입해 최대의 결과를 얻는 것이 효율이다. 사회복지정책에서의 효율은 적은 비용으로 사회구성원이 비중을 두는 가치나 목표를 최대한 달성하는 것이다. 그러나 사회구성원의 가치와 목표는 서로 상이하다. 합의된 가치가 없고 가치 간의 비교가 불가능하다면 어떤 정책이 효율적인가를 결정하는 것은 매우 어려운 일이다.

투입된 자원과 달성된 결과를 계량화하는 것도 어려움이다. 삶의 질을 향상시키고 인간다운 생활 영위를 목표로 하는 사회복지의 상태를 수량화하기란, 그것도 사회구성원의 공감을 얻어낸다는 것은 지난한 일이다. 정책의 실행으로 얻어지는 결과에 대한 정확한 예측도 불가능하다.

사회적 자원의 바람직한 배분을 설명해 주는 것이 바로 파레토 효율(Pareto efficiency)이다. 파레토의 효율적인 배분은 완전경쟁 하에서 개인의 효용을 최대화하려는 사람이 충분한 정보를 바탕으로 합리적이고 자발적인 선택에 의한 교환이 이루어질 때 달성된다고 본다. 다른 사람의 이익을 침해하지 않고서는 다른 사람의 효용을 증가시킬 수 없는 상태를 말한다. 사회적 자원의 배분이 평등적이면서 파레토 효율적이지 않는 한 사회복지정책이 추구하는 평등의 가치와 효율의 관계는 대체적일 수밖에 없다(송근원 · 김태성, 1999). 현실에서는 파레토의 효율적인 사회적 자원배분은 불가능하며 시장을 통한 자원배분이 비효율적인 경우가 발생한다(Hochman & Rodgers, 1969).

4) 적절성(adequacy)

사회복지정책이 대상자의 욕구를 얼마나 충족시켰는가의 여부를 판단하는 기준이다.

공적 부조나 지급되고 있는 각종 수당이 수급자의 인간다운 생활을 보장하고 있는가를 측정한다.

국민기초생활 보장법은 국민의 최저생활을 보장하고 자활을 그 목적으로 한다.

문제는 국민기초생활 보장법 상의 각종 급여가 인간다운 생활을 보장하고 나아가

스스로의 힘으로 살아가기에 충분한 급여가 되는가의 여부다. 국민기초생활 보장법에는 생계급여, 주거급여, 의료급여, 교육급여, 해산급여, 장제급여, 자활급여 등이 명시되어 있다. 이때 핵심 논란은 지급되는 급여의 수준이다. 인간다운 생활은 물론이고 안정적인 생활을 영위하기에도 모자란 수준으로 적절성을 상실했다는 분석이다.

5) 민주주의

국민 다수의 의사가 정치를 결정하는 것을 이상으로 삼는 사상, 또는 그것을 보장하는 정치제도, 정치운영 방식이 곧 민주주의이다. 민주주의의 원형은 고대 그리스 도시국가의 정치에서 찾아볼 수 있는데, 자유민에 의한 정치 참가의 방식이 광범하게 인정되었다. 그러나 민주주의적 사상 · 제도가 정치세계에서 결정적으로 중요한 위치를 차지하게 된 것은 역시 시민계급이 전제적 절대군주정치를 타도하고 근대 국가를 형성한 17~18세기 시민혁명 이후다. 이 시기에 국민주권주의, 기본적 인권존중, 법의 지배, 민주적 정치제도 확립 등 민주주의적 사상 및 제도의 원형이 형성되었다. 이러한 민주주의 사고방식을 체계화한 것이 홉스 · 로크 · 루소 등이며, 영국 · 미국 · 프랑스 등의 각종 헌법과 선언에 반영되었다.

19세기 중엽 이후 민주주의의 과제는 드디어 경제적 불평등의 시정, 사회적 약자의 구제라는 방향으로 중점이 옮겨갔으며, 공공복지를 위해서는 개인의 자유를 어느 정도 제한하여도 불가피하다는 사고방식으로 전환되었다. 신분과 지위에 관계없이 1인 1표의 주권을 행사하는 투표권의 확보는 참여 민주주의와 복지국가의 위상정립과 역할증대에 중대한 역할을 담당했다.

6) 사회적 연대

소속한 사회에 대해 개개인이 가지는 소속의식과 연대감이다. 자유주의 사상과 자본주의가 개인의 소외와 배제, 그리고 상대적 박탈감을 야기하면서 사회적 연대감이 약해지고 있다. 상대에 대한 배려와 서로를 기꺼이 돕고자 하는 의식은 끈끈한 연대감을 준다. 현대사회의 익명성과 바쁜 일상은 인간소외를 부추기기 마련이고, 사회적 약자에게는 고독과 소외의 상태를 강요한다. 때로는 사회지도층의 호화판 생활이나 부적절한 처신과 축재로 인해 사회적 연대를 깨는 사례도 종종 발생한다. 빈곤이나 질병, 산업재해, 노령이라는 상황에 대해 국가가 나서서 직·간접의 사회복지 개입을 시도하는 것도 바로 사회적 연대를 위해서다.

7) 사회정의

사회정의는 사회복지정책이 추구하는 중요한 가치다. 그러나 사회정의가 무엇인가라는 질문에 명확한 대답을 하기란 쉽지 않다. 처한 위치와 상황, 그리고 시대에 따라 사회정의를 다르게 규정할 수 있기 때문이다.

이런 어려움 때문에 사회정의를 설명하기 위해 많은 사람은 종종 정의가 아닌 '비정의'를 먼저 설명하면서 정의에 대한 개념을 정리하기도 한다. 가장 넓게 회자되고 인용되는 것은 롤즈(J. Rawls)의 정의론으로 "인간은 그 속성상 타인보다 많은 것을 소유하고 싶은 욕구를 갖고 있다."고 주장했다. 이런 욕구는 유한한 자원의 속성과 맞물리면서 필연적으로 갈등을 야기하며, 갈등해결을 위해서는 누구나 인정할 수 있는 기준, 곧 사회정의가 필요하다는 것이다.

롤즈는 사회구성원에게 같은 권리와 의무를 부여하고 공정한 경쟁이 보장될 경우 사후적으로 이루어지는 배분은 공정한 것으로 인정했다. 또한, 다소 불평등하게 자원의 배분이 이루어진다 해도 사회구성원 모두에게 분배보다 이익이 보장될 경우 사회정의는 어느 정도 달성된 것으로 보았다. 아울러, 불평등의 정도는 사회적으로 용인될 수 있는 범위 내에서 이루어져야 사회정의가 실현된 것으로 볼 수 있다는 것이다. 정리하면 사회구성원 각자에게 인간다운 생활을 보장하는 수준을 유지하게 하고 공정한 자아실현과 공정한 경쟁을 보장할 때, 그 사회는 다소간 분배상의 불만이 야기되더라도 사회정의를 유지하고 있는 것으로 판단할 수 있다.

8) 생존권보장

우리나라 「헌법」 제34조는 "모든 국민은 인간다운 생활을 할 권리를 갖는다."라고 규정되어 있는데, 이는 생존권의 보장을 밝힌 것이다. 생존권은 인간답게 살아갈 권리를 규정한 것으로 기본적 인권 중 하나다.

생존권을 최저생활을 영위하는 데 필요한 급여를 제공하는 것으로 생각하기 쉬우나 이는 잘못된 개념이다. 육체적으로나 정서적 혹은 정신적으로 쾌적하고 충만한 상태를 유지하는 데 필요한 모든 급여와 서비스를 총칭한다. 사회의 가치와 소득, 구성원의 연대의식에 따라 그 수준은 각기 달라지는 것이 보통이다.

2. 사회복지정책의 이념

사회복지정책은 이념이나 이데올로기의 영향을 받는다. 이데올로기(ideology)는 이데아(idea)와 로기(logie)의 합성어로 이념의 논리로 정의된다. 자연 · 인간 · 사회의 총체에 관해서 사람이 품고 있는 의식 형태를 말한다. 공통적으로 소유되는 신념의 체계로도 풀이할 수 있다. 전통적인 이데올로기의 체제 이념은 보수주의, 진보주의, 급진주의로 나눌 수 있다. 〈표 2-1〉에 학자들의 견해를 담았다.

〈표 2-1〉 **이념과 모형**

	이념의 영속성			
	극우	중도우	중도좌	극좌
Wilensky & Lebeaux	보충적 모형	제도적 모형		
Titmus	보충적 모형	산업 형취형 모형	제도적 재분배 모형	
George & Wilding	반집합주의 모형 (자유방임주의)	소극적 집합주의 (수정자유주의)	페이비안 사회주의 (사회민주주의)	마르크스주의 (사회주의)

출처: 남기민(2007), 사회복지정책론, 학지사

1) 보수주의, 진보주의, 급진주의

(1) 보수주의

인간본성에 대해 보수주의자는 사뭇 비관적이다. 나태하며 자기만 알고 좀처럼 타인을 돕지 않는 존재로 본다. 이런 부정적 성향 때문에 인간은 통제되어야 하며, 일탈 시 처벌을 받아야 한다고 주장한다. 사회의 모든 개인은 자신의 행동과 선택에 대해 책임져야 한다고 것이다.

보수주의자는 전통적으로 가정의 존재와 기능을 최우선에 올려놓았다. 가정은 개인 생활의 모태이자 중심이다. 따라서 부모의 권위를 침해하거나 가정의 약화를 가져오는 프로그램의 공급에는 반대한다.

사회에 대한 보수주의자의 의지는 현상유지이다. 사회체제를 공평하다고 보기 때문에 변화에 대해서는 대체로 부정적이다. 정치적인 영향을 달가워하지 않는 것도 바로 이런 이유에서다. '최소한의 정치를 최고의 정치'로 받아들인다. 정부는 개인생활에 가능한 한 적게 개입할수록 정부의 역할을 다했다고 본다.

(2) 진보주의

진보주의자는 인간의 본성을 낙관적으로 인식한다. 인간은 선하게 태어났으며, 통제가 필요 없는 전인격적 존재로 본다. 본성이 선한 만큼 그에 상응하는 자유를 누려야 한다는 입장이다.

개인의 행동이란 경험에 영향을 받는다는 심리학적 이론을 받아들인다. 인간의 행동은 다분히 환경에서 비롯되었다고 본다. 빈곤의 원인을 개인의 나태나 성향이 아닌 사회 구조적인 측면에서 찾는다.

진보주의자는 가족을 진화하는 하나의 제도로 파악한다. 남녀가 평등하다는 인식에 따라 동일한 보수, 동일한 책임과 권한을 주장하고 있다. 사회체제에 대한 진보주의자의 생각은 대체적으로 공평하다고 보지만, 이익집단의 과도한 경쟁과 개입으로 불평등이 양산될 때 적절한 개입도 필요하다는 생각이다. 현 사회를 최선으로 평가하지 않으며, 변화를 통해 공평과 사회정의를 이룰 수 있다고 본다. 사회와 경제에 대한 정부의 개입은 필수적이며, 자유시장경제는 공평을 보장하기 위해 통제될 수 있다는 입장이다.

〈표 2-2〉 **보수주의, 진보주의, 급진주의 관점 비교**

구분	보수주의	진보주의	급진주의
변화	일반적으로 변화는 바람직한 것으로 보나 현재 상태 유지가 가장 바람직하다.	변화는 진보를 가져온다. 변화가 최선이다.	체제의 근본 변화를 가져오는 변화가 바람직하다.
인간본성	근본적으로 이기적. 통제가 필요하다.	근본적으로 선하다. 선한 자극을 강화하는 구조가 필요하다.	근본적으로 선하지만 제도에 의해 부패될 수 있다.
가족	전통가족이 사회의 기본 단위이다. 정부의 간섭은 불필요하다.	가족은 변화한다. 사회 및 정부의 지지가 필요하다	전통가족은 압제적이며, 변화하는 가족은 정부의 지지가 필요하다.
개인행동	개인은 자유 의지를 갖고 있다. 각자의 인생과 문제에 대해 스스로 책임져야 한다	개인은 자치적이거나 자기지배적이지 못하다. 환경으로부터 부분적인 영향을 받는다.	개인의 행동은 사회와 경제 구조에 의해 매우 영향을 받는다.
사회	사회는 원래 공평하다. 그냥 두어도 잘 기능한다	이해관계가 얽혀 있기 때문에 공평한 경쟁을 보장하기 위해서는 통제가 필요하다.	권력을 가진 자와 가지지 못한 자 사이의 불공평을 내포한다. 불공평은 변화되어야 한다.
정부와 경제제도 역할	자유시장경제가 번영과 개인 욕구 충족을 위한 최선의 방법이다. 정부는 시장을 지지해야 한다	자유시장경제는 공평을 위해 통제될 필요가 있다. 인간의 기본 욕구 충족을 위해 정부의 프로그램은 필수적이다.	시장경제는 착취적이며 불공평하다. 공공과 민간의 혼합경제와 사회주의체제가 그 대안이다

출처: P. R. Popple & L. Leighninger, Social Work, Social Welfare, and American Society, Allyn and Bacon, 2002, p.16.

(3) 급진주의

인간은 선하며 근면하고 창의적이라고 본다. 열심히 일하는 것을 덕목으로 인정하며, 노동조건을 유연하게 조정할 때 인간은 노동에서 보람과 성취를 얻을 수 있다고 믿고 있다. 인간행동에 대해 급진주의자는 환경적 측면을 강조한다. 진보주의와 유사한 관점을 보여 준다. 이들은 건강한 가정은 건강한 사회의 초석이 된다는 데 인식을 같이하지만, 전통적인 가정은 가부장적 성향을 띠며 여성을 억압하고 있다고 말한다.

맞벌이부부, 한부모가족, 조손가정 등 새롭게 태동하는 가정을 위해 적극적인 지지를 호소한다.

사회불평등에 대한 급진주의자의 입장은 갈등과 계층에 따른 불가피한 상황으로 이해한다. 가진 사람이 자신의 위치와 이익을 고수하기 위해 권력을 사용하며, 이로 인해 불평등이 발생한다고 본다. 평등한 세상은 사회체계를 다시 짤 때 가능하다는 입장이다. 시장경제는 다분히 착취적이고 불공평하게 보며 그 대안은 사회주의로 인식한다. 급진주의자는 공공 부문과 민간 부문이 망라된 혼합경제체제를 선호한다.

2) 반집합주의, 소극적 집합주의, 페이비안 사회주의, 마르크스주의

조지와 윌딩(George & Wilding)이 분류한 반집합주의, 소극적 집합주의, 페이비안 사회주의, 마르크스주의 등에 따른 사회복지정책의 내용과 사회복지에 끼친 영향에 대해 살펴본다.

(1) 반집합주의(anti collectivism)

반집합주의는 19세기 영국을 지배했던 이데올로기다. 하이에크(Friedrich Hayek)나 프리드먼이 대표적인 제창자이다.

가. 사회적 가치

자유와 개인주의, 불평등이다. 자유는 소극적인 상태로 강제가 없는 상태다. 하이에크는 "어떤 사람이 자신의 계획에 따라 행동하지 못하고 다른 사람의 목적을 위해 봉사하도록 강요받는 것으로 그가 다른 사람에게 통제받는 상태"라고 강제를 설명했다. 반집합주의는 자유를 자연권으로 받아들이며, 다른 여러 가지 바람직한 목적을 위한 필요충분조건으로 인식한다.

개인주의는 자유를 보완하는 것이며, 강력한 개인주의는 대규모의 국가 개입이나 강제를 불필요하고 불가능하게 만들 것이라고 주장한다. 개인주의는 인간을 불합리하고 자기중심적이며, 오류가 많은 존재로 본다. 개인의 오류는 사회화 과정을 통해 수정됨으로써 한 사람의 무지나 오류가 사회를 지배하지 않게 되는 것이다

반집합주의가 불평등을 신뢰하는 것은 평등주의적 정책 추구가 자유와 양립될 수 없다는 견해에서 비롯된다. 프리드먼은 "평등주의자이면서 동시에 자유주의자가 되는 것은 불가능하다."고 밝힌 바 있다. 불평등은 혁신과 노력에의 유인으로 작용한다는 것으로, 평등을 추구해 온 결과 효율성과 생산성에 부정적인 영향을 끼쳐 왔다고 주장한다. 영국의 경제성장이 유럽 대륙의 나라나 미국, 일본 등의 국가보다 뒤처지게 된 주요한 이유 중의 하나가 평등추구정책이라는 것이다. 또한, 평등은 건설적인 도덕·윤리를 심각하게 위협하고 있다고 비판하고 있다. 반집합주의자는 사회정의를 달성할 수 없는 상태임을 들어 부정적 견해를 피력한다. 하이에크는 "정의롭다는 것은 그 상황이 어떤 개인에 의해 고의로 계획되었거나 의도된 경우에 한해서 가능한 것이며, 전적으로 사회정의는 공허하고 무의미한 것"이라고 하였다.

나. 사회와 국가

구조나 구조적 요인보다는 개인과 개인의 행위에 일차적 관심을 두는 반집합주의는 사회에 대해 합의된 모형을 갖고 있지 않다. 그러나 사회 전체의 동의란 불가능하며, 그런 동의를 보장하려는 시도는 사회를 분열시킬 뿐이라고 확신하고 있다.

개인 간의 갈등을 그들은 경쟁(competition)으로 정의했다. 경쟁은 개인과 사회에 대해 바람직한 영향을 주는 것으로 인식하고 있다. 시장체계의 유지와 옹호를 강력히 주장하고 있는데, 정교하고 복합적이며 효율적인 경제를 가능하게 하는 동력이라는 것이다. 시장은 단순한 경제 운영방법이 아니라 광범위한 사회체계에 깊은 영향을 미치는 존재로 인식한다. 이 반집합주의자는 민주주의 체제가 강제적인 정부의 행위를 확장시키기 때문에 자유에 위협이 되고, 정부관료 집단과 같은 이익집단에게 과도한 권력이 집중된다고 주장한다. 이는 사회의 응집력을 약화시키고 특정 집단의 경제적·사

회적 권력화를 촉진시킨다는 것이다.

다. 정부의 역할

정부의 행위에 대해 회의적이다. 정부의 행위는 자유를 위협하고, 비효율적이며, 자신들이 약속한 것이나 국민이 바라는 바를 제대로 충족시켜 주지 못하고 있다는 이유에서다. 문명의 진보는 개인의 창조성에서 비롯된다는 시각이다.

일부분이기는 하지만 반집합주의자도 정부의 역할을 인정하는 분야가 있다. 자발적인 질서가 효율적으로 기능할 수 있도록 필요한 틀을 제공하거나, 자신의 삶을 스스로 책임질 수 없다고 사회가 인정한 사람에게 가부장적인 역할을 수행하는 경우에 한정하고 있다.

라. 복지국가에 대한 태도

사회적 최저수준(social minimum)을 보장하는 것을 정부의 책임으로 인정하고 있다. 정부가 최소한의 급여 이상을 제공하는 것에 대해 반집합주의자는 우려를 표명한다. 복지국가정책에는 자유에 대한 위협이 내재되어 있다는 것이 그 대표적인 이유며, 복지국가가 다수로 하여금 소수와 개인을 강제할 수 있게 허용했다는 것이다.

복지국가의 정책이 경제체계와 사회체계를 불안정하게 하며, 국가의 복지급여가 개인이나 집단의 욕구에 올바르게 반응하지 못하고 있다는 비판도 제기한다. 관료제도를 통해 공급된 복지서비스는 시장체제를 통해 공급된 서비스보다 특정한 욕구를 충족시킬 수 없다는 점도 부각시키고 있다. 복지국가의 공적 부조는 의존성과 도덕적 타락, 무책임성을 조장하고, 창의력과 자존심을 약화시켰다는 비판도 제기한다

(2) 소극적 집합주의(reluctant collectivism)

자유시장에 대한 신뢰가 강하지 않다. 이는 반집합주의자와의 구별점이 된다. 그러나 정부에 의해 관리되는 경제가 필요하며, 더 좋은 결과를 거둘 수 있다고 믿는다. 갈브레이스(Garbraith), 해로드(Harrod) 등의 학자가 소극적 집합주의의 대표적 지지자이다.

가. 사회적 가치

절대적인 가치라기보다는 조건적인 경향을 보이며, 자신들의 지적 실용주의에 제한되는 경향이 있다. 자본주의는 자기 조절적(self regulating) 기능이 부족하다는 신념을 갖고 있다. 따라서 자본주의가 효율적이고 공정하게 기능하기 위해서는 사려 깊은 통제와 규제가 불가피하다는 입장이다.

소극적 집합주의자에 있어서도 자유는 기본적인 가치다. 개인주의와 사적 기업, 자조를 강조했다. 이들은 불평등을 옹호하는 입장을 취하고 있다. 베버리지는 보수의 차별은 자유롭고 효율적인 노동시장에서 필수적인 것이라고 인정했다. 케인스(J. M. Keynes)도 불평등을 옹호하는 주장을 폈다. 그렇지만 불평등은 감소되어야 한다는 견해를 표명했다.

나. 사회와 국가

사회 질서와 정치 질서는 주어진 것이며, 사회는 합의에 의해 결정된다고 보았다. 경쟁, 사적 기업, 이윤 동기, 가격체계, 자유시장 등 자본주의의 중심적인 메커니즘이 적절히 규제되기만 한다면 경제활동에 커다란 동인이 될 것으로 믿었다. 이들은 자본주의에 대해 자기 조절적이지 않으며, 낭비적이며 비효율적이라는 부정적인 견해를 밝혔다. 그 자체로 불의와 빈곤을 타파할 수 없을 것이라고 믿었다. 빈곤과 불의의 제거가 경제성장을 통해서는 이루어질 수 없다는 판단에서였다.

소극적 집합주의자는 정부 행위를 근본적으로 혐오하는 입장과 정부 행위를 근본적으로 찬성하는 입장의 중간적 시각을 가졌다. 국가의 운영에 대해서는 큰 주의를 두지 않았지만, 국가는 중앙정부와 동일시될 수 있으며 모든 사람의 이익을 위해 자율적이며 공평무사한 정책을 실행할 책무가 있다는 생각을 갖는다.

다. 정부의 역할

정부 개입을 옹호하는 소극적 집합주의자의 주장은 기본적으로 실용주의적이다. 정부가 경제 및 사회적으로 긍정적인 역할을 하지만 정부활동에는 한계를 둬야 한다는 입장이다. 자유시장은 스스로를 규제할 능력이 있다고 믿었기 때문이며, 사적 기업은 정부보다 본질적으로 우수하다고 판단했다. 또, 이런 정부의 행위는 자유를 위협할 수 있다고 보았다.

라. 복지국가

복지국가를 인정하지만 사회와 경제의 변화를 위한 수단이나 삶을 증진하기 위한 수단이라기보다는 피할 수 있는 해악을 통제하기 위한 수단으로 보았다. 즉, 시장의 실패를 보완하는 수단으로 인식한 것이다.

복지급여에 있어 국가 이외의 다른 대안이 모두 실패하였으며, 사회와 개인이 국가 개입에 대한 욕구가 있다고 보았다. 따라서 이 경우 국가의 개입은 바람직하며 필요하다는 것을 인정한다. 한마디로 소극적 집합주의자의 목적은 자본주의의 비효율성과 불의를 제거함으로써 자본주의의 생존을 보장하려는 것이다

(3) 페이비안 사회주의[3](Fabianism)

페이비안 사회주의는 소극적 집합주의와 마르크스주의의 모호한 중간 영역에 위치한다. 페이비안 사회주의와 다른 이데올로기를 구분할 수 있는 경계는 때론 분명치 않다. 그 경계가 무너지는 경우도 발생한다. 페이비안 사회주의는 민주주의와 사회복지서비스에 대한 적극적인 옹호를 보인다.

가. 사회적 가치

평등과 자유, 우애를 가장 강조하였다. 이 3가지 가치로부터 파생된 민주적 참여와 인본주의를 표방한다. 평등의 옹호는 사회통합, 경제적 효율성, 자연적 정의, 개인의 자기실현이라는 근거에서 비롯되었다. 불평등의 감소는 사회적 소속감을 증대시키고 이는 사회질서의 급격한 붕괴를 막아준다는 것이다.

정치적 자유가 실질적인 의미를 갖기 위해서는 경제적 자유에 의해 보완되어야 한다

3) '혁명'보다는 '점진주의' 정책을 추구하면서 민주적 '사회주의'를 발전시키기 위한 목적으로 1884년 영국에 설립된 페이비안 협회의 사상을 말한다. 이 명칭은 로마 장군인 페이비어스 컨케이터(Fabius Cuncator)로부터 유래되었는데, 그는 진지전을 피함으로써 승리를 획득했다. 사회연구와 사회정책, 사회개혁에 대한 하나의 접근으로서의 페이비안주의는 영국의 좌익정책의 중요한 방침으로 남아 있다(사회학사전, 2000)

고 믿었으며, 민주주의적 참여를 중시하는 것은 정치적 민주주의는 진정한 민주주의 사회의 한 가지 요소에 불과하다는 신념을 확장한 것이다. 이들이 강조하는 인본주의적 가치는 최소한의 생활수준을 국민이 누려야 하고 사회의 곤궁은 제거되어야 한다는 것을 의미한다.

나. 사회와 국가

페이비안 사회주의자는 사회를 서로 간의 이해관계가 갈등을 일으키는 계급과 집단으로 구성된 것으로 간주한다. 시장은 자유롭지도, 정의롭지도 못하다고 보고 정부에 의해 적절히 규제되어야 한다고 보았다.

다. 정부의 역할

정부가 해야 할 일은 사적 시장체계의 불의를 수정하는 것이다. 권력의 시장집중을 시정하고, 권력을 대중에게 확산시키기 위해서는 정부의 행위가 필요하다고 보았다. 이들은 소득과 부의 전체적인 불평등에 대해서는 비판적이었다.

라. 복지국가

보편적인 사회서비스 급여에 찬성했다. 이들은 자산조사에 근거한 선별주의를 비난한다. 이른바 낙인효과를 의식해서다. 제2차 세계대전 직후 노동당 정부의 보편주의적 사회서비스 도입은 페이비안 사회주의자의 전적인 지지를 받았다. 복지국가의 위협적인 요인으로 페이비안 사회주의자는 불의와 치료에 치중하고, 결과의 평등보다는 기회의 평등을 추구하는 데 주력하며, 빈곤타파가 주 관심사이며, 행정구조 역시 부패하기 쉽고 권위적이라는 점을 들었다.

페이비안 사회주의는 복지국가를 사회주의적 목적 중 일부만을 제한적이고 부분적으로 성취한 것으로 본다. 복지국가는 불안정한 타협물이자 사회주의를 향한 잠재적인 시험대로 간주한다.

(4) 마르크스주의(Marxism)

마르크스주의자는 사회적 가치, 국가의 본질, 정부의 역할 등에 대해 반집합주의자와 완전히 반대되는 의견을 갖고 있다.

가. 사회적 가치

인간의 진정한 해방은 자본주의적 분업이 강요하는 노예화의 압력으로부터 자유로울 때 얻을 수 있다고 보았다. 자기가 원하는 분야에서 자신을 실현할 수 있는 사회가 바로 공산주의 사회다.

나. 사회와 국가

자본주의 사회에서의 계급갈등은 보편적인 현상으로 생산수단의 사적 소유 폐지, 자본주의 자체의 폐지를 통해서만 극복될 수 있는 것으로 보았다. 계급갈등은 여러 가지 형태를 취할 수 있고 그 정도가 격렬할 수도 있으며 온건할 수도 있겠으나, 자본주의 사회에서는 결코 폐지될 수 없다. 계급갈등은 자본주의 사회변화를 위한 유일한 동력은 아니지만 가장 중요한 동력이다.

다. 정부의 역할

마르크스주의자는 생산과 분배수단의 국유화와 효과적인 산업민주주의를 표방한다. 생산수단의 국유화와 사회화는 정부가 경제정책과 사회정책을 더욱 쉽게 계획할 수 있도록 해 줄 것으로 보았다.

라. 복지국가

복지국가는 특정한 역사적 상황에서 노동계급의 투쟁과 자본주의 경제의 필요성이라는 2가지 요인이 상호작용한 결과로 보았다. 자본주의의 모순적 발전이 곧 복지국가며, 복지국가가 그 자체가 새로운 모습을 창출하는 것으로 파악했다. 이 모순은 날이 갈수록 분명해진다는 것이다. 복지국가는 조세율이나 근로동기, 이윤율 등으로 인해 불안정해질 수밖에 없다는 주장을 폈다.

3) 자유주의, 사회민주주의, 신자유주의

(1) 자유주의[4)]

자유주의(liberalism)는 개인의 인격과 존엄성을 인정하며 타인에게 피해를 주지 않는 범위 내에서 개인의 경제적, 사회적 활동의 자유를 보장하려는 정치적 사상이다. 자유를 최상의 정치·사회적 가치로 삼는 사회 철학적 이념이다.

자유주의는 서구의 계몽주의 시대에 기원을 두고 있지만, 용어는 시대와 지역마다, 사용되는 맥락에 따라 다른 의미로 사용된다. 교회와 왕권이 독점력을 갖고 있던 입법 권력을 시민의 대표자로 구성된 의회에 귀속시키는 운동을 통해 처음 발현되었다. 역사적으로 자유주의는 자유를 보장하는 수단으로서 의회·행정부의 권력 분립을 점진적으로 도입·발전시키면서 민주주의를 채택했고, 권력 분립을 통한 자유의 지속적 신장을 목표로 하는 운동에 영향을 주었다.

자유주의는 개인의 권리를 강조한다. 모든 사람은 존엄하고 평등하다는 인권, 성문법에 의하지 않고는 자유를 제한받지 않을 법의 지배, 견제와 균형이라는 권력분립을 통한 권력통제, 자유로운 경제활동이 보장되는 시장경제 등을 특징으로 한다. 오늘날 자유주의자는 자유롭고 공정한 선거, 법에 의한 모든 시민들의 동등한 권리와 기회가 보장되는 민주주의를 지지하며 오늘날 민주주의가 도입된 상당한 나라에서 자유주의를 표방하고 있다.

과거의 정부이론에서 핵심이었던 왕권신수설, 세습적 지위, 국교화 된 종교 등을 부정한다. 기본적 인권을 주창하며 이는 인간의 생명과 자유, 재산에 대한 권리를 포함한다. 자유롭고 평등한 개인들을 기초로 개인의 기본적 인권을 지키려고 사회와 각종 제도들이 필요하다는 입장이다.

고전적 자유주의 입장에 따르면 시장에서의 독과점 상태를 두고 시장에서 해소될 수 있는 것으로 인지하며 완전히 평등하고 자유롭게 경쟁할 수 있는 경제체제를 목표

4) 자유주의에서의 liberal, liberty 등은 라틴어 liber에서 유래했다. 참고로 1868년 워싱턴에서 체결된 중미조약 부록에서 처음으로 한자어 自由로의 번역이 이루어진다.

로 한다. 이러한 경제체제 안에서 추가적인 정부의 간섭을 부정하고 기업가의 자유로운 경제활동과 개인의 재산권을 강조하며 경제를 자유로운 시장질서에 맡겨야 한다고 주장한다.

자유주의라는 용어는 자유민주주의라는 맥락 속에서 더 널리 사용되는데, 이 단어의 의미상 정부의 권한은 일부 제한되고 시민의 권리는 법적으로 분명히 규정하는 민주주의를 가리킨다. 이것은 거의 대부분 서구의 민주주의에 적용되고 있고, 그렇기 때문에 자유주의 정당에만 관계를 맺고 있는 개념이라고 할 수 없다. 이것은 거의 대부분 서구의 민주주의에 적용되고 있고, 그렇기 때문에 자유주의 정당으로부터 폭넓게 확산되어 가는 개념이다

현대의 자유주의자들은 사회복지정책을 통한 국가의 개입에는 어느 정도 찬성하는 입장이다. 개인의 책임과 사회적 도덕성을 고려한 잔여적인 복지모델이 이상적이라는 주장을 폈다. 그러나 자본의 독점, 경제공황, 극심한 빈부격차로 인한 노동세력의 정치화 와 함께 케인즈[5] 경제학파의 국가개입적 경제정책이 실현되면서 퇴조하게 된다. 1970년대 후반부터는 신자유사상이 힘을 얻는다

(2) 사회민주주의

사회민주주의(社會民主主義, Sozialdemokratie, Social democracy)는 자본주의 경제

---

5) 존 메이너드 케인스(John Maynard Keynes, 1883. 6. 5~1946. 4. 21) 거시경제학과 경제 정책 분야에서 기존의 이론과 관습들을 변화시킨 영국경제학의 대표자이다. 케인스 경제학이라는 독창적인 이론을 창시해, 경기후퇴와 불황에 대해서 재정정책을 사용할 것을 강력하게 주장하였다.
케인스의 이론들은 케인스 경제학의 뿌리가 되었을 뿐만 아니라 다른 거시경제학파들에도 큰 영향을 미쳐서, 케인스는 현대 거시경제학의 창시자들 중 한명으로 널리 알려져 있다. 20세기에서 가장 큰 영향을 미친 경제학자로 인정받고 있기도 하다.
케인스는 1930년대에 '고용 · 이자 및 화폐의 일반 이론', 흔히 일반이론이라고 불리는 책을 발표하였다. 이 책은 기존의 신고전파 경제학자들의 시장주의를 비판함과 동시에 유효수요이론을 제시하였다. 제2차 세계 대전의 발발 후엔 선진 서양국가들은 케인스의 경제정책을 채택하였다. 후에 1950년대와 1960년대에는 그의 추종자들로 인해 대부분의 서양국가들이 케인스의 이론을 채택하게 된다.
1970년대에는 석유파동 등으로 인해 세계경기가 침체하게 된다. 그에 대한 해결책으로 밀턴 프리드먼 등 신자유주의 경제학자들의 이론이 부각되기 시작하면서 케인스학파의 영향력이 감소하게 된다. 그러나 상대적일 뿐 정부의 개입을 촉구한다는 측면에서 케인스학파는 관료 사회에서 여전히 주류의 위치에 있었으며, 특히 2007~2010년 금융 위기 사태와 함께 신자유주의 노선이 쇠퇴하면서 케인스 경제학은 다시 조명받기 시작한다. 사실 대립이 부각되어서 그렇지, 큰 부분에선 꾸준히 정반합이 이뤄지고 있다.

체제를 혁명 등으로 급격하게 무너뜨리지 않고 점진적으로 사회주의를 추구하는 과정에서 사회정의를 추구한다. 또한 간접 민주제를 위한 정책과 소득 재분배 정책, 그리고 사회 전반의 이익과 복지정책을 포함하는 정치적 사회적 경제적 이념이다.

사회민주주의는 자본주의를 더 뛰어난 민주주의적, 평등주의적, 연대주의적 결과로 이끌어 내는 것을 목표로 한다. 그리고 사회민주주의는 북유럽과 남유럽, 특히 북유럽 국가의 노르딕 모델에서 20세기 후반에 두드러진 사회 경제 정책과 관련되어 있다.

사회민주주의는 마르크스주의를 이론적 배경으로 하되, 그 안에 내포된 혁명적 사회주의를 배격하고, 간접 민주제 정치 체제를 바탕으로 수정주의적 마르크스주의로 변형되었다. 서유럽 초기의 전후 사회민주주의 정당은 소비에트 연방의 레닌주의 정치 · 경제 모델을 거부하고, 사회주의로의 대안적인 길이나 자본주의와 사회주의 사이의 타협을 약속했다.[6] 이 시기 사회민주주의자들은 사유 재산의 인정을 토대로 하는 혼합 경제를 받아들였는데, 공공의 소유로 하는 것은 필수적인 공익 설비와 공공 서비스 등 소수에 불과했다. 결과적으로, 사회민주주의는 케인스 경제학, 국가 개입주의, 복지 국가와 연계되게 되었다. 동시에 자본주의 체제를 질적으로 다른 사회주의 체제로 변혁을 통해 급격히 교체한다는 이전의 목표를 포기하게 되었다.

현대 사회민주주의는 노인, 아동 보호, 교육, 건강관리, 교육, 의료, 근로자 보상 등의 보편적인 공공 서비스에 대한 지원을 포함한 불평등을 억제하는 정책에 전념하는 것을 목표로 한다. 사회민주주의 운동은 노동운동 및 노동조합과의 긴밀한 연계를 가지고 있으며, 노동자들과 다른 경제 이해 관계자들을 위한 공동 결정의 형태로 정치권을 넘어 전 사회로 민주주의의 영역을 넓힌다.

북유럽 여러 국가에서는 사민주의 정당이 자주 집권해왔다. 스웨덴 사회민주노동당, 노르웨이 노동당, 핀란드 사회민주당, 덴마크 사회민주당, 사회민주동맹 등이 사민주의 정당이다. 아이슬란드를 제외한 다른 국가들에서는 사민주의 정당이 적어도 반세기 이상 집권해왔으며, 이를 바탕으로 여러 복지정책이 등장하였다. 복지정책에 따라서

6) 대표적으로 자본가 및 정부와 노동자가 계급타협을 한 스웨덴의 살트셰바덴 협약이 이에 해당한다.

북유럽 국가들은 거의 대부분 국민소득과 행복지수가 최상위권으로 올라갔다. 하지만 2000년대 이후 덴마크 인민당, 스웨덴 민주당 같은 극우정당의 성장에는 사민주의 정당에 대한 권력 피로감이 형성됐다는 분석도 있다.

(3) 신자유주의

신자유주의(新自由主義, neoliberalism, neo-liberalism)는 1970년대부터 부각하기 시작한 자본의 세계화에 기반 한 경제적 자유주의 중 하나다. 19세기의 자유방임적인 자유주의의 결함에 대하여 국가에 의한 사회 정책의 필요를 인정하면서도, 자본주의의 자유 기업의 전통을 지키고 사회주의에 대항하려는 사상이다. 토머스 우드로 윌슨 미국 대통령이 1920년대 제창했던 새로운 자유 정책, 정치적 · 문화적 자유에도 중점을 두었던 자유주의와는 다른 고전적 자유주의에 더 가깝다. 사회적인 면에서는 보수자유주의적인 가치를 지향한다.

국가 권력의 개입증대라는 현대 복지국가의 경향에 대하여 경제적 자유방임주의 원리의 현대적 부활을 지향하는 사상적 경향이다. 고전적 자유주의가 국가개입의 전면적 철폐를 주장하는데 비해, 신자유주의는 강한 정부를 배후로 시장경쟁의 질서를 권력적으로 확정하는 방법을 취한다. 신자유주의는 1980년대의 영국 대처 정부에서 보는 것처럼 권력기구를 강화하여 치안과 시장 규율의 유지를 보장하는 작지만 강한 정부를 추구한다.

우리나라의 신자유주의의 기원은 대체로 김영삼 정부의 후반기다. 주로 작지만 강한 정부, 자유시장경제의 중시, 규제 완화, 자유무역협정(FTA)의 중시, 노동시장의 유연화 등의 형태로 나타나고 있다.

신자유주의는 기본적으로 국제체제를 무정부적으로 규정하며, 국가를 유일한 합리자로 간주한다. 국가의 보호에 있었던 국민들이 더 이상 국가의 보호 없이 세계 자본에 직접적으로 마주하는 것을 의미한다. 국가는 충분히 자국민들을 정치, 경제, 안보 등 다양한 부문에서 보호해야 할 의무가 있다. 실제로 신자유주의를 실현한다는 국가들의 경우를 보면 자유시장 자본주의와 국가 자본주의를 혼합하지만 자유시장 자본주의에 더 치우치고, 국가 정책 결정과정에서도 신자유주의가 더욱 두드러질 뿐 완전한 경쟁 상태를 만들지 않고 있기 때문이다.

과거의 자유주의는 이론상 자유방임주의를 표방한다. 자유주의는 자유시장이 다양한 인적, 물적 자본의 자유로운 흐름을 억제하려는 국가의 능력을 제한하는 것이 자유로운 사회를 형성한다고 주장한다. 신자유주의도 시장에 대한 국가의 제한이라는 자유방임주의를 인정하지만 그 접근이 다르다. 신자유주의의 경우 시장은 경쟁을 기초로 하지만, 문제가 있을 때 자체수정이 가능하고 자원을 효율적으로 분배할 수 있으며, 공적 이익에 부합한다고 전제한다. 예전의 자유주의와는 다른 시장의 자생적 질서를 인정했다고 볼 수 있다. 다시 말해, 신자유주의는 물질주의적인 탐욕과 단순한 자유주의 이론이 아니라 무질서한 시장에 도덕성을 부여하고, 윤리성을 지니는 이론이다.

03

CHAPTER

사회복지정책 발달이론

1. 사회양심이론
2. 수렴이론: 기술결정론
3. 확산(전파)이론
4. 이익집단론
5. 시민권론
6. 음모이론
7. 국가중심이론
8. 정치경제학적 이론

1. 사회양심이론

사회양심이론(social conscience theory)은 사회적 양심의 증대를 사회복지발전의 원동력으로 보는 이론으로, 이런 관점은 홀(Hall)의 저서 『The social services of Modern England(1952)』를 비롯한 1950년대를 전후한 영국 사회정책연구자의 문헌에서 찾아볼 수 있다. 그러나 사회양심이론은 처음부터 정식화 되었다기보다 이후에 베이커(J. Baker)에 의해 체계화된 이론이다. 베이커(1979: 177-178)는 사회양심이론을 다음과 같이 정리하고 있다.

첫째, 사회(복지)정책이란 인간이 지니고 있는 보편적 이타심을 국가를 통해 실현하는 것이다. 둘째, 사회(복지)정책은 사회적 의무감의 확대와 사회적 욕구에 대한시민의 지식 증대라는 2가지 요인에 의해 변화된다. 셋째, 변화는 누적적으로 이뤄지며, 사회정책은 항상 그렇지는 않지만 대체로 관대하고 더 넓은 범위로 발전해 나간다. 넷째, 개선은 불가역적이며 따라서 현재의 사회서비스 수준은 지금까지의 것 중에서 최고 수준이다. 다섯째, 역사적 관점에서 볼 때 현재의 사회서비스가 비록 불완전하더라도 사회복지의 주요한 문제는 이미 해결되었고, 현재의 사회가 안정적인 기반 위에 구축되어 있기 때문에 지속적인 발전이 가능하다.

사회양심이론은 인간이 보편적으로 이타적 양심을 지니고 있고, 국가는 이러한 인간의 자비로운 집단적 양심에 따라 사회정책을 실현하며, 사회정책은 점차 발전해 나간다는 낙관적이고 이상주의(idealism)적 관점에 서 있다고 할 수 있다. 그러나 사회양심이론은 영국의 역사적, 사회적 특수성을 과도하게 일반화함으로써 잇따른 공공정책의 실패, 새로운 사회문제의 등장 등에 관해서는 설명하기 어려운 한계를 갖고 있다.

사회양심이론에 대해 히긴스(Higgins)는 다음과 같이 비판하고 있다.

첫째, 사회정책이 사회양심론자의 주장대로 인간의 이타심을 국가를 통해 표현하는 것이라면 사회정책이 모든 사회에서 비슷하게 발전해야 하지만 실제로는 그렇지 않다.

둘째, 사회정책에 있어서 인도주의적 특성을 과도하게 강조함으로써 국가의 역할에 대한 왜곡된 견해를 갖게 하여 사회정책 발달과정에 대한 정확한 이해를 저해하고 있다.

셋째, 사회정책의 형성 및 변화에 미치는 영향력에 관한 분석이 너무 협소하고, 정책과정에서의 정치적 맥락의 중요성을 과소평가하고 있다(Higgins, 1981: 29-32).

2. 수렴이론: 기술결정론

수렴이론(convergence theory)은 경제발전이 일정 수준에 이르면 각국의 사회복지제도가 유사한 형태로 수렴된다는 이론을 말한다. 수렴이론에 따르면 어느 정도 산업화된 나라의 사회제도는 자본주의 국가든 사회주의 국가든 간에 사회제도가 하나의 방향으로 유사하게 수렴된다고 주장한다.

수렴이론은 사회 구조나 제도를 결정짓는 주요한 요인을 이데올로기나 계급 간의 갈등이 아니라 산업화 또는 기술발전(technological development)으로 보기 때문에 벨(Bell, 1960)의 이데올로기 종말론과도 맥락을 같이한다. 즉, 수렴이론의 관점에서 보면 사회복지정책의 발달은 산업화 과정에서 발생하는 필연적 부산물이라 할 수 있다.

수렴이론은 캐리어와 켄덜(Carrier & Kendall)에 의해 기술결정론(technological determinism)이라고 불리기도 한다. 이 이론은 사회정책의 변화를 조직적 분석의 맥락에서 조명하고 있다. 주장의 기본 가정은 개인 활동의 수단인 테크놀로지에 관한 지식을 기초로 해서 인간 행위를 예측할 수 있다는 것으로서 사회정책의 변화를 테크놀로지 특히 사회행정 및 사회사업기술의 발달과 같은 비사회적 힘에 의해 결정되는 것으로 설명하고 있다(김상균, 1987: 91).

윌렌스키와 르보(Wilensky & Lebeaux, 1965)는 전통사회에서 산업사회로 변화하는 과정에서 가족 구조, 연령 구조의 변화 및 도시화, 노령화 등 모든 사회 구조 및 사회체제가 변화하게 되는데, 이러한 산업화의 결과로 파생되는 문제를 해결하고 국가의 부를 분배하는 과정에서 자연스럽게 제도와 정책으로서의 사회복지가 발전한다고 본다. 즉, 사회복지가 잔여적 복지모형에서 점차적으로 제도적 복지모형으로 변화하여 체제 간의 이념적 영향력이 약화된다는 것이다.

자본주의와 사회주의 양 체제 간의 사회복지 수렴현상에 관한 연구자로는 미쉬라(Mishra)를 들 수 있다. 미쉬라는 이런 현상을 다원주의적 산업주의(pluralistic industrialism)로 설명했다. 다원주의적 산업주의란 자유방임주의(atomism)와 극단적 국가통제주의(monism)의 중간 지점에 존재하는 체제로서 자유방임주의적 자본주의체제는 시민의 기본적 욕구를 충족시키기 위한 국가 개입, 즉 사회복지정책을 도입하게 되고, 공산주의 체제는 자원배분의 효율성을 기하기 위해 시장을 도입하게 되어 양 체제가 유사해지는 것을 말한다. 즉, 자본주의는 사회통합을 위해 국가의 개입을 강화하게 되고, 공산주의 체제는 효율성과 창의성의 증대를 위해 통제를 분산화하게 되는데, 그러다 보면 양자가 수렴하게 된다는 것이다(Mishra, 1981: 42).

수렴이론은 다른 이론에 비해 다음과 같은 장점을 지니고 있다.

첫째, 사회복지정책 현상을 선진 자본주의 국가에 한정했던 기존 이론과 다르게 체제를 뛰어넘는 이론적 틀을 마련함으로써 이론적 지평을 확대하는 데 기여했다. 둘째, 사회변화에 따른 사회복지정책과 제도의 변화를 설명함에 있어서 복지정책 내의 변화를 분석하는 데서 나아가 거시적이고 포괄적인 변화의 배경을 파악하는 준거틀을 제시하였다.

그럼에도 불구하고 수렴이론은 다음과 같은 약점을 지니고 있다.

첫째, 수렴이론은 비슷한 경제발전 수준에 있는 나라의 사회복지정책 발달 정도가 다르게 나타나는 현상에 관해서는 설명하지 못하는 한계를 갖고 있다. 둘째, 수렴이론은 사회복지제도의 수렴현상을 지나치게 일반화함으로써 사회복지정책 결정 과정에서 현실적으로 존재하는 다양한 집단 간의 갈등 및 역학 관계, 정책 결정권자의 주관적 인식의 차이 등의 요소를 무시하고 있는 문제점을 안고 있다.

3. 확산(전파)이론

확산(전파)이론(diffusion theory)은 국가 간의 교류, 영향력, 소통 등을 통해 사회복지정책의 발달이 한 나라에서 다른 나라로 확산 또는 전파된다는 이론이다. 확산이론에 따르면 한 나라의 사회복지정책의 도입은 선진 복지국가의 경험을 모방한 결과이며, 사회복지정책의 국제적 확대 과정은 국제적 모방의 과정이라 할 수 있다.

확산이론과 관련하여 미드글레이(Midgley)는 특히 제3세계 국가군은 대부분 식민지 시절 물려받았던 정치·행정적 제도를 답습하거나 연장하는 과정에서 자연스럽게 지배국가의 각종 제도를 도입하는 결과가 되었다고 말한다. 그리고 이러한 전통은 행정적 편의와 프로그램적 수입의 용이성으로 인해 독립 후에도 지속적으로 지배국가의 제도적 장치가 유지되는 경향이 있다. 그 결과 종속적인 상태를 유지하면서 프로그램의 전파와 확산이 이루어지고 있다(Midgley, 1984: 168-169).

콜리어와 메식(Collier & Messick)은 확산의 유형을 2가지로 구분하여 설명하고 있다(Collier & Messick, 1975; 현외성, 2004: 75, 재인용). 첫째, 위계적 전파(hierarchical diffusion), 이는 기술혁신이나 새로운 제도가 선진국에서 후진국으로 전파되는 경우를 말한다. 일반적으로 근대화가 먼저 진행된 국가로부터 늦게 진행된 국가로 위계적 전파가 존재하는데, 개발도상국은 근대화의 수준이 낮은 상태에서 사회복지제도와 프로그램을 도입한다는 것이다. 이러한 설명은 사회복지제도의 도입에 대한 역사적 사실을 분석해 보면 자명하다. 둘째, 공간적 전파(spacial diffusion)로서 특정 국가에서 만들어진 제도나 프로그램이 우선 인접 국가를 중심으로 하여 점차 전파되어 나간다는 설명이다.

이상과 같은 확산이론은 사회복지정책 발달을 국내적인 요인으로 설명해 온 기존의 이론에 비해 국가 간의 상호 관계와 국제 환경을 중시한 이론으로서 일정한 설득력을 갖고 있다. 특히, 현대사회와 같이 교통과 정보·통신의 발달, 특히 인터넷이 일반화된 상황에서는 확산이론의 설득력이 높아졌다고 할 수 있다.

반면에 확산이론은 다음과 같은 한계를 지니고 있다.

첫째, 국제적인 환경변수가 구체적인 사회정책으로 전환되는 구체적이고 역동적인 과정을 설명하지 못하고 있다. 단순히 특정 국가와 인접하고 있다는 지리적 위치나 피식민지적 지배와 경험 자체는 중요한 요인이기는 하지만, 왜(why), 어떻게(how) 그러한 지식과 아이디어가 정책 혹은 입법화라는 모습으로 실현되었는가에 대한 구체적인 설명이 부족하다(현외성, 2004: 77).

둘째, 한 나라의 사회복지정책이 인접 국가인 다른 나라에 별다른 영향을 주지 못한 경우에서 보듯이 제도 도입에 있어서 확산의 효과보다는 오히려 국가 내부의 사회경제적 · 정치적 상황이 더 중요하게 작용한 사례가 많다.

셋째, 확산이론은 확산이 선진국에서 후진국으로 이뤄진다고 보고 있으나 근대화가 영국에 뒤진 독일에서 영국보다 한 세대 먼저 사회보험을 실시한 것은 오히려 역확산의 경우에 해당된다.

4. 이익집단론

이익집단이란 '공통의 목적을 가지고 공공정책에 영향을 미치기 위해 노력하는 개인들의 조직체'를 말한다. 이익집단론(interest group theory)은 사회복지정책을 이러한 이익집단 간의 갈등과 타협의 산물로 간주한다.

경제 발전 단계가 고도화되고 민주주의가 성숙되면서 이익집단의 영향력이 확대되는 것은 어느 나라나 일반적인 현상이다. 보통 이익집단이라고 하면 노동조합이나 경영자 단체, 그리고 의사나 변호사와 같은 계급이나 직능단체를 의미했지만, 이제는 그것을 뛰어넘어 연령, 인종, 언어, 종교를 중심으로 결성되기도 한다. 퇴직한 노령층의 이익집단화가 좋은 예이다. 이들은 숫자도 많고, 투표율도 높으며, 정치적으로도 활동적이다(원석조, 2006: 177-178).

이익집단론의 논리적 근거는 정부의 사회복지정책에의 지출이 민주주의 사회에서 선거에서의 득표를 위한 경쟁에서 비롯된다는 점이다. 일반 국민은 정치적 목표보다도 경제적인 자기이익의 판단에 따라 투표를 한다. 따라서 정당이라는 것은 어떤 정책을 제시하는 집단이라기보다 선거에 이기기 위한 것을 목표로 하는 연합체로 본다. 이런 상황에서 많은 이익집단은 자기들의 이익을 위한 프로그램을 지지하는 정당의 정치가와 그들의 표를 맞바꾼다. 즉, 정부의 사회복지 지출은 이러한 민주주의 제도 하에서 각기 자기이익을 추구하는 이익집단 활동의 정치적 결과라고 본다(김태성 · 성경륭, 2000: 157).

한편, 이익집단론은 정부의 역할을 중시한다. 이익 집단론은 기본적으로 사회가 안정되어 있고 권력이 분산되어 있어 한 집단이 지배적인 권력을 행사할 수 없다고 전제하기 때문에, 다양한 이익집단의 이해상충을 조정하는 데 있어서 정부의 역할이 중요하다. 보건의료 분야에서 의료 소비자인 국민과 생산자인 의료전문직 간의 갈등을 중재하고 타협하게 하는 것이 국가의 역할인 것이다. 물론, 국가는 이때 중립적이어야 한다. 따라서 국가가 중립적이지 않다면, 국가가 중재에 나서더라도 대중의 이익보다는 국가 자체의 이익을 중시한다거나 권력이 분산되어 있지 않다는 비판과 반론이 제기될 수 있다(Lowe, 1993: 27-28).

이익 집단론이 사회복지정책 발달과정을 설명하는 데 있어서 기여한 것은 복지정책의 발달이 노동과 자본이라는 전통적인 계급관계를 넘어 이해관계가 서로 다른 다양한 집단이 제도를 둘러싸고 행사하는 영향력을 분석하고 각 집단 간의 이해관계를 드러냄으로써 정책과 이익집단 간의 관계를 파악할 수 있도록 했다는 점이다.

한편, 이익집단론은 다음과 같은 한계를 가지고 있다.

첫째, 복지국가의 성장 과정에서 계급의 영향력이 줄어든 반면, 특정한 직업집단의 이익을 대변하는 압력집단(pressure-group)의 영향력이 더 커졌다(Janowitz, 1976: 75)고는 하지만, 국가정책에 대한 영향력에 있어서 계급보다 이익집단의 힘이 더 강하다고 보는 것은 잘못된 것이라는 비판에 직면하게 된다. 둘째, 이익집단론은 선진산업국가 중에서도 정치적으로 다원화된 미국과 같은 국가에만 적용될 수 있어 세계 많은 나라의 북지국가 사회복지정책의 발달을 설명하는 데는 한계가 있다. 즉, 이 이론은 민주주의 제도가 정착되지 않은 국가나 혹은 민주주의 제도하에서도 이익집단의 정치적 힘이 상대적으로 중요하지 않은 국가에서의 복지국가 사회복지정책을 설명하는 데 어려움이 있다(남기민, 2007: 64).

5. 시민권론

시민권론(citizenship theory)은 사회복지정책의 발달을 시민권의 발달이라는 측면에서 진화론적 관점에서 설명한 것으로 마셜에 의해 개념화되었다. 그에 의하면 시민권은 공동체의 구성원에게 부여되는 여러 가지 권리와 권력을 향유할 수 있는 지위를 의미하며 공민권(civil right), 정치권(political right), 사회권(social right)으로 구성된다.

먼저 공민권은 개인의 자유, 표현 · 사상 · 신념의 자유, 사유재산권, 정당한 계약의 권리, 재판받을 권리 등 개인의 자유에 필요한 권리이다. 이 중 재판권은 다른 공민권과 차이가 난다. 재판권은 타인과의 평등성과 적법절차에 따라 만인의 권리를 보호하고 주장하는 권리(법 앞의 평등)이기 때문이다. 공민권과 직접적으로 연관된 제도는 법원이다. 공민권의 실질적 보장의 장애 요인(법적 보장과 실질적 비보장 간의 괴리)은 계급편견(편파성)과 부의 불평등이다.

정치권은 정치적 권위가 부여된 기구의 성원 또는 그 같은 기구의 성원을 뽑는 유권자(선거인)로서의 정치권력 행사에 참여할 수 있는 권리를 말한다. 유관제도는 국회와 지방의회이다. 복지권은 최소한의 경제적 복지와 보장에 대한 권리로부터 사회적 유산을 공유하고, 사회의 통상적 기준에 따라 문명화된 삶을 향유할 수 있는 권리를 말한다. 교육제도와 사회복지제도가 여기에 속한다(Marshall, 1977; 원석조, 2006: 186-187, 재인용).

마셜이 말한 시민권 중에서 복지에 관한 권리와 밀접한 관계에 있는 것은 사회권이다. 이런 맥락에서 사회권을 복지권(welfare right)이라고도 부른다. 마셜에 따르면 계급은 제도로서 존재하며, 재산과 교육제도, 국민경제의 구조적 산물로서 사회적 불평등의 체계로 본다. 계급이 불평등의 체계라는 점에서 계급과 시민권은 갈등 관계에 있지만, 사회적 효율을 해치지 않으면서 사회적 불평등을 완화할 수 있다면 사회적 불평등과 시민권은 양립할 수 있다고 본다. 즉, 사회적 불평등의 완화제가 시민권인 것이다.

이처럼 마셜은 시민권론을 통해 근대 자본주의 국가에서 불평등한 계급 구조와 평등주의적인 시민권 이념이 양립할 수 있음을 보여 주었다는 점에서 사회복지정책의 발달에 기여하였다. 그 외에도 마셜의 시민권론은 사회복지를 잔여적 복지가 아닌 시민의 기본적 권리의 하나로 설정함으로써 제도적 복지모형의 기준을 마련하였고, 사회복지를 거시적으로 연대성(solidarity)과 연계함으로써 현대사회 내에서 사회적 연대성의 강화에 영향을 미쳤다.

시민권론은 이러한 긍정적인 측면과 함께 다음과 같은 몇 가지 한계를 갖고 있다.

첫째, 시민권론은 영국의 복지국가 형성 과정을 기반으로 한 이론으로 이와는 다른 역사적 배경을 갖고 있는 제3세계나 사회주의 국가에 적용하는 데는 무리가 따를 수밖에 없다.

둘째, 시민권론은 사회복지정책의 발달을 진화론적 관점에서 접근하고 있으나 역사적으로 볼 때 사회복지정책의 발달에 영향을 미치는 복잡한 집단갈등이나 행동같은 정치적 역학관계를 설명하는 데는 한계가 있다(남기민, 2007: 58).

6. 음모이론

음모이론(conspiracy theory)은 사회양심이론과 함께 사회복지정책 발달을 목적론적 측면에서 파악하고 있으나 사회양심이론과는 정반대의 관점에 서 있는 이론이다. 사회양심이론은 사회복지정책이 인도주의적 이타심이나 사회적 양심의 발로로 보고 있으나 음모이론은 사회복지정책이 사회 전체의 안정과 질서유지 및 사회통제에 그 목적이 있다고 본다.

음모이론은 2가지 유형으로 구분할 수 있는데, 첫 번째는 피븐과 클로워드(Piven & Cloward)와 같이 구빈제도의 역사에 관한 연구결과이고 다른 하나는 마르크스주의자의 자본주의 사회복지정책을 비판한 것이다. 첫 번째 유형으로는 피븐과 클로워드의 빈민규제론(regulating the poor)이 대표적이다. 이들은 미국의 중산층 계급이 자비심이 아니라 빈민을 통제하기 위해 사회복지정책을 사용한다고 주장한다. 이들은 그 근거로 대량 실업과 같은 심각한 사회문제가 사회적 무질서를 야기하면 정부는 공적 복지제도를 확대하지만, 반대로 고용이 확대되고 사회가 안정되면 복지가 위축된다는 사실을 제시하고 있다. 이들의 주장은 사회복지가 인도주의나 경제적 · 정치적 엘리트들의 선한 의지의 결과라는 기존 통념을 완전히 부정하고, 사회복지의 확대는 서민이 생활처지의 추락과 궁핍화에 대해 저항하고 투쟁하는 것에 대한 지배계급의 대응책이라는 것이다. 즉, 사회복지의 진정한 수혜자는 지배계급이라는 것이다(원석조, 2006: 193).

음모이론의 또 다른 유형으로는 마르크스주의자의 저작에서 볼 수 있는데, 이들은 사회복지정책을 자본주의에 절대 필요한 안정과 효율의 유지를 위한 물리적 강압책으로 보고 있다. 또, 오코너(O'Conner)에 따르면 정부의 사회복지 지출액은 시장의 법칙에 따른 것이 아니라 계급 또는 집단 간의 사회경제적 투쟁에 의해 구조적으로 결정된다고 한다. 결국, 마르크스주의자는 사회복지정책을 단기적으로는 폭력사태의 방지를 위한 자본주의자의 수단으로 보고 있고, 장기적으로는 노동자 계급의 혁명에 대한 열정을 식히는 전략으로 보고 있다(김상균, 1987: 96-99).

음모이론은 사회복지정책 내에 숨겨진 정책결정자의 숨겨진 의도를 파악할 수 있도록 하여 정책목표의 다양성을 밝힐 수 있는 이론적 단서를 제공하였다는 점에서 의미를 갖는다. 그러나 음모이론은 첫째, 펨버튼(Pemberton)의 주장처럼 사회복지의 사회통제기능이 지배계급이 의도한 결과인지 아닌지가 불분명할 뿐 아니라 의도한 결과라고 하더라도 그 의도성을 증명할 수 없다는 약점을 가지고 있다. 둘째로, 음모이론은 사회적 위협세력과는 거리가 있는 노령자, 장애인, 모자가정, 소년소녀가장 등을 대상으로 하는 사회복지정책에 대해서는 설명하기 어려운 한계를 갖고 있다. 셋째, 음모이론은 정책의 의도를 과도하게 중시한 나머지 복잡한 정책형성 및 집행 과정의 현실을 제대로 반영하지 못하고 지나치게 단순화하고 있다.

7. 국가중심이론

이익집단론이 국가와 관료조직을 사회복지정책 도입의 중개자로 보고, 네오마르크스주의자의 계급투쟁론이 국가를 지배계급의 도구로 보는 데 비해 국가중심론 또는 국가론에서는 국가를 독립된 주체로 보고, 사회복지정책은 국가가 스스로 문제를 인식하고 해결하려는 노력의 산물로 파악한다. 이 이론은 국가를 적극적인 행위자로 간주하며 사회복지 수요가 비슷하더라도 국가의 대응방식에 따라 국가마다 복지정책의 발달에 차이가 나타날 수 있다고 본다(Baldwin, 1990; 원석조, 2006:182, 재인용).

국가중심이론(state-centered theory)은 사회복지의 수요 증대에 초점을 맞춘 이론과 달리, 사회복지의 공급 측면에 초점을 두고 복지국가 발전을 설명한다. 국가중심이론에서는 사회복지 공급 주체인 국가의 관료조직의 역할을 매우 중시한다. 특히, 사회적 쟁점과 그 해결책이 매우 복잡해져 가는 현대사회에서는 정치인과 이익집단의 역할은 약화되는 반면에, 관료와 전문가의 역할은 더 중요해진다고 본다.

패멜과 윌리엄슨(Pamel & Williamson)은 국가의 역량이 국민의 요구에 대한 국가의 대응능력을 좌우한다는 점에서 국가의 성격이 사회복지 수준을 좌우한다고 보고, 그 구체적인 이유를 다음과 같이 정리하고 있다(Pamel & Williamson, 1992: 45-46).

첫째, 국가의 중앙집권화와 코포라티스트(corporatist) 조직은 집권자가 원하는 정책의 시행을 위해 복지비 확대를 가져온다. 정부, 기업, 노조의 엘리트가 고도로 집중화(코포라티즘)되어 있으면 복지확대를 반대하는 분파의 저항을 효과적으로 제압할 수 있다. 그리고 복지확대에 대한 국민적 합의를 이끌어 내기도 쉽다.

둘째, 행정기관 관료제의 확대는 복지비 지출을 증대시킨다. 행정조직의 확대는 인건비 지출과 자체예산의 확대를 가져온다.

셋째, 국가 조세구조도 복지비 지출과 관계가 있다. 직접세와 사회보장세의 비중이 높으면 복지비 지출이 상대적으로 어렵다. 간접세의 의존도가 높으면 복지비 증대에 필요한 조세의 증액에 대한 반대가 상대적으로 적다.

넷째, 선거의 시점도 복지비 지출의 시점에 영향을 줄 수 있다.

다섯째, 국방비와 같이 경쟁관계에 있는 지출 항목이 복지비 지출을 억제할 수 있다. 전쟁 중이거나 국가 간 긴장도가 높을 경우 군사비는 복지비에 우선한다. 국가중심이론은 지금까지와는 달리 소극적 주체가 아닌 사회복지를 제공하는 적극적 행위자로서의 국가를 강조함으로써 사회복지정책 발달에 대한 이론적 지평을 확대하는 데 긍정적으로 이바지하였다고 볼 수 있다. 그러나 국가중심이론은 다양한 국가의 구조적 특성을 강조함으로써 결과적으로 각각의 국가에 사회복지정책의 발달을 설명하는 일반적 틀로서 적용하기 어려운 한계가 있다.

8. 정치경제학적 이론

자본주의 국가의 사회복지정책에 대한 정치경제학적 이론(political economy theory)으로는 자본논리론, 계급투쟁론 등이 대표적이다.

1) 자본논리론

자본논리론의 대표적 주창자로는 진스버그(Ginsberg, 1979)와 거프(Gough, 1979)를 들 수 있다. 먼저, 진스버그(Ginsberg, 1979)에 의하면 사회복지의 첫 번째 기능은 노동예비군, 가부장제 가족 및 숙련 노동력을 재생산(reproduction)하는 것이다. 두 번째 기능은 빈곤의 해결과 안정되고도 충분한 자본축적(accumulation)을 위한 수단이다. 사회복지정책이 자본주의 발전에 반드시 필요한 노동력을 제공함으로써 자본축적에 기여한다는 것이다. 가장 대표적인 것이 보건의료정책과 교육정책이다.

거프(1979: 64)는 정치경제학적 입장에서 복지국가를 자본의 운동법칙과 계급투쟁의 결과, 즉 자본주의 발전의 필요성에 대한 기능과 조직화된 노동자 계급의 정치적 갈등의 결과로 설명하였다. 자본주의 발전의 필요성이란 자본주의적 사회관계의 장기적인 재생산을 보장하기 위한 정책을 입안하고 수행하는 자본주의 국가의 능력을 의미하고, 계급투쟁이란 계급갈등의 정도, 노동자 계급의 투쟁과 힘의 형태를 의미한다. 자본주의 국가의 복지개혁은 계급투쟁의 산물인 동시에 국가가 장차 노동자 계급에 의해 제기될 자본에 대한 잠재적 위협을 사전에 제압하고, 규제하기 위해, 자본축적의 원활화와 방해 요소를 제거하기 위한 '장기적인 포석'으로 그 도입에 동의하고 경우에 따라서는 주도적으로 그것을 추진한 결과라는 것이다(원석조, 2006: 198).

2) 계급투쟁론

계급투쟁론은 자본주의 국가의 사회복지정책을 노동자 계급의 정치적 투쟁의 성과물로 간주하며, 이들에게 복지국가는 노동자 계급의 이익을 대변해 주는 노동당 정부와 사회민주적 정부가 주도하여 만든 노동자를 위한 복지정책으로 본다(Gough, 1979: 61, 67).

계급투쟁론에 따르면 노동운동 진영과 좌파가 사회복지의 지출을 꺼리는 부르주아[1]에 대항하여 모든 무산대중의 이익을 대변하여 압력을 행사할 힘이 있을 때 복지국가는 가장 번창한다. 즉, 복지국가는 노동자 계급과 사회적 약자의 편에 서서 보편적 · 평등주의적 사회복지정책을 도입시킨 좌파의 능력의 증거로 간주된다.

복지국가는 사회주의자의 압력에 의해 만들어졌다는 것이다(Baldwin, 1990: 41-43). 그러나 계급투쟁론에도 문제가 있다. 계급투쟁론자가 복지국가를 노동자 계급의 중대한 승리, 부르주아지 영토에 대한 프롤레타리아의 전략적 상륙거점으로 간주하고 있지만, 그런 것만은 아니다. 제2차 세계대전 이후 유럽의 사민당과 노동운동이 적극적으로 사회복지정책의 확대를 요구하고 이의 관철을 주도하기 전까지만 해도 사회복지정책의 도입에 있어 노동자 계급의 역할은 매우 제한적이었다. 미국에서는 계급보다는 시민의 요구가 변수였으며, 미국의 노동운동조직은 언제나 사회복지정책에 대해 모호한 태도를 보였다(Quadagno, 1984).

---

1) 생산수단을 소유하지 못한 무산계급(proletariat)에 대한 반동적 자의식을 가진 유산 계급.이다. 부르주아(Bourgeois) 계급은 구체적으로 16세기 지리상의 발견이나 해상 무역의 확대로 인해 경제적 실권을 쥐게 된 상인이나 지주 계층을 의미한다 부르주아는 무산계급의 값싼 노동력을 활용하여 이익을 극대화하는 계층이다. 근대 이후 부르주아 계급은 여러 형태의 프로레타리아 혁명이 시도됐음에도 불구하고 붕괴되지 않았다. 그 점에서 역사의 변증법에 의해 자본주의적 토대가 사회주의적 토대로 전환될 것이라고 했던 마르크스의 이론은 수정되어야 했다. 이후 제2 인터내셔널기의 로자룩셈부르크나 안토니오 그람시, 루이 알튀세 같은 후기 막시스트들이 마르크스 이론의 공백을 발견하려는 의지를 보여주었다. 그들이 발견한 것은, 부르주아지는 자기 욕망을 합리화하는 이데올로기를 빠른 속도로 사회에 유포한다는 점이었다. 즉, 부르주아는 자본주의에 도전하는 사회주의 이데올로기를 포용하고 파편화된 자기 이데올로기를 복구할 수 있는 능력을 가진 계급으로서 스스로의 욕망을 합리화하는 부르주아 윤리를 생산한다. 문학비평용어사전, 2006.

04
CHAPTER

사회복지정책의 과정 분석

1. 정책의제
2. 사회복지정책 대안의 형성
3. 사회복지정책의 결정
4. 정책집행
5. 정책평가

사회복지정책 분석에 대한 주요한 접근방식은 3가지 P의 관점에서 설명될 수 있다. 3P는 과정(process), 산출(product), 성과(performance)다.

과정 분석에서는 정책을 어떻게 계획하는가에 주목하고 사회의 정치집단, 정부, 이익집단 사이의 관계와 상호작용이 정책형성에 미치는 영향을 이해한다. 성과 분석(평가 분석)에서는 정책을 선택한 계획적인 결과에 대해 서술하고 평가하는 것에 주목한다(Gilbert & Terrell, 2005; 박정호, 2001).

사회복지정책의 과정을 어떻게 나눌 것인가에 대한 학자의 의견은 제각각이다. 기획에서부터 정책을 형성하고 평가와 환류를 포함하는 학자 칸(Kahn)이 있는가 하면, 길버트 등은 문제를 확인·분석하고 이를 홍보한 후 목표를 개발하고 설계하며, 집행과 평가를 행하는 8단계로 나누어 설명하기도 한다. 대체적으로 공통된 내용을 담고 있는데 문제를 인식하고 이를 해결하기 위한 대안을 만들어 집행에 들어가고, 평가와 환류를 거치는 과정이다.

〈표 4-1〉 학자별 정책과정 분석

프리먼과 셔위드 (Freeman & Sherweed) 정책개발과정	디니토(DiNitto)의 정책형성과정	칸(Kahn)의 기획과정	길버트 외 (Gilbert et al.)의 정책형성과정
• 기획 • 프로그램 개발과 집행 • 평가	• 정책문제 확인 • 정책대안 형성 • 정책 정당화 • 정책 집행 • 정책 평가	• 기획 • 탐색 • 기획과정 확정 • 정책형성 • 프로그램화 • 평가 및 환류	• 문제확인 • 문제 분석 • 공중홍보 • 정책목표 개발 • 프로그램 설계 • 집행 • 평가와 사정

1. 정책의제

정책은 문제를 해결하려는 의지에서부터 비롯된다. 사회문제, 또 사회복지와 관련된 문제를 해결하려는 노력의 결과물이 곧 정책이 된다. 정책은 '문제'를 '문제'로 보는 시각에서 비롯되는데, 그대로 방치할 수 없고 개선되어야 한다는 인식이 들어야 한다. 또, 이를 개선하려는 주도세력이 필요하다.

문제는 사람에 따라 상이하게 인식된다. 어떤 사람은 그것을 문제로 인식하지만 다른 사람은 그것을 일상의 일로 여길 수 있다. 사회문제는 '사회를 구성하는 대다수의 사람이 그것을 해결해야 할 문제라고 인식할 때' 성립한다는 것이다. 이런 점에서 본다면 사회문제는 '사회적으로 만들어지는 것'으로 정의할 수 있다.

또한, 사회문제는 사람의 충족되지 못하는 욕구에서 비롯되기도 한다. 그렇지만 그 욕구가 충족된다 하더라도 새로운 욕구가 생겨나기 때문에 사회문제는 항상 존재하게 된다.

1) 이슈

사회문제나 사회복지적 개입이 필요한 사안과 요구가 정책 과정에 오르기 위해서는 정치적 논점으로 부각시킬 필요가 있다. 이렇게 정치적 논점으로 부각된 문제나 요구를 '이슈(issue)'라고 한다. 이슈는 공공의 관심을 끌어야 하며, 공공정책상의 논점으로 부각되어야 한다. 그렇지 못할 경우 이슈라고 부르기 어렵다.

특히, 사회복지문제는 사회적 약자의 목소리가 대부분이기 때문에 공공의 관심을 지속시켜 나가면서 정책형성의 과정으로 끌어나가는 것은 결코 쉬운 일이 아니다.

공공의 관심을 끌기는 했으나 정치적 논점으로 부각되지 못하고 무시되는 경우 없이슈(non issue)를 말한다. 통일과 분배, 사회정의 실현을 바라는 국민의 욕구와 주장이 권력기관이나 정부에 의해 의도적으로 사장되는 경우가 이에 해당한다.

잠재적 이슈는 공공의 관심을 끌었지만 시간이 지나면서 관심 밖으로 밀려 났거나 공공정책상의 논의가 이루어지지 않은 경우에 이슈로서의 기능은 상실된다. 이런 경우 잠재적 이슈로 분류된다.

(1) 이슈를 둘러싼 집단

드러난 문제를 해결하기 위해 그 문제를 제기하고 국민에게 널리 인식시키려고 하는 사람을 의미한다. 사회복지문제를 이슈화하고자 하는 이슈 제기자는 그 문제로 고통받고 있는 클라이언트이거나 사회복지전문가인 경우가 많다.

가. 이해 당사자

이슈 갈등에 참여해 직접 논쟁을 벌이는 사람이나 집단을 말한다.

나. 동일 집단

제기된 이슈에 걸려 있는 이익과 자기 자신의 이익을 동일시하는 집단이다. 이슈의 갈등 상황 속에 적극적으로 개입하는 첫 번째 집단이다. 연대감이 높고, 지속적인 활동을 벌이는 것이 보통이다.

다. 관심 집단

대부분의 이슈에 대해서는 흥미를 느끼지 않지만, 특정 이슈에 대해서는 동일시 집단과 마찬가지로 이슈화되기 이전부터, 적어도 일반 공중보다 일찍 이슈에 대해 알고 관심을 갖는 집단이다.

라. 관심 공중

이슈에 대해 일반적으로 알고 있고 관심을 가지고 있는 집단을 말한다. 대체로 교육수준이 높고, 소득 수준이 높은 인구층으로 구성된다. 여론 지지층이 바로 이 계층에 속한다. 무관심했던 사람에게 이슈의 중요성과 동참을 유도하는 역할을 담당한다.

마. 일반 공중

이슈에 대해 관심도 이해도 없는 계층이다.

(2) 이슈 제기자

가. 클라이언트

사회복지정책의 대상이자 여러 가지 문제로 고통을 받는 사람이다. 자신의 고통 해결과 욕구 충족을 위해 사회복지문제의 이슈 제기자가 된다. 자신에게 국한된 문제에만 집착하는 경향이 있다. 의도적이고 계획적이기보다는 비의도적이고 무계획적인 경우가 많다.

문제를 정확하게 파악할 수 있는 능력이나 지식이 결여되어 있는 경우도 많고, 이들을 이슈화할 수 있는 지식이 충분하지 못한 경우가 대부분이다.

나. 사회복지전문가

클라이언트의 문제점을 잘 숙지하고 있는 집단이다. 사회복지문제의 성격과 해결방안, 정부의 역할과 능력 등에 대해서도 깊이 있는 지식을 가진 집단이다. 사회복지문제의 이슈 제기자로서 가장 중요한 역할을 담당하는 집단이기도 하다. 사회복지문제를 이슈화하여 정부 아젠다 위에 올려놓는 데 최적인 사람이다.

다. 언론

언론은 사회복지의 이슈 제기자다. 그러나 항상 적극적인 것은 아니다. 사회복지 전문가가 사회복지문제의 심각성이나 중요성을 사전에 알려 줄 필요가 있다.

라. 정치인

적극적이고 능동적인 이슈 제기자는 아니다. 선거기간 동안 적극적으로 사회복지문제에 관심을 가지며 사회복지문제를 이슈화하는 경향을 보인다.

(3) 이슈화 견제전략

콥과 엘더(Cobb & Elder, 1970)는 이슈 갈등의 확산을 방지하는 방법으로 집단을 위한 전략과 이슈에 대항하는 전략으로 구분 · 설명하고 있다.

가. 대 이슈 전략

이슈의 확산 방지를 위해 초점을 이슈에 둔다. 이슈에 대해 다시 한 번 상징적인 보상을 제공하거나 보증이나 확약을 함으로써 이슈를 약화시키는 데 목적이 있다. 부각되고 있는 문제의 극히 일부분에 대한 해결방안을 실행해 문제해결에 노력하고 있음을 알리는 것이다. 물론, 문제의 해결보다는 해당 이슈가 더 이상 확대되는 것을 막는 데 초점을 둔다.

문제가 생기면 새로운 부서나 기관을 설립하는 것도 하나의 방법으로, 김영삼 정부 시절 대형사고가 나면 해당 기관(예: 해양청)을 설립했던 것이 이에 속한다. 상대방이 사용하는 상징적 문구나 구호를 사용함으로써 상대방의 이슈를 희석하는 것도 하나의 방법이다.

나. 대집단전략

이슈를 제기한 집단의 정통성이나 윤리적 사항을 공격하여 해당 집단의 이슈 확장을 막는 데 주안점을 둔다. 해당 집단의 과격했던 과거 경력을 상기하거나 윤리성을 거론하기도 한다. 이슈 제기 집단의 지지 근거를 조금씩 없애나가는 방법도 대집단전략의 하나다. 문제 제기 집단의 핵심 인력을 정부 측의 위원회나 대책위, 상임위 등에 참석시키는 방법도 있다.

2) 아젠다 형성

사회복지와 관련된 여러 문제가 이슈화되고, 일반 국민의 관심을 불러일으키게 되면, 정책을 결정할 수 있는 권위 있는 사람에 의해 논의가 시작된다. 이런 과정이 곧 아젠다 형성 과정이 된다. 아젠다는 문제나 이슈로 구성되는 공적인 논의 대상으로 부각되어야 한다.

복잡한 여러 가지 사회문제 중에서 정부가 그 중요성을 인정해 적극적으로 그 해결 방안을 모색해야 할 정책문제로 채택하는 과정이 의제설정(agend setting)이다. 이는 곧 정책문제의 채택이라고도 한다. 정책문제란 다수의 사회문제 중 정부가 해결의 필요성을 인정하고 공식적으로 받아들인 사회문제다. 따라서 복잡하고 다양한 성격을 갖는다. 정책결정자의 주관적 판단에 의해 채택된다. 반드시 객관적이고 합리적일 필요는 없으며 오히려 주관적 인공적 자의적인 성격을 보이기도 한다.

이슈는 "여러 가지 공공 문제 중 논쟁의 대상이 되는 문제"이고, 아젠다는 "수많은 사회문제들 중에서 정부가 문제로 인식해 정책적 해결을 위하여 공식적으로 채택한 의제의 목록을 말한다". 여기에서 정부의 선택은 자발적 혹은 비자발적인 것 모두 포함이 된다.

(1) 아젠다의 종류

가. 체제아젠다, 제도아젠다

콥와 엘더는 아젠다를 체제아젠다와 제도아젠다로 분류하였다. 체제아젠다는 공공의 관심을 끌 가치가 있고, 정치적 공동체의 구성원이 공통적으로 인지하고 있는 이슈를 말한다. 제도아젠다는 공식 아젠다로서 권위 있는 의사결정자가 적극적이고 진지한 관심을 기울이는 이슈의 모음이다.

나. 공공아젠다, 공무아젠다, 운영아젠다

아이스톤(Eyestone, 1974)은 사회 공공의 관심을 끄는 장기적 이슈를 공공아젠다로 정의하였다. 공무아젠다는 정책결정이 일상적으로 이루어지는 이슈 항목이며, 운영아젠다는 건설적인 관심을 갖는 이슈로 구성된다고 주장하였다. 즉, 법원의 의사일정표, 청문회, 입법부에 상정된 법안 등이 이에 해당한다.

다. 정부아젠다, 결정아젠다

킹돈(Kingdon)은 아젠다를 정부아젠다와 결정아젠다로 분류하였다. 정부아젠다는 정부의 관료가 관심을 기울이는 주제의 목록으로 정의하였다. 결정아젠다는 문제의 흐름, 정치의 흐름, 정책의 흐름이라는 3가지 흐름이 만나서 만들어지는 아젠다로 규정하였다.

2) 아젠다 형성 이론

가. 존스의 이론

존스(Jones)는 정책아젠다의 형성 과정을 사건의 인지 및 문제의 정의 단계, 결집과 조직화 단계, 대표 단계로 나누어 설명하고 있다.

사건을 인지하는 단계란 잠재해 있던 사회문제가 국민에게 인식되고 해결 의지를 보일 때 그 문제는 정책의제로 논의된다는 것이다. 중요한 것은 그 문제가 어떻게 정의되는가이다. 정의에 따라 해결책도 달라지기 때문이다. 정의된 문제해결을 위해 조직이 만드는 것이 두 번째의 결집과 조직화 단계이다. 세 번째의 대표 단계는 국민과 국민의 문제를 정부가 해결하도록 연결하는 활동이다.

나. 아이스톤의 모형

아이스톤은 아젠다 형성 과정으로 다단계 형성 과정을 제시하였다.

첫 번째 단계는 사회문제의 인식 단계이다. 두 번째 단계는 사회적 이슈화 단계이다. 세 번째 단계는 공공아젠다 의제 단계이다. 정부의 정책적 해결이 필요하다고 인정하는 단계이다. 네 번째 단계는 공무아젠다 의제 단계이다. 정책결정의 대상에서 결정으로 이어지는 단계이다.

다. 콥과 로스의 이론 모형

콥과 로스는 외부 주도 모형, 동원 모형, 내부 접근 모형으로 구분한다. 외부 주도 모형은 개인이나 집단에 의해 이슈가 만들어지고, 이것이 다시 공공아젠다를 넘어 정부아젠다로 이어진다. 민주적 정치체제를 설명하는 이론이기도 하다. 공식적인 권한을 갖고 있는 정부기관이 자기들의 불만, 피해 고충 등의 해결을 요구하는 외부집단의 압력에 굴복하는 과정을 밟는다.

동원 모형은 정부에서 먼저 이슈가 만들어지고, 국민의 지지를 얻는 것이 나중인 경우에 해당한다. 이른바 엘리트 모형이라고도 하는데, 소수의 정부 내 엘리트가 문제의식을 갖고 만들어 낸 것을 국민이 동의 혹은 추인하는(강제도 포함) 경우이다. 일반적으로 정치적 민주화가 덜 이루어진 후진국의 정치체제에서 많이 발견된다. 과거 우리나라의 대부분 정책결정은 바로 이 동원 모형으로 설명된다. 정책시행의 만족도가 떨어지는 것은 당연했다.

내부접근 모형은 정부기관 내에서 이슈가 창출되지만 공중에게는 확산되지 않는 경우다. 아젠다는 정부 내의 관료집단이나 정책결정자들에게 쉽게 접근할 수 있는 특정한 외부집단에 의해 주도되는 과정을 설명하는 이론이다. 공론화의 과정을 거치지 않기에 정책결정자들에게는 충분한 압력이 가해지지 않는다.

2. 사회복지정책 대안의 형성

1) 정책대안의 의미와 성격

사회복지문제를 해결할 수 있는 대안을 연구하고 논의하며, 어떤 정책이 가장 바람직한 것인가를 비교·분석하는 과정을 말한다.

(1) 정책대안 형성의 의미

주어진 목표를 달성하기 위해 어떤 문제에 대해 가능한 해결방안을 찾아보고 개발하는 과정이다. 넓은 의미로는 문제를 포괄하고 있는 상황을 파악해 목표를 세우고, 이를 달성할 수 있는 수단을 개발하며, 타 대안과 비교 · 분석하는 과정을 의미한다.

(2) 정책대안의 성격

가. 비정치성

사회복지정책의 대안 형성은 사회복지 전문가나 사회복지를 연구하는 학자, 관료에 의해 이루어지는 것이 보통이다. 이 과정은 비교적 이해관계자와의 상호작용 없이 이루어지고 있다. 비교적 정치색이 없이 합리적으로 이루어진다고 할 수 있겠다.

나. 기술적 과정

정책대안을 개발하고 비교 · 분석하는 과정에는 여러 가지 분석기법이 동원된다. 철학과 윤리학 등은 물론 응용과학에 이르기까지 제반 분석기법이 이용되기도 한다. 정책대안의 형성 과정은 종합 과학적 성격을 지닌다.

2) 사회복지정책 대안의 형성과정

(1) 문제와 상황파악

사회복지문제를 이해하는 관점은 다양하다. 어떤 사람과 집단은 문제로 인식할 수 있지만, 다른 집단은 전혀 문제로 인식하지 않을 수 있다. 문제로 인식한다 해도 사람에 따라, 혹은 문화권에 따라 문제에 대한 정의와 해결책을 찾는 과정이 상이하다. 문제해결을 위해서는 몇 가지 고려되어야 할 요인은 다음과 같다.

- 문제나 욕구의 원인을 파악하는 것이 필요하다. 사회문제가 발생하게 된 원인이 개인에게 있는 것인지, 사회 구조(환경적인 측면)에서 비롯된 것인지에 대한 면밀한 분석이 필요하다.
- 문제가 미칠 영향력의 범위를 추정하는 일이다. 영향을 받는 사람의 범위와 심각도도 고려대상이 된다.
- 얼마나 많은 사람이 이 문제를 해결해야 할 과제로 인식하고 있느냐의 여부를 고

려하여야 한다.

- 문제를 해결할 능력이 있는가 이다.
- 문제의 성격도 규정되어야 한다. 해결되어야 할 문제가 어느 정도 사회적 중요성을 갖는가, 어떤 정치적 성향을 띄는가에 대한 판단도 요구된다.

(2) 정책목표 설정

목표 설정 과정은 미래 지향적인 활동이며, 만들어진 정책목표를 구체화하는 과정도 포함된다. 목표를 구체화하기 위해 상위 목표는 하위 목표와 연결되는데, 하위 목표는 가능한 한 구체화·계량화할 필요가 있다.

목표 설정 시 고려되어야 할 사안은 다음과 같다.

- 정책문제의 특성이 있다.
- 문제해결 목표의 종류와 성격이 있다. 이것은 장단기, 거시 혹은 미시, 전국적, 혹은 지역적, 복수 혹은 단일 등을 말한다.
- 클라이언트와 지역사회와의 관계와 환경이 있다.
- 타 목표와의 연계성이 있다.
- 정책목표가 기초한 가치가 있다.

(3) 대안탐색

정책의 대안을 마련하기 위해서는 문제의 본질과 이를 둘러싸고 있는 상황, 미래에 대한 정보수집 후 전문가의 종합적인 검토가 뒤따라야 한다.

정책대안을 찾는 손쉬운 방법이자 가장 많이 사용하는 방법은 과거의 정책을 살펴보는 것이다. 과거나 현재의 정책집행 결과를 면밀하게 분석하면 앞으로의 정책과정에서 야기될 시행착오를 줄일 수 있는 장점이 있다. 그러나 급변하는 환경 속에서는 별다른 효과를 얻지 못할 수 있다. 과거의 경험이나 현재의 상태를 답보해서는 불확실한 미래의 문제를 해결하기 어렵기 때문이다.

두 번째 방법은 해외로 눈을 돌려 외국의 사례를 찾아보는 방법이 있다. 주의해야 할 것은 외국의 사회 · 문화 · 정치 · 경제적 환경 차이를 충분히 감안해야 한다는 점이다. 문화적 차이와 해당 국가의 특성을 무시한 채 정책을 도입한다면 예상치 못한 결과에 직면하게 된다.

세 번째 방법은 사회복지학, 심리학, 정치학, 사회학 등의 지식과 이론으로부터 정책대안을 만들어 내는 것이다. 없던 것을 새롭게 창출해 내는 것이다.

네 번째는 주관적 판단에 따라 해결방안을 찾는 직관적 방법이 있다. 앞선 예가 없거나 관련 지식이 없을 경우의 방법이다.

(4) 대안의 비교 · 분석

합리적이며 효율적이고 부작용이 적은 대안을 찾아가는 과정이다. 현실적으로 제시된 수많은 대안을 분석하는 것은 어렵다. 대안의 비교에 드는 막대한 비용, 시간상의 제약, 명확한 비교 우위를 기록하는 기술상의 문제 등이 부각되었다. 이런 문제를 해결하기 위해 예비 분석(거친 분석)을 통해 본격적으로 검토할 대안을 찾는 선정 작업(screen)이 이루어진다. 대안의 분석 기준은 실현 가능성에 있다. 대안은 정치적, 기술적 실현 가능성을 충족시켜야 한다. 또한, 능률과 효과, 그리고 사회적 형평에 부합되어야 한다.

가. 기술적 실현 가능성

정책을 집행하게 되는 기관의 전문화 정도, 재정능력, 행정적 처리능력 등이 주 내용이 된다.

나. 정치적 실현 가능성

아무리 훌륭한 대안이라 해도 국민의 동의를 얻지 못한다면 무용지물이다. 따라서 국민의 동의를 얻는 대표적인 방법인 의회 통과는 매우 중요하다. 이상적인 대안이 마련되었다 해도 국회의 동의를 얻지 못해 사장되는 경우가 흔치 않게 발생하고 있는 것이 현실이다. 또한, 국회의 동의를 얻는다 해도 대통령이 거부권을 행사하면, 정책은 무용지물이 되고 만다.

다. 효율성

투입과 산출의 관계를 의미하는 것으로서 투입 대비 최대한의 결과물이 나와야 한다. 한정된 자원으로 복지적 개입과 지원을 하는 사회복지정책의 경우 최대한도의 결과를 얻어 내야 한다.

라. 효과성

정책의 목표달성 정도로서 최대의 결과를 얻는 것을 의미한다. 이때 자원의 양을 얼마로 하는지는 고려 대상이 되지 않는다.

마. 사회통합

사회적 약자나 소외계층에 대한 지원과 서비스로 균열되고 극화되었던 우리사회가 얼마나 통합되었는가에 초점을 둔다.

바. 형평성

사회적 약자인 클라이언트의 존엄과 권리가 훼손되지 않아야 한다. 사회적 약자가 사회체제로부터 불리하거나 불합리한 대우를 받아서는 곤란하다.

형평은 수평적 형평과 수직적 형평으로 나눌 수 있다. 수평적 형평은 서비스의 배분이 모두 동일해야 하는 것을 말하고, 수직적 형평은 나이나 성별, 건강, 소득 등에 차이가 있을 경우 서로 다른 기준을 적용해야 한다는 주장이다.

사회복지서비스는 균등한 서비스 제공보다는 사회적 약자나 소외계층을 대상으로 복지서비스를 제공한다. 사회적 약자에게 보다 많은 서비스가 제공되어야 사회적 형평이 달성된다고 본다.

(5) 대안형성의 애로점

가. 예측능력

과거의 경험과 현재 상황을 기초로 미래를 정확히 예측하는 것은 매우 중요한데 정확하지 못한 정보와 자료 부족, 판단 실수 등으로 인하여 좋은 정책대안을 개발하지 못하는 경우도 있다.

나. 계량화

사회복지정책은 욕구를 해결하는 과정이다. 욕구 충족의 정도와 만족도를 수치화하는 것은 결코 쉬운 일이 아니다. 본질적으로 수치화할 수 없는 부분도 많다. 사회복지 목표와 측정에 필요한 지표와 척도를 개발하는 것이 과제이다.

다. 비용과 시간

자원과 시간은 항상 유한하다. 시간이 촉박할 경우 충분한 검토 없이 정책이 수립될 때가 있다. 그런가 하면 제대로 만들어진 정책이 자원의 부족으로 제대로 실행되지 못하는 경우도 발생한다.

3. 사회복지정책의 결정

1) 정책결정의 의미

권위 있는 정책결정자가 문제의 해결을 위해 여러 가지 대안 가운데서 하나를 선택하는 행위나 과정을 말한다. 또한, 여러 가지 대안이나 이미 결정된 사항이라도 집행의 우선순위를 정하는 것도 정책결정의 과정이라 할 수 있다. 정책결정의 특성을 살펴보면 다음과 같다.

첫째, 권위 있는 사람에 의해 만들어진 결정이다.

둘째, 사회복지 문제를 둘러싼 서로 다른 이해세력 사이에서 제안된 여러 안 가운데 하나를 선택하는 행위이다. 이는 사회세력의 다툼 속에서 정책이 결정된다는 의미이기도 하다.

셋째, 사회복지정책은 공익적 성격을 갖는다. 사회문제의 이해를 조정하면서, 대안을 선택할 때는 공익이 가장 먼저 고려되어야 한다.

넷째, 정치적 성격이다. 사회복지정책이 사회적 약자와 소외계층을 위한 공적 성격을 띤다 해도 사회복지 문제를 둘러싼 사회세력 간 타협의 산물이기에 정치색을 완전히 배제할 수는 없다.

다섯째, 정책은 단기적이고 일방적인 것이 아닌 중·장기적 시각에서 만들어지는 것이 보통이다. 또한, 해당 문제해결만을 고집하는 것이 아닌 다른 정책과의 관계 및 장래의 사회적 상황변화 등 사회 전체적 입장에서 보는 포괄적 시각이 요구된다.

2) 정책결정 모형

의사결정이론은 1940년대와 1950년대를 기점으로 형성되었다. 규범적 차원에서 합리적 의사결정을 어떻게 진행시켜야 한다는 이상적 접근법이 제기되었다. 비용편익분석, OR(operation research), 모의실험(simulation) 기법, 결정분석(decision analysis) 기법, 선형 계획(linear programing) 기법 등 각종 통계적, 계량적 기법을 사용해 의사결정을 돕게 되었다.

이어 의사결정에 대한 실증적 연구가 진행되었는데, 인간의 합리성 추구는 태생적으로 제한을 받을 수밖에 없다는 전제에서 출발되었다. 만족 모형과 점증 모형이 여기에 속한다.

(1) 합리 모형(rational model)

인간이 이성과 합리성에 기초해 정책을 결정한다고 보는 이론이다. 정책결정 관련자가 모두 이성적이고 합리적이라는 가정에서 출발한다. 따라서 문제에 대한 명확한 이해가 이루어지며, 가장 효과적인 해결책이 마련될 수 있다고 가정한다. 각 대안이 초래할 결과를 모든 정보를 통해 분석하고 비교하는 작업도 포함된다.

합리 모형의 문제는 인간이 항상 합리적이지는 않다는 데서 비롯된다. 모든 정보를 수집할 수 있다는 가정도 어긋난다. 현실적으로 정책결정자가 미래를 완벽하게 예측해 결정을 내린다는 것은 있을 수 없다. 합리적인 결정을 내렸다 해도 이미 많은 자원이 다른 정책에 투입이 되었다면 이를 되돌리는 것도 현실적으로 부담이 된다.

(2) 만족 모형(satisfaction model)

마치와 사이먼(March & Simon) 등에 의해 제창되었다. 합리 모형이 '인간의 전능성'을 가정했던 것에서 탈피, 제한된 합리성에 기초한 이론이다. 모든 대안을 검토하지는 않으며, 가능한 한 다수의 대안을 검토하다가 어느 정도 만족스러운 결과를 얻을 수 있는 안을 채택한다. 현실적으로 만족할 만한 대안을 찾는 데는 유용한 모형이다. 만족 모형에서는 정책의 목표가 항상 명확하다고는 보지 않는다. 정책의 탐색과정에 있어서도 유력해 보이는 소수의 대안을 우선적으로 검토하게 된다. 이 중 부적절하다고 판단되면 다른 대안을 검토한다. 이런 과정을 거치면서 만족할 만한 대안을 선택하는 일련의 절차를 밟는다.

만족 모형의 단점은 객관성 결여에서 나온다. 만족이라는 개념 자체가 지극히 주관적이기 때문이다. 어느 정도 수준이면 만족할 것인가에 관한 중지를 모으기는 쉽지 않다. 정책이 미치는 정도와 범위가 크지 않은 사안일 경우 정책결정자의 만족모형과 같은 정책결정은 인정될 수 있다.

만족 모형은 일단 만족할 만한 정책 대안을 찾게 되면 또 다른 대안 찾기가 중단된다. 설혹 더 효과적인 대안이 남아있다 해도 마찬가지다. 따라서 만족 모형은 보수적인 성향을 갖는다.

(3) 점증 모형(incremental model)

린드블럼(Lindblom, 1959)과 윌다프스키(Wildavsky) 등이 주장하는 정책모형이다. 정책결정 과정은 과거의 정책을 기초로 점증적 차이가 있는 정책대안을 검토하고 과거의 정책을 수정한 정책결정이 이루어진다는 주장이다. 여론의 반응을 보고 다시 정책을 세우는 등 과거와는 다른 정책이 만들어지는 과정이 반복된다고 보았다. 이런 특성 때문에 '지속적이고 제한적인 비교에 입각한 모형'으로도 불린다.

점증 모형의 특징을 살펴보면 다음과 같다.

첫째, 제한된 합리성이 있다. 이는 만족 모형과 같다. 기간과 비용, 정보와 능력의 부족 등으로 의사결정자가 매번 새로운 정책을 만들어 내기는 현실적으로 어렵다는 것이다.

둘째, 정치적 성격이다. 현재의 정책은 다양한 정치세력과 이해관계자의 타협의 소산물이다. 새로운 정책을 채택한다는 것은 과거의 합의를 근본적으로 부정한다는 의미가 될 수도 있다. 정책은 행정부나 정부가 독단적으로 만드는 것이 아니다. 사회 전 구성원에 의해 분석되고 평가되는 과정을 겪다 보면 정책은 필연적으로 정치적인 성격을 지니게 된다.

셋째, 기존의 정책을 기초로 하는 만큼 기존의 정책이 바람직하다는 것이 전제되어야 한다. 시간에 쫓겨 졸속으로 책정된 정책이 시행되고 있다면, 정책의 악순환은 계속될 수밖에 없다.

최적 모형은 초 합리성이란 개념을 도입해 합리모형을 한 단계 더 발전시켰다는 평을 받았다. 그러나 초 합리성의 달성방법이 명확치 않으며, 이를 강조할 경우 자칫 신비주의로 이어질 수 있다는 지적을 받고 있다.

넷째, 단기적인 정책에만 관심을 갖고, 장기적 안목이나 장기적 정책을 등한시 하게 된다.

(4) 혼합 모형(mixed scanning model)

에치오니(Etzioni)가 주장한 혼합 모형은 합리 모형과 점증 모형의 절충형이다. 인간을 전능한 존재로 인식한 데서 나오는 단점과 점증모형의 보수성을 보완하기 위한 제3의 모형이다.

혼합 모형에서는 종합적 합리성(comprehensive rationality)이 강조된다. 기본적인 결정에는 합리성이 작용하지만, 세부적인 결정에서는 점증적인 결정이 이루어진다는 것이 주 내용이다.

혼합 모형의 특징은 결정 과정을 기본적 결정과 세부적 결정으로 나누는 데 있다. 기본적 결정은 전체적이고 기본적 방향을 설정하기 위해 중요한 대안을 탐색한 후에 이루어진다. 또, 세부적 결정은 기본적 결정의 범위 속에서 점증적으로 구체화된다.

합리 모형은 제대로 작동될 경우 요구하는 이상적 합리성을 현실화하며 장·단기적 안목과 대처방법을 마련할 수 있다. 그러나 혼합 모형은 별개의 모형이 아닌 두개의 모형을 절충한 것에 지나지 않아 현실적으로 실행에 어려움이 따른다.

(5) 최적 모형(optimal model)

드로어(Dror, 1999)가 주장한 최적 모형은 투입에 비해 산출을 많이 내는 것을 최선의 정책으로 본다. 가장 효과적인 정책결정을 위해서는 합리적인 요소와 함께 초 합리적 요소의 필요성을 인정하였다. 초 합리성이란 직관, 판단, 통찰력 등 인간의 의식 저변에 깔린 요소를 의미한다. 그러나 더 중요한 것은 경제적 합리성이다. 합리성에 입각해 정책을 결정하되 초 합리성도 충분히 활용한다는 모형이다. 과거의 예가 없는 비정형적 결정을 내려야 할 때는 합리적 판단 근거 외에 초 합리적 근거가 동원될 수밖에 없다.

(6) 쓰레기통 모형(garbage can model)

코헨(Cohen), 마치(March), 올슨(Olsen) 등이 주장한 이론이다. 여러 쓰레기가 쓰레기통에 하나로 모이듯 정책을 결정짓는 몇 가지 흐름이 한 기간에 흘러들어, 우연히 의사결정이 이루어진다고 보았다. 합리성이나 타협 등은 무시된다.

킹돈(Kingdon, 1984)은 정치의 흐름, 문제의 흐름, 대안의 흐름이라는 3가지 흐름이 모여 하나의 정책이 결정된다고 설명하였다. 정치의 흐름은 정치인과 이익집단에 의해 만들어지며, 문제의 흐름은 언론과 클라이언트가 제기해 이루어지게 된다.

이러한 정치의 흐름과 문제의 흐름이 곧 아젠다 짜임 과정이 된다. 관료와 연구자에 의해 만들어지는 정책의 흐름은 대안을 구체화하는 과정이다. 이 세 흐름이 우연한 기회에 만나 정책이 결정된다는 이론이다. 킹돈은 각각의 흐름은 독자적으로 형성되며, 참여자도 상이하다고 주장하였다.

조직이나 집단의 구성원이나 구성원 사이의 응집력이 약한 혼란한 상태에서 진행되는 의사결정의 특징적 측면을 강조하는 모형이다(정정길, 1994). 의사결정의 불합리성을 강조하기 위해 쓰레기통에 던져놓은 쓰레기들이 뒤죽박죽으로 엉켜 있는 것과 같다 해 붙여진 이름이다.

(7) 공공선택모형

공공재(公共材)는 대가를 지불하지 않는 사람이라도 그것의 사용을 금지시킬 수 없는 성질(비배제성)과 그 사용에 경쟁이 누구나 사용할 수 있는 속성(비경합성)이 있다. 따라서 사회 전체의 손해에 개의치 않고 자신의 이익만을 위해 공짜로 사용하려는 이른바 무임승차자(free rider) 문제가 생겨난다. 이럴 경우 공공재의 효율적 공급은 불가능해지고 예산 낭비의 결과를 낳게 된다. 이러한 문제를 해결하기 위한 접근방법으로서 제시된 이론이 공공선택 이론이다. 경제학적 분석 방법을 이용하여 공공부문에서 전개되는 제도적 상호작용을 설명하고 바람직한 방향을 제시하고자 하는 이론들을 총칭하여 공공선택론[1]이라 한다.

유권자, 납세자, 정치가, 행정가 이익집단 등 모두가 자신들에게 이익을 더 가져가기 위해 정책을 선택한다고 본다. 모든 인간의 자신의 효용을 극대화하려는 이기주의 적 인간이라고 가정한다.

이 이론의 배경에는 합리적 선택과 방법론적 개인주의가 자리한다. 먼저 합리적 선택(rational choice)은 "사람은 경제적 인간으로 자신의 개인적 이익을 우선시하며 현재보다 나은 상황을 위하여 계산된 선택을 하게 된다"는 것이다. 이 같은 이기적인 합리적 선택은 개인선택에서 뿐만 아니라 공공선택에서도 나타난다는 것이다. 국회의원이 공공선택과 관련된 정책을 결정함에 있어서도 사회 전체의 공익을 위해서 보다 소속정

1) 공공선택 이론은 노벨경제학상 수상자인 부캐넌과 털럭, 그리고 오스트롬 등에 의하여 전개된 이론으로서, 제임스 부캐넌(J. Buchanan)과 고든 털럭(G. Tullock)은 공공재의 배분 결정이 정치적 표결에 의하여 이루어짐을 설명하고 있으며, 오스트롬(Vincent Ostrom) 교수는 합리모형(合理模型)의 연장선상에서 주로 정치 경제학적 관점과 개인적 차원에서 정책결정에 관한 이론을 논하고 있다.

당의 이익이나 자신의 재선과 같은 개인적 이해관계에 심리적 작용을 하게 되는 것이 그 예이다.

또 하나는 방법론적 개인주의(methodological individualism)다. 이는 모든 사회적 실체는 기본적으로 개인 행위자들의 집합이라는 시각이다. 즉, 공동체가 아닌 개개인에 초점을 두고 있기 때문에 사회나 국가와 같은 개념은 실질상 개인의 집합에 지나지 않는다고 보는 입장이다.

이익집단들은 자신의 이익을 위해 정치적인 영향력을 행사한다. 결정에서 승리한 집단만이 공공정책의 이익을 누리게 된다.

3) 사회복지정책 결정에 영향을 미치는 요인들

(1) 정책 과정 참여자

정책에 가장 큰 영향을 미치는 것은 인적 요소다. 정책결정자의 의지는 매우 중요한 요인이 된다. 정책결정자를 둘러싼 정책참모들의 정책 성향이나 능력 의지 도 영향을 미친다. 이익집단이나 클라이언트, 사회복지 전문가들도 사회복지정책결정에 영향력을 행사하기는 하지만 이들 보다는 못하다. 영향력을 발휘한다 해도 일시적, 간헐적으로 이루어지는 것이 보통이다.

(2) 정책결정 구조

정책이 결정되는 조직의 구조다. 조직의 구조적 특징은 정책 결정을 제약하는 것이 보통이다. 조직 내의 권한 집중 정도, 의사전달의 형태, 분화나 전문화의 정도, 행정적 요인 등은 모두 정책결정에 영향을 준다.

(3) 정책대안의 존재

실현 가능한 대안들의 존재는 정책의 성패를 좌우한다 해도 과언이 아니다. 대안이 부재할 경우 불가피하게 채택되는 정책은 심각한 부작용을 낳기 마련이다.

(4) 환경

정책결정 당시의 정치 · 경제 · 문화적 환경에 따라 정책 방향은 달라질 수 있다. 경제 상황이 악화된다면 많은 예산이 투입될 수 없다. 1인 가구가 대세인 현실에서 4인 가구 위주의 복지정책을 편다는 것은 시대착오적 결정이다. 세계화 등에 의해 외국의 의존도가 높아진 상황에서 고립적인 복지정책을 펴서는 안 된다.

(5) 타 정책들

기존의 사회복지정책은 물론 경제정책의 맥락에 따라 정책의 방향이 바뀔 수 있다. 보건과 복지의 균형있는 장단기 정책은 분명 조율되어야 한다. 국가의 안위가 위협받을 경우 전투기 · 잠수함 등의 전략적 구매 등으로 사회복지정책의 예산이 축소될 수 있고, 이에 따른 정책적 변화가 올 수 있다.

4. 정책집행

1) 정책집행의 의의

결정된 정책을 구체화시켜 나가는 것이 곧 정책집행 과정이다. 정책목표를 실행에 옮기는 과정에는 해결하려는 사회문제와 관련된 이해집단이 관여하게 된다. 정책집행 과정은 많은 참여자 사이의 상호작용 과정이며, 이들과의 협상과 타협을 통해 당초의 목표를 왜곡시키기도 하고, 때론 집행을 지연시키기도 한다.

사회복지정책의 성격을 관리 기술적 · 정치적으로 살펴볼 수 있는데, 어떤 측면을 강조하느냐에 따라 집행의 의미가 달라진다. 우선, 사회복지정책 집행을 목표 달성을 위한 기술적 과정으로 이해하는 것이다. 정책이 결정되기까지는 가치가 내제되는 정치적 과정이지만, 정책의 집행 시에는 가치가 배제된다. 정책의 집행은 정치적 중립 과정이자 과학적 합리성에 입각해 이루어진다고 보는 것이다.

한편, 정책집행을 정치적 과정으로 인식한다는 것은 정책집행이 완벽한 중립상태에서 이루어지지는 않는다는 의미이다. 결정 과정과 마찬가지로 여러 관계자의 참여와 상호작용이 이루어지는 만큼 정치적 색채를 완전 배제하기 어렵다는 주장이기도 하다.

2) 정책집행의 이론 모형

(1) 고전적 정책집행모형

정책의 결정과 집행을 엄격하게 분리하며, 정책결정자가 수립한 정책에 대해 집행자는 그대로 따르기만 하면 되는 모형이다. 집행을 다분히 기술적인 과정으로 인식하는 것이며, 하향식 명령체계에 따라 일방적으로 진행된다. 기계 모형과 같다는 비판을 받고 있다.

(2) 프레스만과 윌다프스키(Pressman & Wildavsky, 1984)의 이론 모형

존슨(L. B. Johnson) 대통령에 의해 수행된 위대한 사회건설(The Great Society)의 하나로 시행된 오클랜드 프로젝트(Oakland project)를 분석하였다. 정책연구의 출발점이 되었던 연구다.

오클랜드 프로젝트는 소수민족에 대한 직업 알선과 자활을 돕기 위해 기획되었다. 빈곤의 퇴치는 직업과 자활 의지에서 비롯된다는 취지에서 비롯된 이 프로그램은 의회의 전폭적인 지원 속에 진행되었다.

오클랜드 시의 공무원과 기업인의 공감대도 형성되었기에 그 성과는 매우 낙관적이었다. 그러나 수년 후 집행 상황을 평가해 본 결과, 일반인의 예상과는 상이한 상황이 벌어졌다. 사업 자체가 제대로 시행되지 않았지만, 책정된 자원은 모두 소진되었다.

정작 소수민족의 고용창출 효과는 극히 미미했다. 왜 이런 일이 발생했을까를 실체적으로 규명하고 재발을 막는 한편, 정책실패의 원인을 찾아내기 위해 프레스만과 윌다프스키가 투입되었다.

오클랜드 프로젝트의 연구결과는 다음과 같다.

가. 정책의 목표와 집행의 상호작용

정책의 목표는 집행활동에 영향을 미치고, 집행은 다시 정책의 목표에 영향을 준다. 결정된 정책이라 할지라도 문제가 있다면 효과적인 집행은 이루어지지 않는다. 정책이 올바르게 책정되었다 하더라도 예산이 충분히 배정되지 않거나 집행을 담당할 전문인력이 없거나 부족하다면 정책의 성공적 실행은 어렵다.

나. 완벽한 이론 추구

정책집행의 근거에 결함이 있다면 시행착오는 필연적이다. 임금 부분에 보조금을 지원하지 않고 기업에 전적으로 의존하는 것은 잘못된 이론이었다.

다. 중간 단계의 배제

많은 개입자가 있으면 일사불란한 전달과 통제가 이루어지지 못한다.

라. 잦은 인사 금지

오클랜드 프로젝트를 추진하면서 책임자와 직원의 상당수가 바뀌었다. 리더십을 발휘할 시간적 여유나 여건이 조성되지 못하였다.

(3) 반 미터와 반 호른(Van Meter & Van Horn, 1975)의 정책집행모형

정책의 집행을 정책과 성과를 연결해 주는 변수로 보았다. 집행 과정에서의 인간 심리 요소를 강조한 것이 특징이다. 이들은 정책성과에 영향을 미치는 요인을 다음과 같이 분류했다.

가. 정책의 목표

명확한 목표는 집행조직 간의 의사소통과 정책 추진에 직접적인 영향을 준다.

나. 동원 가능 자원

집행에 필요한 인적 · 물적 자원은 물론, 인센티브 등의 유인책도 포함된다. 가능한 자원의 형태와 범위는 조직의 의사소통과 활동에 직 · 간접적 영향을 초래한다.

다. 의사소통

조직의 원활한 의사소통은 조직의 목표를 명확화하고 실현시킨다. 소통이 제대로 이루어지지 않을 경우 자원의 낭비는 물론 조직이 정한 목표의 달성을 어렵게 한다.

라. 정치 사회적 조건

목표를 실행시킬 경제적 자원의 유무, 여론의 추세, 권력자와 정치세력의 태도, 이익집단의 움직임 등은 정책집행에 영향을 미친다.

(4) 매츠매니한과 사바티에(Mazmanihan & Sabatier, 1983)의 모형

문제와 관련된 변수, 정책내재 변수, 비정책적 변수로 나누어 정책집행과정을 분석하였다.

가. 문제 관련 변수

정책문제 자체와 관련된 변수이다. 문제에 따라 기술적 선행조건이 필요한 경우와 그렇지 않을 경우가 있다. 다양성도 고려 대상이다. 정책이 규제하는 행태나 제공하는 서비스가 다양할수록 집행은 어려워진다. 대상 집단의 크기도 영향을 미친다. 정책의 대상 집단이 작으면 작을수록, 규정하기 쉬우면 쉬울수록 정책에 대한 지지를 얻어내는 것이 용이하다. 행태 변화 정도도 문제 관련 변수 중 하나인데, 변화를 원하는 폭이 클수록 정책집행은 어려워진다.

나. 정책내재 변수

정책집행에 영향을 미치는 정책 자체에 규정되어 있는 변수이다.

먼저, 목표의 명백성이 있다. 법적인 목표 자세하고 명확하게 규정되어 있어야 한다. 중요도에 따른 시행의 우선순위가 정해져 있다면 집행은 훨씬 용이해진다. 집행자에게는 확실한 지침으로, 지지자에게는 하나의 자원으로 사용될 수 있다.

정책집행에 있어 재정은 충분해야 한다. 아무리 정책 결정이 잘 이루어졌다 해도 집행기관의 직원이 목표 달성에 적극성을 보이지 않는다면 정책의 목표달성은 어렵다. 정책과 직·간접의 연관을 맺고 있는 참여자의 방법과 기회는 정책집행에 많은 영향을 미친다.

다. 비정책적 변수

집행 과정에 영향을 미치는 변수로는 사회경제적 조건의 변화, 일반 국민의 지지, 통치기관과 유권자의 지지, 집행결과에 직접적으로 영향을 미치는 관료의 지도력과 관여 등이 있다.

(5) 바르다크(Bardach, 1977)의 정책집행 게임이론

바르다크는 정책집행과정을 다양한 프로그램 요소의 조립 과정과 목표를 추구하는 수많은 행위자 간의 전략적 상호작용으로 정의하였다. 성공적 집행을 위해 다양한 행위자 간 상호작용 행위를 어떻게 통제하고 지도하느냐에 초점을 둔다.

가. 정책집행

정책집행은 정치성을 갖는다. 곧 집행 과정에서 타협과 협상, 연합의 과정을 밟는다. 이때 대립적인 상호작용이 나타난다. 정책집행은 구성 집단의 동의를 전제로 한다. 동의 형식은 묵시적, 명시적인 것에서부터 적극적인 지지와 소극적인 지지 등으로 다양하다. 구성원의 동의와 암묵적인 지지는 정책집행의 성공을 위한 전제 조건이다.

정책집행에는 협상력도 필요하다. 정책을 집행하다 보면 수많은 기관과 연관되어 있음을 확인한다. 특히, 중앙정부와 지방정부와 우호적인 관계를 맺어 두는 것이 바람직하다.

나. 집행을 저해하는 요인

특정 프로그램 요소를 획득하거나 창출하는 데 사용되어야 할 자원이 다른 곳으로 사용되거나 잘못 사용되는 일이 발생한다. 이것이 자원전용이다. 국가의 장래를 위한 사업에 앞서 표를 얻기 위한 선심성 사업도 이에 해당한다. 반드시 시행되어야 할 사업이 시행되지 않거나 후순위로 밀려나면서 지역사회복지의 왜곡 현상이 발생한다.

다. 목표의 왜곡

의도적으로 설정된 목표는 실행 단계에서 반대에 직면할 수 있다. 새롭게 규제를 가할 경우 기득권 보호를 위한 예외 규정을 만들어 달라는 요구가 나온다. 그런가 하면 관심조차 두지 않았던 사람이 정책과 프로그램이 어느 정도 가시적인 성과를 거둘 때 참여와 혜택을 호소하는 경우가 있다. 프로그램의 확대가 불가피한데, 본래의 집단 만족도와 효과성은 퇴색된다.

라. 행정상의 딜레마

좋은 정책이지만 행정상의 번거로움으로 사장되곤 한다. 개인의 명예나 조직의 정치적 협상력 강화를 위해 정력을 낭비할 수 있다. 전시행정도 조심해야 할 분야이다.

(6) 블록과 램(Bullock & Lamb, 1984)의 이론 모형

정책집행의 성패에 영향을 주는 변수로

- 정책의 명확성
- 기준의 구체성
- 모니터링
- 집행기관의 존재
- 집행자의 관여

- 집행자와 상급기관의 관여
- 수혜자의 태도
- 행정적 조정
- 비용과 편익
- 연방정부의 직접적 관여가 있다.

5. 정책평가

1) 정책평가의 개념

(1) 정책평가 정의

정책은 형성되고 집행이 이루어진 결과까지 평가되고 평가된 내용은 다시 정책과정에 환류된다. 정책평가란 정책활동에 관해 정보를 수집하고 분석하며 해석해 그 가치를 판단하는 것이다. 넓은 의미의 정책평가는 정책과정 전반에 걸친 평가활동을 의미한다. 반면 협의의 정책평가는 정책의 집행 결과에 대한 평가, 즉 원래 의도한 문제해결에 얼마만큼 영향을 미쳤는가에 대한 평가활동을 말한다.

(2) 정책평가의 필요성

목표가 얼마나 충족되었는가를 알려준다. 또 성공과 실패의 원인을 구체적으로 제시해주고, 프로그램 성공을 위한 원칙을 발견하는 역할을 한다. 또한 효과성을 증진시키기 위한 여러 가지 대안의 결과를 통해 실증적 연구를 가능케 한다. 목표 달성을 위해 사용된 수단을 재규정 해주고 하위 목표를 재규정하게 해준다.

2) 정책평가의 목적

정책 평가의 목적은 평가대상 정책 개선을 위한 정보를 제공하고 관련 이익 집단에 대한 설득력있는 자료를 마련한다. 또 새로운 정책개발 대안을 위한 기초자료 제시와 이론 발전에 기여한다(강용규 외, 2007).

정책 평가를 통해 이론적 학문적 측면에서 정책이론 정립에도 기여할 수 있다. 정책 평가가 유용해지려면 질적으로 양호한 정책평가가 진행되어야 한다. 또 적시에 평가가 이루어져야 하며, 정책 결정자나 집행자들이 그 평가를 반영시키려는 의지가 있어야 한다. 또 정책을 집행하는 조직이나 기관들이 정책평가 결과를 받아들이고 이를 활용하려는 전향적인 자세가 요구된다.

3) 정책평가 기준

정책의 성공과 실패는 평가기준에서 가름 지을 수 있다. 어떤 기준을 평가 잣대로 삼느냐에 따라 평가결과는 달라진다. 평가의 유형에 따라 평가를 내리는 목적이 다르기에 정책평가의 기준도 달라지기 마련이다. 유형에 따른 기준을 살펴보면 다음과 같다(이진숙 외, 2009).

(1) 정책문제 평가

사회복지 문제를 정책 문제로 이슈화시키기 위해 진행되기에 탐색적인 기준이 적용된다.

(2) 정책의제 평가

반응성, 사회적 형평, 공정성 등이 기준이 된다.

(3)정책설계 평가

정책의 능률성, 효과성, 사회적 형평, 공정성, 반응성, 정치적 실현 가능성, 기술적 실현가능성 등이 평가기준으로 사용된다.

(4) 정책결정 평가

정책결정 내용에 관한 평가와 결정과정에 대한 평가가 진행된다. 능률성, 효과성, 사회적 형평, 공정성, 반응성, 합법성 등이다.

(5) 정책집행 평가

정책집행의 일관성, 공정성, 반응성, 능률성, 효과성, 사회적 형평 등이 평가기준이다.

(6) 정책영향 평가

효과성(목표 달성도), 능률성, 클라이언트의 만족도, 사회적 효과성, 사회적 형평이 기준이 된다.

(7) 평가 가능성 평가

정책의 평가를 할 것인지의 가부를 결정하는 평가다. 비용 효과성, 정치적 제약, 방법론적 제약 등이 기준이 된다.

4) 평가자의 소양

먼저 정책 평가 의뢰자가 원하는 것을 잘 파악하는 능력이 필요하다. 정책 평가의 기법과 분석기법에 대한 포괄적인 지식이 요구되고, 정책 문제에 대한 폭넓은 지식도 있어야 한다. 정책과정에 대한 지식, 정책과정의 특징과 참여자 등에 대해서도 많은 배후 지식이 필요하다. 정책평가는 평가를 잘 내리는 것도 중요하지만 정책 결정자들과 집행자들이 이를 잘 수용 할 수 있도록 하는 노력이 필요하다. 조직 내외에 적이 없고 소통과 협력을 할 수 있는 인성과 자질을 지녀야 한다.

5) 사회복지정책의 평가 절차

평가의 목표설정, 범위 설정, 내용파악, 평가설계, 자료수집, 분석과 해석, 보고서 작성과 제출을 들 수 있다.

(1) 평가 목표설정

평가의 목표가 무엇인가에 따라 정책의 평가자가 결정되고 평가의 기준과 평가의 범위가 정해진다. 정책 평가의 목표를 명확히 하는 것은 정책평가 방향을 결정해 주는 역할을 한다.

(2) 평가 범위 설정

정책 평가의 범위는 정책 프로그램을 분석하면서 시작된다. 프로그램이 의도하고 있는 여러 목표들을 찾아내고 평가목표에 비추어 어떤 것을 평가할 것인지를 결정해야 한다. 평가가 이루어질 시간과 공간적인 범위도 특정해야 한다.

(3) 정책 프로그램의 내용 파악

정책 평가의 대상이 되는 정책 프로그램의 목표, 정책 대상, 관련 이해단체 등에 관한 내용과 정책결정과정 및 집행과정에 대한 정보를 수집한다.

(4) 평가설계

평과를 위한 인과모형은 우선 어떠한 결과가 나타났으며 그 결과가 바람직한 것인지의 여부를 판단한다. 또 그런 결과를 만든 요인이 무엇인지에 대한 규명을 위한 도구가 된다.

(5) 자료 수집

평가보고서에 직간접으로 사용되는 일제의 정보가 자료다. 조사를 통해 직접 수립되고 작성되는 것이 일차적 자료다. 다른 사람이 다른 목적을 위해 작성한 자료들은 이차 자료에 속한다. 관찰법, 면접법, 설문지 법 등은 자료수집의 대표적 방법들이다.

(6) 분석 및 해석

자료는 질과 양으로 분석할 수 있다. 질적인 평가분석은 객관적 입장에서의 행태론적 접근이나 체계론적 접근뿐 아니라 정책의 주관적 의미를 찾아내는 해석적인 접근이다. 양적인 평가는 통계적 기법을 사용하거나 정책분석 기법으로 개발된 비용 편익분석, 비용 효과분석, 결정나무 분석 등이 있다.

(7) 평가 보고서 작성과 제출

양식을 쉽게 읽을 수 있도록 만들어져야 하고, 내용은 쉽고 간결해야 한다. 그림이나 도표를 활용하면 이해도를 높일 수 있으며 맞춤법이 틀려서는 안 된다. 정책평가 보고서에는 평가결과의 내용요약, 배경설명, 평가 목표와 방법, 자료 수집방법, 분석결과 논의, 결론과 제언 등이 포함되어야 한다.

6) 사회복지정책 평가에 영향을 미치는 요인

사람과 시간, 기술, 제도적 요인을 들 수 있다.

(1) 사람

가. 정책 평가자

정책 평가자는 정책 프로그램 평가에 영향을 미치며, 정책 평가자의 이념과 신념 가치는 사회복지 프로그램의 평가방향을 결정한다.

나. 정책 담당자

정책 담당자나 정책 집행자들의 의도나 관심은 정책평가에 작용한다. 평가 결과에 따라 이들의 정책이나 프로그램이 폐기 · 확대 · 축소될 수 있다. 이들은 대체로 자신이 하고 있는 현업의 정당성을 인정받고 확대되기를 바란다.

다. 주민 일반 국민

사회복지정책이나 프로그램에 영향을 받는 주민들이나 이해 관계자, 일반 국민들의 여론과 행동도 사회복지정책 평가에 영향을 미친다.

(2) 시간적 요인

시간은 평가에 제약을 줄 수 있다. 충분한 시간과 여유 없이 급속하게 이루어지는 평가는 그릇 된 평가를 내릴 수 있다. 부 정확한 결과를 빚을 수 있음에 유의해야 한다.

(3) 기술적 요인

평가를 위해 수집된 자료를 적절히 효율적으로 분석할 수 있는 기법이 필요하다. 평가에 사용될 분석 기법이 존재한다면 정책평가는 쉽게 또 효율적으로 진행될 수 있다.

(4) 제도적 요인

정책 평가에 필요한 자료와 정보가 충분히 보장되어야 한다. 평가를 긍정적으로 지지해 줄 행정력도 요구된다. 평가결과를 적극적으로 환류하려는 장치와 제도가 필요하다.

05

CHAPTER

사회복지정책의 내용 분석

1. 사회복지정책의 분석틀
2. 목표체계
3. 대상체계
4. 사회복지 급여 체계
5. 전달체계
6. 재정체계

1. 사회복지정책의 분석틀

사회복지정책을 분석하는 모형과 틀은 매우 다양하다. 분석틀에 따라 강조점이 다르기에 보편타당한 방법은 찾기 어렵다. Gil(1973), Gilbert Specht(1974) 의 분석틀이 대표적이다.

분석틀은 사회복지정책의 목표, 사회복지정책의 대상, 사회복지전달체계, 사회복지재원, 사회복지정책의 급여 등 5개로 구성할 수 있다.

1) Gil(1973)의 분석틀

5가지 부문 22개 항목을 제시하고 있다.

(1) 정책에 의해 이루어지는 이슈들

가. 이슈들의 성격, 범위 및 분포

나. 이슈들의 역동성에 관한 인관관계 이론

(2) 정책의 목표, 가치전제, 이론적 입장, 표적대상 및 실질적인 효과

가. 정책목표

나. 정책 목표의 기저에 자리한 가치전제와 이데올로기적 지향

다. 정책 전략과 실천조항의 밑바탕을 이루는 이론 또는 가설

라. 사회의 표적 대상-정책 대상자들의 생태학적 인구통계학적, 생물적, 심리적, 사회적, 경제적, 문화적 특성

마. 사회적 표적 및 비 표적 대상에 미치는 정책의 장단기 효과

(3) 사회정책의 핵심과정과 공통영역에 대한 정책의 함의

가. 삶을 유지시키고 향상시키는 물질적, 상징적 자원과 재화 및 서비스 개발에서의 양적 질적인 변화

나. 전체적인 사회의 과업과 기능의 배열 내에서 구체적인 사회적 지위들을 개인과 집단에 할당하는 데 있어서의 변화

다. 개인과 집단에 대한 권리의 배분에 있어서의 변화

라. 자원개발, 지위 할당, 권리의 배분에 있어서의 변화 결과

(4) 정책과 정책개발과 수행을 둘러싼 세력 사이의 상호작용 효과

가. 입법 행정 사법적 측면을 포함한 정책의 개발과 수행의 역사

나. 정책이 입법화되기 전후 그 정책을 찬성하거나 반대하는 정치세력의 행태 규모 조직규모 자원 전반적인 힘 관심의 정도 가치전제 이념적 성향 등

다. 사회 자연환경의 물리적 생물적인 속성과 사회구성원의 생물적 심리적 속성

라. 관련된 다른 사회정책

마. 관련된 대외정책과 외부 사회의 세력

바. 문화적 경제적 기술적 영역에서 사회의 발달단계

사. 사회의 규모와 제도적 분화나 복잡성

아. 사회의 신념 가치, 이념 관습 전통

자. 결론과 예측

(5) 대안적인 사회복지정책의 개발 비교와 평가

가. 대안적인 정책의 구체화

나. 비교와 평가

Gil의 분석틀은 광범위하고 포괄적이며 복잡하다. 많은 시간과 노력을 요구한다. 정책분석의 목적에 따라 내용을 취소 또는 선택할 수 있다.

2) Prigmore와 Atherton

사회복지정책의 분석과 형성을 위한 틀을 4개 영역 13개 항목으로 구분하였다.

(1) 문화적 가치와 관련된 고려사항

가. 고려되고 있는 정책이 현재 정책과 모순이 없는 가

나. 해당 정책은 공평과 정의에 부합하는 가

다. 해당 정책은 사회사업의 가치와 모순은 없는 가

라. 해당 정책은 우리 사회의 다른 중요 가치와 부합하는 가

(2) 영향과 의사결정의 차원

가. 해당 정책은 정치적으로 수용이 가능한 가

나. 해당 정책은 합법적인가

다. 해당 정책은 관련 이익집단들을 만족시키는 가

(3) 지식에 관한 사항

가. 해당 정책은 과학적으로 설명이 가능한 가

나. 해당 정책은 합리적인 가

(4) 비용 편익에 관련된 사항

가. 해당 정책은 경제적으로 실현 가능하며 다른 대안들보다 경제성이 우월한 가

나. 해당정책의 정치적 실현가능성은

다. 해당 정책은 효율적인가

라. 해당정책은 다른 사회문제를 야기시킬 가능성이 있는가

3) Gilbert와 Specht

네 가지 질문의 형태로 분석틀을 제시하였다.

누구에게 급여할 것인가(대상체계), 무엇을 급여할 것인가(급여체계), 어떻게 전달할 것인가(전달체계), 어떻게 재원을 조달할 것인가(재원체계).

2. 목표체계

1) 명확한 목표 제시

정책의 목표가 명확해야 정책의 내용이나 정책의 수단을 제대로 분석할 수 있다. 우선 정책의 목표를 명확하게 밝히는 작업이 요구된다.

(1) 일반적 목표

일반적이고 추상적이며 광범위하다.

(2) 구체적 목표

세부적이고 구체적이며 조작적이어서 측정 가능한 목표다. 정책의 대상집단을 구체적으로 기술하고 그 정책이 의도하는 결과를 명확히 해야 한다. 목표를 달성할 수 있는 기간, 그 정책이 의도하는 결과 등을 계량화시키는 것이 바람직하다.

2) 정책 목표와 수단의 구분

정책의 목표가 의도했던 결과를 만들어 내는가가 중요한 문제이지 목표달성을 위해

투여된 자원의 양과 질 목표달성 과정은 중요성이 떨어진다.

3) 장 · 단기적 목표 구분

장기적인 목표와 단기적인 목표를 명화하게 구분하여 그에 따라 정책을 평가해야 한다. 공표된 목표뿐 아니라 드러나지 않는 정책 목표도 분석내용에 포함되어야 한다.

4) 의도한 목표와 의도치 않은 목표

의도하지 않은 목표는 진정한 목표라고는 할 수 없다. 그러나 정책분석가와 집행자들은 의도하지 않았음에도 효과가 실현된 정책과 그 부수효과를 분석해야 한다.

3. 대상체계

누구에게 급여를 제공할 것인가의 문제이다. 누가 급여를 받을 만한 자격이 있는가의 여부다. 사회복지가 발달한 국가의 경우 구체적인 사회복지정책의 종류나 수는 아주 많고, 또한 각 사회복지정책의 대상을 정하는 자격 조건도 다양하다. 예를 들어, 일부 정책에서는 자격조건이 비교적 단순하기 때문에 한 가지의 자격조건만 충족시키면 급여를 받을 수 있다. 그러나 일부 정책의 경우에는 여러 가지의 자격 조건을 동시에 충족시켜야 급여를 받을 수 있다(송근원 · 김태성, 1995).

급여를 할당하는 것과 관련해 먼저 등장하는 문제는 자격조건을 구체적으로 정하는 것이다. 일반적으로 자격조건은 급여를 보편주의적 입장에서 제공할 것인지, 아니면 선택 주의적 입장에서 제공할 것인지의 2가지 측면에서 살펴볼 수 있다.

1) 일반적 기준으로서의 선별(선택)주의와 보편주의

보편주의는 기본적인 권리로서 모든 사람이 급여를 받을 수 있게 하는 것이다. 이 시각으로는 사회복지정책을 해당 사회의 모든 구성원이 겪는 일상적인 문제에 대해 사회가 적절하게 대응하는 것으로 볼 수 있다.

보편적 프로그램들은 비용이 더 많이 들어가지만 빈민을 포함한 소외집단에 주안점을 둔 공공부조 프로그램보다 인기가 높다. 주는 자와 받는 자를 나누지 않음으로써 인간의 존엄을 지킬 수 있고 사회통합을 기할 수 있다는 주장이다.

선택주의는 개인적 욕구에 근거하여 급여를 받을 수 있게 하는 것을 말한다. 선택주의에서는 급여를 받을 수 있는지 여부를 소득 조사를 통해 결정하는 경우가 많다. 선별주의자들은 자산조사(means test)를 통해 대상을 결정하는 것에 대해 매우 효율적이라고 본다. 한정된 자원을 가장 필요로 하는 궁핍하거나 약자들에게 집중적으로 제공하는 것이 바람직하다는 주장이다. 비용효과성을 추구한다.

2) 선정의 구체적 기준

보편주의와 선별주의는 분명 수급자격을 범주화하는데 도움이 된다. 그러나 현실에서 수급자격을 정하는 것은 매우 복잡하고 어렵다. 현실적으로 유용한 기준을 제시해 본다.

(1) 개인적 속성

특정한 연령집단이나 직업집단 혹은 특정 거주지에 속해 있는 것이 수급자 선정의 기준이 된다. 특정 집단에 소속되어 있는 사람들의 공통적인 욕구에 따라 수급자를 결정하는 방식이기에 속성주의로도 불린다.

65세 이상 노인들이 도시철도를 무료로 이용하는 것이나 공원을 무료입장하는 것이 그것이다. 속성주의는 자산조사 보다 덜 번거롭고 수급자가 제약을 적게 느낀다. 속성주의는 보편주의에 좀 더 가깝다. 일정한 인구 사회학적 특성을 갖고 있기만 하면 수급 자격을 얻기 때문이다.

(2) 보상

사회적 보상과 개인의 경제적 기여에 대한 보상이 있다. 사회적 보상은 사회나 국가에 대한 공로나 희생을 기준으로 수급자가 선정되는 것이다. 독립유공자나 상이군경이 국가와 사회를 위해 희생을 했거나 헌신한 사람들에게 보상을 함으로써 사회체제를 유지하고 발전시키는 것이다.

개인적 기여 보상의 예는 사회보험이다. 개인적인 능력에 따라 기여금을 내고 개인적인 욕구에 따라 동일한 수급을 받는다. 소득이 많을수록 기여금을 많이 내지만 건강보험 혜택은 다른 가입자와 동일하다.

(3) 전문가의 진단적 판단

기능별로 전문가의 진단적 판단에 의존하는 경우이다. 장애인으로 판별되어 사회복지정책과 서비스의 대상이 되려면 해당 분야 전문의로부터 진단을 받아야 한다. 수급자를 선정하는데 필요한 객관적인 기준을 정하기 곤란한 경우 전문가의 판단에 맡기는 것이다.

(4) 자산조사

사회복지정책과 서비스의 수급자를 선정하는데 가장 많이 사용된다. 공공부조의 자격을 결정하는 기준은 소득이나 재산과 같은 자산 조사다. 일정한 자산 이하의 사람들에게만 급여를 제공하는 것이다. 이상의 기준들 이외에도 실제에서는 다른 기준을 혼합 적용하기도 한다.

4. 사회복지 급여 체계

급여의 형태에 관한 문제다. 급여 형태에 관한 사안은 매우 복잡하고 의견도 대립적이다. 전통적으로는 현금급여와 현물 급여의 논쟁이 있었다. 이후 기회, 서비스, 증서, 권력 등과 같은 다양한 형태의 급여가 제시되고 있다.

1) 현금급여

현금급여는 수급자에 대한 급여를 현금으로 지급하는 것이다. 화폐가 가지는 교환가치에 중점을 두었다. 현금의 형태로 제공되는 급여를 말한다. 일반적으로 현금급여는 다음과 같은 장점이 있다(Gilbert & Terrell, 2005).

첫째, 현금급여는 수급자가 사용하기여 편리하다.

둘째, 현금급여는 수급자의 자유의지를 존중한다. 또 사용의 측면에서 유리하다.

셋째, 현금급여는 관리나 행정비용이 들어가지 않는다.

넷째, 현금급여는 현물급여에 가해지는 오명(낙인: stigma)이 없거나 적다.

그러나 현금급여는 원래의 목적이 아닌 용도로 사용될 수 있다는 단점을 가지고 있다. 현금급여가 원래의 의도된 목적 외에 사용되었는지 확인과 보장이 어렵다.

2) 현물급여

현물급여는 현금대신 재화나 서비스 등으로 수급자의 급여를 지급하는 것이다. 사용가치에 주목한 급여 형태다.

첫째, 현물급여는 규모의 경제를 실현시킬 수 있다. 낮은 비용으로 제공될 수 있다.

둘째, 현물급여는 급여 대상자들에게 본래의 목적대로 정확하게 전달될 수 있다.

셋째, 현물급여는 지역의 시급한 복지욕구를 충족하는 데 유리하다.

그러나 현물급여는 수급자 개인의 선택 자유를 제한하고 현물관리에 비용이 발생한다는 단점이 있다. 또 오명이 가해진다는 점도 빼놓을 수 없다

3) 증서

증서(바우처: voucher)는 일정한 용도 내에서 수급자로 하여금 원하는 재화나 서비스를 자유롭게 선택할 수 있게 하는 방법이다. 미국의 푸드 스탬프(food stamp)는 다양한 식료품으로 교환 할 수 있고, 교육증서는 자신이 선택한 기관에서 교육서비스를 받을 수 있다. 현금에 비해 교환범위가 한정되어 있으나 물품이나 서비스에 비해서는 선택의 폭이 넓다. 사회적 통제가 가능하면서 소비자 주권을 보장할 수 있는 장점이 있다.

4) 서비스

서비스란 클라이언트의 이익을 위해 교육 카운슬링 계획, 치료 훈련 등과 같은 기능을 수행하는 것이다. 서비스 자체가 수급자에게 즉각적인 시장가치를 부여하지는 않는다. 서비스는 구체적인 형상을 지닌 것이 아니라 무형이다. 시간과 공간 서비스의 제공자에 따라 서비스의 내용이 달라질 수 있다. 따라서 서비스 제공자의 전문성이 중요하다.

5) 기회

기회는 목적을 달성하는데 동기를 부여하거나 제재를 가하는 것이다. 기회는 직접적으로 제공되는 급여 중에서 가장 모호한 형태의 급여다. 직접적인 이전 및 교환가치는 없고 제공된 목적이나 용도로 사용하여 사회복지 대상자들에게는 중요한 급여가 된다. 사회복지대상자들에게 의존성을 없애고 자립심을 배양하는 기능을 담당한다.

6) 권력

권력은 사회복지정책 수급권자 에게 정책결정에 대한 권력을 주어 정책의 내용(급여 자격이나 급여액)이 그들에게 유리하게 결정되도록 하는 것이다. 물품과 자원을 통제할 수 있는 영향력을 의미한다.

종종 국가정책의 결정과정에서 정책 결정의 권한을 특정 집단에게 이양하기도 한다. 권력은 현금처럼 사용되지 않으나 물품 서비스 기회의 형태보다는 폭넓은 사회경제적 선택을 제공한다. 유동적인 교환가치를 지닌다고 볼 수 있다.

5. 전달체계

급여대상자에게 선택된 급여를 전달하는 조직적인 장치다. 사회복지정책이 제공하는 급여나 서비스를 제공하는 조직적 체계를 말한다. 수급자의 측면에서 본다면 전달체계는 수급자를 둘러싼 일체의 공적 혹은 사적 사회복지조직들과 이들 조직들의 서비스 전달 망을 의미한다. 운영주체에 따라 공공 전달체계와 민간 전달체계로 구분할 수 있다.

1) 전달체계의 분류

송근원과 김태성(1999)은 거시적 측면에서의 전달체계에 관해서 자세히 논의하고 있다. 송근원과 김태성은 정부와 민간 부문 사이에 역할을 분담하는 차원에 초점을 두면서 전달체계를 다섯 가지로 나누어 설명하고 있다. 공공복지는 정부에 의해 행해지는 각족 사회복지정책을 말한다. 민간복지는 개인이나 비영리사회단체 및 기업과 같은 민간부문이 주체가 되어 행하는 비정부 사회복지 활동이다[1].

(1) 중앙정부

많은 복지국가에서 중앙정부가 가장 큰 역할을 하고 있다. 중앙정부가 대부분의 재화나 서비스를 받을 수 있는 자격, 급여액, 세부적인 전달체계, 재원 등에 관한 모든 사항을 결정해 제공하고 있다.

사회복지의 전달체계에서 중앙정부의 역할이 중요한 이유는 다음과 같다.

가. 사회복지 재화나 서비스 중 의료서비스나 교육서비스 등은 공공재적 성격이 강하다. 모든 국민을 대상으로 하는 재화나 서비스는 현실적으로 중앙정부만이 제공할 수 있다.

나. 어떤 재화나 서비스는 대상자의 수가 많을수록 기술적 측면에서 유리하다. 사회보험의 경우 가입 대상이 많을수록 여러 측면에서 유리하다. 가장 큰 단위인 중앙정부에서 모든 국민을 대상으로 관리하는 것이 지방정부에서 관리하는 것보다 장점이 많다.

다. 사회복지정책이 추구하는 가치를 실현하는 데 유리하다. 평등 사회적 약자보호 적절성 등의 가치는 중앙정부에 의해 유지되고 확장될 수 있다.

라. 다양한 사회복지 욕구를 체계화하고, 통합 · 조정하는 데 유리하다. 정책 서비스 프로그램을 지속적이고 안정적으로 유지하는 데 유리하다.

중앙정부가 사회복지 재화나 서비스를 독점적으로 제공하는 전달체계는 약점도 있다.

가. 사회복지 급여의 수급 양이나 행태와 관련해 수급자의 의사가 반영되기 어렵다.

나. 공급자 독점 전달체계는 다른 경쟁적 전달체계에 비해 재화의 가격과 질의 측면에서 수급자에게 불리하다.

다. 관료적인 정부조직은 수급자들의 욕구에 신속하게 대응하는 것이 어렵고, 특수하고 개별적인 욕구에도 능동적인 대처가 안 된다.

---

1) 자선사업 사회복지기관과 시설운영 기업의 사회공헌활동 등이다.

(2) 지방정부

지방정부 단독 제공의 재화나 서비스는 적은 편이다. 국가나 재화 · 서비스에 따라서는 지방정부의 전달체계가 상대적으로 중요한 역할을 할 수 있다.

지방정부의 전달체계가 가지는 장점은 다음과 같다.

가. 지역주민의 욕구를 더 효율적으로 충족시킬 수 있다.

나. 지방정부 단위로 사회복지 재화나 서비스를 제공할 경우에는 지방정부 사이에 경쟁이 진행된다. 경쟁을 통한 사회복지정책과 서비스의 수준 향상과 가격인하로 이어질 수 있다.

다. 중앙정부에 비해 창의적이고 실험적인 서비스를 더 쉽게 개발할 수 있다. 다양하고 급변하는 지역민들의 욕구를 충족시킬 수 있다.

라. 수급자들이 정책결정에 참여할 기회가 확대된다. 급여를 받는 사람의 의견이 정책에 반영될 개연성이 크다.

지방정부 단독의 전달체계에는 다음과 같은 한계가 있다.

가. 지방정부 사이에 불평등이 크게 형성되고 이는 사회통합에 부정적이다.

나. 지방정부의 전달체계에서는 규모의 경제를 실현시키기 어렵다.

다. 사회복지 프로그램이 단편적으로 발달할 가능성이 크다.

라. 정책과 서비스 프로그램의 안정과 지속가능성 면에서는 불리하다. .

(3) 중앙정부와 지방정부의 혼합체계

중앙정부와 지방정부의 혼합체계에는 여러 가지의 형태가 있다. 이 중에서 주요한 형태는 중앙정부가 지방정부를 재정적으로 일부 보조해 주고, 그 대신에 중앙정부는 지방정부가 재화나 서비스를 제공하는 방법에 대해 일정하게 규제하는 형태이다. 규제는 재정, 프로그램, 수급자 수, 욕구 별, 절차적 규제의 형태로 크게 나눌 수 있다.

(4) 정부(중앙정부 혹은 지방정부)와 민간 부문의 혼합체계

일부 사회복지 재화나 서비스는 정부와 민간 부문의 혼합체계를 통해서 제공되고 있다. 중앙정부와 지방정부의 혼합체계에 비해 민간 부문에서 사용되는 시장 원리의 장점을 더 잘 활용할 수 있기 때문이다. 민간 부문에서 사용되는 시장 원리의 장점으로 효율성, 경쟁성, 선택의 자유, 접근성, 대응성, 융통성 등이 있다.

(5) 순수 민간 부문

사회복지 재화나 서비스와 관련해, 운영과 재정 모두를 민간 부문에서 책임지고 제공하는 경우는 아주 드물다. 사회복지기관의 운영과 재정 모두를 민간 부문에 맡길 경우에는, 민간 부문의 단점이 아주 크게 나타날 수 있다. 그러므로 복지국가에서는 어떤 형태로든 민간 부문에 개입한다.

2) 전달체계의 원칙

(1) 최성제와 남기민

사회복지 서비스 전달체계 구축의 주요 원칙을 다음과 같이 제시했다.

가. 전문성의 원칙: 사회복지 서비스 제공 업무는 전문가가 담당해야 한다.

나. 적절성의 원칙: 서비스의 질과 양 제공 기간이 클라이언트나 소비자의 욕구 충족과 문제 해결 및 서비스의 목표 달성에 충분해야 한다.

다. 포괄성의 원칙: 클라이언트의 욕구는 다양하다. 이들 욕구나 문제에 대처하기 위해서는 동시에 또는 순차적으로 다양한 서비스를 제공해야 한다.

라. 지속성의 원칙: 서비스가 욕구 충족과 문제를 해결할 때까지 계속적으로 제공되어야 한다.

마. 통합성의 원칙: 욕구나 문제는 대부분 복합적이고 상호 연관되어 있다. 제공되는 서비스도 상호간에 유기적으로 연관되어 제공되어야 한다.

바. 평등성의 원칙: 성별 연령 소득 지역 종교 지위에 관계없이 모든 국민에게 일반적으로 보편적인 사회복지 서비스를 제공해야 한다.

사. 책임성의 원칙: 시민의 권리로 인정한 사회복지 서비스를 전달하도록 위임받은 것이 복지 국가이다. 따라서 사회복지 서비스 전달에 책임을 져야 한다.

아. 접근 용이성 원칙: 누구나 사회복지 서비스가 필요한 사람은 필요한 서비스를 받아야 한다. 정보제공은 물론 지리적 심리적 장애 제거, 선정 절차의 장애 폐기, 충분한 자원 확보 등이 갖추어져야 한다.

2) 성규탁

(1) 서비스의 접근 가능성
(2) 서비스의 지속성
(3) 서비스의 적합성
(4) 서비스의 포괄성
(5) 프로그램의 통합성
(6) 서비스의 공평성
(7) 서비스의 적절성
(8) 프로그램 개발을 위한 조사 연구 필요성

6. 재정체계

사회복지정책에는 재원이 필요하다. 아무리 정책이 좋아도 재원이 불충분하면 그 정책은 성공하기 어렵다. 사회복지정책에 사용되는 재원은 다양하고 각 사회복지정책은 서로 다른 형태의 재원을 갖는다.

사회복지정책이 어떤 재원에 의존하느냐에 따라 정책의 목표나 내용이 달리진다. 정부 예산이냐 민간 예산이냐에 따라 또 정부의 예산 중 에서도 일반 예산이나 아니면 사회보장성 조세냐 에 따라 사회복지정책의 목표와 자격요건 급여 형태 등이 달라진다.

1) 공공부분 재원

사회복지가 발달할수록 사회복지정책에서 사용하는 재원 중에서 공공 부문의 재원이 차지하는 역할이 커지는 경향이 있다(송근원 · 김태성, 1995). 일반적으로 공공부문의 재원은 조세(세금)와 관련된 재원을 말한다. 조세는 강제성을 띄고, 조세는 정부 수준에서 부과된다. 조세는 개인과 기업에 공적으로 부과된다. 조세는 공적 사회복지 활동을 위한 일차적인 재원이 된다.

(1) 보통세

조세의 지출 용도를 정하지 않고 징수하는 세금이다. 소득에 부과하는 소득세(개인 소득세와 법인 소득세), 소비에 부과하는 소비세, 재산에 부과하는 재산세가 있다.

가. 소득세

개인 소득세와 법인의 수익에 부과하는 법인 소득세가 있다. 소득세는 보통세 중에 소득 재분배 효과가 가장 크다. 부담 능력에 따라 누진제를 적용하고 일정소득 이하인 사람들과 저소득계층에게 조세 감면 혜택을 부여함으로써 소득계층 간의 소득 재분배 효과를 도모 한다[2].

---

2) 일정 기간에 발생하는 소득을 그 종류에 관계 없이 합산하여 종합과세하는 것을 기본원칙으로 하되, 양도소득 및 퇴직소득에 대한 과세표준은 각각 구분하여 계산한다. 또 비과세소득의 소득금액, 일용근로자의 급여액, 원천징수하는 이자소득 · 배당소득과 직장공제회 초과반환금 등은 분리과세한다.
과세 대상은 1월 1일부터 12월 31일까지 1년분의 소득금액으로 한다(5조). 납세지는 거주자는 주소지로, 비거주자는 국내사업장의 소재지로 하고(6조), 원천징수의 경우는 별도의 규정에 의한다(7조). 과세 관할은 납세지를 관할하는 세무

나. 소비세[3)]

소득과 무관하게 상품을 소비할 때 부과한다. 모든 상품에 단일 세율을 부과하는 일반 소비세와 특정 상품에 부과되는 특별 소비세가 있다. 특별 소비세는 사치품에 부과되는 것이 보통이다.

다. 재산세

소유 재산에 부과하며 보통세 중 가장 적은 비중을 차지한다. 지방정부의 주요 세원이며 대개 단일 세율이 적용된다. 재산세는 토지, 건축물, 주택, 선박 및 항공기를 과세물건으로 한다. 납세지는 토지의 소재지, 건축물의 소재지, 주택의 소재지, 선박의 선적항 소재지, 항공기의 정치장의 소재지를 기준으로 한다.

〈표 5-1〉 **국세와 지방세**

과세의 분류	세류
국세	소득세류: 소득세 법인세 소비세류: 부가가치세 특별소비세 영업세 부당이득세 통행세 주세 전기가스세 입장세 자산세류: 상속세 증여세 재편가세 인지세 전화세
지방세	소득세류: 농지세 주민세 소비세류: 자동차세 마권세 도축세 면허세 등록세 자산세류: 재산세 취득세 도시계획세 공동시설세 사업소세

(2) 목적세

특별한 지출 용도를 정해 놓은 세금이다. 미국의 사회보장세와 우리나라의 교육세가 대표적이다. 목적세는 가장 안정적인 세원이기에 중앙정부나 지방정부나 모두 선호한

서장 또는 지방국세청장이 한다(11조). 소득금액이 있는 거주자는 소득과세표준을 해당 연도의 다음 연도 5월 1일부터 5월 31일까지 납세지 관할 세무서장에게 신고하고 납부하여야 한다.

3) 재화의 소비 또는 화폐의 지출로써 담세력을 추측하여 과세하는 조세의 총칭이다. 소비세는 소비의 사실을 포착하여 과세하는 것이므로 소비의 최후단계에서 그 소비자에 대하여 과세하는 것이 이상적인 방법이다. 이 과세방법을 직접징수방법이라 하며 이 세를 직접소비세라 한다(예 ; 사치세 오락세 등).
소비의 최후단계에서 포착하지 않고 그 이전의 단계에서 과세하는 것을 간접징수방법이라 하며, 이 세를 간접소비세라 한다. 이 간접소비세는 그 과징방법과 과세물건의 다름에 따라서 두 가지 계통으로 분류된다. 하나는 관세이며, 다른 하나는 내국소비세이다. 관세는 다시 보호관세와 재정관세로 나누어진다

다. 단점은 다음과 같다.

가. 조성된 자금으로 운영되는 프로그램으로부터 직간접의 혜택을 받지 못할 경우 사람들의 지지를 확보하기 어렵다.

나. 목적세가 프로그램의 예산과 연계됨으로써 클라이언트의 욕구에 맞는 프로그램을 계획하고 집행하기가 쉽지 않다.

다. 보통세보다는 안정성이 높지만 보험료에 비해서는 약하다. 클라이언트의 욕구에 의해 결정되기 보다는 징수되는 세금의 다소에 의해 정책이 결정되고 추진될 수 있다.

(3) 조세비용

조세를 거두어 들여 직접적인 사회복지급여를 하지 않는 대신 사람들이 내야 할 조세를 감면, 공제, 면제시켜 사회복지의 목표를 이루는 방법이다. 구매력을 실질적으로 높여 납세자의 지출을 확대한다는 것이다. 소득재분배 효과 면에서는 불리하다. 그 혜택이 주로 중상위 소득계층에게 가고 저소득층은 조세비용의 수혜를 받기 어렵다.

2) 민간부문의 재원

(1) 사용자 부담

공개된 시장에서 사회복지 재화와 서비스를 이용하는 사람에게 비용을 부과하는 것이다. 사용자 부담이 필요한 이유를 다음과 같다.

가. 사회복지서비스를 남용하는 것을 막을 수 있다. 사용자 부담은 도덕적 해이 문제를 해결할 수 있다. 의료 서비스와 돌봄의 경우에 많이 적용되고 있다.

나. 정부의 과중한 부담을 일정 부문 해소할 수 있다.

라. 사회복지서비스의 질을 제고할 수 있다. 사회복지서비스를 무료로 제공하면 서비스 제공자나 서비스 이용자 모두 제공되는 서비스의 질에 관해 관심을 적게 갖는다. 일부라도 이용자가 부담케 하면 서비스 이용자는 제공되는 서비스에 대

해 관심을 더 갖는다. 서비스 제공자는 더 높은 질의 서비스를 제공하려고 노력한다.

라. 스티그마를 줄이고 자긍심을 높일 수 있다.

그러나 사용자 부담은 다음과 같은 단점을 갖는다.

가. 역진성 문제다. 고소득층보다는 저소득층에게 상대적으로 부담이 더 크고, 소득 재분배에 부정적이다.

나. 액수가 그다지 크지 않더라도 저소득층에게는 부담이 된다. 이로 인해 꼭 받아야 할 서비스를 받지 않는 경우가 발생한다.

(2) 자발적 기부

자발적 기부는 민간 영역에서 제공하는 기부금이다. 강제성이 없는 기부금을 말한다. 자발적 기부는 개인, 재단, 기업, 유산을 통해 제공된다.

(3) 기업복지

기업의 사용자가 자기 근로자의 복지 증진을 위해 지출하는 것을 말한다. 고용되었기 때문에 제공받을 수 있는 급여와 서비스다. 고용과 관련된 복지체계다. 기업복지는 공공 부문의 사회복지를 보충하는 역할을 맡는다. 서구 복지국가에서는 기업복지를 중요한 것으로 인식하고 있다. 기업복지 프로그램은 아주 다양하다.

(4) 가족 내 · 가족 간 이전

가족 내 이전이나 가족 간 이전은 비공식 부문에서 제공하는 재원이다. 가족, 친척, 이웃이 포함된다.

국가복지가 발달하기 이전 시대에 비해, 현재의 경우에는 비공식 부문에서 얻어지는 재원은 덜 중요해지고 있다.

06

CHAPTER

사회복지정책의 역사

1. 영국
2. 미국
3. 일본
4. 대한민국

1. 영국

1) 구빈법 시대

영국의 근대적 사회복지정책은 구빈법으로부터 시작된다. 1601년 제정된 엘리자베스 구빈법에서 1948년 국민부조법의 제정으로 폐지되기까지 구빈법이 347년 간 이어졌다. 영국에서 빈민이 문제되기 시작한 것은 16세기 전반부터다. 이보다 앞선 14세기 중엽 흑사병으로 유럽의 인구가 급격하게 감소했고, 한 지역에 안주하지 못하고 이곳저곳을 떠도는 유랑민이 생겨났다. 농촌에서는 노동력의 부족이 심화되었다.

양모 가격이 오르면서 지주는 농사를 짓기보다는 양을 키우는 데 주력했고, 농사지을 땅을 잃은 농민은 유랑하거나 빈민으로 내몰렸다. 종교개혁의 여파로 많은 수도원이 해산되면서 빈민을 돌볼 수 있는 사회적 시설은 매우 부족하게 되었다.

영국 최초로 빈민에 대해 통제를 가한 것은 1349년의 노동자 조례이다. 흑사병과 흉작으로 인한 인구 감소에 따른 사회붕괴를 막기 위해 유랑민과 걸인의 이동을 금지시켰다. 교구를 벗어나는 사람에게는 체벌을 가했다. 이어서 구걸에 대한 허가제를 실시했는데, 이것이 1388년의 구빈 관련 법령이다.

1531년 헨리 8세는 시장이나 치안판사를 교구 책임자로 임명하고, 보호해야 할 노인과 노동능력이 없는 걸인의 구호신청을 조사토록 했다. 등록자에 한해 제한된 지역에서만 구걸이 허용되고 등록이 안 된 거지나 부랑인은 가혹한 처벌을 받았다.

1536년에는 3년 이상 교구 내에서 거주한 걸인에 한해 교구의 보호 의무를 명시하였다. 이 당시 5세에서 14세까지의 아동은 부모로부터 떨어져 도제생활을 해야 했다. 1572년에는 빈민 감독관 제도가 확립되었는데, 빈민구호기금 마련을 위해 일반세를 부과하였다. 1576년에는 교정원이 설립되었다.

(1) 엘리자베스 구빈법(1601년)

빈민구제를 위한 재원이 국가의 조세로 충당되었기에 이를 근대적 빈곤정책의 시작으로 본다. 교구 단위로 배치된 2~4명의 빈민 감독관이 교구 위원과 함께 구빈사무를 보도록 했다. 빈민을 3가지 유형으로 나누어 차별을 하였다.

첫째, 노동능력이 있는 빈민(the able-bodied poor)은 교정원이나 작업장에서 강제노동을 해야 했다. 자선을 베푸는 것은 금지되었고, 다른 교구에서 온 걸인은 본래의 교구로 되돌아가야 했으며, 일하기를 거부하는 걸인은 감옥에 갇혔다.

둘째, 노동능력이 없는 빈민(the impotent poor)이다. 노인, 병자, 맹인, 벙어리, 신체장애, 어린 아이가 딸린 편모, 정신장애인 등이다. 구빈원(poorhouse, almshouse)에 수용되었다.

셋째, 요보호아동(dependent children)이 있다. 고아나 버려진 아이들은 양육을 원하는 시민이 있으면 무료로 위탁되었다. 위탁 희망자가 없는 경우 경매에 맡겨졌다. 8세 이상의 아동은 남자의 경우 24세가 될 때까지 도제생활을 해야 했으며, 여자는 21세 혹은 결혼 시까지 하녀로 일해야 했다.

엘리자베스 구빈법은 빈민을 국가가 책임진다는 것을 표방했지만, 빈민 구호보다는 빈민을 사회불안 요소로 인식해 그들을 억압하고 통제했다. 빈곤의 책임을 국가나 사회가 아닌 개인의 탓으로 인식하였다.

(2) 정주법(1662년)

교구를 단위로 빈민에 대한 구호활동이 진행되면서 교구의 재정과 교구 책임자의 성향에 따라 구빈활동에 차이가 발생하였다. 빈민은 구호가 잘 이루어지는 교구로 이주하였고, 이런 이주를 막기 위해 생겨난 제도가 정주법(Settlement Act)이다. 법적으로 소속된 교구에서만 구호를 받을 자격이 있다는 것이다.

자신의 직업 선택이나 거주지 선택의 자유를 박탈당했고, 노동을 강제로 해야 했다. 지방 판사와 교구 당국의 동의가 있어야만 교구를 옮길 수 있었다.

(3) 작업장 테스트법(나치블 법: 1722년)

부랑민의 노역 의지를 증진시키고, 일을 거부하는 자에 대해서는 구제를 금하는 법이다. 작업장 선서법으로도 불린다. 작업장은 구제를 억제하면서 노동 의욕을 선서케 하는 곳이다. 빈민과 실업자도 기회가 주어지면 국부의 원천이 될 수 있다고 보았다. 작업장의 생활을 더 어렵게 해 빈민이 구제신청을 꺼리게 하는 데 목적이 있었다.

민간이 작업장을 운영하도록 허용했다. 민간작업장 운영자는 한 푼의 이윤이라도 더 남기기 위해 빈민을 착취하였다. 처우는 비참했고 위생상태는 엉망이었다. 빈민은 작업장에 들어가는 것을 극도로 싫어했다. 노동능력이 있는 빈민은 구제를 신청하지 않게 되면서 작업장에는 고아와 기아의 수가 늘어났다. 빈민 중에서도 최하층에 속한 사람만이 수용되었다.

18세기 후반 이후의 작업장은 결국 남녀노소, 노동능력 유무, 장애인, 정신질환자, 임산부, 매춘부, 성병환자 등의 여부와 관계없이 모두가 한 곳에 수용되는 일반 혼합 작업장이 되어 버렸다.

(4) 길버트법(1782년)

비인도적이고 비위생적인 작업장을 개선해야 한다는 취지에서 마련된 법으로, 하원의원인 길버트(Gilbert)가 제안하고 통과시켰다. 가능한 한 빈민을 자신의 집에 거주하게 하면서 직업을 얻을 때까지 원외구호(재가처우)를 인정해 줄 것과 노동의 대가로 얻은 수입이 부족할 경우 부족액을 보충해 주는 것을 골자로 하고 있다. 노동능력이 있는 빈민에 대한 시설 외 구호의 적용과 노동자의 저임금을 보충해 주는 임금보조제도의 법적 기초가 되었다. 그러나 이 법의 실행은 각 교구의 재량에 맡겼기 때문에 기대했던 만큼의 성과를 거두지는 못하였다.

(5) 스핀햄랜드법(1795년)

버크셔(Birkshire) 주의 스핀햄랜드(Speenhamland) 지역에서 결정된 임금 보조제도의 일종이다. 일명 '버크셔 빵법'으로도 불린다. 불황이 극심했던 1795년 5월 6일 버크서의 스핀햄랜드에 모인 치안판사들이 임금보조금은 빵의 가격에 연동해서 정해야 한다고 주장한데서 비롯되었다. 이들은 빈민 개개인의 수입에 관계없이 최저소득이 보장되어야 한다는 결정을 내렸다. 이 제도로 인해 노동자는 가족의 규모와 빵값의 변화에 따라 보충받는 임금과 물가 연동의 사회적 보호를 받게 된 것이다. 생존권의 개념이 최초로 도입된 것이라 할 수 있다.

마셜(Marshall)은 스핀햄랜드 제도를 두고 "일할 권리와 함께 최저한의 임금과 가족수당을 보장하는 만큼 구빈법의 영역을 훌쩍 뛰어넘는 사회복지급여 수급의 권리를 의미하는 사회권(social right)의 실체였다."라고 높이 평가했다.

그러나 이 제도는 노동 의욕 및 능률 저하와 빈민의 조혼을 유발하여 인구과잉을 초래했다는 비난을 받았다. 또한, 받는 임금과 무관하게 수입이 같아 노동 의욕 고취가 어려웠고, 공공 재산을 이용해 고용주를 보조하는 결과를 가져 왔다. 이 제도의 실패로 빈민정책은 억압으로 회귀하였다

(6) 신구빈법(1834년)

1832년부터 1834년까지 왕립 구빈위원회의 조사를 토대로 만들어진 신구빈법(개정빈민법: Poor Law Reform)은 구빈세의 증가를 막고 스핀햄랜드 제도의 철폐를 위해 제정되었다. 신구빈법은 열등처우의 원칙(principle of less eligibility), 작업장 원칙(principle of workhouse system), 전국적 통일의 원칙(principle of national uniformity) 등 3가지 원칙을 마련했다.

첫째, 열등처우의 원칙은 국가의 부조를 받는 빈민의 상태가 최저 계급 독립노동자의 상태와 비교해 실질적으로나 외견상으로나 열등해야 한다는 원칙이다. 구제대상이 되는 빈민의 생활수준이 높다면, 임금노동자의 생활이 궁핍해지며 태만과 악덕을 초래한다는 것이 주장의 근거가 된다.

열등 수급을 받고 있는 작업장의 피구제 빈민에 대해 포퍼(pauper)라는 스티그마가 부여되어 자력으로 생활하는 빈민(poor)과 구분지었다. 포퍼가 된다는 것은 인간으로서의 존엄을 상실하며, 작업장 수용에 따른 거주 이전의 자유를 잃는 것이자, 선거권의

박탈로 정치적 자유마저 빼앗기는 상태를 의미하였다.

둘째, 작업장 원칙은 원외구호가 대상자의 자활에 효과적이지 못한 만큼 작업장에 수용하는 것을 원칙으로 한다는 것이다. 노동 가능한 빈민은 누구든 작업장에서 일을 해야 했다. 수용된 부부는 격리되었고, 식사 시에는 대화도 허용되지 않았다. 친척이나 아는 사람을 방문하는 것도 허용되지 않았다. 술과 담배는 당연히 금지되었다.

셋째, 전국적 통일의 원칙은 전국 어디서나 동등한 처우를 받아야 한다는 것이다. 빈민법의 행정을 통제하고 작업장의 운영과 구제 등을 관리하는 중앙기구가 설치되었다. 3인의 구빈법위원과 1명의 서기로 구성된 중앙구빈위원회가 설치되었다. 작업장 관리와 신설을 위해 다수의 교구를 통합시킬 수 있는 권한을 위임받았고, 곧 바로 교구연합이 조직되었다

그렇지만 중앙은 지방의 빈민법 운영을 제대로 통제하지 못했다. 중앙구빈위원회를 설치했지만 정부기구가 아닌 만큼 행정의 통제력이 미약했기 때문이다. 지방정부의 구빈 예산과 작업장 신설에 대한 통계는 거의 형식적이었고 빈민의 고통과 비참함은 은닉되었다.

작업장 수용자는 작업장의 복장에다 굴욕감을 유발시키는 배지도 착용하였다. 아동은 무조건 복종을 훈련받았다. 작업장은 모든 계층 근로자에게 공포의 대상이었다. 그러나 신구빈법은 구빈비용의 억제라는 목적은 달성하였다. 1837년은 1834년에 비해 구빈법 적용자가 1/3로 감소되었다.

1846년 앤도버(Andover) 작업장에서는 배고픈 수용자가 썩은 말뼈의 연골과 골수를 빨아먹다 발견되어 공공의 분노를 샀다. 앤도버 사건의 여파로 1848년 구빈위원회는 빈민법청으로 조직이 개편되었다. 의원의 자의적 권한이 제한되고, 의회에 대해 책임을 지게 되었다. 1860년대 후반부터는 노동능력이 없는 빈민에 대한 처우가 다소 개선되었다. 작업장에서도 질병이 있는 빈민과 아동이나 노인, 심신장애인 등이 수용되어서는 안 된다는 공감대가 형성되기 시작했다.

1871년에는 빈민법청이 새로 설립된 지방자치청의 빈민국으로 흡수되었다. 다소의 융통성이 발휘되기는 했으나 신 구빈법의 원칙과 구조는 몇 십 년 동안 그대로 유지되

었다. 신구빈법을 지배하는 사상으로 당시의 최고 덕목이자 가치였던 자조(self-help)는 그대로 긴 생명을 유지한 셈이다.

2) 제고되는 복지의식

(1) 노동당 창당

1870년대 대규모의 경제공황이 발생하자 노동자 계급의 동요가 발생했다. 기존의 노동운동에 대한 반성이 제기됐고, 1900년 페이비안 협회와 여러 노동대표가 모여 노동당(Labour Party)을 설립했다.

(2) 자선조직협회

19세기 말엽의 영국은 궁핍한 사람에게 도움을 주는 데만 관심이 있었지, 빈곤의 원인이 되는 사회적 조건 개선과 체계적이고 합법적인 구제방법에 대해서는 논의조차 되지 않았다. 빈곤자의 욕구를 측정하거나 현실에 대한 진상조사는 전무했다.

이런 문제를 해결하고 효과적인 서비스를 제공하기 위해 사회 사상가들은 모임을 결성했다. 1869년 창설된 런던 자선조직협회가 그것이다. 이들은 구호를 필요로 하는 사람의 개별적 조사 결과를 카드에 등록하고, 요구호자와의 인간관계를 중시하며 그들의 생활태도를 긍정적으로 변화시켜 보고자 노력하였다. 자선조직협회는 개별사회사업(case work)과 지역사회조직사업의 기초를 형성했다.

(3) 인보관운동

인보관운동(settlement house movement)은 적극적인 환경개선사업이다. 의식 있는 중산층이 빈민촌에 정착해 빈민을 교육하고 문화 수준을 제고하는 운동을 벌였다. 이 운동의 창시자는 바넷(Barnett) 목사였다. 그의 지도 하에 옥스퍼드(Oxford) 대학, 케임브리지(Cambridge) 대학의 학생이 참여해 대학에서 배운 지식을 가난한 사람을 위해

아낌없이 제공했다.

인보관운동을 위해 일하던 아놀드 토인비(A. Toynbee)를 기념해 1885년 1월 10일 토인비 홀이 런던 동부의 빈민 지구에 설립되었다. 빈부 차이를 좁히고 상호 간의 불신을 해소하며, 계층을 넘어선 상생을 목표로 하였다. 19세기 말까지 30여 개가 넘는 인보관이 세워졌다.

(4) 우애조합

상호부조(mutual aid)는 중세 직인의 모임이 그 근거가 된다. 일단의 남성이 봉급날 동네의 선술집이나 교회에서 만나 공통의 목적을 위해 적은 돈을 갹출하는 관례로 부터 시작되었다. 정보 교환에서부터 회원에 대한 치료비 제공, 혹은 장례비 보조 등 다양한 목적으로 만남이 이루어졌다.

이렇게 시작된 모임은 우애조합(friendly society), 노동조합(trade union), 주택협회(housing association), 시민은행(People's bank), 혹은 협동조합(cooporative)으로 발전하였다.

우애조합은 1793년 로즈법(Rose's Act)에 의해 인정되었다. 소득 중단 등 예측 가능한 위험에 대해 서로를 보호하는 데 그 목적이 있었다. 1815년 100만 명 정도였던 회원이 1892년에는 700만 명으로 늘어났다.

노동조합은 1799년과 1800년의 단결금지법에 의해 불법화되었고, 임금인상 요구를 위해 다른 사람과 조직을 결성할 경우 3개월 구류나 2개월의 중노동형이 내려졌다. 노조의 법적 지위는 불안하였고, 소요가 발생했을 경우 그 책임을 져야 했다.

주택조합은 회원의 임대주택이나 개인주택을 얻을 수 있도록 기금을 조성할 목적으로 1781년 버밍엄에서 설립되었다. 노동자 계급을 위해 집을 짓는 박애적 성격의 조직과, 중산층을 위한 조합으로 나뉘었다. 1820년대 들어 대부분의 주택조합은 현금대출에 치중하였다.

시민은행은 노동자의 소규모 자산을 안전하게 관리하기 위해 만들어졌다. 마을은행과 자치시 은행이 선을 보였고, 1861년부터 우체국에서도 저축을 취급하였다. 협동조합은 1800년 로버트 오웬(R. Owen)에 의해 세워진 방적공장이 그 시초다. 수입을 서로 나누고 이익을 재투자하였지만 협동조합은 오래가지 않았다.

(5) 사회조사

1880년대의 영국은 빈곤을 재발견하는 시기였다. 1886년 찰스 부스(C. Booth)는 〈런던 시민의 생활과 노동(Life and Labor of the People in London)〉이라는 보고서를 통해 동부 런던 거주자의 35%가 빈곤상태에 있으며, 65세 이상의 노인 중 8/9이 빈곤의 덫에서 헤어 나오지 못하고 있다고 폭로했다. 빈곤은 개인의 잘못에서 비롯된다는 이론을 무력화시켰고, 인간의 빈곤은 불충분한 임금이나 열악한 주거환경, 불결한 위생 상태로 인해 유발될 수 있음을 보여 주었다.

부스에 이어 라운트리(B. S. Rowntree)는 1902년 요크(York) 시의 빈곤상태에 관한 조사연구[〈빈곤: 도시생활에 관한 연구(Poverty: A Study of Town Life)〉]를 발표하였다. 보고서에 따르면 요크 시 총인구의 28%가 빈곤한 상태로 밝혀졌다. 또한, 그 주원인은 저임금이라는 것도 드러났다. 라운트리의 조사는 조사 자체보다 빈곤선의 설정에 큰 의미를 둘 수 있다. 그의 조사는 몇 십 년간의 시차를 두고 세 차례에 걸쳐 이루어졌다. 부스보다 좁은 지역을 조사했기에 정확도 면에서 앞설 수 있었다.

라운트리는 빈곤의 유형을 1차 빈곤(primary poverty)과 2차 빈곤(secondary poverty)으로 분류하였다. 1차 빈곤은 식료품, 연료, 주택, 의복 등 4개 항목에 전부 투입하더라도 구입할 수 없을 정도를 의미한다. 한 가구의 전 소득이 육체적 유지를 위한 필요자원을 구입하기에도 부족한 상태다. 성인과 아동의 평균 영양 필요량을 추정해 그 양을 음식물로 환산하고, 음식물을 구입하기 위해 꼭 필요한 현금을 산출하였다. 이렇게 산출된 식비에다 가족 규모에 따라 연료비와 의복비 등의 최저 필요 금액을 가산해 빈곤선을 책정하였다.

2차 빈곤은 가족의 소득이 4개 기본 항목을 구입할 수 있을 정도이지만, 그 소득의 일부를 다른 용도로 사용하면 빈곤상태에 빠지는 경우다. 여기에서의 다른 용도란 음주나 도박, 혹은 신문 구입이나 교통비, 가족 중 긴급한 처지에 빠졌을 때에 돈을 융통했을 경우이다. 라운트리는 빈곤의 순환을 연구했는데, 근로자 가족은 생애주기에 있어 상대적으로 빈곤과 번영의 주기를 경험한다는 것이다.

부스와 라운트리의 조사를 통해 빈곤은 개인적 결함이나, 인도주의나 자선에 의해 해결될 문제가 아니며, 더욱 적극적인 국가의 개입이 필요하다는 주장이 설득력을 얻게 되었다.

부스의 사회조사는 베아트리스 포터(Beatrice Potter, 후에 Beatrice Webb)에게 큰 영향을 미쳤다. 베아트리스는 런던의 부두 노동자와 이스트 엔드(East end)의 고한사업(sweating industry) 여성노동자의 실태를 조사하였다. 남편 시드니 웹(S. Webb)과 함께 『노동조합사와 산업민주주의』라는 책을 내놓았는데, 이 책을 통해 '국민최저수준(national minimum standard)'이란 용어를 사용하였다

노동자에게 일정 한도의 최저고용조건을 확보할 수 있게 자본주의 기업을 통제할 것을 주장한 것이다. 통제는 노동조합의 단체교섭을 통하거나, 노동조합이나 지지집단의 압력에 의해 제정된 입법으로 실행되어야 한다고 강조하였다.

그녀가 제창한 국민최저수준은 국민적 효율(national efficiency)의 향상과 직결되기에 정당화된다. 표준 조건 이하의 산업, 특히나 고한사업(苦汗사업: 경제적 · 육체적 · 정신적으로 과도한 고통이 따르는 노동착취제도의 일반적 호칭)은 국민경제의 기반에 기생해 성장하는 것이 보통이다.

웹 부부는 국민적 최저수준과 효율화는 산업계의 공동과제이며, 기업과 노동자는 어떤 공동의 규칙을 제정할 필요가 있다고 주장하였다. 각 산업이 지키지 않으면 안 될 최저 기준을 의미한다. 임금률, 노동시간, 안전, 위생 등 노동자의 생활 전반이 일정 수준 이상으로 저하되어서는 안 될 최저선을 규정해야 한다는 것이다. 이후 국민최저선이라는 용어는 모든 국민이 그 이하로 내려가서는 안 된다는 최저생활 보장과 관련된 의미로 사용되었다.

3) 복지국가

(1) 시도되는 진보개혁

20세기 들어 자유당이 집권하면서 개혁이 시작되었다. 1906년 정권을 잡은 자유당은 그 집권 기간(1906~1914년) 동안 중요한 개혁을 단행한다. 1908년의 노령연금법은 자유당 개혁 프로그램의 첫 단계였다. 이 제도는 사회적인 낙인을 수반하지 않았고 그 어떤 자산조사도 시행되지 않았다. 우체국을 통해 급부가 이루어졌다(Hay, 1985). 1911년 실업보험과 의료보험법이 통과되었다.

개인주의 대신에 집합주의를, 자유방임적 국가관 대신에 국가의 적극적인 간섭을 요구하는 주장이 대두됐다. 자유주의 내부에서 신자유주의라는 형태로 나타났는데, 이런 전환점을 마련해 준 인물은 그린(T. H. Green)이다. 그는 국가의 보다 적극적인 역할 수행이 개인의 자유에 대한 위협이 아니라 오히려 자유를 신장하는 수단이 될 수 있다고 주장하였다. 즉, 기존 자본주의 체제의 부정이 아니라 최소한의 수정을 통해 자본주의 유지는 물론 그 한계를 극복하자는 주장이었다.

영국의 빈곤 문제가 정치적 쟁점으로 또다시 부각된 것은(부스 등의 빈곤조사 이외에) 보어전쟁(1899-1902년)이었다. 네덜란드 이주민과 남아프리카의 식민지 지배권을 놓고 영국이 벌인 전쟁에서 영국은 예상을 깨고 패배를 맛보았다. 영국의 자존심이 여지없이 무너져 내렸다. 보어 전쟁 이후 징병제가 영국에 도입되었다. 징집 대상자의 40%가 신체검사에서 부적격으로 판정을 받아 영국사회에 또 다른 충격을 주었다. 영국 육군은 영국 병사의 체력부족이 전쟁에서 패한 주 원인이라고 발표하기에 이르렀다. 이에 따라 국민적 효율이 정치적 쟁점으로 떠올랐다. 체력과 체위의 확충에 영국정부가 나서게 된 계기다.

자유당 정부의 주요 사회입법은 10가지 정도로 요약된다.

노동쟁의법은 1906년 파업의 합법성을 인정하고 노동조합의 파업에 대한 손해배상을 면책한 법이다. 같은 해 교육법이 완성되었다. 지방교육 당국이 학교 아동급식을 허용했다. 지방정부는 기존의 급식단체를 이용해도 무방했고, 다른 기관의 설립도 허용되었다. 이듬해에 아동에게 신체검사만 해 오던 것을 치료까지 영역을 확대시켰다. 1908년 70세 이상의 노인에게 무기여 연금을 시행하였다. 1908년 아동법을 강화했다. 아동건강에 대한 부모의 방관이나 태만을 불법으로 규정지었다. 아동에 대한 담배 판매를 금했다. 비행청소년을 소년원에 수용하기 시작하였다.

1908년 탄광노동자의 노동시간을 8시간으로 정하였다. 1909년 비숙련 하층 노동자의 불완전한 취업 감소와 정상화를 위해 취업 알선을 강화하였다. 같은 해 최저임금제를 확립하였다. 또, 노동자의 주택 공급을 위해 주택건설 융자금제를 신설하였다. 1911년 국민보험법을 발효시켰다.

(2) 복지국가의 태동과 완성

제2차 세계대전 중 영국의 무임소장관 그린우드(A. Greenwood)는 사회보험 및 관련 서비스에 관한 정부 부처 간 조사위원회를 설치하고 베버리지(W. Beveridge)를 위원장으로 임명하였다. 베버리지는 1942년에 〈사회보험과 관련 서비스(Social Insurance and Allied Services)〉라는 보고서를 발간한다.

베버리지는 3가지 사회보장계획을 제시했다. 첫째, 미래를 위한 어떠한 제안도 이해관계가 집단에 의해 제약을 받아서는 안 된다. 둘째, 사회보험은 결핍(want)에 대한 공약일 뿐, 질병(disease), 무지(ignorance), 불결(squalor), 나태(idleness)까지 해결할 수 있는 것이 아니다. 셋째, 사회보장은 정부와 민간의 협력 하에 집행되어야 한다.

베버리지의 사회보장제도 근간은 강제적인 사회보험이며, 사회보험이 보장하지 못하는 경우에는 국민부조(national assistance: 현대의 공공부조) 장치를 마련하였다. 국가가 제공하는 사회보장의 목표를 국민최저선(national minimum) 달성에 두었다.

베버리지의 구상은 다시 6가지 원칙으로 구체화되었다. 베버리지의 보고서를 기초로 영국은 '요람에서 무덤까지'라는 사회보장체제를 완성하게 된다. 1945년 총선에서 노동당이 단독으로 집권하면서 같은 해 가족수당법(Family Allowances Act)이 통과되었다. 1946년에는 국민보험 산업재해법(National Insurance Industrial Injuries Act)과 국민보건 서비스법(National Health Service Act)이, 1948년에는 국민부조법(National

Assistance Act)이 실행되었다.

(3) 복지국가의 위기

1970년대 들어 오일쇼크를 계기로 복지국가는 위기를 맞는다. 그동안의 경기호황에 힘입어 복지국가에 대한 국민적 합의가 형성되었고, 정당은 예외 없이 복지예산을 확충하고 확대하였다. 1979년 집권보수당 정권 하에서 마가렛 대처(M. Thatcher) 수상은 사회보장예산을 삭감했고, 사회보장제가 국민의 의존심을 강화한다며 자유주의 이념에 기초한 복지국가의 개혁에 나섰다. 1985년 포울러(N. Fowler)를 위원장으로 하는 사회보장 조사위원회가 결성되어 〈사회보장의 개혁(The Reform of SocialSecurity)〉이라는 보고서를 출간했다.

연금이 감소하였고 민간금융기관을 통한 개인연금이 장려되었다. 가족수당과 주택수당의 급여가 동결되거나 감소되었으며, 국민보건서비스 분야에서는 민간병원의 설립을 장려하는 한편, 의료계에도 시장 원리를 도입시켰다. 지방정부 소유의 주택은 대대적으로 민간에 매각되었다.

대처는 자유경제와 강한 국가를 표방했다. 이는 케인스와 베버리지에 대한 급격한 이탈이기도 했는데, 공공지출의 삭감과 민영화 및 감세정책을 폈다. 아울러 전 국민의 복지는 국가의 책임이라는 베버리지적 접근방법에서 벗어나 선별주의적 정책 기조를 선택하였다.

(4) 토니 블레어의 제3의 길

1997년 총선에서 승리한 노동당의 토니 블레어(T. Blair) 수상은 사회학자 기든스(Giddens)가 체계화시킨 제3의 길(the third way)을 바탕으로 사회복지개혁을 추진하였다. 고복지 - 고부담 - 저효율로 요약되는 사회민주주의적 복지국가노선(제1의 길)과 고효율 - 저부담 - 불평등으로 특징지어지는 신자유주의적 시장경제노선(제2의 길)을 지양한 새로운 정책노선이다(원석조, 2006: 160-164). 제3의 길은 인적 자원에 투자하는 복지국가를 표방하는데, 이를 사회투자국가로의 개편으로 설명하고 있다. 평생교육을 강조하며 적극적인 실업대책을 추구한다.

복지의 주체를 다원화하는 것도 제3의 길이 추구하는 가치다. 중앙정부 중심의 복지 공급에서 벗어나 지방정부나 비영리 부문, 기업 등 복지의 다원화를 도모하고 있다. 도덕적 해이에서 벗어나 일하는 복지(workfare)를 제창했다. 블레어의 일하는 복지는 세계 각국으로 퍼져 나가면서 생산적 복지의 개념으로도 발전되었다.

2. 미국

1) 식민지시대(1776년 이전)

초기 식민지 시대의 대부분은 가난했다. 프로테스탄트의 생활은 근면과 절약을 최상의 미덕으로 여겼고, 부랑자가 되는 것을 죄악으로 여겼다. 1642년 플리머스(Plymouth)에 식민지 최초의 구빈법이 제정되었다. 이어 1673년 코네티컷, 1692년 매사추세츠 주 등지에서 구빈법이 만들어졌다.

구호는 최소의 사람에게 선별적으로 이루어졌는데, 1709년 필라델피아에서는 전체 인구의 0.52% 만이 공적 구호를 받았다. 구호의 대상도 인디언의 습격이나 학살에 의해 가족을 잃어버린 사람, 고아, 과부, 노인, 부상자, 재해로 인한 피해자 등으로 제한되었다.

원내 구호가 행해졌고 대상은 노동능력이 없는 빈민이었다. 구호대상에서 흑인은 제외되었다. 당시 보호 수준은 열등 수준에서 지켜졌다.

2) 자본주의 성립기(1777~1860년)

독립혁명이 끝난 뒤 사회 전반에 극심한 변화가 일어났다. 유럽의 나폴레옹 전쟁과

1812년 영국과의 전쟁으로 국민의 삶은 피폐해졌으며, 유럽으로부터의 이민이 급속히 늘어나기 시작했다. 1790년 미국 최초로 인구조사를 실시한 결과 4백만 정도에 불과했었다. 그러나 1860년에는 인구가 3천1백만 명으로 급상승한 것으로 드러났다(Haynes & Holmes, 1994: 49). 많은 유럽인이 '기회'를 얻기 위해 신대륙으로 건너왔으나 누구나 성공하는 것은 아니었다. 가족을 잃은 사람, 기술이 없는 사람, 노약자, 청소년, 여성은 빈민이 되었고, 미국은 이런 사람을 어떻게 대우해야 하는가에 대해 고민하기 시작했다. 이때부터 정부가 개인의 복지문제에 적극적인 개입은 하지 않았으나 관심을 갖기 시작하였다.

1837년에는 공황이 왔다. 서민의 삶은 더욱 피폐해져 갔다. 1843년에는 혹한이 몰아치면서 실업이 늘어났으며 노동자의 생활수준은 크게 저하되었다. 노동자가 뭉쳐 활발한 노동운동을 전개하였다. 노동자의 삶이 더욱 어려워지자 뉴욕에서는 같은 해 빈민생활상태 개선협회가 발족되었다. 후에 이 협회는 자선조직협회의 모체가 되었다(한국복지연구회, 1985: 87-88). 부모가 사망하거나 삶이 어려운 탓에 유기되는 아이도 증가했다. 1790년 남캘리포니아 주의 찰스턴에 최초의 주립 고아원이 생겼다. 1817년에는 코네티컷 주 하트포트에 무료 농아 학교인 갈로데 학원이 들어섰다. 1824년에는 최초의 비행소년보호시설인 사립감화원이 뉴욕에 설립되었다.

1840년대가 되자 뉴욕에는 30개 이상의 자선단체가 발족돼 왕성한 활동을 펼쳤다. 특이한 것은 요보호자의 종류에 따라 구분된 시설이 생겨났다는 점이다. 시설보호의 전문화를 도모하기 시작했음이다. 복지관계자와 선각자를 중심으로 정신질환자에 대한 관심이 제고된 것도 이 시기다.

3) 자선조직협회와 인보관운동

시민전쟁(1861~1865년)이 끝나고 흑인 노예가 해방되면서 공업화가 급속히 진행되었다. 서부개척이 가능해지고 인구가 폭발적으로 늘어났다. 공업과 시장이 발달하면서 자연스럽게 독점자본주의가 성립되었다. 필연적으로 독점 자본주의는 부의 편중과 인권 소외, 도시화를 유발시켰다.

새로운 사회문제 발생에도 불구하고 당시 미국의 지배적인 사상은 자유방임주의였다. 동물 세계에서 적자생존이 불가피하듯 인간세계의 생존과 발전을 위한 필요악이라는 것이다. 정부의 구호가 소극적인 것과는 달리 민간의 구호활동은 점차 조직적이며 적극적인 상태로 전개되었다. 민간자선단체는 무질서하고 체계적이지 못했던 과거의 구빈활동을 반성하고 자선의 효율화를 위해 영국으로부터 자선조직협회 방식을 도입하였다. 영국 런던자선조직협회의 자원봉사자로 일했던 거틴(Gurteen) 목사가 1877년 버팔로에 자선조직협회를 창설하였다. 이후 자선조직협회는 미국 전역으로 퍼져 나갔다. 1890년대까지 100여 개 도시에 자선조직협회가 만들어졌다.

자선조직협회는 원조의 방법으로 우호적인 방문(friendly visiting)을 사용하였고, 빈민을 원조받을 가치가 있는 빈민(worthy poor)과 원조받을 가치가 없는 빈민(unworthy poor)으로 구별하였다. 원외구호에 대해서는 반대 입장을 취하였고, 여성 신교도를 훈련시켜 활용하였다.

산업화에 따른 도시집중은 빈민가라는 부정적 유산을 남겼다. 비위생, 부도덕, 높은 범죄와 무질서는 사회문제로 등장했다. 런던의 토인비 홀을 방문해 깊은 인상을 받았던 스탄톤 코이트(S. Coit)는 미국에도 이와 유사한 인보관을 만들기에 이른다.

1887년 뉴욕의 인보조합은 미국 최초의 인보관이다. 2년 뒤에는 제인 아담스(J. Adams)와 엘렌 스타(E. Starr)에 의해 시카고에 헐 하우스(Hull House)가 세워진다(Haynes & Homes, 1994: 64). 인보관운동 관계자는 빈곤을 비롯한 사회 문제의 제 원인이 개인이 아닌 사회적 환경에 있다고 보았다.

4) 도전받는 자유주의 사상(1900~1929년)

18세기 이후 자유방임주의 경제이론과 다위니즘을 배경으로 미국을 지배해 오던 자유주의 사상의 쇠퇴가 이루어진 시기다. 법적인 규제와 보호를 통해 사회정의를 실현하려는 방안이 제기되었다. 제1차 세계대전(1914~1918년) 동안 미국은 전쟁 물자를 수

출하면서 산업발전을 가속화시켰다. 인구도 급성장해 1900년 7,600만 명의 인구가 30년에는 1억 2천만 명을 넘어설 정도로 폭발적인 인구팽창이 이루어졌다.

노동자의 삶을 여유롭게 하는 제반 정책이 경쟁적으로 선을 보였던 시기로, 1906년 연방정부에 의해 하루 8시간 노동제가 도입되었다. 1915년에는 선원법, 1916년 농업신용법과 재해보상법이 각각 제정되었다. 아동노동자와 노동의 최저 연령을 제한하는 법안이 속속 등장하였다. 1911년 일리노이 주에서 모자부조법이 최초로 시행됐다. 1927년에는 미국 노령보장협회가 조직되었다.

공공과 민간복지기관이 증가하면서 유급 사회복지사가 늘어났다. 전문가의 수요가 늘어나자 이들을 교육시키는 전문교육기관의 수 역시 증가했다. 전문직 단체의 설립은 전문 사회사업의 정착을 가속화시켰다.

5) 대공황과 뉴딜정책(1930~1940년)

1929년 가을 주식시장의 붕괴와 경제공황으로 수많은 노동자가 직장을 잃었고, 평생동안 모아온 저축을 한꺼번에 잃어버렸다. 국내적으로는 농업 부문의 만성적 불황과 공업의 과잉생산, 방만한 신용정책, 증권 투기가 그 원인으로 지적됐다. 대외적으로는 제1차 세계대전 채무국의 구매력 격감과 관세장벽, 구소련의 덤핑판매 등의 악재가 작용하였다.

1929년 봄 286만 명이었던 실업자 수가 1930년 1월 400만 명으로 1930년 3월에는 460만 명, 다시 9월에는 500만 명으로 확대됐다. 1930년 말에는 1,500만 명의 실업자가 양산되었다. 국민의 40%가 구제대상이었고, 심한 지역에서는 90%가 구제의 대상이 되었다.

경기회복과 빈곤구제를 위해 국민은 국가 차원의 획기적 조치가 단행될 것을 기대하였으나 후버 정부는 경기에 대한 낙관론 만을 되풀이하며 별다른 후속 조치를 내리지 않았다. 경기는 더더욱 나락에 빠지고 국민의 삶은 힘들어져만 갔다.

1933년 3월 루스벨트 대통령이 후버의 후임으로 취임하면서 연방정부의 개입이 가시화되었다. 루스벨트는 뉴딜(new deal)이라는 정책을 통해 실업자를 위한 지출을 확대하고 공공사업을 대대적으로 펼쳤다. 제도적 관점에서 공공의 복지에 투자하겠다는 의지의 표명이었다.

루스벨트는 경제보장위원회를 소집해 사회보장 프로그램의 개발을 명했다. 1935년 1월 17일 경제보장위원회는 '사회보장 프로그램을 위한 권고'를 작성하였다. 이 법안은 하원에서 371대 33, 상원에서는 77대 6으로 통과되어 같은 해 8월 14일 사회보장법(social security act)으로 제정되었다(함세남 외, 1999: 208).

사회보장법은 3가지의 방법으로 사회보장을 시행하고 있다. 첫째는 연방정부가 운영하는 사회보험 프로그램이다. 실업보험과 노령 · 유족 및 장애보험이 이에 속한다. 둘째는 연방정부가 재정을 보조하고 주정부가 운영하는 공적 부조 프로그램이다. 맹인부조, 장애인부조, 노령부조, 요부양아동가족부조 등 4가지 프로그램이 이에 해당한다. 급여를 받기 위해서는 자산조사를 받아야 했다. 셋째는 주정부와 지방정부가 각각 재정을 보조하는 프로그램이다. 보건, 입양, 장애인서비스와 같은 서비스가 그 성격에 따라 보조의 주체가 달랐다.

뉴딜 정책에 의해 지출된 구제비, 공공사업비의 총액은 기하 급수적으로 늘어났다. 세출에서 차지하는 비율이 1934년 35%, 1935년 45.6%, 1936년 34.7%가 되었다. 적자는 증가되고 국채가 대량으로 발행됐으며, 조세가 늘어나는 등 국민의 부담 역시 가중되었다.

뉴딜에 나타난 사회복지 프로그램은 급여 수준이 낮았고 지역 간에도 격차가 심했다. 의료부조나 의료보험, 공공주택정책이 활성화되지 못했던 미국은 오랜 기간 동안 복지 후진국으로 남아 있어야 했다.

유럽 국가의 대부분이 가족과 의료, 주택, 부조를 통합적으로 다루는 복지정책을 펴 나갔던 데 반해 미국은 뉴딜시대부터 사회복지 프로그램을 사회보험과 공공부조로 나뉘어 실행함으로서 일관성 있는 사회복지정책을 펴 나가지 못하게 됐다는 비판도 제기됐다(Patterson, 1986: 76). 이러한 부정적 관점에도 불구하고 뉴딜은 빈곤의 원인을 개인이나 문화적인 관점에서 경제적이며 구조적 관점으로 파악하였다는 긍정적 측면이 있다. 비로소 미국이 복지국가의 대열에 합류했음을 의미하는 것이기도 하다.

6) 복지의 확대시대(1940~1960년)

1940년대 들어 대공황은 회복세를 보인다. 제2차 세계대전이 끝나고 트루먼 대통령이 취임하면서 물가의 통제, 완전고용, 주택정책을 중심으로 사회보장정책이 더욱 확대·개선되었다. 국내 정치가 안정되었지만, 국제적으로는 냉전이 심화되었다.

복지의 확대추세는 1960년에 이르기까지 이어진다. 1950년대에는 사회보장법을 개정해 노령부조, 맹인부조, 아동부조, 중장애부조를 받고 있는 피보호자에 대한 의료비의 일부를 연방이 보조하게 되었다. 1953년에는 연방사회보장청을 보건·교육·복지성으로 승격시켰다. 1952년 사회사업교육위원회가 설립되었고, 1955년에는 전국사회복지사협회(NASW)가 결성되었다(한국복지연구회, 1985: 102-105).

7) 빈곤의 재발견과 대빈곤전쟁(1961~1975년)

케네디 대통령은 실업과 흑인민권운동에 관심을 갖고 의욕적으로 개혁에 앞장섰다. 1961년 취임식에서 케네디는 독재, 빈곤, 질병 및 전쟁은 인류 공동의 적이라고 연설하였다. 또한, 희망의 손길이 빈민과 억압된 자에게까지 확대되어야 한다고 선언하였다. 대도시인 뉴욕, 로스앤젤레스, 디트로이트의 슬럼 지역에서는 흑인의 폭동과 소요가 지속적으로 이어졌다. 이는 그동안 억압됐던 빈민과 흑인의 목소리가 일시에 터져 나온 것으로 봐야 할 것이다.

마이클 해링턴(M. Harrington)은 1962년에 『또 다른 미국(The other America)』이라는 책을 통해 대부분의 미국인은 빈민이 처하고 있는 실태를 모른다고 주장하였다. 그는 미국은 2개의 미국으로 구성되어 있는데, 하나는 풍요로운 사람이 사는 미국이고, 다른 하나는 적절한 교육, 주택, 고용 및 의료보호를 받지 못해 절망과 굴욕으로 고통받고 있는 사람이 살고 있는 미국이라고 밝혔다.

그는 빈곤이 보이지 않는 이유를 4가지로 들었다. 첫째, 농촌의 빈곤은 농촌의 아름다운 경치에 가려 보이지 않는다. 둘째, 예전에 비해 빈민이 옷을 잘 입기 때문에, 셋째, 가난한 노인은 나쁜 건강, 공포심, 교통수단의 결여 등으로 집에만 거주하기에 보이지 않는다. 넷째, 빈민은 정치적인 목소리를 낼 수 없기에 보이지 않는다는 것이다. 해링턴은 자신의 책에서 미국 빈민의 수는 4,000만 명에서 5,000만 명에 이른다고 주장하였다.

존슨 대통령은 빈곤을 뿌리째 뽑아 없애 버린다며 1964년에 대빈곤전쟁(war on poverty)을 선언하였다. 경제기회법이 제정되고 경제기획사무처가 신설되었다. 자원봉사단(volunteers in service to America)의 창설, 학교 중퇴자를 위한 직업안정단(jobs corps), 소수 민족 자녀의 조기교육 프로그램(head start), 10대 청소년을 위한 근린 청소년단(neighborhood youth corps), 슬럼 지역의 우수한 학생을 대학에 보내는 장학사업(upward bound), 여성에게 직업훈련을 주선하고 탁아소의 운영을 통해 직업을 갖게 하는 프로그램(WIN), 각종 법률 원조(legal aid), 보건 · 주택 · 소비자 교육 등에서 지역사회의 자치적 활동을 권장하는 지역사회개혁사업(community action program) 등이 그 대표적인 사업이다.

1964년에는 흑인의 투표권이 인정되었다. 인종차별을 금지하는 시민권법이 만들어졌고 식품권 프로그램(food stamp program)이 제정되었다. 1965년 사회보장법에 의료보험(medicare)과 의료보호(medicaid)가 포함되었다(Haynes & Holmes, 1994: 85).

1960년대의 대빈곤전쟁은 뉴딜시대와는 달리 경제적으로 호황을 누리는 시기에 단행되었다. 그렇지만 당시의 대표적인 공공부조였던 AFDC 프로그램의 팽창으로 복지재정의 압박을 받게 된다.

닉슨 대통령의 대표적인 사회복지 프로그램은 가족부조계획(Family Assistance Plan)이다. 관료와 사회사업가의 네트워크를 해체하고자 하는 저의로 마련되었다. 자녀를 가진 가족을 대상으로 하며, 실업 중인 4인 가족은 연방정부로부터 적어도 연간 1,600달러를 지급받았다. 이 시기의 사회사업가들은 사회개혁의 중요성과 클라이언트를 돕는 일을 동시에 해야 한다는 인식 전환을 하게 되었다. 이른바 사회행동(social action)

이 사회복지 방법의 중요한 부분으로 부각하게 된 것이다.

1974년 닉슨의 뒤를 이은 포드 대통령은 보수적이었다. 복지개혁에 대한 관심이 별로 없었고, 연방교육보조나 의료보호 · 학교급식 프로그램 등에 대해 거부권을 행사하였다. 강제 의료보험 제안에도 반대하였다. 민권운동법안에도 마찬가지 태도를 취하였다.

8) 신보수주의의 등장(1975~1990년)

카터 대통령은 인플레이션을 억제하고 군비 증액에 대한 재원조달을 위해 사회복지 프로그램 예산을 삭감하였다. 카터는 10대 세대주에게 포괄적 서비스를 제공하기 위한 법안, 탁아서비스를 위해 연방기금을 사용하는 법안, 배우자의 폭력으로 고통 받는 여성을 보조하기 위한 법안 등을 지지하지 않았다. 이 기간 동안 사회복지 예산의 효율성을 부정하는 인식이 팽배해졌는데, 아무리 돈을 많이 쓴다 해도 나라의 사회적 병폐를 일소할 수 없을 것이라는 인식 때문이었다.

1980년 당선된 레이건 대통령은 정부의 비대화를 혐오하였다. 자유로운 기업 활동과 건강한 기업 분위기를 미국인의 번영 출처로 인식하였다. 복지수혜자를 무임승차자로 간주하고 노동시장으로의 진입시켜야 한다는 입장을 견지했다. 사회복지 프로그램에 대한 정부지출을 감소시켰다. 방위예산을 증액하는 한편, 포괄적 고용 및 훈련법과 같은 공적 서비스 프로그램을 폐지하였다. 1983년과 1984년 사회복지 프로그램 예산을 추가로 삭감했다. 이로 인해 수백만 명의 시민이 빈곤선 이하의 생활을 하게 됐고 1980년에서 1983년 빈곤율은 11.7%에서 15.3%로 증가했다. 레이건의 재임 중 기업은 대체로 호황이었다. 부자는 더 부자가 되었고, 부자와 빈자간의 격차는 더 커졌다.

부시가 1988년 대통령에 취임하였다. 부시는 레이건 행정부의 평화와 번영정책을 승계했다. 부시는 1989년 총괄적 예산조정법을 통과시켰다. 주 정부에게 연방정부가 아동보호 보조금을 제공하는 것을 골자로 한다. 적자 감소 패키지 법안은 빈곤한 가족의 소득세 감면을 주 목적으로 하였다. 1세 미만의 아동을 가진 빈곤가족을 위한 소득

보충과 아동의 의료보험료 지불에 지원을 하였다.

레이건에서 부시로 이어지는 보수주의 정책의 시행으로 사회문제는 더욱 심화되었다. 빈부 격차는 극심해졌고 집 없는 서민은 늘었다. 인종차별을 줄이기 위한 노력도 시들해졌다. 교도소는 범법자로 넘쳐나기 시작했다. 편부모는 늘었고 환경오염도 도를 더해 갔다.

9) 복지 변화 시대(1990년대 이후)

민주당의 클린턴이 1992년 대통령으로 당선되었다. 제도적 개혁주의 관점으로 복지정책을 추진하였다. 클린턴은 부인 힐러리를 책임자로 임명해 의료보험제의 개혁을 시도했다. 정부가 모든 국민에게 의료보험을 보장하는 것을 골자로 하는 보편주의 원칙을 준용한 개혁안이었다. 그러나 보수주의자의 반대에 부딪혀 의회의 통과에는 실패했다.

공화당은 공공부조의 대폭적인 삭감을 주장했는데 클린턴의 거부권에도 불구하고 1996년 개인책임과 근로기회조정법(Personal Responsibility and Work Opportunity Reconciliation Action)이 통과되었다.

이에 따라 자녀가 있는 가구 중에서 자격이 있는 가구에는 복지혜택이 주어지던 요부양아동가족부조(AFDC), 교육 · 직업훈련 프로그램인 직업기회 기본 기술 프로그램은 폐지되었다. 이를 대신한 것이 빈곤가족 일시부조(Temporary Assistance to Needy Families: TANF) 프로그램이 시행되었다. 이는 무제한적으로 주어지던 빈곤가족에 대한 급여를 60개월 동안만 시행하도록 하였다.

2000년 공화당의 부시가 대통령으로 당선되어 재임하는 동안 미국의 사회복지정책은 대체로 이전의 틀을 유지하였다. 특히 2001년의 9 · 11테러와 2003년 3월의 이라크 전쟁이 계속되면서 재정의 상당 부분은 전쟁과 국가안보에 사용되었다는 비판을 받았다.

2009년 취임한 오바마 대통령은 미국의 숙원이었던 의료보험을 개혁하였다. 미국의 의료보험 시스템 개혁(일명 '오바마 케어')의 핵심은 전 국민의 건강보험 가입을 의무화하는 것이다. 정식 명칭은 '환자보호 및 부담적정보험법(Patient Protection and Affordable Care Act: PPACA)'이다. 2010년 3월 승인된 의료보험 개혁 법안은 민영보험에만 의존하는 기존 의료보험 시스템을 바꾸고, 전 국민의 건강보험 가입 의무화를 골자로 하고 있다. 즉, 미국 내 3,200만 명 저소득층 무보험자를 건강보험에 가입시키고 중산층에 보조금을 지급해 의료비 부담을 낮추고자 하는 정책이다.

3. 일본

1) 메이지(明治) 유신 이전

메이지 유신 이전 나라(奈良) 시대의 광명정후의 구빈시설이 전해져 내려온다.

2) 메이지 유신 이후부터 제2차 세계대전 이전

메이지 유신 이후 근대 국가로 지정된 뒤 정부에 의한 최초의 사회보장에 관한 규정은 1874년의 휼구구제이다. 태정관을 중심으로 한 행정기관의 구제, 즉 공적 부조였다. 대상자는 장애인, 70세 이상의 노인, 병자, 아동 등의 빈곤자이며 쌀(0.9리터)에 해당하는 현금이 지급되었다. 물론 지역공동체에 대한 근린상조, 친족 상호부조가 우선되었다.

농민, 상인, 직인층, 몰락 토족의 빈곤이 심화되면서 1883년 국민구조법안이 제출되었다. 청 · 일, 러 · 일 전쟁 후 일본은 비약적인 산업발전을 이루었다. 그러나 빈곤, 실업, 과밀주택 등의 사회문제가 발생하였다. 우선적으로 군인가족을 우대하는 정책을 폈다.

1900년 불량청소년에 대한 보호실현을 위해 감화법이 도입되었다. 1918년 6월에 내무대신의 자문기관으로 구제사업조사회가 설립되었다. 1921년에는 사회사업조사회가 생겼고, 직업소개소법이 제정되었다.

각종 사회사업시책이 이 당시에 발표되었다. 생활 곤란에 대한 응급대책으로 공설시장, 간이식당, 공익전당포, 공영주택, 공영목욕탕, 공동숙박소 등 경제적인 보호시설이 속속 설치되었다.

1929년에는 본격적인 구호법이 만들어졌다. 그러나 구호의 대상이 65세 이상 노인, 13세 이하의 유아, 임산부, 불구병자, 정신 및 신체장애에 의한 노동불능자를 대상으로 생활부조 · 의료 · 조산 · 생업부조의 4가지 급부에 한정됐다. 일단 수급받게 되면 선거권과 피선거권이 상실되었다. 이때의 재원은 국가가 1/2을, 부와 현이 1/4 이내의 비용을 부담하였다. 의료보장에 대한 기원은 미쓰비시 조선소 등의 기업 내 공제조합이 사회보장제도에 앞서 의료급부사업을 시행한 것이 시초가 된다. 피고용자에 대한 의료보험은 1927년 건강보험법이 제정됨으로써 가능하게 되었다.

3) 제2차 세계대전 시기

1931년 만주사변을 일으킨 일본은 1937년 중국 침략을 전면화했고, 1941년 태평양전쟁을 시작했다. 1937년 여름 국민전시총동원령이 발표되었고, 다음해에는 국가총동원령이 제정되었다. 노동운동이나 사회운동은 허락되지 않았다. 농산물의 생산율은 60%까지 떨어졌다. 영양섭취량에 비해 노동량은 강화되어 노동자의 질병이나 노동재해가 큰 폭으로 증가하였다.

사회와 경제시스템은 전쟁수행을 위한 체제로 전환되었다. 국민이 전쟁 관련 업무와 군사사업에 전면적으로 협력할 수 있도록 선원보험법(1939), 노동자연금보험법(1941), 후생연금보험법(1944)들이 정비되었다. 질병예방, 영양개선, 지역주민의 건강상담을 위해 보건소가 설치되었다.

4) 전후 사회복지의 부흥

미국 점령군 총사령부는 일본의 비군사화 및 민주화를 기본 방침으로 정했다. 재벌의 해체와 기생지주제도의 폐지, 의회제 정치, 기본적 인권과 지방자치를 기본으로 하는 자유와 민주주의를 보장하였다. 헌법 25조는 '건강하고 문화적인 최저한의 생활'을 국민의 권리라고 규정하였다. 또, 국가는 사회복지, 사회보장 및 공중위생의 향상과 증진에 책무를 져야 한다고 명시하였다.

점령군 총사령부는 800만 명 정도인 요보호대상자에 대한 구제계획을 수립해 작성하도록 일본정부에 요청하였다. 일본정부는 이에 따라 '생활곤궁자 긴급생활 원호요강'을 각의에서 설정하고 1946년 4월부터 실행에 옮겼다. 원호를 받는 대상자가 126만 명을 넘어선 것으로 집계되었다. 총사령부는 생활보호의 국가책임, 공사분리, 곤궁자 보호의 무차별 평등, 무제한의 보호비 지급 등의 원칙을 제정하였다.

이러한 원칙 아래 1946년 9월 구생활보호법이 만들어졌다. 노동자 재해보상보험(1947년 4월), 실업보험(1947년 12월) 등이 만들어졌다. 아동복지법이 같은 해에 제정되었고, 1949년에는 신체장애자복지법이 제정되어 생활보호법과 함께 복지 3법이 마련되었다. 사회보장심의회는 1950년 '사회보장제도에 관한 권고'를 정부에 보냈다. 권고의 내용을 보면, 우선 급부대상은 병 · 상해 · 분만 · 발병 · 사망 · 노령 · 실업 · 다산 등이다.

기능면에서는 보험방식 혹은 직접 공공부담에 있어서의 경제를 보장하는 것이다. 생활곤궁자에 대해서는 최저한의 생활을 보장하며, 건강하고 문화적인 생활수준을 유지할 정도로 규정하였다. 국민은 사회연대의 정신에 입각하며, 균등한 기회를 보장하는 것이 그 이념이다.

전후 사회복지 개혁은 나름대로의 변화를 도모했으나 실효를 거두지는 못하였다. 격심한 인플레로 건강보험은 형식에 그쳤고, 후생연금제도는 20년이라는 장기간의 거출기간이 수급의 자격요건으로 되어 있었기에 장애연금을 제외한 다른 보험은 실제적인 혜택을 주지 못하였다

5) 고도성장 및 개 보험시대

6 · 25 특수로 인해 일본경제는 급속하게 부흥하였다. 1955년부터 1974년까지 20년간 연평균 9.2%의 실질경제성장률을 달성했다. 경제가 성장하면서 사회보장제도가 확충되었다. 1958년 자영업자, 농업종사자 등을 국민건강보험에 가입하는 것을 의무화하는 국민건강보험법이 제정되었다. 전 국민의 보험체제가 확립된 것이다.

1959년에는 국민연금법을 제정, 소득보장 분야에서도 국민 개연금보장체제가 확립하게 되었다. 1963년에는 노인복지법, 1960년 정신박약복지법, 1964년 모자복지법이 제정되었다. 이로써 일본은 이른바 복지 6법을 완성하였다(생활보호법, 아동복지법, 신체장애자복지법, 노인복지법, 지적 장애자복지법, 모자 및 과부복지법).

경제성장과 함께 이 시기에는 사회보장과 사회복지운동이 활발히 전개되었다. 1950년대 후반에는 원자폭탄금지운동이나 일본모친대회운동 등 평화와 생활을 수호하는 민주적인 대중운동이 확산되었다. 1958년에는 중립노동자연맹의 노동조합과 일본 환자동맹 등의 당사자 단체가 결성되었다. 1960년과 1961년에는 병원동맹파업이 진행되었다.

인간다운 생활을 할 권리를 찾기 위한 아사히 소송이 1960년 10월 진행되어 전 국민적 관심을 끌었다. 제1심이기는 하지만 원고의 주장을 인정하고, 생존권 보장의 국가책임과 국민의 권리를 인정한 것은 사회보장에 대한 의식 제고를 보여 준 일련의 조치였다.

1960년대 말부터 1970년대 초까지 중앙정부도 신경제사회발전계획에서 성장 위주의 정책을 복지 우선 혹은 생활중시정책으로 전환시켰다. 사회복지시설 긴급정비계획을 수립하고, 사회복지시설 설치기준을 완화하였다. 1973년에는 70세 이상 노인의료의 무료화를 단행하였다.

복지사회라는 용어가 처음으로 사용된 것은 이 시기다. 국가뿐만 아니라 가족, 이웃, 기업의 상호 부조가 복지를 지탱해 간다는 견해에서 비롯된 것이다.

6) 석유위기와 사회보장의 전환

다나까(田中) 내각은 1973년을 복지원년으로 규정하였다. 복지를 사회경제의 우선정책으로 삼겠다는 발상이었다. 의료보험제에서는 건강보험 피부양자의 급부인상과 고액의료비제도가 도입되었다. 연금보험제는 급부 수준의 대폭 인상과 물가연동제 및 임금연동제 도입 등 대폭적인 제도 확충이 이루어졌다.

그러나 1973년 가을 석유위기가 발생해 일본 경제는 급격한 인플레이션과 경기후퇴, 마이너스 성장이 발생하는 등 스태그플레이션을 경험하며 고도성장이 종료되기에 이른다. 경제상황이 급박해지자 일본은 연금과 의료보험의 진료보수, 생활보호제도의 생활비 부조 등 급여 수준을 인플레이션의 정도에 맞춰 인상하였다. 1974년 진료보수시 36%를 인상하였고, 생활부조 기준에서는 20%를 인상하였다. 이에 따라 사회보장 관련비용은 급격히 늘어났다.

복지재정지출은 증가했지만 재정 수입은 증가되지 않았다. 내수확대는 어려웠고 재정 적자 폭이 크게 확대되었다. 1975년 처음으로 특례공채를 발행했고, 1979년도 예산에서는 국채의 의존도가 40%를 넘어섰다.

1980년대 들어 재정건전성 확보가 최대의 목표가 되었다. 노인의료비지급제도 및 의료보험제도 등을 중심으로 사회보장에 대한 재검토 논의가 진행되었다. 1982년 노인의료비에 대한 환자 본인의 일부부담 및 노인의료에 필요한 비용에 있어서 의료보험 각 제도의 보험자가 공동으로 갹출하는 새로운 부담 방식이 도입되었다.

1984년에는 건강보험법이 개정되어 피고용자보험 본인에 대한 급부가 개정되어 정률 10% 도입제가 시행되었다. 퇴직자가 국민건강보험 가입자가 되기 위한 급여수준을 낮추었다.

7) 골드플랜, 엔젤플랜

1989년 사회복지 3심의회 합동 기획분과회의는 '고령자 보건복지 추진 10개년 전략'

의 하나인 골드플랜(Gold Plan)을 내놓았다. 골드플랜은 2차에 걸쳐 수립되었다. 1차 골드플랜보다 2차 골드플랜, 즉 신골드플랜이 서비스 영역과 양적인 면에서 대폭 확대되었다. 1991년에는 노인복지법 등 복지관계 8개 법의 개정이 이루어져 사회복지 권한의 분권화, 시정촌을 중심으로 한 복지행정의 전개 및 지방행정의 계획적 노인보건복지 기반 정비 추진이 이루어졌다.

골드플랜의 특징 중 하나는 가족책임주의와 관련해 재가복지가 아닌 커뮤니티케어의 강조다. 정상화 이론의 영향을 받았다. 골드플랜은 1994년도에 목표를 상회하는 등 계획을 재조정하여 1995년도부터 신골드플랜이 시작되었다. 개호가 필요한 고령자 등 개호를 사회 전체가 지탱해 이용자 본위의 개호서비스를 제공하였다. 다양한 서비스 공급 주체의 가입에 의한 서비스 질 향상을 위해 1997년 12월 개호보험법이 제정되었다.

당시에 제기되었던 개호보험은 몇 가지 유의점이 제기되었다. 첫째, 고령자로부터 보험료를 받는 경우 연금에서 경험한 것처럼 체납자 문제가 발생할 수 있다. 둘째, 보험이 있다고 해도 케어가 제대로 보장되지 않을 경우 보험은 그 의미를 잃을 수 있었기에 공급조건에 대한 정비가 전제 조건으로 제기됐다. 셋째, 연령을 65세로 제한하는 경우 젊은 치매환자나 젊은 장애인의 욕구를 충족시키지 못하는 문제가 발생할 수 있었다. 넷째, 인권존중 차원에서 양질의 서비스를 제공해야 한다는 부담감 등이 그것이다.

일본의 고령화는 1993년 1.46까지 곤두박질했던 합계출산율에서 볼 수 있는 것처럼 소자녀화가 중요한 요인이었다. 이에 따라 육아휴업법이 제정되고 엔젤플랜(Angel Plan)이라는 보육제도 개편안이 제기되었다.

정상화 이념을 실현하기 위해 장애자 대책에 관한 신장기계획이 마련되었다. 지역에서 같이 생활하는 것, 사회적 자립의 촉진, 장벽의 제거, 생활의 질 향상, 안전한 생활 확보, 마음의 장벽 제거, 국제협력과 국제교류의 촉진 등이 주 내용이 된다. 장애인 정책의 실현은 지방자치단체가 주체다. 장애인기본법에서는 도도부현 및 시정촌은 장애인 계획을 만들도록 되어 있다. 계획기간은 1996년부터 2002년까지 7개년이었다.

그룹홈, 복지홈, 채산시설, 복지공장, 정신장애인 시설과 데이케어시설, 홈헬퍼, 데이서비스센터, 신체장애인 요양시설, 지적 장애인 갱생시설에 대해서는 어느 정도 목표를 달성하였다. 단기거주, 정신장애인 생활훈련시설, 정신장애인 사회적응 훈련 사업은 목표치의 80% 정도에 못 미쳤다. 크게 목표에 미치지 못한 분야로는 중증심신장애인의 통원사업, 시정촌 장애인생활지원사업, 장애인 지역교육사업 등이었다.

2002년 12월 발표된 신장애인플랜은 2003년부터 10년간의 계획으로 짜여 있다. 장애 유무와 관계없이 국민 모두가 상호 인격과 개성을 상호 존중하는 공생사회를 실현하는 것이 목표가 된다. 정신과 병원과 시설입소에서의 장기 생활에서 지역 생활로의 이행 움직임을 명확하게 규정하였다. 활동하고 참가하는 능력 배양, 지역기반 정비, 정신장애인 시책의 충실화, 아시아 태평양 지역에 있어서의 지역 내 협력 강화, 계발 및 홍보, 교육과 육성, 고용과 취업의 확대가 주 내용이다.

8) 새로운 복지시대로

일본의 사회보장은 1970년대 중반까지는 뒤처졌다고 보았으나 각각의 제도에서는 몇 가지 점을 제외한다면 복지국가로 불리는 정도에 도달하였다. 의료, 개호 등에 있어 복지국가 영역에 도달한 일본은 급격한 인구고령화에 의해 사회보장 부담 증가 및 경제력 저하 속에서 새로운 단계에 접어들고 있다.

첫째는 사회적 약자의 증가를 감소시킬 책무이다. 개인의 잠재능력 개발을 위해 사회보장제도를 재구축할 필요가 있다. 건강 유지와 사적 연금, 직업훈련정책 등이 제기된다.

둘째는 사회보장제도를 시장메커니즘에 왜곡되지 않게 설계하는 것이다. 시장메커니즘과 조화를 이루거나 시장메커니즘을 활용할 수 있는 사회보장시스템으로 할 필요가 있다. 사회보장제도의 공헌성이나 공익성을 강화할 필요가 있다.

셋째, 약자의 자립을 적극 지원하는 것이다. 고령자나 장애인이 자립생활을 할 수 있도록 사회 자본을 확충하고 취업시스템을 효율적으로 운영해야 한다. 사회적 안전망이 아닌 자립의 계기가 되는 트램폴린(trampoline)의 역할이 필요하다.

넷째, 국민이 쉽게 이해하고 선택하는 사회보장시스템의 구축이다. 의료나 복지분야에 있어 소비자의 이해가 쉽고 선택이 용이해야 한다. 1990년대의 불황과 저성장기를 경험한 일본의 21세기는 저성장과 높은 실업률, 인구의 고령화, 급격한 고용의 유연화로 특징지어진다. 샐러리맨을 중심으로 한 사회보험의 한계는 점차 명확해져 가고 있다. 연금과 의료, 개호, 복지 분야를 아우르는 21세기형 사회보장제도의 재확립이 과제로 부각되고 있다.

4. 대한민국

역사적으로 한국의 사회복지정책은 유교의 인정(仁政)주의, 불교의 자비주의, 기독교의 사랑 등 종교의 기본 사상에 영향을 받았다. 유교는 체계적인 구빈행정체계를 세우는 데 기여하였다. 유교의 구빈행정은 천재지변과 같은 비상시에 구호를 행하는 구황정책과 평상시 빈민을 구제하고 빈곤을 예방하는 보식정책이 실시되었다.

1) 고대사회의 사회복지정책

국가에 의한 제도적 구빈활동이 전개된 것은 삼국시대부터다. 이 당시의 사회복지는 빈민구제와 재해구제로 나누어진다. 어진 임금이 되기 위해서는 백성을 잘 돌봐야 했다. 책기론은 백성이 힘들게 사는 것을 국왕의 책임이라고 간주하였다. 왕이 민생을 돌보고 챙길 때 선정이 이루어진다고 보았다.

삼국이 실시했던 정책으로 첫째, 관곡배급 사업이 있다. 국가가 비축했던 곡식을 궁핍한 백성에게 나누어 주는 것이다. 둘째는 사궁구휼(四窮救恤)로 여기에서의 사궁(四窮)이란 환과고독(鰥寡孤獨), 즉 늙고 아내가 없는 홀아비, 늙고 남편이 없는 과부, 어리고 부모가 없는 고아, 자녀가 없이 홀로 사는 노인을 위로하고 연명할 곡식과 재물을 제공하였다. 셋째는 조세감면정책이다. 재해를 입은 지역의 세금을 감면해 주는 것이다. 넷째, 대곡자모구면(貸穀子母俱免)이 있다. 춘궁기에 백성에게 대여한 관곡을 국가가 가을에 회수할 때 사정을 감안해 원곡과 이자를 감면해 주는 것이다. 다섯째, 종자와 식량의 무상대여이다. 여섯째, 이재민의 방문과 위로를 들 수 있다. 고구려의 대표적인 사회복지정책은 진대(賑貸)정책이다. 삼국유사 고구려본기에서 찾을 수 있는데, 재상이었던 을파소의 건의에 따라 고국천왕은 194년 진대법을 제정하고 이를 시행하였다. 조선시대의 환곡법과 유사하다.

신라의 역점 사회복지정책은 자연재해에 의한 기아였다. 이재민에게는 식량을 제공하였다. 구제는 왕의 순행, 사자파견, 백관 혹은 왕의 친행으로 이루어졌다. 유리왕은 순례길에서 추위에 떨고 있는 노인을 보고, "자신의 죄"라며 위문과 돌봄을 지시하였다는 기록이 전해 온다. 삼국시대에는 병고에 시달리는 사람을 국왕이 친히 방문한 사례가 전해져 온다. 신라의 유리왕, 고구려 대무신왕, 백제 비류왕의 기록이 그것이다.

통일신라시대에는 공직 시험에 효경을 채택해 사회복지의 주체로 가정의 기능을 강화시켰다.

2) 고려시대 사회복지정책

불교의 자비사상에 영향을 받은 위민사상이 그 근본이 되었다. 구호가 필요한 백성에게 다양한 부조를 제공했고, 천재지변이나 흉년이 들어 국민경제가 파탄에 빠졌을 경우 국가는 조세를 감면하거나 면제해 주었다. 경로효친을 강조하였다.

성종은 6도에 사절을 파견해 노인과 어린이가 굶주리고 유리하는 것을 구제하고, 홀아비와 고아를 돌보았다는 기록이 고려사에 전해진다. 노령의 부모를 부양하도록 자녀나 손·자녀에게 국역을 면제해 주는 시정법(侍丁法)이 실시되었다. 현종 때에는 80세 이상자에게는 시정 2인을, 100세 이상에게는 시정 1인을 배치하였다. 경로정책의 일환으로 치사책(致仕策)을 실시하였다. 관원 가운데 70세가 넘는 연로한 신하를 현직의 보임자가 받는 녹봉의 절반 정도를 지급하면서 정치 자문역으로 국사에 참여시켰던 제도이다.

고려의 5대 진휼사업은 첫째, 은면지제(恩免之制)로 개국, 즉위, 순행, 경사 등의 시기에 조세를 감면해 주는 등 은전을 베푸는 것이다. 둘째, 재면지제(災免之制)로 천재지변 등으로 흉작이 되었을 때 조세와 부역의 일부나 전부를 감면해 주는 것이다. 셋째, 환과고독진대지제(鰥寡孤獨賑貸之制)로 홀아비, 과부, 고아 및 늙고 자식 없는 자 등의 구휼사업을 하였다. 넷째, 수한질여진대지제(水旱疾癘賑貸之制)로 홍수, 가뭄, 전염병 등 갑작스런 재해를 당했을 때 백성에게 각종 물품, 의료, 주택 등을 급여하였으며, 고려의 역대 진대사업 중 실시의 빈도와 범위가 가장 넓고 국가 재정도 가장 많이 소모되었다. 다섯째, 납속보관지제(納粟補官之制)로 재민 구휼을 위해 많은 돈을 기부한 자에게 관직을 주는 제도다. 원의 제도를 모방한 것이며 재해가 2~3년 씩 겹치거나 전란이 수년 동안 이어지는 경우에는 곡물이 아닌 다른 대용물로 끼니를 잇도록 하였다.

(1) 생활보장제도

흑창, 제위도감, 유비창, 연호미법, 제위보, 상평창 등이 있다. 흑창은 태조 2년에 설치되어 빈민을 구제하였다. 성종 2년에 의창으로 개명하였다. 곡식을 비축하여 두었다가 흉년 때 긴급구호를 행하고 추수기에 원곡을 관에 환납토록 하기 위해 각 지방에 설치한 농민구제를 위한 창고이다.

제위도감은 곡물이나 식염, 소채, 의류와 면포를 저장하고 빈민에게 급식과 의식지급 등 구빈사업을 실행하였다. 유비창은 충선왕 때 설치된 것으로 풍년 시 백성이 능력에 따라 출곡을 해 이를 창고에 저장하였다가 흉년이 들면 찾아가는 제도다.

연호미법은 풍년에 차등으로 곡식을 비축해 두어 유사시에 대비하는 것이다. 제위보는 국고수입과 기타 고정된 기금을 원금으로 거치하고 여기서 나오는 이자로 구제사업을 시행한 것을 말한다. 성종 12년(993년)에 설치된 상평창은 풍년과 흉년 때 물가를 조절해 백성의 안녕과 생활증진에 기여하기 위한 것으로, 서경과 개경에 설치되었다.

(2) 의료제도

혜민국과 대비원이 있다. 서민의료기관인 혜민국은 일반 백성을 대상으로 질병을 치료하고 약제를 지급하였다. 대비원은 문종 때 설립됐다. 불교의 대자대비 사상 구현을 위해 병들고 외로운 백성들의 질병을 치료해 주었던 국립의료원이다. 개경에 동대비원과 서경의 서대비원을 설치하여 환자를 돌보았다.

3) 조선의 사회복지정책

조선의 사회복지정책은 성리학에 근거한 왕도사상에 따라 시행되었다. 일차적인 빈민구제는 지방관이 지휘하였다. 중앙정부는 구호관계 교서나 법을 제정하고 지방관의 구호행정을 지도 · 감독하였다

(1) 구휼정책

상평창, 의창, 사창 등 삼창으로부터 관곡을 내어 빈민이나 재해 시 백성을 구제하였다. 선조 때 선혜청으로 통합되었다. 상평이란 상시평준(常時平準)의 약어로 항상 공평하게 백성에게 혜택을 주는 창고라는 의미이다. 물가조절기관으로 풍년이 들어 물가가 하락하면 적당량을 시가 이상으로 구매해 저장하였다. 흉년이 들면 이를 매도해 소비자의 부담을 줄였다.

의창은 고려시대의 진휼제도를 이은 것이다. 의창의 구호 대상은 도적의 침입이나 방화로 가옥이 소실된 자, 1리(里)가 공지하는 빈곤한 자, 상이나 수재 화재의 피해자 등이다. 의창곡은 이식(利息)이 싸서 빈민뿐 아니라 부호도 대출해 가는 실정이었다. 사창은 일종의 민간창제도이다. 말단 행정기구인 리의 구성원이 자율적으로 만든 구제기관이다. 지역실정에 맞게 춘궁기에 양곡을 대출하고, 추수기에 대여한 양곡을 수납해 운영하였다.

조선시대의 구휼로, 첫째는 설죽을 들 수 있다. 빈민을 위해 서대문 밖의 홍제, 동대문 밖의 진제 등 빈민을 위한 설죽소(設粥所)를 설치했다. 둘째는 아동보호이다. 10세

까지의 걸식자와 3세의 유기아가 이에 해당한다. 셋째는 경로사업이다. 노인을 위해 기로소(耆老所)를 설립했다. 세종은 100세 이상인 노인에게 백미, 주, 육, 노직을 하사하였다. 넷째는 지세와 호세 부역 등의 조세를 감면하는 조치이다. 다섯째는 가세가 곤궁해 장례나 혼사를 치르지 못할 경우 장례비를 지급해 주거나 관청이 주도해 혼사를 치르도록 하였다. 30세가 되었으나 가난 때문에 성혼식을 치르지 못하는 경우 관에서 비용을 부담하였다. 여섯째는 서민의 병환치료를 위한 활인원과 혜민서 제도가 있다.

(2) 구황정책

국가가 백성을 위해 생활 대책을 강구해 굶주림에서 벗어나게 하는 시책을 말한다. 삼국시대와 고려는 왕의 의중에 따라 산발적으로 이루어졌다. 조선시대에는 구황청이 설치되어 전문적인 구제를 펼쳤다.

첫째, 사궁구휼, 둘째, 노인보호사업이 그 대표적인 것으로 고려시대의 맥을 잇는 시책이었다. 셋째는 시식사업이 있다. 흉년이나 재난 시에 사원 혹은 공터에 취사장과 식탁을 설치해 기민이나 걸인에게 식사를 제공하는 무료급식사업이다. 넷째, 진휼과 진대사업이 있다. 다섯째, 조적 및 방곡사업으로 조적은 풍작이나 흉년으로 곡가가 상승하거나 떨어질 경우 관에서 매입해 곡가의 안정을 취하는 제도다. 여섯째, 고조가 있다. 빈곤해 혼례나 장례를 치르지 못한 자에게 관에서 비용을 부담하였다. 일곱째, 구황방, 초근목피 가운데 식용 가능한 것을 연구 · 조사해 대용식물로 선정하고 이를 널리 알렸다.

(3) 의료

조선의 중앙의료기관은 내의원, 전의감, 혜민서가 있다. 내의원은 국왕을 비롯한 고관의 치료를 담당하였다. 전의감은 의원의 선발, 의생교육, 약재의 관리 등 의료행정을 맡았다. 혜민서는 일반 백성의 치료와 약품의 조제, 판매를 담당하였다. 후에 혜민서와 합병한 제생원과 활인서는 백성의 질병을 치료하였다. 동서활인원은 주로 전염병 환자를 치료하였다. 월령의는 한성부 5곳에 빈곤한 질병인이 있을 때 월령의를 파견해 치료하고 지불능력이 없는 사람에게는 관에서 대납토록 하였다.

4) 식민지시대의 사회복지정책

주로 구빈정책으로 실시되었다. 노동능력이 없는 빈민, 일시적으로 재해를 당한 사람을 위한 구호사업과 농촌빈민, 화전민, 토막민(농촌과 도시의 하층민이 도시나 외곽의 하천이나 제방 등 국유지나 사유지를 무단 점거해 소 주택을 이루며 살아가는 빈민), 도시세궁민 등 노동능력이 있는 빈민을 대상으로 하는 정책으로 구분되었다.

빈민의 기본적 욕구를 충족시키고 복지를 증진시키기 위한 동기에서 비롯된 것이 아닌 일본 자국의 전쟁 수행을 위해, 혹은 민중적 저항운동으로 인한 사회적 혼란의 방지, 식민정권의 정통성 확보, 황민사상의 강화를 위해 시행되었다. 1944년 일본은 징병과 징용에 따른 민심의 동요를 막기 위해 일본에서 행해지던 구호법을 도입해 조선구호령을 제정하였다. 조선구호령은 구호의 대상을 65세 이상의 노쇠자, 13세 이하의 유아, 임산부, 불구 · 폐질 · 질병 · 기타 정신 혹은 신체장애로 인해 노동에 지장이 있는 자로 정하였다.

구호령의 급여는 생활부조, 의료부조, 조산부조, 생업부조로 구성되었다. 신청주의, 자산조사, 거택보호가 우선되었다. 일본은 1927년 방면위원제도를 경성에서 시행하였다. 경제적 구제보다는 사회조사를 담당하기 위한 것이었다. 교화사업이나 전시체제 강화를 위한 책략으로 사용됐다.

5) 미 군정 시대의 사회복지정책

1945년 8월 15일 해방부터 1948년 8월 15일 대한민국 정부가 수립될 때까지의 3년간의 기간이다.

일제 강점기에 시행되었던 토지조사사업 등의 여파로 빈민이 늘어났다. 해외로 이주하였다가 돌아온 귀환 동포와 북에서 남으로 넘어온 월남 동포 그리고 남한에 남아 있던 빈곤자 등으로 남한의 빈곤은 심각한 양상을 보였다. 미 군정기에는 공업 부문이 일제 강점기보다 줄어들어 취업은 더욱 어려워졌다.

농업도 마찬가지여서 농업 생산력과 경지 면적은 축소되었다. 이때의 빈곤층은 개인의 무능력이나 자연재해 때문이 아닌 전쟁으로 인해 빈곤해지거나 사회복지대상자가 된 사람이었다. 불안한 상황은 노동조합과 농민조직의 확대로 심화되었다. 파업과 소요는 군정기간 내내 지속되었다. 미군은 통치력 강화를 위해 경찰과 군대의 물리력에 의존하였다.

1946년 11월 실업자 수는 1백10만 2천 명에 달했다. 귀환전재민이 212만 명에 달했다. 군정기의 사회복지정책은 일제 강점기와 마찬가지로 빈곤정책이 주류를 이루었다. 미 군정장관인 아놀드는 1945년 미 군정 법령 제18호를 공포하였다. 조선 총독부 경무국 위생과의 명칭을 보건후생부로 변경하였다. 학무국 사회과, 경무국 방호과 전재민계, 광방외사과 보호계, 광공국의 조선 노무자 및 전재민 구호회의 제반 업무가 보건후생부로 이관되었다.

1946년 9월 미군정 법령 107호를 공포, 보건후생부에 부녀국을 설치하고 기아 방지 등 주민의 욕구를 충족시키고자 하였으나, 적극적이고 획기적인 사업추진이나 장기 계획은 세워지지 않았다.

군정 초기 긴급구호가 이루어졌으나 군정 후기 충분한 국비를 보장하기 어려운 만큼 관과 민이 협력해 지역별로 혹은 개별적으로 후원 단체를 구성해 사회복지사업을 추진해 나갈 것을 권면하였다. 이는 1946년 2월 27일 주일 연합국 최고사령부가 일본의 구제 및 복지증진을 촉구하고, 이듬해 8월 일본의 사회보장실태를 전문가를 통해 연구하게 한 것과는 사뭇 다른 양태이다. 그해 12월 일본에서는 사회보장심의회법이 제정되었다.

미 군정기의 사회복지정책은 기아 방지, 최소한의 서민 생계유지, 보건위생 및 치료, 응급주택공급, 실업구제사업 등에 중점을 두었다. 미 군정의 주된 관심은 한국국민의 복리증진이 아닌 남한을 반공의 보루로 만드는 것이었다. 따라서 미 군정은 미국 본토의 미국식 복지제도를 우리나라에 이식하기보다는 일제하에서 실시되어 왔던 제도를 그대로 답습하는 데 그치고 말았다. 정책은 장기적이거나 체계적이지 못했고 대체로 임시방편의 성격이 짙었다.

6) 대한민국 정부수립 이후

(1) 제1공화국

1948년 8월 15일 대한민국 정부가 수립된 후 4·19혁명으로 이승만 대통령이 1960년 4월 26일 하야성명을 발표할 때까지 12년의 기간을 말한다. 제헌헌법 제19조는 "노령, 질병, 기타 근로능력의 상실로 인하여 생활유지능력이 없는 자는 법률이 정하는 바에 의해 국가의 보호를 받는다."라고 하였다. 그렇지만 이를 실현하기 위한 구체적인 입법적 노력은 없었다.

구체적인 입법이 없는 기형적 상태 하에서 사회부 장관은 보건과 노동, 복지, 부녀 등의 업무를 관장하였다. 응급구호와 외원 원조방식에 의존하는 구호가 주류를 이루었다. 대체적으로 사회복지시설에 대한 시책이 복지정책의 근간이 되었다.

1950년 6월 25일 북한의 남침으로 국토는 폐허가 되고, 1천만 명이 넘는 이재민이 발생하였다. 1953년 7월 27일 휴전이 성립되었다. 전쟁으로 이산가족은 1천만 명이 넘었다. 국민의 복지 욕구는 강하게 분출되었지만 정부는 이를 충족시키지 못하였다. 1953년 휴전 당시 전국의 아동시설 수는 440개였고, 수용아동의 수는 53,964명이었다. 그러나 전쟁 중 흩어진 아동을 감안하면 이보다 몇 배나 되는 아동이 피해를 입었다. 전쟁으로 남편을 잃고 자활능력이 없는 부녀자도 구호의 대상이었다.

우리나라 최초의 사회사업교육은 1947년 이화여자대학교에 기독교 사회사업학과가 설치됨으로써 시작되었다. 1953년 중앙신학교에 사회사업학과가 설치되었고, 1958년에는 서울대학교 대학원과 학부 과정에 사회사업학과가 설치되었다. 1956년부터 보건사회부에서는 전국 후생시설에서 종사하는 6,000여명의 직원에게 순회교육을 실시하였다. 이듬해 시설종사자의 재교육 및 신임교육의 필요성이 인정되어 훈련소가 문을 열었다. 공무원과 민간시설에 종사하는 직원의 교육과 현임훈련을 실시하였다.

6 · 25전쟁 이후의 사회복지 프로그램은 타의적으로 실시되었다. 당시의 긴급성에 비추어 볼 때 응급처치 수준의 서비스가 주류를 이루었다. 1950년대 후반으로 넘어가면서는 수용시설서비스가 늘어났다

10만 어린이 부모찾기운동을 통해 부모를 잃어버린 아이의 부모찾기운동이 활발히 전개되었다. 임시위탁가정보호와 국내 · 외 입양사업도 활발히 전개되었다. 1954년 한국아동양호회, 1955년 가톨릭 구제회, 안식교 성육양자회, 1956년 홀트 양자회, 1957년 국제사회봉사회 등이 설립되어 해외 입양업무를 추진하였다. 입양의 주 대상국은 6 · 25전쟁 참전국이었다.

1953년 5월 12일 아동자선병원, 1956년 대구 파티마병원, 1958년 한노병원, 1959년 국립중앙의료원, 원주기독병원 등이 개원되었다.

(2) 제2공화국의 사회복지정책

1960년 4월 27일 이승만 대통령의 사임서가 국회에서 수리된 후 7월 29일 총선에서 민주당이 선거에 승리했다. 윤보선 의원이 대통령으로 장면이 국무총리가 되었다. 이때부터 1961년 군사 쿠데타로 정권을 탈취당할 때까지 9개월 간이다.

자유민주주의 실현과 경제개발은 제2공화국의 국가목표였다. 제1공화국과 마찬가지로 공공구호 위주의 정책이 시행되었다. 혁신적인 정책의 변화는 충족되지 못하였다.

(3) 군사정부, 제3 · 4공화국의 사회복지정책

1961년 5월 16일 군사 쿠데타로 집권한 박정희 군사정권은 반공태세 재정비, 구악의 일소, 민생고 해결, 자주경제 재건 총력, 국제협력, 국력 배양의 기초 마련 후원대 복귀하겠다는 혁명공약을 발표하였다.

1963년 민정 이양기까지 많은 복지관계법이 탄생했다. 그동안 재정 형편이 어려워 유보되었던 사회복지 관계법이 무더기로 국가최고위원회에 상정되어 통과된 것이다. 생활보호법(1961), 군사원호보상법(1961), 재해구호법(1962), 국가유공자 특별원호법

(1962), 아동복리법(1961), 고아입양 특례법(1961), 고아의 후견직무에 관한 법(1961), 윤락행위 등 방지법(1961), 갱생보호법(1986) 등이 있다.

근대적인 사회복지정책을 수행할 수 있는 법적 근거가 마련되는 등 혁신적인 계기를 마련할 수 있었다는 점에서 의미를 찾을 수 있다. 그러나 복지 관련법의 일련의 제정 행위가 자신이 내건 혁명공약을 구체화하고 국민의 요구를 충족시키기 위해서였다. 1962년 1월 5일 박정희는 "의료균점시책을 수립하고 부조와 보험을 근간으로 하는 사회보장제도의 기틀을 마련해 국민생활 향상과 복지사회 건설을 도모하겠다."고 밝혔다. 쿠데타에 대한 정당성 확보와 군정 직후 선거를 통해 정권을 재창출하기 위한 도구로 사회복지법을 만들게 된 것이다.

내용면에 있어서도 수혜 대상을 범주별로 구분하였고, 친족부양을 우선으로 하는 보충적이며 잔여적인 복지체계였다. 급여의 종류나 보호방법이 제한적이었으며, 국가 온정주의적 색채를 띠었다

1963년 8월 31일 대통령선거에서 박정희 최고의장이 대통령에 당선되었다. 제3공화국의 출발이었다. 박정희 정부는 1960년대 경제성장에 전력투구했다. 노동시장이 공급과잉이었기에 임금은 억제되었다. 빠른 성장이 국민 대중의 일반적인 복지를 증진시킬 수 있다는 신념을 가졌다. 복지에 대한 지출은 비생산적이며 낭비적인 유출로 간주하였다.

공무원연금, 군인연금 등 전략적인 특수 직종의 사회보험제를 도입하였고, 산업재해보상보험제도를 시행하였다. 생활보호제도도 이 시기에 시행되었지만, 생존권의 보장과는 거리가 멀었다. 자활이 가능한 집단에 대한 지도사업(자활지도사업에 관한 임시조치법, 1967), 타인의 재해를 구하려다 입은 사상에 관한 구호(재해구제로 인한 의사상자 구호법, 1970), 사회복지사업의 기본적 사항과 제도에 대한 규정(사회복지 사업법, 1970) 등의 복지 관련 입법이 있었다. 복지예산(정부예산 대비 보건사회부 예산)을 비교해 보면 이승만 정권 기간보다 낮으며 유신시절보다는 높았다.

1972년 유신체제를 도입했다. 이때부터 1979년 그가 10 · 26사건으로 종말을 고할 때까지의 기간이 제4공화국이다. 이 시기의 중요 사회복지정책은 1973년의 국민복지

연급법 제정과 1976년의 의료보험법 개정이다. 1973년 사립학교교원연금법과 의료보험법은 공무원과 교직원에 대한 특별한 배려였다. 당시 국민복지연금법은 법만 제정되었을 뿐 시행되지 못하였다. 연금제 실시가 국민의 복리증진이 아닌 기금의 원활한 유용(중화학 공업에 투자하기 위한 조달의 수단)이라는 인식을 얻었기 때문이다.

1963년 제정되었다가 1976년 개정된 의료보험법은 1977년부터 500인 이상 사업장 근로자를 대상으로 시행되었다. 이후 공무원 및 사립학교교직원 의료보험법이 시행되었으며, 저소득층의 의료보장을 위해 의료보호법도 제정되었다.

사회복지 사업체가 사회복지법인으로 변경됨으로써 사회복지사업 운영의 질서가 잡혔고, 사회복지시설과 단체가 정부의 보조를 받을 수 있는 길이 열렸다. 이 시기의 사회복지정책을 종합해 보면 선성장, 후분배의 기본적인 정책노선이었다. 이는 소득 분배의 왜곡을 유발하였고, 계층 간의 갈등을 야기하였으며, 국민통합이라는 새로운 정책과제를 사회복지정책에 부과한 시기였다. 군사독재정권에서의 사회복지정책은 국민의 욕구와 참여가 무시된 채 소수의 국가엘리트에 의한 비민주적 정책이 수립된 시기로 특징지을 수 있다.

(4) 제5공화국의 사회복지정책

제5공화국은 1981년 2월 25일부터 1988년 2월 25일까지 7년간 계속됐다. 고도성장에 따른 비인간화와 비민주화 등의 부작용과 성장과 복지의 괴리현상을 치유해야 하는 명제를 안고 있던 시기였다. 안전성장, 인간화, 민주화로 빈부의 격차를 해소하고 성장과 복지를 조화롭게 달성하려는 시기였다(김윤환, 1980).

전두환 정부는 국정의 지표로 민주주의의 토착화, 복지사회건설, 정의사회구현, 교육개혁과 문화창달 등을 제시하였다. 전쟁과 빈곤, 정치적 탄압과 권력남용으로부터 해방될 것임을 취임사에서 밝혔다. 절대빈곤의 퇴치를 최우선의 사회복지과제로 삼은 제5공화국은 1982년 전년 대비 31.78%, 1983년에는 역시 전년 대비 21% 이상 복지예산을 증가시켰다.

제5공화국 헌법은 전문을 통해 '사회정의 구현, 기회균등, 국민생활의 평등한 향상'

을 선언했다. 모든 국민은 인간으로서 존엄과 가치를 가지며 행복을 추구할 권리를 지닌다(헌법 제9조)고 명시하였다. 아울러 인간다운 생활을 할 권리(제29조), 국가의 사회보장과 사회복지증진을 위한 노력의무(제32조), 여자와 소년의 근로상 특별보호(제30조) 등을 명확히 하였다. 새로운 제도보다는 기존의 제도를 점진적으로 확충 · 심화시켰다. 의료보험제도의 적용 범위를 점진적으로 확대시켰으며, 1982년 산업재해보상보험법을 개정하였고, 7일 이상의 요양을 요하는 질병과 부상을 4일 이상으로 확대하였다.

1981년 노인복지법이 제정되었다. 아동복지법도 같은 해 제정해 1984년 개정하였다. 보편주의적 접근이 수용된 것이 특색이다. 장애인복지법도 1981년 제정되었다. 1980년대 들어 노동자의 저항이 조직적, 지속적으로 변모하면서 전두환 정부는 복지사회건설을 그 대응책으로 내걸었다. 3대 복지정책, 곧 국민연금 · 의료보험 전 국민 확대실시 · 최저임금제 시행을 발표했다(시행은 노태우 정권에서부터).

생활보호법을 개정해 보호대상자의 범위를 확대하였다. 생활보호대상자는 자신의 생활을 유지하고 발전시키기 위해 최대한 노력할 것을 전제로 하며, 보호의 수준은 건강하고 문화적인 최저생활을 유지할 수 있는 것임을 명시하였다.

5공 시절 사회복지예산의 확대와 입법에 대해 음모론적인 입장을 통해 비판하기도 한다. 5 · 18 광주민주화운동을 무력으로 진압한 전두환 정권이 정통성의 부족과 민심이 이반되는 현상을 타개하기 위해 정략적인 조치를 취했고, 그것이 바로 복지예산과 관련한 입법 활동이라는 것이다.

(5) 제6공화국의 사회복지정책

13대 대통령으로 취임한 노태우 정권의 1988년부터 1993년까지의 시기이다. 경제발전의 여파로 국민의 생활이 향상되고 중산층이 확대되었다. 그렇지만 도시노동자와 농어민, 도시서민은 상대적 빈곤을 경험해야 했다.

제6차 5개년 계획(1987~1991년) 하에서 설정된 사회복지정책의 기본 방향은 경제발전에 알맞은 복지시책, 가족 및 지역사회의 복지기능 최대한 보장, 자립정신에 입각한 복지시책, 민간의 복지자원 최대한 동원 등이었다. 기본 방향은 선 성장, 후 분배, 선 가족 및 지역사회보호 후 사회보장, 자조사업 중시 및 복지다원주의라는 특징을 보였다.

제5공화국이 약속한 3대 복지정책은 제6공화국에서 실현되었다. 1986년 12월에 제정된 국민연금법은 1988년 1월 1일을 기해 실시되었다. 1976년 개정된 후 부분적으로 실행되어 오던 의료보험제도는 1979년 7월부터 300인 이상, 1981년 1월 100인 이상, 1986년 4월부터 16인 이상, 1987년 5인 이상의 상시근로자를 고용하는 사업장으로까지 확대 · 적용되었다.

1986년 12월에 제정된 최저임금법은 1988년 1월 1일부터 시행되었다. 보편주의적 사회복지의 도입이 보다 가시화된 제도라 할 수 있다

노태우 정부는 노동자의 복지에 중점을 두었다. 1991년 사내 근로복지기금법, 1993년 중소기업근로자복지진흥법 등을 제정 · 시행하였다. 장애인과 여성 · 노인의 고용을 촉진하기 위한 장애인고용촉진 등에 관한 법률(1990), 영유아보육법 및 시행령(1991), 고령자 고용촉진법(1991)이 제정되었다.

중산층의 확대로 보통 사람의 충족되지 않은 욕구와 이들이 겪는 생활상의 문제해결이 사회복지정책의 전면에 등장한 시기이다. 1989년 노인복지법과 장애인복지법이 개정되었고, 모자복지법이 제정되었다. 1991년 영유아보육법이 제정되었고, 1992년에는 사회복지사업법이 개정되기에 이른다. 1990년 소수여당이었던 민정당이 민주세력의 대변자였던 김영삼과 김종필의 공화당과 합당하면서 정치적 안정이 이루어졌다. 보수대연합으로 정통성을 어느 정도 회복했다고 인식한 노태우 정권은 다시금 경제 제일주의로 선회하였다. 고용보험이 연기되었고 일 더하기 운동이 전개되기 시작한 것이다. 노동연계복지가 등장한 것도 이 시기이다.

(6) 문민정부의 사회복지정책

1993년부터 1998년까지의 시기다. 1995년까지 경제 활성화에 치중해 사회보장 부문과 보건복지 예산의 상대적 비중이 줄어든 시기다. 1995년의 보건복지부 예산은 중앙

정부의 일반회계 예산에서 차지하는 비중이 3.82%에 불과했다. 노태우 정부가 1990년 보건복지 부문의 예산을 5.02%까지 끌어 올렸던 것과 대비되는 수치이다. 김영삼 정부는 1996년 일반회계 대비 보건복지 예산을 4.03%, 1997년 4.22%로 늘렸다.

문민정부는 중장기 사회복지를 위한 각종 위원회 활동을 장려하였다. 국민복지기획단의 보고서인 〈삶의 질의 세계화를 위한 국민복지 기본 구상(1996)〉은 한국형복지모형의 구축을 제창하였다. 기본 이념은 성장과 복지의 조화, 한국적 특수성의 반영, 생산적 · 예방적 복지의 강화, 복지 공급체의 다원화, 물질적 만족과 정신적 행복 추구라는 5가지로 요약하였다.

취약계층에 대해서만 국가가 책임지겠다는 잔여적 개념이 읽혀지는 이념이다. 근로능력이 있는 사람은 일을 해야 하며, 사회복지서비스는 기본적으로 수익자 부담의 원칙을 준용하는 것으로 명시되었다. 이는 복지를 시장의 원리에 맡긴다는 것을 뜻한다.

(7) 국민의 정부 시대의 사회복지정책

1998년부터 2003년까지의 생산적 복지시대이다. 생산적 복지는 빈곤을 사후에 대처하는 소극적 차원의 복지에서 탈피한 적극적인 복지로 이해되었다. 미래를 위한 훈련과 교육, 건강 등의 지원을 통해 인간자본을 향상시킨다는 것이다. 복지의 수급자가 노동시장에서 스스로를 책임지는 건강한 복지로 거듭나는 정책을 의미하였다.

김대중 정부는 국민연금의 소득대체율을 70%에서 60%로 낮추고, 기금 운영의 투명성과 가입자의 정책결정 참여를 골자로 하는 개혁을 시도했다. 공적 관리, 세대 간 · 계층 간의 연대, 관대한 급여 수준, 임금근로자와 자영업자의 통합 관리라는 기본 골격은 유지되었다. 1994년 4월 1일부터 연금의 대상이 도시 지역으로 확대되어 전 국민의 국민연금제도가 이루어졌다.

지역과 공직자, 직장의료보험 등으로 분리되어 운영되던 의료보험은 1998년의 1차 통합(공무원 · 교원의료보험)과 1999년의 2차 통합(직장의료보험과의 통합)을 거쳐 2000년 7월부터 국민건강보험공단이 탄생하였다. 조합별로 다르게 부과되었던 보험료가 하나로 통일되었다.

고용보험과 산재보험이 사회보험방식으로 전환된 것도 개혁의 하나다. 1998년부터 1인 이상의 근로자를 고용하는 사업장에까지 고용보험의 적용이 확대되었다.

외환위기 이후 사회보험 분야는 획기적인 확대가 이루어졌고, 제도면에서도 중요한 사회적 위험을 커버하는 사회보장제가 구축되었다. 공공부조 분야에도 변화가 이루어졌다. 1999년 9월 제정되고 2000년 10월 1일부터 시행된 국민기초생활보장제도는 기존 「생활보호법」의 문제점 해결하기 위해 마련되었다.

65세 이상과 18세 미만이라는 인구학적 급여조건을 개선해 근로능력의 유무와 관계없이 소득이 최저생계비에 미달하는 국민은 누구나 대상자로 선정될 수 있게 하였다. 소득 수준을 최저생계비까지 확대해 생존권적인 기본권을 보장하였다. 명칭 자체도 스티그마를 부여하는 「생활보호법」에서 「국민기초생활 보장법」으로 바꾸었다. 보호나 피보호자 등의 전근대적 용어도 보장이나 수급자라는 권리성 문구로 개정했다.

사회적 취약계층에 대한 복지서비스도 개선되었다. 경로연금신설, 장애범주의 확대, 가정폭력방지법의 제정, 저소득층 자녀를 위한 무상보육사업, 저소득 편부모 가정에 대한 생업자금 융자대상 확대, 사회복지관과 재가복지봉사센터 설치의 확대 등이 이루어졌다. 1998년에는 사회복지공동모금회법이 제정되었다. 1898년 6.05%와 4.12%에 달했던 일반회계 예산 대비 사회보장 예산과 보건복지예산의 비중은 2000년 7.27%와 5.23%로 각각 증가하였다.

(8) 참여정부의 사회복지정책

2003년 2월 25일부터 2008년 2월 24일까지의 시기이다. 정권의 이름처럼 특성은 참여로 요약된다. 사회복지에 대한 국가의 책임을 기본으로 하며, 가족과 사회 · 기업의 참여가 촉진되어야 한다는 인식을 참여정부는 강조한다. 자립과 사회연대가 조화를 이루는 복지를 의미하며, 사회복지가 사회통합과 안정을 위한 가장 효율적인 장치임을 밝히고 있다. 자립을 추구하는 만큼 국민의 정부에서 제창한 생산적 복지와도 맥을 같이한다.

노무현 대통령은 집권과 함께 '참여복지 5개년 계획'을 제시했고 2005년 9월에는 '희

망한국 21－함께하는 복지', 2006년 8월에는 '고령화 양극화 해소를 위한 비전 2030'을 발표했다

'사회투자국가'를 근간으로 한 복지개혁 프로젝트를 진행하였다. 그러나 이러한 정부의 적극적인 의지와 달리 '참여복지'는 가시적인 성과를 내지 못하였다. 사회 양극화가 오히려 심화됐다는 비판까지 나왔다. 실제로 국민의 소득수준 격차는 더 벌어졌고 집값 폭등은 양극화의 골을 더 깊게 만들었다.

2005년 지방자치 활성화를 위한 '국가보조금 정비방안'이 시행되면서 중앙정부가 갖고 있는 사업 중 상당수가 지방자치단체로 이양됐다. 이 가운데 반수 이상인 67건은 복지부 소관이었다. 지자체의 권한과 복지서비스의 질을 동시에 증가시키는 의도였지만 권한은 증대됐지만 서비스의 질은 하락했다. 결국 복지재정의 분권화는 생활보장에 대한 책임을 중앙정부에서 지방정부로 떠 넘기고 국가의 재정 부담만 줄이는 결과를 낳았다.

2000년 이후 67개 사회복지사업이 지방으로 이양되었지만 지자체가 지역실정에 맞는 복지행정과 지역특성을 고려한 복지서비스 제공을 능동적으로 수행해 나갈 수 있는 역량은 여전히 미흡한 것으로 지적되었다(보건사회연구원 사회정책연구소(2015). 중앙정부에서 복지정책을 설정하고 지자체는 그것을 그대로 따라가는 일이 많았다. 지역적 특성이 결여된 사회복지정책의 집행이 이루어진 셈이다.

사회적 기업육성법(2007) 등을 바탕으로 사회적 기업의 설립을 장려하였다. 일방적인 지원보다는 적절한 일자리를 통해 빈곤층의 자활을 장려하자는 취지였다. 그러나 이런 식으로 만들어진 사회적 일자리의 상당수는 비정규직에 저임금이었다.

복지서비스 인력을 늘리는 데는 성공했지만 또 다른 목표인 저소득층의 자활지원에는 미흡하였다.

1998년 총 세출 예산 중 사회복지 예산의 비중은 7.4%였다.

2005년 9월 저출산 · 고령사회위원회를 출범시켰다. 대통령을 위원장으로 하며, 12개 부처 장관 및 민간위원 12명으로 위원회를 구성하였다. 한 달 후인 2005년 10월 보건복지가족부 저출산 · 고령사회정책본부가 출범했다.

2005년 11월부터 2006년 7월까지 제1차 저출산 · 고령사회 기본계획을 수립하고 실무 추진단을 운영하였다. 2006년 8월 1일 제1차 저출산 · 고령사회 기본계획을 확정했다.

출산은 줄고 노령화가 가속돼 방치할 경우 국가의 존망에까지 위협을 줄 요인으로 파악했기 때문이다. 통계청이 밝힌 인구 관련 현황을 보면 합계출산율이 2005년 1.19명이었고 지속적인 감소세를 보였다.

노인인구부양을 위한 생산가능인구의 조세사회보장비 부담이 증가함에 따라 세대 간 갈등이 야기될 개연성도 커졌다. 배우자 출산휴가제도는 출산을 장려하기 위한 제도다. 엄마채용장려금에 이어 남녀고용평등법을 개정해 배우자 출산휴가제, 육아기 근로시간단축제 등 제도를 도입했다.

고령자 고용촉진을 위해서 고령자 신규채용장려금 인상, 정년연장장려금제도를 도입했다.

(9) 이명박 정부의 복지정책

이명박 정부는 집권 초 정부의 최대 목표를 선진 일류국가의 건설로 설정하고 5대 지표를 제시하였다. 즉, 섬기는 정부, 활기찬 시장경제, 능동적 복지, 인재대국, 성숙한 국가 등이다. 이명박 정부는 경제성장 목표에 비해 복지를 소홀하게 취급하였다. 5대 국정지표 중 복지 분야는 능동적 복지 하나로 축소되었다.

43개의 핵심 지표 중에서 사회복지와 관련된 사항은 국민연금과 기초노령연금 통합, 지속 가능한 의료보장체계 구축, 저소득층 자녀 지원을 위한 드림스타트사업, 금융소외자 신용회복 지원 등 4가지였다.

복지정책의 특이점으로 공급방식을 국가 주도에서 사회 공동 협력관계로 전환하려고 하였다. 또한, 수요자 중심이 보육정책은 복지 분야에서도 시장원칙을 강조하였다. 그렇지만 이명박 정부의 복지 지출은 증가하였다. 사회보험의 증가가 주 원인이다. 2008년부터 본격적으로 완전노령연금 수급자가 발생하였다.

기초노령연금의 지출 증가도 복지지출의 증가로 이끌었다. 노무현 정부에 의해 2007년 마련되었던 기초노령연금이 이명박 정부에 와서 실현된 것이다. 이명박 정부의 복지정책은 다분히 선별적이었다고 평가할 수 있겠다. 복지 축소를 주장하지는 않았지만 복지의 실행에 있어 시장의 활용, 범주적 · 선별적 영역의 우선성으로 복지 영역을 변화하고자 하였다. 잔여적이며 자유주의적 복지모델로 파악될 수 있다.

종합해 보면 이명박 정부에서도 복지정책의 확대는 느려졌으나 확대경향은 유지되었다. 방법 면에서는 복지의 시장친화적 원리를 도입하였다(김원섭, 2015).

(10) 박근혜정부의 복지정책

이명박 정부를 이은 박근혜 정부는 보수정권이었다. 보수정부가 지향했던 복지체제는 국가복지를 확대해 시민들이 직면한 사회적 위험에 대응하는 복지국가가 아니었다. 보수정부 9년은 지난 권위주의 시기 한국 복지체제의 특징인 성장을 통한 분배를 실현하는 개발국가 복지체제를 신자유주의적 방식으로 복원하는 것이었기 때문이다. 이명박 · 박근혜 정부는 정치 · 경제 · 사회 전 영역에서 개발국가의 성장체제를 복원하기 위한 시도를 했다. 노동시장은 더 유연화 되었고 시민사회는 더 파편화되었다. 복지정책의 측면에서 보면 복지는 양적으로 확대되었지만, 지속가능해 보이지도 사람들이 직면한 위험에 적절히 대응하는 기능도 하지 못했다(윤홍식, 2018).

복지지출은 증가했지만, 이렇게 시장에서 만들어지는 구조적 불평등을 완화하지는 못했다. 보수정부 집권 기간 동안 한국 복지체제는 양적으로 성장했지만, '역진적 선별성'이라는 정규직 중심의 사회보장제도라는 구조적 문제를 해소하지 못했다.

한국 복지체제는 세 집단으로 분리되었다. 첫 번째 집단은 안정적 일자리와 소득을 바탕으로 사적 자산을 축적해 사적으로 사회적 위험에 대응하는 체계를 구축하고, 공적 사회보험이 이를 보완하는 계층이다. 이들은 주로 대기업 정규직 노동자와 전문직에 종사하는 중간계급이다. 두 번째 집단은 중소기업의 정규직 노동자로 사회적 위험의 대부분을 공적 사회보장제도에 의존하는 계층이다. 세 번째 집단은 불안정한 일자리와 낮은 임금과 소득으로 사적 자산을 축적할 수도 없고, 공적 사회보험이 대상에서도 배제된 비정규직과 영세자영업자 등 불안정한 고용상태에 있는 사람들이다. 이들의 안전망은 엄격한 수급조건이 적용되는 공공부조 뿐이다. 외환위기 이후 자유주의 정부와 보수정부를 거치면서 한국의 복지체제는 이렇게 삼중구조화 되었고, 각 집단 간의 담장은 점점 더 높아져 갔다.

기초연금의 도입으로, 저소득 노인을 중심으로 소득증가가 이루어졌으나 노인의 상대적 빈곤율은 여전히 높다. 노인일자리는 변화하는 노인의 특성을 고려하지 못한 채 단순 노동 중심으로 숫자 늘리기에 급급했다는 비판을 받는다.

장기요양대상자 확대와 보장성 증진으로 장기요양서비스의 총량적 규모는 확대되었으나 서비스의 질은 미흡한 수준이다. 장기요양서비스 즉, 담당하고 있는 요양보호사의 처우는 열악하다. 노인돌봄서비스 종사자의 고용은 불안정하다

07

CHAPTER

복지국가

1. 복지국가의 기원과 목표
2. 복지국가의 유형
3. 복지국가의 발전
4. 복지국가의 위기와 대응
5. 복지사회

1. 복지국가의 기원과 목표

1) 복지국가의 개념

복지국가는 19세기 말 독일의 비스마르크의 정책과 20세기 초반 영국 자유당 정부의 사회개혁으로 비롯되었다는 주장이 있다(Mishra, 1977). 영국의 템플 주교가 간행한 「시민과 성직자」라는 팸플렛에서 독일의 나찌 정권(power state)과 대비해 전후 연합국의 재건과 희망을 의미하는 복지국가(welfare state)라는 용어를 사용한 것이 시초다. 이 후 복지국가는 1945년 집권한 노동당 정부가 베버리지 보고서를 근간으로 1948년 사회보장제도(요람에서 부덤까지)를 실시함으로써 일반화 되기에 이른다.

2) 복지국가의 원칙

복지국가는 몇가지 원칙을 갖는다. 먼저 복지국가는 모든 시민들에게 권리 성격의 급여를 제공한다. 또한 경제에 대한 정부의 통제가 이루어진다. 복지국가는 완전고용이라는 원칙을 갖는다. 이러한 원칙을 기반으로 보호와 원조가 필요한 사람들을 위한 경제적 보호 수준을 향상시켜왔고 광범위한 건강서비스와 교육서비스도 제공한다.

복지국가의 이러한 원칙으로 볼 때, 이념적으로 사회민주주의를 표방한다. 정치적으로는 의회민주주의를 추구하고, 경제적으로는 혼합경제를 지향한다. 사회적으로는 완전고용과 사회보장제도의 완전한 실현을 추구한다. 국가는 국민의 복지에 막중한 책임을 진다.

3) 복지국가의 목표

(1) 실업 노령 등의 사건이 발생할 경우 경제적 안정 유지

이러한 상황이 발생할 경우 소득 상실을 보상해 경제적 불안정을 예방하는 사회보험

정책이 대표적이다.

(2) 개인과 가족에게 최저 소득을 보장

최저수준의 물질적 충족을 달성하는 것이다. 공공부조가 대표적이다. 사회적 약자들에게 주류사회로 들어갈 수 있는 기회와 서비스를 제공한다.

(3) 최저수준의 확보

모든 시민들이 자신의 지위나 계층과 무관하게 필요수준의 상품과 서비스를 보장받는다. 최저수준의 개념보다는 적정수준이 되어야 한다. 초등학교와 중학교, 고등학교에 대한 무상교육은 대부분의 복지국가에서 시민의 권리로 제공되는 것이 보통이다.

〈표 7-1〉 복지국가의 세 영역

목표	정책	대상집단
경제적 보장: 우발적인 사건으로 인한 상실소득을 대체	사회보험정책: 질병 실업 장애 퇴직 배우자 사망 등에 대비한 사회보험	근로개층, 퇴직자, 그들의 가족 및 피부양자
물질적 충족: 초저한의 소득 보장	공공부조정책: 현금 급여 및 사회적 서비스	빈민 및 불우계층
기초서비스 제공: 중요한 상품과 서비스에의 접근 보장	교육정책, 의료보장정책, 주택정책, 영양보충정책	모든 시민

자료: Neil Gilbert & Paul Terrell(1998), p.38.

4) 복지국가의 평가요소

복지국가에 대한 기준선은 존재해야 한다. 성립요건과 평가요소를 살펴본다.

(1) 성립요건

다양한 의견이 있지만 다음과 같이 분류된다.

가. 평화의 보장

사회 정치적인 위협으로부터 벗어나야 한다.

나. 민주주의 실현

사상과 표현의 자유는 물론 직업선택의 자유가 보장되어야 한다. 정책결정 과정에도 참여가 보장되어야 한다. 균등한 기회도 보장되어야 할 것이다.

다. 혼합 경제제도인 수정자본주의 추구

자본주의의 모순인 빈부격차를 해소하려는 국가적 노력이 필요하다. 자본과 노동간 균형을 통해 빈부격차를 해소하고, 고용확대와 저임금 해소는 국가가 시장에 개입하는 수정자본주의를 통해 가능하다.

(2) 구성요소

가. 제도의 종류

국민 개개인이 노출 될 수 있는 사회적 위험으로부터 보호받을 수 있는 다양한 종류의 사회복지제도의 확립과 시행은 매우 중요하다.

나. 제도적용의 범위

다양한 제도가 있다해도 혜택을 받을 수 있는 범위가 제한이 있는지의 여부를 보아야 한다.

다. 혜택의 수준 정도

서비스의 적용범위가 제한없이 모든 국민에게 돌아간다 해도 서비스의 수준이 낮을 경우 복지국가로 보기 어렵다.

라. 사회복지제도의 재분배 효과

사회복지서비스를 통해 재분배의 효과를 충분히 살려야 한다.

2. 복지국가의 유형

1) 퍼니스와 틸튼

퍼니스와 틸튼(1977)은 국가 유형을 적극적 국가(positive state), 사회보장국가(social security state), 사회복지국가(social welfare state)로 구분하고 있다. 역사적으로 보면 적극 국가모형에서 시작해 사회보장 국가모형으로 갔다가 다시 사회복지국가모형으로 이동하는 것이 일반적이라고 주장했다.

(1) 적극적 국가

경제성장을 위해 국가와 기업간 협동을 강조한다. 개인의 재산소유를 중시하고 시장과 경제적 효율을 중요한 가치로 인식한다. 시장에만 기능을 맡길 경우 체제의 붕괴로 이어질 수 있기에 국가는 시장경제에 개입해 독점을 규제하고 지나친 불평등을 바로잡아야 한다는 입장이다. 경제성장을 저해하는 사회복지정책은 가급적 피하고 노동조합의 과격한 임금인상요구나 집단행동은 규제의 대상이다.

최하위 계층에 대한 지원은 경제성장에 해가 될 수 있기에 공공부조 보다는 사회보험제도를 중시한다. 수익자부담에 근거한 사회보험제도는 적립을 통해 노후나 사회적 위협으로부터 대비하는 것이다.

퍼니스와 틸튼은 적극 국가를 복지국가로 보지 않고 있다. 미국을 적극국가의 예로 제시하였다. 복지국가의 기본적인 기능을 수행하고 있지 않는다고 보았기 때문이다.

(2) 사회보장국가

모든 사람의 사유재산을 보장하고 국가와 기업 간의 협동은 유지하되 사회복지정책을 통해 국민생활에 대한 최저수준을 보장한다는 목표를 갖는다.

사회보장국가에서는 경제정책과 사회복지정책의 구분이 명확하다. 최저수준 보장을 위해서는 사회보험만으로는 부족하다. 공공부조나 보편적 서비스가 제공되는 것이 보통이다.

최저수준 보장의 책임은 국가에 있는 것이 아니다. 사회보험으로 충당하고 부족분만 국가가 보조하는 형태다. 누구에게나 생존의 권리를 인정하고 이를 해결하려고 했기에 적극 국가보다는 진보된 형태로 평가한다.

(3) 사회복지국가

정부와 노동조합의 협동을 강조한다. 사회보장국가가 최저수준만을 보장하고 경쟁 원리에 의존하는 것을 비판한다. 평등 협동 연대의식에 기초한 전반적인 삶의 질 평등을 추구한다. 쾌적한 환경을 유지하고 공해를 감소시키며 도시를 쾌적하게 재개발하는 것은 매우 중요한 정책이 된다. 노동자들의 임금격차를 줄이고 전반적인 노동자들의 급여수준을 높이는 것이 임금정책의 핵심이다. 시민들의 생활에 편익을 제공하는 각종 공익사업을 확대하는 것을 경제적 평등을 이루는 하나의 수단으로 활용한다.

소외되었던 개인과 집단에게 기회를 제공하고 결정과정에 참여시킨다.

2) 미쉬라의 분류

미쉬라(Mishra, 1984)는 복지국가를 분화된 복지국가(differentiated welfare state)와 통합된 복지국가(integrated welfare state)로 나누었다.

(1) 분화된 복지국가

분화된 복지국가는 다원주의적 복지국가(pluralist welfare state)라고도 한다. 분화된 복지국가에서 사회복지는 경제와 구분되고 대립된다. 경제에 나쁜 영향을 주는 사회복지는 제한된다. 이익집단들의 다양한 이익 추구 행위가 이어지는 복지정책들은 통합적이지 못하고 단편화 되는 것이 보통이다.

분화된 복지국가는 사회복지 영역은 경제 영역, 산업 영역, 공공 영역과 구분되고 사회복지 영역이 이런 영역과는 관련이 없다고 보는 복지국가를 말한다.

(2) 통합된 복지국가

통합된 복지국가는 조합주의적 복지국가(corporatist welfare state)라고도 한다. 사회복지와 경제는 구분되지 않고 상호 의존적이며 관련되어 있다고 본다. 따라서 사회복지정책과 경제정책의 밀접한 관계를 인정한다. 복지정책은 경제 집단들 혹은 계급간의 상호 협력 하에 추진된다. 이런 상황에서 완전고용정책과 포괄적 사회복지정책은 시장체계의 골격을 유지하면서 진행된다. 중요한 것은 사회구성원들의 이익과 욕구의 통합이 이루어지는 복지정책 수립과 실행이다.

3) 에스핑 앤더슨의 분류

에스핑 앤더슨(Esping-Andersen, 1990)은 탈 상품화(decommodification)의 정도, 계층화(stratification)의 유형, 국가와 시장의 상대적 비중이라는 세 가지 기준을 통해 복지국가를 자유주의적 복지국가, 보수적 조합주의 복지국가, 사회민주주의 복지국가의 세 유형으로 나누었다. 탈상품화는 노동자가 노동시장에서 이탈되었을 때 공공 사회보장제도를 통해 가능한 한 높은 수준의 임금대체율을 보장해 시장에 대한 의존성을 약화시키는 것을 말한다[1].

에스핑 엔더슨은 자본주의 국가에서 인간의 노동은 곧 상품으로 보았다. 노동은 시장가치를 갖고 있으며 구매하거나 판매할 수 있음이다. 소득의 원천은 곧 자신의 노동력이 된다. 실업보험과 연금, 정부와 지방자치단체가 제공하는 사회복지 프로그램은 노동의 상품성 정도를 경감시킨다.

사회보장제도는 노동의 탈상품화에 기여했다. 에스핑 엔더슨은 노동의 탈살품화가

---

1) 노령으로 인해 생산력이 약화되어 일을 할 수 없게 되었을 때, 자신의 노동력으로 생계를 유지하기 어렵다고 판단 되면 연금제도를 통해 생계를 유지할 수 있다. 실업상태에 이르게 되어 노동력을 행사할 수 없을 경우 실업급여를 통해 생활 안전과 생계를 유지할 수 있도록 한다. 사회보장제도를 통해 소비능력을 사회적으로 보장하고 개인의 노동력에 대한 의존을 약화시킨다. 이렇게 되면 시장에 대한 임금 노동자들의 의존성은 약화된다.

'정부가 국민들의 사회적 요구를 충족시키지 위해 개입하는 정도를 결정하는 유용한 기준'으로 믿었다. 탈 상품화는 '노동을 통한 소득'의 대안이 되는 사회복지프로그램을 통해 이룰 수 있다고 보았다.

(1) 자유주의 적 복지국가

시장기능의 기본역할을 인정하고 그 보호 대상이 취약계층에 한정되는 엄격한 선별주의 원칙이 적용된다. 자산조사에 의한 공공부조 프로그램이 중시되는 것이 보통이다. 사회복지의 확대는 제약받고[2] 사회권은 제한된다.

사회복지의 대상은 까다로운 자격기준을 통과해야 한다. 엄격한 심사가 이루어지고 스티그마가 수반된다.

국가와 사회복지는 시장이나 민간단체들의 복지에 대한 보조 역할 이상으로 확대되기 어렵다. 시장 의존적이기에 노동력의 탈 상품화는 최소화되고 사회계층은 다원화된다. 그 결과 불평등은 심화되고 계층 간에는 대립관계가 형성된다. 미국, 캐나다, 호주, 뉴질랜드가 자유주의적 복지국가에 속한다고 주장했다.

(2) 보수주의 복지국가

보수주의 복지국가에서는 국가는 주된 사회복지를 제공한다. 시장의 역할이 상대적으로 덜 강조되고, 교회의 역할이 크며 전통적인 가족기능을 유지하는데 중점을 두어 보수적이다.

사회복지의 급여는 사회권으로 인식하지만 이는 사회계층의 지위와 밀접하게 관련되어 있다 고 본다. 공직자 사무직 노동자와 같은 직업 범주에 따라 구분되며 국가는 이들을 교육과 직업훈련을 통해 직업 경력을 쌓도록 지원하고 이들의 소득보장은 주로 사회보험에 크게 의존한다. 혜택은 시장에서의 지위와 계층에 따라 큰 차이를 보인다. 탈 상품화의 효과에는 한계가 따른다. 오스트리아, 프랑스, 독일, 이탈리아 등의 국가다.

2) 전통적인 자유주의 적 노동윤리에 어긋난다는 것이다.

(3) 사회민주적 복지국가

사회민주적 복지국가는 보편주의 원칙 평등의 원칙 사회권을 통한 탈상품화의 효과가 가장 크다. 사회민주주의 세력이 복지국가의 확대에 중추적인 역할을 한다. 국가대 시장, 노동계층 대 중산계층 사이의 갈등을 최소화하면서 최저수준이 아닌 최고수준(중산층 수준)의 평등을 추구한다. 이들 국가에서는 시장기능은 최소화되고 사회통합은 중요한 목표가 된다. 사회의 모든 계층은 보편적이고 포괄적인 국가에 의존하고 모두가 의무감을 느끼는 평등 지향적 체계다.

노동조합이 잘 조직되어 있고, 노조의 의견이 정책결정에 적극 반영되는 정치시스템이다. 적극적으로 예방복지에 치중한다. 국가가 아동, 노인 등에 대한 직접적인 책임을 진다. 여성의 노동시장 참여도 촉진된다. 경제정책과 사회복지정책이 통합되어 있는데, 완전고용을 목표로 한다. 스웨덴을 비롯한 스칸디나비아 국가들이 이를 추구하고 있다.

에스핑 앤더슨은 3가지 복지국가의 어느 것도 완전한 형태나 순수한 형태로 찾아볼 수 없다(Cochrane, Clarke & Gewirtz, 2001)고 주장했다. 다만 각각의 특정한 복지국가는 3가지 복지국가의 요소를 부분적으로 모두 가지고 있을 수 있다. 그리고 일부 복지국가는 에스핑 앤더슨의 3가지 복지국가에서는 제시되지 않은 특징을 가지고 있을 수 있다.

〈표 7-2〉 **세 가지 복지국가 유형의 특성**

	사회민주 복지국가	보수주의 복지국가	자유주의 복지국가
가족의 역할	주변적	중심적	주변적
시장의 역할	주변적	주변적	중심적
국가의 역할	중심적	보조적	주변적
연대의 양식	보편주의 적	친족중심, 조합주의적, 국가주의적	개인주의적
연대의 근거	국가	가족	시장
탈상품화의 정도	매우 높음	높음(가구주의 경우)	매우 낮음
전형적인 국가	스웨덴	독일, 이탈리아	미국

자료: Esoping Anderson, Social Foundations of Postindustrial Economics(Oxford University Press, 1999), P 85

4) 티트머스의 분류

티트머스(1979)는 사회정책의 3가지의 모델인 잔여적 복지 모델(residual welfare model), 산업적 성취 · 업적 모델(industrial achievement-performance model), 제도적 재분배 모델(institutional redistributive model)을 제시하였다.

(1) 잔여적 복지 모델

잔여적 복지 모델은 개인의 욕구가 적절하게 충족되는 사적시장과 가족이 존재함을 전제로 한다. 잔여적 복지 모델에서 사회복지제도는 시장과 가족이 붕괴될 경우에만 운영되어야 하고, 그것도 일시적으로만 운영하여야 한다고 인식한다.

(2) 산업적 성취 · 업적 모델

일을 얼마나 했는냐 라는 근로실적을 사회복지급여 제공의 기준으로 인식했다. 공적, 근로실적, 생산성에 근거를 두어서 사회적 욕구가 충족되어야 한다고 본다.

(3) 제도적 재분배 모델

제도적 재분배 모델에서 사회복지는 사회에 있는 중요한 통합된 제도로 파악한다. 욕구의 원칙에 근거하여 시장 밖에서 보편적 서비스를 제공하는 것이다. 사회적 평등의 원리에 기초하고 있으며 자원의 지배 속에서의 재분배 시스템을 의미한다.

3. 복지국가의 발전

1, 2차 세계대전을 거치면서 국가들은 국민들에게 더 낳은 삶을 보장하는 약속을 했고, 이를 지키려고 노력했다. 그러나 국가마다 다른 과정을 거쳐 복지국가로 발전했

으며, 부분적인 상이점도 갖추고 있다. 태동, 정착, 성장, 침체의 네단계로 복지국가의 발전을 나누었다.

1) 복지국가의 태동기 1883~1919

19세기 이전에도 국가는 국민들에게 복지를 제공해왔다. 국가가 조세를 걷어 복지에 사용한 최초의 사례인 1601년, 영국의 구빈법이 시행되었다. 교회책임이었던 빈민구호를 정부가 책임지겠다는 선언이었다. 1795년 스핀햄랜드법은 생존권을 최초 도입한 것으로 평가된다.

그러나 복지국가의 태동은 1880년대 이후로 보고 있다. 피어슨(Pierson,1991)은 복지국가의 태동은 1880년대 이후 시작되었다고 주장했다. 그는 사회보험제도의 도입, 시민권 확충, 사회복지비의 증가가 이 시기부터 이루어졌다는 것이다.

독일은 1871년 산업재해보상보험제를 도입했고, 1883년 건강보험제를 시행했다. 영국도 1908년 노령연금제도를 도입해 사회개혁에 착수했다. 유럽국가의 대부분은 1차 세계대전 이전 산업재해, 노령, 실업, 질병에 대비하는 사회보험제도를 도입했다.

실업이나 질병 산업재해와 같은 사회적 위험으로부터의 보호를 사회보험이 담당했다. 시행주체는 정부로 연대성의 원리 하에 모든 노동자와 사용자가 강제로 가입해 비용의 일부를 부담했다. 급여의 수급은 권리로 인정되었다.

사회보험제의 도입은 국민과 시민들과의 새로운 관계를 정립시켰다. 국가가 도움이 필요한 국민들에게 의식주 정도를 제공하는 것을 넘어서는 것이다. 국가와 일반 국민들을 하나로 묶는 권리와 의무 관계를 설정한 것이다. 노동자들에게 선거권을 부여한 것은 사회적 보호와 공평한 경제활동에 대한 욕구를 가중시켰다.

1894년부터 1920년 사이 벨기에, 네델란드, 이탈리아, 아일랜드, 영국, 노르웨이, 스웨덴, 핀란드, 오스트리아, 오스트레일리아, 캐나다 등 11개국에서 남성들에게 선거권을 부여했다. 프랑스는 1848년, 독일은 1871년, 덴마크는 1849년, 스위스는 1848년, 뉴질랜드는 1979년, 미국은 1860년 이미 남성들에게 선거권을 부여하였다.

피어슨은 "어떤 국가가 국내총생산(GDP)의 3% 이상을 복지분야에 지출했다면 복지 국가 단계에 들어선 것"이라고 주장하였다. 1900년대 이전에는 이런 국가가 없었다. 1920년 대 부터는 상당수의 국가들이 국내총생산의 3% 정도를 복지에 지출하기 시작했다. 1930년대는 3%를 초과하였다. .

2) 정착단계 1920~1945

유럽의 국가들이 국민총생산의 3% 정도를 복지분야에 지출하기 시작한 시기부터 2차 세계대전이 종료되는 시점의 기간이다. 1, 2차 세계대전과 경제공황이 함께한 시기로 전쟁은 국민들에게 많은 희생을 강요했고 국민의 삶에 국가가 개입하는 범위도 확장되었다. 전쟁을 통해 사상자와 빈민을 양산해 민간 자선기관이나 민간보험제도로는 빈곤 문제를 해결하기 어려웠다. 이를 해결하고자 한 것이 복지국가요, 베버리지의 보고서다.

경제공황은 전쟁과 또 다른 측면에서 경제와 복지분야에 대한 국가의 개입을 만들어 냈다. 경제공황은 1920년대 말과 1930년대에 찾아왔다. 전 세계에 걸쳐 광범위한 생산 차질을 가져왔고 엄청난 실업자들을 양산했다. 미국의 민주당은 뉴딜(New Deal)을, 영국의 노동당은 사회계약(Social Contract)을 내세우며 이를 돌파하려했다.

미국의 뉴딜정책의 목적은 소비자들에게 소비여력을 만들어(가처분소득의 확대) 경제를 활성화 시키는 것이다. 공공투자를 통해 일자리와 복지급여가 충족되거나 수급되었다. 가난한 자에게 소득을 제공하고 대공황을 벗어날 수 있는 수단을 제공한 셈이다. 뉴딜의 밑받침이 된 케인즈의 경제학은 대량실업에 의한 정치적 위기를 극복할 수 있는 기회를 제공했다는 평이다.

3) 팽창기 1945~1975

복지제도가 완비되고 수혜가 보편화되는 시기다. 피어슨은 1945년 이전 단계를 '복지국가의 터를 닦는 단계'로 인정했다. 또 1945년부터 1975년 오일쇼크가 일어나기까지의 시기를 '복지국가의 황금기(Golden Time)'라고 했다.

이 시기에는 시민권에 기반한 포괄적이고 보편적인 복지국가로의 이행이 이루어졌다. 또한 사회보험 급여의 향상과 대상범위가 대폭 확대되었다. 혼합경제와 확대된 사회복지에 대한 정치적 합의, 경제성장과 완전고용에 대한 간단없는 도전으로 요약된다.

1960년대 까지 GNP 대비 10% 대의 복지비 지출이 1970년대 들어 20% 이상이 지출되었다. 서독, 프랑스, 오스트리아 등은 1970년대 중반 20% 이상을 사회복지비로 지출했다. 반면 스웨덴은 이 기간에 34%를 복지비로 지출했다.

이 시기의 특이점으로 중산층들이 사회복지의 대상자로 포함된 것이다. 사회보장급여가 보편화 되면서 모든 소득계층이 공공복지제도의 대상자가 되었다. 건강 교육 주택과 관련한 서비스와 정책은 시민들의 기본 권리로 제공되었다. 물론 이를 뒷받침한 것은 유래없는 경제성장이다. 이 시기에는 높은 경제성장률, 안정적인 물가, 낮은 실업률을 통해 국가의 부는 전대미문의 호황을 맞이했다.

4) 침체기 1976~1990

1973년 오일쇼크는 자본주의의 근간을 흔들었다. 호황은 옛말이고 저성장, 불확실한 사회발전, 사회정책의 유용성에 대한 회의가 일어났다. OECD국가들의 평균 경제성장율은 오일쇼크 이후 5%대에서 2%대로 떨어졌다. 인플레이션은 5%에서 10%까지 치솟았고, 실업률도 2%-5%대로 확대됐다. 완전고용을 최고의 덕목으로 지켜온 국가들에게는 대 혼란의 시기였다.

경제불황과 복지국가에 대한 회의와 함께 등장한 것은 신보수주의 사상이다. 사회복지에 대한 대대적 공세가 이루어졌고 정권의 교체가 이루어졌다. 영국에서는 1979년 노동당정부가 실각하고 대처의 보수당이 선거에서 승리했다. 미국에서는 1980 민주당 정부가 실각하고 공화당의 레이건이 전권을 잡았다. 레이건은 "참혹한 경제 침체를 가져온 원인 중 하나가 바로 과도한 복지지출"이라고 주장했다. 복지제도를 확충을 위한 높은 세금이 노동과 투자의욕을 상실케 했다는 것이다. 사회복지정책과 프로그램으로 인해 노동자들이 비현실적인 임금인상을 계속해왔고, 이는 결국 산업 전반의 경쟁력을 떨어뜨렸으며 구조적 실업을 양산했다는 주장이었다.

영국의 대처는 1980년 이후 주택 교육 의료 실업수당 공공부조 연금 등에 대한 대대적인 삭감을 시행했다. 미국도 사회복지분야에 대폭적 삭감이 이루어졌다. 1981년 덴마크 사민당과 노르웨이 노동당이 선거에서 패배했다. 1982년 독일의 사민당도 패했다. 오스트리아 사회당도 선거에서 졌다. 스웨덴도 이런 광풍을 비켜가지는 못했다. 1991년 복지국가 확대를 실천했던 사민당이 선거에서 지고 말았다.

그러나 OECD국 통계를 보면 이들 국가들은 1975년 이후 복지비 지출의 감소를 가져오지는 않은 것으로 나타났다. 1965년 국내총생산과 복지비를 1대 1로 계산했을 때 1973년 1.5와 2.3 이었다. 1985년에는 2와 3.7이었다. 오일쇼크라는 부정적 충격과 보수정권 집권과 복지비용 삭감이라는 부정적 요인이 있었지만 복지비의 증가율은 경제성장률을 크게 앞섰다는 것이다(Pierson, 1991; 김태성 외 2001).

〈표 7-3〉 **복지국가의 발달과정**

	태동단계 1881-1920	정착단계 1920-1945	성장단계 1945-1975	침체단계 1975년 이후
정치	민주주의 성장:성인에 참정권부여, 노동운동 활성화 사민주의 현재 자유주의 발달	복지비 증대에 대한 정치적 합의.	소외계층 여성 장애인 에대한 사회권 확대	보수세력 부상: 노조, 사민당 쇠퇴, 복지국가의 정통성 쇠퇴
경제발달	자본주의 황금기, 산업화 시기	경제공황시기-케인즈 경제학	고도 경제성장, 저실업	저속성장, 개인소득감소, 불평등 실업률 증가, 노령증에 대한 사회보장 요구증가
주요 복지정책	연금 실업보험, 건강보험	GDP 5% 까지 사회복지비 증가	유럽 GDP 25% 확대 미국 GDP 20%	공공부조의 쇠태. 사회보장비 감축
정부역할	정부가 복지국가발전의 주도권	정부가 복지국가 보편화에 앞장	사회적 겨제적 권리 강조하는 프로그램 신설	민영화, 지방분권화

	태동단계 1881–1920	정착단계 1920–1945	성장단계 1945–1975	침체단계 1975년 이후
영국 유럽	1883 독일 건간보험제 1911 국민보험법 도입 1921 오스트리아 가족수당제	1943 베버리지 보고서	1966 영꾹 사회보장청 탄생	대처행정부 출범,: 민영화, 감축
미국	1913 진보적 연방소득세 도입	1935 사회보장법 도입	1964 대 빈곤전쟁. 1965. Medi care, Medicaid 도입l	레이건 AFDC삭감 TANF

자료 Neil Gilbert and Paul Terril, Dimensions of Social Welfare Policy(Boston: Allyn and Bacon, 1998)

5) 재편시기 1990년 이후

냉전의 종식, 정보화, 세계화, 탈산업화 등의 대전환이 진행되면서 이런 시대정신에 부합하는 새로운 복지모델이 요구되었다. 오일 쇼크로 촉발된 복지국가에 대한 부정적 인식은 다양한 방면에 영향을 미쳤다. 생산성 증가의 둔화, 높은 복지비지출, 인구의 고령화, 여성들의 노동시장 참여 증가, 낮은 출산률, 1인 가구의 증가를 포함한 가족구조의 변화가 진행됐다.

기든스[3](Anthony Giddens)의 제 3의 길(The Third Way), Gilbert의 근로촉진 국가론

---

3) 범세계화와 개인주의의 기반을 제공한 정보 통신 기술의 발달로 전통적 노동계급은 감소하였고, 새로운 중간계급, 화이트칼라와 서비스업 종사자들이 '제3의 길'이 주목하는 주체로 부상했다. 이들에게 경제적 이해 관계에 따른 좌파, 우파의 구분은 무의미하다. 기든스는 사민주의자들에게 이념의 구분에 집착하지 말고 중도좌파로 쇄신하여 개인의 선택, 경제적 자유를 존중하라고 설득한다. 그리고 기존의 정치 무대에는 잘 드러나지 않았던 새로운 주체들—시민단체, 이익단체, 자조집단—을 중요한 정치적 행위체로 주목한다.
제3의 길 정치는 국가의 역할도 새롭게 조명, 규정했다. 복지국가는 가난과 위험으로부터의 안전 장치 역할에만 만족할 것이 아니라, 위험에 적극적으로 대처해야 하며 인적자본에 투자해야 한다. 정부조직은 행정 효율과 투명성을 높이는 방향, 지방 차원의 직접민주주의를 지원하는 방향으로 구조조정되어야 한다고 주장했다.
경제적 평등에 집착한 현실 사회주의는 실패했고, 사회민주주의를 지지한 전통적 계급 블록은 점차 해체되고 있다. 그러나 철저한 능력지배는 불평등을 더욱 악화시켜 경쟁에서 뒤처지고 배제된 집단을 새로운 불만으로 몰아넣는다.
제3의 길'은 신자유주의 바람에 대응하여 사회민주주의자들의 지적 대응전략으로 출발해 큰 성공을 거두었다. 1990년대 중후반 10개국 이상의 유럽 국가에서 중도좌파 정당들이 집권했다. 영국의 토니 블레어, 프랑스의 리오넬 조스팽, '새로운 중도'를 내세운 독일의 게르하르트 슈뢰더 등이 대표주자였다. 이 새로운 어젠다는 좌우파 모두의 공감을 받아 중도우파 정당도 이를 상당부분 수용했다.
그러나 결국 '제3의 길'은 신자유주의를 지지하는 또 하나의 이데올로기라는 구좌파, 급진좌파의 비판으로부터 자유롭지 못한 부분이 있다. 범세계화에서 개인의 역량을 중시하고 불확실성을 강조한 기든스는 그 기저에 있는 금융자본, 산업자본의 힘은 제대로 주목하지 못했다. 여성, 아동, 생태적 쟁점에 주목한 중도좌파는 시장 논리에 의해 패자로 전락한 하층민을 외면했다.

(Enabling State) 등이 제시됐다.

기든스는 "1945년 2차 대전 종전부터 1970년대까지 유럽 정치의 대세였던 사민주의와 복지국가는 재정적자와 비효율적 관료제 외에도 시민사회와의 괴리, 생태적 쟁점에 대한 무관심으로 인해 점차 대중의 지지를 잃었다. 한편으로 복지국가를 공격한 신자유주의는 불평등을 악화시키며, 그 골자를 이루는 보수주의와 시장 자유주의자 간의 긴장, 갈등으로 새로운 혼란을 부를 소지가 있다"고 주장했다.

그는 범세계화, 개인주의, 좌파와 우파, 정치적 행위체, 생태적 쟁점 등 유럽과 세계의 미래에 중요한 다섯 가지 딜레마에 관해 '제3의 길'의 입장을 드러냈다.

제3의 길은 좌파와 우파, 사회민주주의와 신자유주의를 넘는 새로운 정책이념으로 좌우의 타협이나 중도주의가 아니라 근본적 사회변화를 위한 처방이라고 기든스는 설명했다.

길버트는 산업국가들이 사회권의 확장, 직접적인 현물지급, 보편주의적 대상자 선정, 노동의 탈상품화에서 변화를 거듭하고 있다고 했다. 즉 권리와 의무의 연계, 현금 및 증서형태의 간접 복지지출의 확대, 선택적인 대상자 선정, 노동의 재상품화(recommodification)로 복지국가의 성격을 바꾸는 패러다임의 변화를 진행하고 있으며 근로촉진국가 모델을 제시했다.

개인의 복지는 개인이 책임지도록 국가는 단지 근로를 촉진할 뿐이라는 의미에서 길버트는 복지국가라는 명칭 대신 '근로촉진국가(enabling state)'라는 명칭을 사용했다. 근로촉진국가와 전통적인 복지국가의 차이를 네 가지로 설명했다.

첫째, 근로촉진국가는 공공부문에서 제공하던 사회복지재화나 서비스를 민간 부문에서 제공한다.

둘째, 근로촉진국가는 복지급여보다는 근로복지를 강조한다.

셋째, 복지국가에서는 사회복지의 재화나 서비스를 보편적으로 급여하는 특성이 강했지만, 근로촉진국가에서는 선별적 대상에게 급여하는 복지체제를 마련했다.

넷째, 근로촉진국가에서는 민영화, 개인의 책임, 근로를 강조했다. 곧 전체 국민의 연대감은 약화되고, 민간 조직이나 가족, 이웃, 지역 공동체 내의 연대감이 강화된다.

폴 피어슨(Paul Pierson,2001)은 합리화와 최신화라는 지표를 활용해 복지국가의 재편을 설명하고 있다. 합리화는 사회복지정책과 프로그램의 목표를 가장 효율적으로 달성할 수 있도록 새로운 방법을 사용하는 것이다. 합리화(rationalization)를 위해 사회서비스 제공자들에게 경쟁을 유도하거나 비용을 낮추는 방법을 사용하기도 한다. 공공부조의 대상자들을 보다 엄격하고 정확하게 하기위해 정보통신기술을 사용하기도 한다.

최신화(updating)는 시대에 맞게 새롭게 형성되는 복지욕구에 맞도록 기존의 정책과 프로그램을 수정하거나 새로운 정책과 프로그램을 통해 복지체계를 개편하는 것이다.

4. 복지국가의 위기와 대응

복지국가의 위기는 재정, 정당성, 정부, 사회문화적 위기에서 찾을 수 있다.

1) 복지국가의 위기

(1) 재정위기

영국을 비롯한 대부분의 복지국가들은 심각한 부채를 안고 있었다. 재정적자의 주요인은 국방비와 복지지출이었다. 복지비용삭감이 단행되어야 했지만 복지국가의 정치구조는 정부의 복지지출 감소와 이로 인한 재정적자 해소로 이어지기 어려운 구조였다. 지금까지 주어졌던 급여를 없애거나 줄일 경우 극심한 국민들의 저항에 직면했기 때문이다. 재정난 해소를 위해 복지비용을 삭감할 수는 있지만 이럴 경우 선거패배로 이어지고 결국 실각에 이르고 만다. 경제적으로도 어려운 상황이었다. 경제가 어려운 상황에서 무턱대고 세수를 확대하고 세금을 늘릴 수 만은 없다. 당연히 균형재정이 어렵고 대부분의 복지국가들은 사회복지 예산 확충을 위해 적자재정을 편성했고 이는 재정위기의 악순환을 초래했다.

(2) 정당성 위기

복지국가의 정당성은 의회주의와 복지정책을 통해 자본주의의 모순을 최소화하고 사회적 정의를 달성하는 것이다. 그러나 현실적으로 심각한 재정적자와 드러난 불평등 등 사회문제는 복지국가에 대한 여론악화를 일으켰다. 복지정책과 프로그램을 확장시켰던 사민당과 노동당 등 좌파정당에 대한 지지감소, 조세저항이 나타났다.

복지국가에 대한 부정적 여론을 형성한 것은 경기침체, 복지프로그램의 오 남용, 경제적 풍요로 인한 불평등 심화에 따른 결속력 약화 등이다.

(3) 정부의 위기

복지를 수행하고 지원하기 위한 정부는 고도의 관료기구가 되었고 유연성과 효율성을 상실했다. 정부의 복지서비스에 대한 독점은 경쟁부재로 인해 합리성과 효율성을 추구할 수 없는 조직이 되었다. 적재적소에 적정량의 복지재원이 투입되는 것을 구조적으로 막았다. 영역에 따라 과잉 혹은 과소 문제를 낳았으며, 막대한 정부지출에 비해 그 효과는 미비한 문제를 노출시켰다.

(4) 사회문화적 위기

복지국가의 전제인 사회적 연대와 통합이 파괴되었다. 사회통합의 이완은 아노미와 에고이즘이 확대되어 규범의 불안정화와 사회적 유대가 약화되기에 이른다. 이혼률, 자살률 상승이 이어졌고, 복지국가의 프로그램들이 이를 부추긴다는 주장도 일각에서 제기되었다.

2) 복지국가의 재편

복지국가들의 자국의 실정과 능력에 부합하는 극복방안을 내놓고 이를 실현함으로써 복지국가를 재편했다.

(1) 자유주의 방식

미국, 영국, 캐나다, 뉴질랜드, 호주 등의 국가들은 완전고용과 재정의 건정성 확보를 최우선의 과제로 삼았다. 노동시장을 유연화 하고 사회복지제도 후퇴를 최소화 하려 했다. 그러나 이들 국가들의 변화는 불평등과 빈곤을 증가시켰다. 일자리가 늘었다지만 대부분 저임금 노동자들이 주를 이루었다. 일을 해도 빈곤선 이하의 수입을 얻는 '일하는 빈곤층'이 부각되었다. 저임금 노동시장은 더 높은 공공부조를 요구하게 되었고 낮은 임금에 따라 노동의 인센티브가 약해졌다. 기업복지도 약화되었다(김정기 외, 2002).

(2) 보수주의 방식

독일이 대표적이다. 완전고용을 포기하고 건전한 정부의 재정과 소득평등을 유지하는 것에 목표를 두었다. 노동시장의 유연화와 사회복지제도가 후퇴하는 것을 최소화하기 위해서였다. 산업별 상황과 무관하게 비교적 높은 임금이 유지되었고 소득불평등이 심화되는 것을 최소화했다.

조기퇴직 등의 부작용이 제기됐다. 남성가구주 중심의 조기퇴직은 사회보험 급여를 앞당겼고 이는 결국 사회보험의 재정을 압박했다. 노동력 감축을 위한 전략과 프로그램의 존재, 생산성이 적정에 이르지 않으면 사회복지시스템은 재정 압박에 직면할 수 있음을 보여주었다.

(3) 사회민주주의 방식

스웨덴, 덴마크, 노르웨이 등 스칸디나비아 국가들은 노동시장의 유연화와 복지제도 후퇴를 최소화하는데 주안점을 두었다. 이들 국가들은 완전고용을 이루기 위해 민간부분에서 고용될 수 없는 사람과 집단들에게 공공부문의 고용을 추구했다. 관대한 사회복지제도와 공공부문의 고용을 확대해 소득불평등을 해소하려 했다. 공공부문에 취업하면 실업자들이 비교적 높은 임금을 받을 수 있고, 실업자들에게는 비교적 높은 사회보장을 했다.

〈표 7-4〉 세 가지 유형의 복지국가 체제의 재편

	자유주의적 복지국가	사회민주적 복지국가	보수적 복지국거
복지국가에 대한 정치적 지지도	보통	높음	높음
조정에 대한 압력	보통	보통	높음
재편방법	재상품화 비용억제	비용억제 합리화	비용억제 최신화

자료: Pierson, Paul, "Coping with Permanent Austerity: Welfare Restructuring in Affluent Demncraties," The New Politics of the Welfare State(Oxford University Press, 2001), p55

5. 복지사회

복지국가가 국민 모두에게 최저한의 인간다운 생할 보장이라는 국가의 책무에 초점을 둔다면 복지사회는 국가와 시민사회간의 새로운 균형을 주장한다.

Titmus는 복지사회를 복지국가의 후속적 확대개념으로 보았다. 보편주의와 예방적 성격을 갖는 공공복지 서비스가 확대되는 국가를 복지사회로 정의했다. 국가 간 불평등이 없는 균형적 발전의 개념을 복지사회로 제시하기도 했다.

Robert는 복지사회를 복지국가의 전제조건으로 파악하고 이타주의와 같은 도덕성이 충만한 복지사회의 기반이 갖추어 질 때 진정한 복지국가가 만들어질 수 있다고 주장했다.

한국사회복지협의회(1993)는 다음과 같이 비교를 통해 복지사회를 정의했다.

첫째, 영국과 북유럽 국가를 복지국가라고 하고, 이에 대해서 프랑스와 독일 등을 포함한 서구 선진국을 복지사회라고 부르는 식으로 구분하는 경우가 있다. 둘째, 복지국가를 정치행정의 측면에서 보고, 이에 대해서 복지사회는 국민의 의식태도에 관한 것으로 보는 경우가 있다. 이런 관점에서 복지사회는 복지국가의 사회적 토대를 구성한다고 본다.

복지사회와 관련해 주류를 이루는 모델은 복지다원주의(welfare pluralism)나 복지의 혼합경제(mixed economy of welfare)에 토대를 둔 모델이다.

롭슨(Robson)은 "복지국가는 의회가 법령을 제정하고 정부가 이것을 실행하는 것이고, 복지사회는 일반 복지와 관련된 문제에 대해 사람이 행동하고 느끼고 생각하는 것"이라고 주장한다. 또한 복지국가의 파트너로서 복지사회가 없이는 순수한 복지국가는 존재할 수 없다고 주장했다.

08
CHAPTER

사회보장

1. 사회보장의 정의
2. 사회보장의 운영
3. 사회보장의 목적
4. 사회보장의 원칙
5. 사회적 위험
6. 사회보장의 기능

1. 사회보장의 정의

대다수의 국가들은 어떠한 형태이든지 사회보장의 프로그램을 갖고 있다. 그러나 사회보장의 범주는 국가에 따라 다르다. 시대와 국가에 따라서도 사회보장의 의미는 서로 다르게 내려진다. 일반적으로 사회보장이란 사회 구성원이 직면하는 위험에 대하여 사회가 적절한 조직을 통해 부여하는 보장이라고 해석된다. 좀더 자세히 언급해 보면 사회보장이란 국민이 일상을 영위함에 있어 마주하는 소득의 중단이나 영구적 상실, 질병, 부상, 노령 등의 위험에 대해 국가가 국민의 생존권 실현을 위해 적절한 생활수준을 유지하고 소득의 보장을 도모하는 국가의 정책이다.

사회보장(social security)은 사회보험(social insurance)의 사회(social)와 미국에서 쓰인 긴급경제보장(emergency economic security)의 보장(security) 결합해 만들어진 용어다. 또한 1935년 미국에서 사회보장법(Social Security Act)이 시행된 후 널리 쓰였고 2차 세계대전 후 사회보장이라는 용어는 더욱 광범위하게 사용되었다.

독일은 1878년 사회주의자 진압법[1]을 시행했다. 국가주도로 최초의 사회보험법을 시행했고 절병보험법을 가장 먼저 제정하였다(1883: 건강보험법). 뒤를 이어 노동재해보험법(산재보험법 1884), 노령 및 폐질법(연금법 1889)을 시행하였다. 1919년 바이마르 헌법에 생존권을 명시하였다.

미국은 1935년 사회보장법을 제정했다. "일반복지를 위하여 연방 노령급부제도를 수립하고, 각 주에 대하여 노인 맹인 요보호아동 지체부자유아 모자복지 공중위생 실업상법 집행에 이어 더욱 충분한 조치를 강구하기 위해 사회보장청을 설치하고 세입을

1) O.E.L.비스마르크가 실시한 사회주의적 경향의 모든 결사(結社)·집회·출판을 금지한 법률.
이 때문에 독일의 사회주의운동은 한때 타격을 받았으나 이 법률은 결국 소기의 목적을 달성하지 못하였고, 사회민주당(Sozialdemokratische Partei Deutschlands:SPD)은 오히려 그 세력을 확대하였다.
심한 탄압하에서 단결심은 더욱 강화되었으며, 지도자들은 순교자적 정신으로 활동을 계속하였고 기관지는 국외에서 인쇄되어 구독자에게 배포되었으며, 당대회는 모두 국외에서 개최되었다. 또한 선거운동에서도 독일 사회민주주의자들은그 세력을 증대하여 90년의 선거에서는 142만 표를 획득, 35명의 의원을 국회에 내보냈다. 그 때문에 같은 해 총리 비스마르크의 사임을 계기로 이 법률은 폐지되었다.
이 법률이 계속된 12년간을 통해 금지된 출판물은 1,200종, 추방된 자 900명, 구금된자 1,500명에 달하였다고 한다

조달하고 그 외의 다른 목적을 추구하는 법률"이다. 노령연금과 실업보험의 사회보험을 실시하고, 장애자와 아동 모자에 대해서는 의료와 생활의 원조 사회복귀 서비스를 제공한다. 고령자와 부양이 필요한 아동이 있는 빈곤가정에 대한 공적부조도 미국의 사회보장에 포함된다. 노령연금만 연방정부가 운영하고 나머지는 주정부가 운영한다.

1) 베버리지(Beveridge)

베버리지는 〈사회보험과 관련 서비스(Social insurance and allied services: 1942)〉에서 사회보장을 "실업 질병이나 부상으로 인해 수입이 중단된 환경에 대처하며, 노령에 의한 퇴직이나 본인 이외 사람의 사망으로부터 부양의 상실에 대비하고, 출생 사망 결혼 등에 관련한 특별한 지출을 보충하기 위한 소득의 보장을 의미한다"고 주장했다.

베버리지는 좋은 사회보장제도의 전제조건으로 아동수당, 포괄적인 의료서비스와 재활서비스, 고용유지를 들었다.

2) Friedlander & Apte

사회보장을 "사회의 법으로 질병 실업 가장의 사망 노령 장애 기타사고 등 개인이 자신을 보호할 수 없는 것으로 여겨지는 상황에 대해 보호해 주는 프로그램"이라고 주장했다.

3) 미국 사회보장국

"소득을 얻는 능력이 중단 상실된 경우를 개인에게 대비해 주고 결혼 출생 사망으로 인한 특별비용을 개인이 감당하게끔 정부의 법으로 만들어진 프로그램"이라고 정의했다.

4) 국제노동기구

국제노동기구(ILO)는 1942년에 발간한 〈사회보장에의 접근(Approaches to social security)〉에서 사회보장의 개념에 관해 설명한 바 있는데, 국제노동기구가 제시하는 이런 개념은 일반적으로 많이 인용되고 있다. 곧 사회보장은 "사회구성원이 부딪히는 일정한 위험에 대해 사회가 적절한 조직을 통해 부여하는 보장"을 말한다(장인협, 1986, 재인용).

5) 우리나라의 사회보장법

1995년에 제정된 우리나라 사회보장기본법의 경우 "사회보장이란 출산, 양육, 실업, 노령, 장애, 질병, 빈곤 및 사망 등의 사회적 위험으로부터 모든 국민을 보호하고 국민 삶의 질을 향상시키는 데 필요한 소득 · 서비스를 보장하는 사회보험, 공공부조, 사회서비스를 말한다"고 규정하였다.

사회보장법의 제정 목적은 "사회보장에 관한 국민의 권리와 국가 및 지방자치단체의 책임을 정하고 사회보장정책의 수립 · 추진과 관련 제도에 관한 기본적인 사항을 규정함으로써 국민의 복지증진에 이바지하는 것"이다. 또한 사회보장 기본법의 제정 이념은 "모든 국민이 다양한 사회적 위험으로부터 벗어나 행복하고 인간다운 생활을 향유할 수 있도록 자립을 지원하며, 사회참여 · 자아실현에 필요한 제도와 여건을 조성하여 사회통합과 행복한 복지사회를 실현하는 것"이다.

2. 사회보장의 운영

1) 사회보장의 주체

사회보장의 주체는 국가나 연방정부, 지자체, 주정부 등이다. 우리의 헌법 제34조 제2항은 "국가는 사회보장 사회복지의 증진에 노력할 의무를 진다"고 명시되어있고 사회보장 기본법에서도 사회보장에 관한 국가의 권리와 국가 및 지방자치단체의 책임을 정하고 사회보장에 관한 기본적인 사항을 규정하고 있다. 우리나라의 경우 사회보장의 주체는 국가와 지자체다.

2) 사회보장의 대상

원칙적으로 전체 국민이다. 헌법에서 "모든 국민은 인간다운 생활을 할 권리를 갖고(제34조 제1항), 국가는 여성의 복지와 권익 향상을 위해 노력해야 하며(제34조 3항), 국가가 노인과 청소년의 복지향상을 위한 정책을 실시할 의무가 있다(제34조제4항). 또 신체장애자 및 질병 노령 기타의 사유로 생활능력이 없는 국민들은 법률이 정하는 바에 따라 국가의 보호를 받아야 한다. 국가가 재해를 예방하고 그 위험으로부터 국민을 보호하기 위해 노력해야 한다."

국내 거주 외국인은 상호주의 원칙에 의하되 관계법령이 정하는 바에 따르고 있으나 인정의 범위는 확대되고 있다.

3) 사회보장의 방법

사회보험과 공공부조, 사회서비스 등이다. 베버리지는 사회보험과 공공부조를 언급했다. 미국은 사회보험과 공공부조 사회서비스를 시행한다. 우리의 사회보장 기본법은 사회보험, 공공부조, 사회서비스를 명시하고 있다.

4) 사회보장의 시행내용

금전적 물질적 급여가 일반적이다. 우리의 사회보장기본법은 사회복지시설의 이용 등의 서비스를 포함하고 있다.

5) 사회보장 수준의 적절성

최저생활이나 적정수준이냐의 문제다. 보통 최저생활을 보장한다. 우리나라의 사회보장 기본법은 제10조에서 "국가와 지방자치단체는 모든 국민이 건강하고 문화적인 생활을 유지할 수 있도록 사회보장급여의 수준 향상을 위하여 노력하여야 한다"고 명시했다. 아울러 "국가는 매년 최저보장수준과 최저임금을 매년 공표하고 이를 고려해 최저보장수준과 최저임금 등을 고려하여 사회보장급여의 수준을 결정하여야 한다"고 규정했다.

3. 사회보장의 목적

사회보장이 추구하는 목적은 시대와 국가와 대상자에 따라 차이가 있다. 목적이 겉으로 드러나지 않고 묵시적인 경우도 있다. 경우에 따라 사회보장이 추구하는 하위 목적은 서로 모순되는 경우도 있다(Ditch, 1999).

국제노동기구는 사회보장의 목적을 다음과 같이 좁게 넓게 구분하고 있다(ILO, 1984).

좁은 의미의 목적은 빈곤을 방지하고 빈곤을 구제하는 것이다. 가장 넓은 의미의 목적은 안정을 얻고자 하는 욕구와 맥을 같이 한다. 개인과 가족의 생활수준과 삶의 질이 사회적 사건 및 경제적 사건 때문에 크게 손상되지 않을 것이라고 신뢰와 안정감을 주는 것이다. 이런 광의의 목적 달성을 위해서는, 현금 급여뿐만 아니라 여러 가지의 사회서비스와 의료서비스도 필요하다.

세인즈베리(Sainsbury, 1999)는 고전적 사회보장의 목적과 새로운 목적을 제시했다. 전통적인 사회보장의 목적은 빈곤구제, 욕구충족, 소득의 유지와 대체, 재정적 자원의 재분배, 보상 등이다. 새롭게 추구되고 있는 목적은 고용확대와 저소득층의 행동변화다.

4. 사회보장의 원칙

1) 베버리지의 사회보험 6대 원칙

베버리지는 궁핍(want), 질병(disease), 무지(ignorance), 불결(squalor), 나태(ideleness)를 5대 악으로 보았다. 가장 큰 해악은 궁핍 즉 빈곤이며 소득보장정책을 통해 해결하려 했다. 빈곤의 원인은 소득의 상실이나 중단으로 보고 최저한도의 경제적 보장(소득의 보장)을 시행하였다. 소득보장의 방법으로 강제보험을, 보완적으로 공공부조와 임의보험을 마련했다. 질병에는 국민보건서비스를, 무지는 교육정책을 통해, 불결은 주택정책을 통해 해결하였다. 또 나태(실업) 해소를 위해 다양한 고용정책을 강구했다. 베버리지는 이를 위해 6대 원칙을 주장했다.

(1) 균일한 생계급여 원칙(flat rate of subsistence benefit). 정액급여원칙

국민들이 최저생활을 할 수 있도록 동일한 금액을 지급한다는 원칙이다.

(2) 행정책임 통합원칙(unification of administration responsibllity)

하나의 기관에서 모든 사회보장 제도를 통합해 운영한다는 사회보험행정의 통합을 주장했다.

(3) 균일갹출의 원칙(flat rate of contribution: 정액기여원칙)

국민은 각자의 소득과 관계없이 누구나 동일한 갹출금(보험료)를 납부해야 한다는 원칙이다.

(4) 충분한 급여의 원칙(adequacy of benefit)

국민들의 최저생활 보장을 위해 지급 금액과 기간이 충분해야 한다.

(5) 적용범위의 포괄성(comprehensiveness)

전 국민을 대상으로 사회보험이 실행되어야 한다. 모든 대상과 모든 상황을 포함해야 한다.

(6) 대상의 계층화(classfication, 범주화)

피보험자의 구분 원칙이다. 보험적용을 위해 국민의 최저생활이나 발생사고 등의 종류로 구분하였다.

2) 국제노동기구의 3대원칙

(1) 대상의 보편성

전체 국민을 사회보장의 대상으로 삼아야 한다. 조약 채택과정에서 각국의 기준이 반영되어 전체 피용자의 최소 50% 기준, 전체 경제활동인구의 최소 20% 적용 기준이 마련되었다.

(2) 재원조달의 공평성

급여비용과 관리비용은 보험의 기여금(보험료)이나 조세, 혹은 양자에 의해 집단적으로 부담되어야 한다. 적은 자산을 가진 사람에게 과중한 부담을 주어서는 안되고, 국가와 보호대상자의 경제적 상황을 고려해야 한다.

보험 기여금의 총액은 보호대상 피용자와 그 부인 및 아동에 할당되는 재정자원 총액의 50%를 초과하지 말아야 한다.

회원국은 조약에 규정된 급여의 적정한 기준에 대해 일반적 책임을 져야 하고 이를 위해 필요한 모든 조치를 다해야 한다.

(3) 급여수준의 적절성

비례급여의 원칙은 급여액은 수급자의 종전 소득에 기초해야 한다는 소득비례방식이다. 균일급여는 생계수준을 고려한 정액급여를 의미한다. 누구든 최저생계수준까지는 동일하게 제공한다는 것이다. 보험급여와 수익자의 자산을 합한 금액이 최저생활이 되도록 하자는 원칙이다. 수익자의 자산 변동에 따라 지원 금액이 달라진다.

5. 사회적 위험

사회보장은 사회적 위험(social risk)에 대비하는 것이다. 구체적으로 의료급여, 질병급여, 실업급여, 노령급여, 산업재해급여, 가족급여, 모성급여, 폐질급여, 유족급여를 다루고 있다.

국제노동기구 102조 협약에서 제시된 급여 형태는 인정된 사회적 위험을 제시한다고 볼 수 있다. 국제노동기구 102조 협약에서 제시된 급여 형태를 통해서 사회적 위험으로 의료, 질병, 실업, 노령, 산업재해, 가족부담, 모성, 폐질, 유족을 들 수 있다.

피터즈(Pieters, 2006)는 사회적 위험으로 다음과 같은 것을 제시하고 있다.

- 노령이나 근로 능력을 상실하거나 실업 때문에 더 이상 일하지 못하는 사람에게 영향을 미치는 소득 부족이다.
- 가장(주소득원)이 사망하였기 때문에 소득이 부족한 경우다.
- 아동과 기타 가족구성원을 돌보는 데 필요한 특별비용이다.
- 의료비가 있다.
- 품위가 있게 사는 데 필요한 자산이 부족한 것이다.

우리나라는 2012년 사회보장기본법의 개정을 통하여 기존의 질병, 장애, 노령, 실업, 사망 등에 출산, 양육, 빈곤을 추가함으로써 새로운 사회적 위험으로부터의 대응 방안을 모색하고 있다. 새로운 사회적 위험을 포괄하는 방향으로 사회보장을 확대하면서 국민을 보호하고 국민 삶의 질을 향상시키는데 필요한 소득 및 서비스를 사회보험, 공공부조, 사회서비스 등의 사회보장정책의 수립을 통해 실현하고 있는 것이다.

사회적 위험이 순차적으로 나타난 서구사회와 달리 우리나라의 경우 급속한 경제성장과정 속에서 전통적인 사회적 위험과 새로운 사회적 위험이 복합적으로 나타나고 있다는 점(김영란, 2008; 남은영, 2009), 사회보장 제도의 확대에 있어 지출은 증가하지만 인구구조 및 노동시장 환경의 변화로 인해 이를 부담해야 할 근로 세대의 규모는 감소하고 있으며(정해식 외, 2015), 생애과정의 탈정형화로 인해 기존의 사회보장체계에 의해 보호되기 어려운 새로운 사회적 위험과 욕구를 발생시키고 있다는 것(박경순, 2011) 등이다.

비교적 위험의 형태와 유형이 명확하였던 과거의 사회적 위험과 달리 새롭게 나타나고 있는 사회적 위험들은 그 양상이 보다 복잡해지면서 사회보장의 제도적 개입을 어렵게 하고 있다. 이 때문에 새로운 사회적 위험의 대응 관점에서 한국의 사회보장 정책은 양적으로는 팽창하였지만 질적인 비약에 있어 개선의 여지가 있는 것으로 평가되고 있으며(박진화 · 이진숙, 2015), 사회변화에 따른 사회보장 체제의 보완 혹은 변화에 대한 적극적인 요구들이 제기되고 있다. 사회보장을 통한 접근은 단순하게 국가가 무엇을 제공해야 하는가에 대한 고민뿐만 아니라 현 세대와 후속세대가 살아가는 사회와 사회변화 속에서 각자가 무엇을 해야 하는가에 대한 설계와 역할 분담을 포함할 필요가 있다(Pieters, 2006).

노령, 퇴직, 산업재해, 돌봄, 장애와 같은 현상들은 사회가 단순하고 계급으로 인한 질서로 유지되던 농경사회에서는 발생하지 않거나, 발생하더라도 크게 문제가 되지 않았던 것들이다. 하지만 산업사회에서 이들 문제는 빈곤과 생계에 직결되는 위험으로 떠올랐으며, 개인의 차원을 벗어나 사회적 차원의 노력을 요구하고 있다(박병현 · 윤성호, 2017). 경제, 사회적 구조가 변화되고 이러한 변화에 적응하기 힘든 사람들이 처한 상황을 사회적 위험으로 이해할 수 있다. 사회적 위험은 주관적 원인인 개인적 특성과 객관적 원인이 되는 경제와 사회구조의 변동, 즉 시장상황의 변화 사이의 상호작용에 의해 발생한다(안홍순, 2013). 결국 사회적 위험이란 특정한 조건에 근로자의 삶이 종속되어 있으며, 이러한 조건들이 충족되지 않아 스스로 안정적인 삶을 영위할 수 없는 상황으로 이해될 수 있다(남은영, 2009).

우리나라에서는 새로운 사회적 위험[2)]을 노동시장에서의 취약성과 노동가능성의 약화, 가족의 보살핌 책임에 의한 고용접근 제한(김영란, 2006), 탈산업사회에서의 완전고용의 어려움과 노동계급의 분화, 위험의 전체 생애주기로의 확대, 위험의 세대 간 전승 가능성의 확대 등(김철주 · 박보영, 2006)으로 보는 견해가 있다. 위험 분산의 양상이 변화함에 따라 새로운 사회적 위험이 전통적인 사회보장의 접근을 어렵게 하고 있다는 의견이 제시된바 있다(김영란, 2006; 김철주 · 박보영, 2006). 이 밖에도 한국사회가 경험하고 있는 사회적 위험을 가족구조의 변화, 저출산 · 고령화, 여성의 노동시

2) 이 사회적 위험에 처하게 되는 위험을 더욱 높이고 있다(Huber and John, 2006). 전통적 사회적 위험이 질병, 노령, 산업재해, 실업 등에 따르는 소득의 중단 혹은 감소였다면, 탈산업사회에서의 경제 및 사회 구조의 변화는 기존의 소득보장 중심의 사회보장 프로그램이 포괄하지 못하는 새로운 사회적 위험을 구조화 하였다고 볼 수 있다(Esping Andersen, 1999). 탈산업사회에서의 사회구조 변화가 이전에는 없던 사회적 위험들을 동반하면서, Taylor Gooby는 탈산업사회에서의 사회적 위험의 유형을 일과 가족생활 양립과 관련된 위험, 노동시장의 진입문제, 안정적 고용의 문제, 교육 및 훈련의 접근성 등의 노동과 관련된 위험, 고령화와 관련된 위험, 넷째, 사회복지의 민영화와 관련된 위험으로 구분하여 제시하였다(Taylor Gooby, 2004a). 또한 Taylor Gooby는 새로운 사회적 위험에 대한 대응 논의가 더욱 중요해지고 있으며, 전통적 사회적 위험에 대한 국가의 개입이 삶의 생애주기 단계에서 국민들을 지원하도록 고안되어왔다면, 새로운 사회적 위험에 대해서는 생애주기에 대한 고려와 함께 사회적 특성을 반영할 필요가 있다고 하였다

장 참여증대로 인한 돌봄 문제, 노동시장의 유연화에 이 사회적 위험에 처하게 되는 위험을 더욱 높이고 있다(Huber and John, 2006).

6. 사회보장의 기능

1) 사회보장의 경제적 기능

사회보장은(SSA, 2008; Gordon, 1994; ILO, 1984; Tracy, 1996; ISSA, 2008) 개인과 가족에게 경제적 안정을 제공 한다. 연금이 대표적이다. 또한 경제를 활성화 한다. 제공받는 급여는 소비 생산 재투자의 경제 선순환을 이루게 한다.

연금으로 생활하는 사람이 연금을 받아서 물품이나 서비스를 구입할 경우에 시장경제가 활성화된다. 또한, 실업자가 받는 실업급여는 경기가 침체된 시기에 상품을 구매할 수 있는 능력을 유지하는 데 도움을 주어 경제제도를 안정시키는 역할을 한다. 사회보장은 소득을 재분배하는 기능을 수행한다. 사회구성원을 사회적으로 보호하는데 긍정적 역할을 한다.[3] 사회보장의 소득 재분배 기능은 여러 가지 기제를 통해 이루어진다. 예를 들어, 사회보장 급여가 사회보장 기여금에 비례하는 정도와 관련해 사회보장의 소득 재분배 기능이 자주 논의되고 있다.

2) 사회보장의 사회적 기능

사회를 안정시키거나 사회의 안정을 유지한다. 워커는 사회보장의 사회적 기능에 대해 설명했다(Walker, 2005; Pieters, 1993).

3) 사회보장의 소득 재분배 기능은 여러 가지 기제를 통해 이루어진다. 예를 들어, 사회보장 급여가 사회보장 기여금에 비례하는 정도와 관련해 사회보장의 소득 재분배 기능이 자주 논의되고 있다.

사회보장을 통해 국민의 최저생활을 확보해 줌으로써 사회 안정을 가져온다. 생활이 더 불안해 짐에 따라 나타나는 사회적 긴장을 완화시켜 주는 기능을 한다. 연대와 통합의 기능을 담당한다. 서로 지지하고 서로 책임을 지는 네트워크에 다양한 사회인구적 집단을 묶는 기능을 한다.

3) 사회보장의 정치적 기능

볼드윈은 사회보장의 정치적 기능(Baldwin, 1995)은 계급의식을 약화시키고 불만을 방지함으로써 체제를 유지시키는 기능을 수행한다고 주장했다. 또한 사회보장은 정치를 긍정적으로 안정시키는 기능을 한다.

09
CHAPTER

공공부조와 사회보험, 사회서비스

1. 공공부조
2. 사회보험
3. 사회서비스

1. 공공부조

공공부조는 빈곤계층의 생활안정을 도모하기 위한 제도다. 공공부조의 기원은 노동자들의 상호부조적인 공제조합으로 보고 있다.

1) 공공부조의 특징

(1) 급여의 재원은 조세

급여가 조세로 이루어지기에 본인의 갹출이나 기여를 필요로 하지 않는다. 자기부담이 없는 만큼 보험료가 따로 없고 급여만을 받는다.

(2) 법규정에 의한 적용

별도의 기여나 자기부담이 없이 법령규정에 해당되면 대상이 된다.

(3) 자격심사

소득조사(income test)나 자산조사(means test)등의 자격심사를 통해 급여의 수급권이 생긴다.

(4) 최저생활의 유지

사회보험이 임금에 비례하거나 균일액을 지급하지만 공공부조는 최저생활이 유지되도록 지급된다.

(5) 전문적인 판단과 재량

소득이나 자산조사를 시행하는 전문적인 판단과 재량이 필요하다.

(6) 신청주의

사회보험은 강제가입이므로 신청이 필요하지 않다. 공공부조는 본인 등의 신청이나 사회복지 전담공무원의 직권신청에 의해 이루어진다.

(7) 급여기간

빈곤한 상태가 인정되면 기한에 제한이 없다.

(8) 사회적 낙인

사회보험은 자신이 기여한 만큼 급여를 받기에 사회적 낙인이 없다. 공공부조는 수급권을 인정받기 위해 자산조사와 같은 방법을 통해 본인의 어려운 처지를 입증해야 하기에 사회적 낙인이나 수치심, 혐오감, 자활의지 상실 등의 단점이 나타난다.

(9) 사후적 기능

사회보험이 빈곤의 원인이나 사회적 사고에 대한 사전예방적인 대처라면 공공부조는 빈곤한 상황이 실현될 때 제 기능을 발휘한다.

2. 사회보험

사회보험이란 국민에게 발생하는 사회적 위험을 보험의 방식으로 대처함으로써 국민의 건강과 소득을 보장하는 제도를 말한다(사회보장기본법 제 3조).

과거 국민연금, 건강보험, 산업재해보상보험, 고용보험을 4대 보험 체계로 운영이 되었다. 현재는 기초연금과 노인장기요양보험이 추가되어 6대 보험 체계로 운영되고 있다.

1) 사회보험의 특징

사회보험의 특징은 다음과 같다(Rejda, 1999; Barker, 2003; Forsakringskassan, 2006).

(1) 강제가입

법에 의해서 사회보험에 강제로 가입하도록 되어 있다. 사회보험은 강제적(의무적)으로 기여금을 내고 강제적(의무적)으로 참여하여야 한다.

(2) 기여에 따른 수급

사회보험급여를 수령할 수 있는 자격은 해당 사회보장 프로그램에 납부한 기여금에서 나온다.

(3) 급여결정 방법의 규정화

급여 결정 방법은 법에 명시되어 있다. 사회보험은 급여를 제공하는 것과 관련해 확정된 공식이 있다.

(4) 사회적 약자에 대한 재분배

사회보험 급여의 양은 당사자나 관련자가 납부한 기여금의 양과 직접적으로 비례하지 않는 경우가 많다. 보통 사회보험급여는 사회적 약자들에게 유리하도록 분배된다.[1)]

(5) 장기 재정충당 계획

사회보험급여에 필요한 재정 충당은 계획에 의해 진행된다. 장기적인 계획이 마련되고 적절한 수정을 거치는 것이 보통이다.

---

1) 소득이 낮은 층에게도 소득을 적절히 보장해 주기 위해서 소득이 높은 층으로부터 소득이 낮은 층으로 경제적 자원이 이전되어야 한다. 기여금에 직접 비례하는 방식으로 급여를 제공하는 것이 아니라, 소득을 재분배하는 방식으로 급여를 제공한다. 강제적으로 가입하게 하는 방식을 취하지 않으면 소득이 높은 층은 사회보험 프로그램에 가입하려고 하지 않을 수 있기 때문이다.

(6) 기여금 충당

사회보험제도에 필요한 비용은 주로 기여금을 통해서 충당된다. 기여금은 급여를 받는 대상자가 납부하거나 고용주가 납부하거나 대상자 · 고용주 모두가 납부하는 경우도 있다.

(7) 정부의 관여

정부는 사회보험제도를 운영하거나 감독한다.

2) 사회보험의 장점

(1) 법적권리로 제공

사회보험급여는 법적 권리로 제공되므로 급여를 받는 사람은 남의 도움을 받는 다는 의식을 갖지 않는다. 사회보험급여는 기여금에서 나오기 때문에 사회보험급여를 받는 사람은 오명을 피할 수 있고, 또한 자신의 권위를 지킬 수 있다.

(2) 세금부담에 부담전무

일반 납세자에게 세금부담을 주지 않는다.

(3) 재정확보용이

재정을 확보하기가 비교적 쉽다. 기여금을 계산하는 방법은 단순하다. 또한, 고용주도 기여금을 납부하므로 근로자 자신도 기꺼이 기여금을 납부하려고 하기 때문이다.

(4) 효율적 운영

급여를 많이 받기 위해서는 기여금도 많이 납부해야 하므로 사회보험의 급여 수준을 증가시키려는 정치적 움직임이 견제될 수 있다.

(5) 빈곤감소 효과

3) 사회보험제도의 방식

(1) 비스마르크 방식

노동시장에 참여하고 있는 층의 일부를 대상으로 삼는다. 비스마르크 방식은 근로자를 대상으로 한다. 이때 근로자가 받는 급여의 양과 급여를 받는 기간은 근로자가 노동시장에 참여해 기여금을 납부한 기간, 사회적 위험이 발생하기 이전의 소득이나 기여금에 따라 달라진다.

직접 관련된 집단, 노동조합, 고용주가 위탁을 받아 운영한다. 재정은 근로자가 소득에 근거해 납부하는 기여금과 고용주가 납부하는 기여금으로 충당된다.

(2) 베버리지 방식

전체 인구를 대상으로 하고, 급여는 일정한 비율로 고정된다. 정부가 주로 맡아서 운영하며, 필요한 재정은 예산으로 충당한다. 사회보험제도에 필요한 재정을 세금으로 마련한다.

4) 사회보험의 대상과 급여와 운영 및 재정

(1) 사회보험의 대상

근로자와 그 고용주는 사회보험제도에 의무적으로 가입해야한다.

(2) 사회보험의 급여

모든 거주민을 대상으로 하는 보편적 사회보험제도는 급여액이 정액인 경우가 많다. 그리고 직업 활동에 근거해 운영되는 사회보험제도에서는, 일정기간 동안에 얻은 평균임금이나 평균소득의 일정 비율을 현금급여로 제공하는 경우가 많다(Pieters, 1993;

ISSA & SSA, 2007).

일반적으로 연금을 포함한 모든 장기적·단기적 급여의 양은 관련된 사회적 사건 때문에 소득이 중단되기 이전의 소득과 관련된다. 그러나 급여의 양에는 상한선이 있는 경우가 많다. 어떤 경우에는 최저급여도 있다.

(3) 사회보험의 운영

정부가 사회보험제도를 관리하거나 감독하지만, 정부가 사회보험업무를 반드시 운영해야 하는 것은 아니다. 사회보험제도는 민간운영방식, 공공기관과 민간계약자가 합동으로 운영하는 방식, 공공기관이 직접 운영하는 방식으로 나눌 수 있다.

(4) 사회보험의 재정

① 갹출형태에 따른 구분

가. 비갹출(무기여 연금)과 갹출(기여연금)

비갹출은 급여지출에 필요한 재원을 일반예산에서 충담함으로써 기여를 하지 않는 무기여 연금이다. 무기여연금은 소득조사를 통해 일정소득 미만자에게 연금을 지급하는 사회부조방식의 연금과 일정 연령조건과 거주기간 조건을 충족하면 누구에게나 연금을 지급하는 사회수당방식의 보편적 연금[2)]이 있다.

갹출 연금은 소득재분배에 효과가 발생하는 사회보험방식의 연금과 소득재분배 없이 기여금과 수입이 개인별로 관리되고 축적되는 개인저축계정 형태의 강제 저축식 연금으로 구분된다.

② 적립식과 부과식

적립식(funded system)은 장래에 지급할 연금을 보험료 등으로 적립하는 것으로 자기세대가 납부한 것을 차기세대가 찾는 방식이다. 완전적립, 부분적립, 명목 적립방식

---

2) 사회수당은 데모그란트(demogrant)라고 부르며 정부가 인구학적인 기준으로 모든 국민에게 일정액의연금을 보장하는 것이다. 당사자의 경제적 수준이나 부양자의 유무에 관계없이 65세 이상의 노인에게 보편적으로 지급되는 노령연금등 등 사회보장적 성격이 강한 것이 특징이다.

이 있다. 이 방식은 인구학적 변동[3]에 강하지만 장기적인 예측이 어렵고 인플레이션으로 기금의 가치가 하락할 위험이 있다.

부과식(pay as you go system)은 현재 노인세대 연금을 현재 근로자가 부담하는 것으로 세대간의 소득재분배가 나타난다. 인구학적 변동에 약하고 세대 간의 공평성문제[4]가 발생하고 있다. 묵시적인 사회계약이나 3세대 간의 계약이다.

③ 확정급여방식, 확정기여방식

확정급여방식(DB: Defined Benifit)은 보험료 크기와 관계없이 사전에 확정된 급여를 지급하는 것으로 부과식과 비슷하다.

확정기여방식(Defined Contribution)은 사전에 확정된 보험료를 부담하고 나중에 급여를 결정하여 지급하는 것으로 적립식과 유사하다.

우리나라는 사회보험형, 보험료기여방식, 부분적립방식, 확정급여제도 등이 있다.

④ 3층 연금체계

공적연금과 사적연금에 의한 3층의 노후소득보장체계로 세계은행의 1994년 보고서를 통해 제시되었다.

세계은행이 제시한 3층 연금체계는 1층(정부가 강제 적용하는 기초연금 성격의 공적연금), 2층(민간이 운용하지만 강제적용 방식의 직역연금 혹은 개인연금), 3층 민간이 운용하는 임의적용 방식의 직역연금 혹은 개인연금 구조이다.

5) 사회보험과 민간보험(사보험)

(1) 유사점

가. 위험에 대한 관리

사회보험과 민간보험은 위험을 이전하고, 정해진 위험을 광범위하게 공동으로 관리

---

3) 노령인구가 늘어나도 쌓아둔 적립금이 충분하다면 문제가 없다.

4) 노영인구가 증가하면 기존 적립금이 부족하게 되므로 현 근로계층의 부담이 늘어나 후세대의 부담이 과중하게 된다.

한다.

나. 급여조건에 대한 명시

사회보험과 민간보험에서는 적용 범위, 급여의 내용, 재정과 관련된 모든 조건에 관해서 구체적이고 완벽하게 명시하고 있다. 사회보험과 민간보험의 경우 급여를 받을 자격과 급여의 양을 결정하기 위해서 정확하게 수학적으로 계산해야 한다.

다. 욕구 증명의 불필요

사회보험과 민간보험에서 정해진 급여를 받고자 할 때, 욕구를 증명할 필요가 없다.

라. 경제적 안정 추구

사회보험과 민간보험은 경제적 안정을 제공하는 데 긍정적인 역할을 한다.

(2) 차이

가. 가입의 강제성

사회보험에서는 강제 가입이 필수지만 민간보험에서는 임의로(자율적으로) 가입한다.

나. 보호 수준의 차이

사회보험에서는 최저수준의 소득을 보호한다. 그러나 민간보험에서는 더 많은 양의 보호를 받을 수 있으며 보호의 양은 개인의 희망과 지불 능력에 따라 좌우된다.

다. 추구 가치

사회보험에서는 사회적 적절성에 중점을 둔다. 사회보험에서는 복지요소를 강조한다. 그러나 민간보험은 개인적 형평에 방점을 둔다. 이에 따라 민간보험에서는 보험요소를 강조한다.

라. 급여의 근거

사회보험에서는 법에 따라 급여가 결정되고, 이런 법은 변경될 수 있다. 그러나 민간보험에서는 법적 계약에 따라 급여가 결정된다.

마. 독점여부

사회보험은 정부가 독점한다. 그러나 민간보험은 민간회사가 서로 경쟁한다.

바. 비용의 예측

사회보험의 비용은 예측하기 어렵다. 그러나 민간보험의 비용은 더 쉽게 예측할 수 있다.

사. 재정확보

사회보험에서는 재정을 완전하게 확보할 필요가 없다. 사회보험은 강제가입 방식이므로 새로운 가입자로부터 기여금이 계속해서 받을 수 있다. 또, 사회보험 프로그램은 영구히 지속될 것으로 본다. 그러나 민간보험에서는 완전한 재정을 확보할 필요가 있다.[5)]

아. 보험계약

사회보험에서는 보험계약을 하지 않는다. 그러나 민간보험에서는 개인적으로 또는 집단이 보험계약을 한다.

자, 결과와 목적에 대한 의견

사회보험의 목적과 결과에 관해서는 의견 차이가 크다. 그러나 민간보험의 목적과 결과에 관해서는 의견이 일반적으로 더 통일되어 있다.

차. 투자방식

사회보험에서는 일반적으로 중앙정부나 위임기관이 주도하여 투자한다. 그러나 민간보험에서는 주로 민간통로를 통해 투자한다.

---

5) 민간보험은 새로운 가입자가 납부하는 보험료에 의존함이 없이, 완전히 재정을 확보한 상태에서 운영하여야 하기 때문이다.

카. 인플레이션 취약성

사회보험은 인플레이션 때문에 생긴 손실을 보상하기 위해 정부가 세금을 부과하는 힘을 쉽게 동원할 수 있다. 그러나 민간보험은 그렇지 못하므로 민간보험은 인플레이션에 더 취약하다.

〈표 9-1〉 사회보험과 민간보험의 차이점

구분	사회보험	민간보험
가입형태	강제가입	임의가입
보호목적	최저생활보장	현재생활수준(지불능력에 좌우)
급여 근거	공법(법적 권리)	사법(계약, 보험관련법 상법)
보험대상	사회적 위험	사람과 재산
보험료와 급여	상호 비례 관계없음, 소득재분배 효과	상호비례관계임(납부한 금액에 비례해 받음)
비용부담	국가 기업 피용자가 부담하는 적립 혹은 부과방식	피용자가 부담하는 완전적립방식
운영주체	국가(정부 공법인)	사기업(자유경쟁)
독점여부	독점	경쟁
보험계약	안함	개인 집단이 계약
인플레이션 대처	세금을 부과 쉽게 대처	취약
비용예측	예측 어려움	더 쉽게 예측 가능

자료 박종만 외, 273: 원석조, '사회보장론, 49 등

3. 사회서비스

사회서비스는 사회보험, 공공부조와 더불어 사회보장의 한 축이다. 우리의 사회보장기본법은 "사회서비스란 국가 · 지방자치단체 및 민간부문의 도움이 필요한 모든 국민에게 복지, 보건의료, 교육, 고용, 주거, 문화, 환경 등의 분야에서 인간다운 생활을

보장하고 상담, 재활, 돌봄, 정보의 제공, 관련 시설의 이용, 역량 개발, 사회참여 지원 등을 통하여 국민의 삶의 질이 향상되도록 지원하는 제도를 말한다"고 규정하였다.

사회구조가 복잡해지면서 사회서비스의 영역은 날로 확대되고 있다. 사회서비스는 과거의 사회복지서비스[6]와 관련제도를 포함한 개념이다.

1) 사회서비스

(1) 사회서비스의 개념

국가별로 학자에 따라 다양하게 정의되고 있어 포괄하는 범위도 다양하다. 먼저 넓은 의미의 사회서비스는 개인 또는 사회 전체의 복지 증진 및 삶의 질 제고를 위해 사회적으로 제공하는 서비스로서 사회복지, 보건의료, 교육, 문화, 주거, 고용, 환경 등을 폭넓게 포함한다. 좁은 의미의 사회서비스는 노인, 아동, 장애인 등을 대상으로 한 돌봄서비스를 말한다.

(2) 사회서비스의 근거

① 사회서비스 이용 및 이용권 관리에 관한 법률

사회복지사업법 제2조 제4호에 따른 사회복지서비스, 보건의료기본법 제3조 제2호에 따른 보건의료서비스, 그 밖에 이에 준하는 서비스로서 대통령령으로 정하는 서비스를 말한다.

② 사회보장기본법

사회보장기본법 제3조는 "국가 지방자치단체 및 민간부문의 도움이 필요한 모든 국민에게 복지, 보건의료, 교육, 고용, 주거, 문화, 환경 등의 분야에서 인간다운 생활을 보장하고 상담, 재활, 돌봄, 정보의 제공, 관련시설의 이용, 역량개발, 사회참여 지원

---

6) 사회복지서비스란 국가·지방자치단체 및 민간부문의 도움을 필요로 하는 모든 국민에게 「사회보장기본법」 제3조제4호에 따른 사회서비스 중 사회복지사업을 통한 서비스를 제공하여 삶의 질이 향상되도록 제도적으로 지원하는 것을 말한다.

등을 통하여 국민의 삶의 질이 향상되도록 지원하는 제도"로 명시하였다.

③ 사회보장

사회보장[7]이란 출산, 양육, 실업, 노령, 장애, 질병, 빈곤 및 사망 등의 사회적 위험으로부터 모든 국민을 보호하고 국민 삶의 질을 향상시키는 데 필요한 소득·서비스를 보장하는 사회보험, 공공부조, 사회서비스를 말한다.

사회보험이란 국민에게 발생하는 사회적 위험을 보험의 방식으로 대처함으로써 국민의 건강과 소득을 보장하는 제도를 말한다.

공공부조(公共扶助)란 국가와 지방자치단체의 책임 하에 생활 유지 능력이 없거나 생활이 어려운 국민의 최저생활을 보장하고 자립을 지원하는 제도를 말한다.

사회서비스란 삶의 질 개선을 위해 복지, 의료, 고용, 문화 등 전반적인 영역에서 상담, 돌봄, 재활, 역량개발 등을 지원한다.

(3) 사회서비스의 특성

① 지역성

지역사회에 기반하여 지역 주민의 욕구를 반영한다.

② 소비자 중심

이용자에게 선택권을 부여하여 복지 분야에 '소비자 주권' 개념을 도입하였다.

② 사회투자

인적 자원 개발을 위한 사회투자적 성격을 갖는다.

(4) 사회복지 서비스와의 차이

사회복지서비스와 사회서비스의 차이는 〈표 9-2〉와 같다

7) 2018 사회보장 재정추계에 따르면 사회서비스에 37조원, 사회보험에 125조원, 공적부조에 226조원이 투입되었다.

〈표 9-2〉 사회복지서비스와 사회서비스

	사회복지서비스	사회서비스
공급주체	국가	제3섹터(지역사회 기반)
대상	수급자 등 빈곤층에 한정	서민 · 중산층까지 확대
서비스 내용	기본적 생활보장 서비스	기본적 생활보장 이외에 일상생활 지원 · 인적자본 확충 등 다양한 서비스
재정지원 방식	공급자 지원	수요자 지원
비용 부담	전액 국비 지원	본인 일부 부담
품질관리	국가(일방적)	국가, 지자체, 제공기관

(5) 생애주기별 사회복지서비스

저출산 극복, 고령사회 대비 등 인구위기 대응 서비스가 있다. 또 임신 · 출산 지원부터 노후 · 임종 · 장사까지 전 생애주기를 포괄하고 있다.

〈표 9-3〉 생애주기별 사회서비스

임신 · 출산	영 · 유아	아동 · 청소년	중고령	노인	죽음
• 난임지원 • 고위험 임산부 지원 • 산모, 신생아 건강관리	• 보육 서비스 • 아이돌보미	• 지역아동센터 • 드림스타트 • 방과후 돌봄 • 놀이 문화 • 심리상담 • 영양, 신체활동	• 사회서비스 일자리(장애인,자활 등) • 노후설계 지원 • 운동 등 건강관리	• 장기요양 • 노인 돌봄 • 치매 돌봄 • 노인일자리 • 지역통합 돌봄 • 노인건강관리	• 호스피스 • 장사

(6) 사회서비스사업

① 산모 신생아 건강관리 지원사업

가. 추진근거

사회서비스 이용 및 이용권 관리에 관한 법률 제4조, 제5조, 저출산 · 고령사회기본법 제8조, 모자보건법 제15조의 18이다.

나. 사업목적

출산가정에 건강관리사를 파견하여 산모의 산후 회복과 신생아의 양육을 지원하고, 출산가정의 경제적 부담을 경감하기 위한 서비스다. 산모 · 신생아 건강관리사 양성을 통해 사회적 일자리 창출도 도모한다.

다. 지원대상

산모 또는 배우자가 생계 · 의료 · 주거 · 교육급여 수급자 또는 차상위계층에 해당하는 출산가정, 산모 및 배우자의 건강보험료 본인부담금 합산액이 기준중위소득 120% 이하 금액에 해당하는 출산가정이다.

② 가사 간병 방문지원사업

가. 목적

일상생활과 사회활동이 어려운 저소득층을 위한 가사 · 간병 서비스를 지원함으로써 취약계층의 생활 안정을 도모하고 가사 · 간병 방문 제공인력의 사회적 일자리를 창출한다.

나. 지원대상

만 65세 미만의 생계 · 의료 · 주거 · 교육급여 수급자, 차상위계층 중 아래에 해당하는 사람으로 가사 · 간병 서비스가 필요한 자이다.

- 장애정도가 심한 장애인
- 6개월 이상 치료를 요하는 중증질환자((보건복지부장관이 고시한 중증질환 상병 해당자로, 최근 3개월 이내 발행된 진단서 또는 소견서 첨부)
- 희귀난치성 질환자
- 소년소녀가정, 조손가정, 한부모가정(법정보호세대)
- 장기입원 사례관리 퇴원자
- 기타 위에 준하는 경우로 시 · 군 · 구청장이 예산의 범위 내에서 장애정도가 심하지 않은 장애인, 부상으로 인한 장기치료자 등 가사 · 간병 서비스가 필요하다고 인정하는 자

③ 지역사회서비스

가. 목적

국민의 행복한 삶을 위해 아동·노인·장애인 등 계층별 특성을 고려한 돌봄, 재활, 사회참여 등 생애주기별 욕구와 지역 특성을 반영한 다양한 서비스를 제공한다.

나. 서비스대상

기준 중위소득 120% 이하 가구를 원칙으로 하며 지역별·서비스별로 다르다. 노인·장애인 대상 서비스는 기준 중위소득 140% 이하다.

다. 서비스 내용

〈표 9-4〉 **지역사회서비스 내용**

사업군	사업유형	지원대상	서비스 내용
아동재활	영유아발달지원	기준 중위소득 120%이하 가정의 만0~만6세 영유아	발달 문제가 우려되는 영유아에게 대근육·소근육 운동, 언어발달, 감각운동에 기초한 인지발달, 정서·사회성 발달 지원
	아동청소년 심리지원	기준 중위소득 140% 이하 가정의 만18세 이하 범위 내에서 지역여건에 따라 설정	문제행동 위험군 아동에 대한 상담 및 언어·인지·놀이·미술 프로그램을 지원하여 문제행동 감소 및 정서행동 장애로의 악화 방지
	아동청소년 정서발달	기준 중위소득 120% 이하 가정의 만7세~만18세 아동으로 학교 부적응 및 정서·행동 문제아동 우선지원	정서불안, 문화적 소외 아동 등에게 클래식 악기교육 및 정서순화 프로그램을 제공
	인터넷과몰입아동청소년치유	기준 중위소득 120% 이하 가정의 만18세 이하 아동 중 인터넷 중독 선별검사 결과 고위험군·잠재위험군 판정을 받은 아동	인터넷 과다사용 아동·청소년을 조기에 발견하고 상담, 대체활동을 통해 인터넷 과몰입 치유
아동역량 개발	아동청소년 비전형성 지원	기준 중위소득 120%이하 만7세~만15세	아동청소년 시기의 체계적인 사회·문화 활동 및 자기주도력 향상 프로그램 제공

사업군	사업유형	지원대상	서비스 내용
노인·장애인 사회참여 지원	노인·장애인 돌봄여행	기준 중위소득 140%이하 가정의 신체활동이 가능한 장애 등록자 및 만65세 이상 노인	신체적 특성으로 여행 욕구 충족이 어려운 노인·장애인에게 전문 돌봄인력 동반 여행 서비스 제공
신체건강 관리	시각장애인 안마	전국가구 평균소득 120%이하 또는 기초노령연금 수급자로 근골격계·신경계·순환계 질환이 있는 만60세이상 또는 지체 및 뇌병변 등록 장애인	근골격계·신경계·순화계 질환 등의 증상개선을 위해 시각장애인의 안마, 마사지, 지압 및 자극요법 제공
	장애인·산모 등 건강취약계층 운동처방	기준 중위소득 140%이하 장애인, 산모(임신3개월 이상)	장애인·산모 등 건강취약계층의 신체 활동지원을 통해 의료비 절감 및 건강 증진
	비만아동건강관리	만5세~12세 이하의 경도(비만지수 20%) 이상의 비만아동 소득기준 없음	비만 초등학생과 부모에게 건강교육, 운동처방 및 운동지도 등을 제공하여 건강한 성장 지원
	장애인 보조기기 렌탈	만19세 미만의 장애판정을 받은 지체 및 뇌병변 장애아동 등	장애아동의 성장 단계에 따른 맞춤형 자세유지도구 렌탈·리폼 서비스
정신건강 관리	정신건강토탈케어	기준 중위소득 120%이하 가정의 정신과 치료가 필요하다는 정신건강의학과전문의 소견서·진단서 발급 가능한자	정신질환자와 가족에게 일상생활 지원, 증상관리, 사회적응 및 취업지원 프로그램 지원
기타		기준 중위소득 120%(장애인·노인 대상 140%)이하 가정으로 지자체의 서비스제공계획 및 공고에 따름	지역에 따라 아동재활, 아동역량개발, 노인·장애인 사회참여 지원, 신체건강관리, 정신건강관리, 가족역량 강화 등 다양한 서비스 제공

④ 청년사회서비스

가. 사업목적

지역별 청년사회서비스 사업단을 구성·운영하여, 지역 청년이 주체가 되어 청년 수요에 맞는 사회서비스(신체, 정신건강 분야)를 개발·제공함으로써 청년층의 건강 개선 및 청년 일자리를 창출한다.

나. 운영 근거

사회보장기본법 제23조제1항, 고용정책기본법 제13조의2~제13조의4, 보조금 관리에 관한 법률 등이다.

다. 청년사회서비스사업단

지역대학, 대학 · 기관 컨소시엄, 사회복지법인 등을 중심으로 하여 시 · 도별 1개씩 선정한다. 서비스 제공인력은 만 19~34세의 청년층이다. 저소득층 등 취업취약계층, 관련분야 전공자(심리상담 · 체육학 · 영양학 등) 등은 우대 채용한다.

라. 신청

만 19~39세의 국내에 주민등록을 한 사람으로, 소득 수준과 관계없이 지원이 가능하다. 지역사회서비스 투자사업 등 유사 서비스를 이용하고 있는 대상자는 제외한다. 각 사업단에 신청을 하고 각 사업단에서 자체 사업계획서상 우선 순위 등을 고려하여 선정한다. 본인부담금은 없다.

2) 노인복지정책

노인복지에 대한 제도적 대책이 마련되기 시작한 것은 1981년의 노인복지법 제정 이후다. 수 차례의 개정을 거쳐 소득보장, 주택보장, 보건의료, 사회적 서비스로 확대되었다.

노후에 인간다운 생활을 유지할 수 있도록 기본적인 욕구를 충족시키려는 사회적인 노력과 활동이 노인복지다. 노인복지를 증진시키려는 사회적이고 국가적인 노력이 곧 노인복지정책이다. 노인이 신체적 정신적 사회적 영혼적으로 평안하고 안락한 상태가 되게 하는 것이다. 드러난 노인문제를 해결하는 공적 사적 노력을 포함한다.

(1) 노인문제의 필요성

가. 저출산 고령화

저출산과 고령화가 동시에 진행되고 있다. 국가통계포럼에 따르면 2020년의 합계출산율은 0.840명이다. 2020년 출생아 수는 272,400여명이고 사망자 수는 300,300여명이다.

출산율이 하락하면 부양해야 할 노령층 인구 상대적 증가로 젊은층의 경제적 부담 증가한다. 소비여력이 쇠퇴해 국내 수요 감소. 기업 활동 약화로 이어진다. 거의 모든 산업이 침체되다보니 국가의 역동성도 낮아진다. 국가가 해야할 일이 많아지다 보니 재정 부담을 늘어나고 세금 인상 부담이 뒤따른다. 청년층과 고령층의 세대 갈등, 지방과 수도권의 갈등도 예상된다.

나. 산업화 도시화 핵가족화

사회구조적 변화가 진행되고 있다. 노인 단독가구의 증가로 이어졌다. 2008년 66.8%에서 2020년 78.2%로 늘어났다. 자녀 동거가구는 2008년 27.6%에서 2020년 20.1%로 감소했다. 기혼자녀 동거가 9.3%, 미혼자녀 동거는 10.8%였다. 단독가구 이유는 노인의 자립적 요인에 따라 형성됐다는 응답이 크게 늘었다.(2011년 39.2%-2020년 62%)

2021년 65세 이상 노인인구는 854만명에 달하고 전체 인구의 16.5%다.

다. 노인부양 책임의 변화

노인부양의 책임이 여성에게 있어 왔으나 부부 혹은 노인 개인으로 그 부양책임이 변화되고 있다. 이는 여성의 사회참여가 활발해 지면서 더욱 확대될 것으로 예상된다.

라. 경로효친사상의 쇠퇴

경로효친사상이 강조되어 가족내 노인부양을 당연시 했으나 가족중심의 사고보다는 개인중심사고로 변화되었다. 노인부양의식이 약화되었다. 신체 정신적으로 건강하고 경제력에 문제가 없는 노인들은 자녀로부터 독립된 생활을 유지하려는 경향이 늘고 있다.

(2) 노인복지정책의 원칙

가. 존업성 유지

차별받지 않는 인간적인 권리가 지켜져야 한다. 노인도 인간답게 살 권리가 있다.

나. 개별화의 원칙

노인 개개인의 개성이 존중되어야 한다. 노인에 대한 일반화나 고정관념은 배제되어야 한다.

다. 자기결정의 원칙

노인의 모든 의사결정은 본인에 의해 이루어져야 한다.

라. 보편성과 선별성의 조화

주어진 재정적 사회적 여건 속에서 노인의 욕구에 따라 보편성과 선별적 원칙이 적절히 실행되어야 한다.

마. 권리와 책임

권리에 따른 합리적 책임도 요구된다.

(3) 노인문제의 형태

가. 경제적 빈곤

나. 건강악화와 질병, 장애

다. 역할상실, 고독 및 소외

고독과 소외는 현대 산업사회에서 노인의 역할을 빼앗고 심리적인 면에서 고립시키고 있다. 노인들은 직장에서 물러나는 것 이외에 자녀들의 독립으로 부모역할 상실, 친구 사망에 따른 친구역할 상실, 경제적 여력 약화, 건강 약화를 겪는다. 노인들의 고독감도 깊어진다.

(4) 노인복지정책

가. 소득보장정책

사회보험, 공공부조, 사회수당과 같은 직접적인 방법과 소득보장을 위한 취업지원과 세제 혜택 등의 간접적인 지원이 있다.

연금은 공무원 군인 사학연금 등 특수직 연금을 제외한 일반국민을 대상으로 한 국민연금이 있다. 1988년 도입이 되었다. 2008년부터 완전 노령연금을 지급하고 있다.

공공부조는 국민기초생활보장제도에 따라 생활능력이 없는 노인들이 수급자가 된다. 기초연금[8]은 노후 보장과 복지 향상을 위해 65세 이상의 소득인정액 기준 하위 70% 노인들에게 일정 금액을 지급하는 제도를 말한다. 기초연금은 2008년 1월부터 시행해 온 기초노령연금제도를 개정해 2014년 7월부터 시행되었다.

사회수당은 인구학적인 특성이나 연령에 의해 구분되는 것으로 일정한 범주에 속한 사람들에게 국가가 일반 조세를 재원으로 급여를 제공한다. 노령수당제도나 노부모를 모시는 가구에 노부모 부양수당을 지급하고 있다.

세제 감면제도는 노인과 동거 가족에게 주택상속세를 공제하거나 부양가족 공제 등 노인을 모시는 가족에게 세제혜택을 부여하는 것이다.

고용증진은 고령자 적정 직종을 선정해 노인들의 취업을 확대하는 것이다. 생업지원은 특정 일자리에 참여하는 노인들에게 금액을 지원하는 것이다. 공공시설 안에 매점이나 자판기 설치를 노인들에게 우선적으로 대여하는 것이다. 경로우대제도는 노인복지법에 의거 각종 시설물을 이용할 때 무료 또는 할인을 하는 제도다.

나. 주거보장정책

노인들은 다른 연령층에 비해 더욱 안락하고 쾌적한 주거환경이 요청된다. 신체적 심리적 기능이 쇠퇴하여 거동에 어려움이 따른다.

---

8) 2014년 7월 노령층의 노후소득을 보장하고 생활 안정을 지원하기 위해 도입된 제도로, 기존의 기초 노령연금을 확대 개편해 나온 정책이다. 소득 하위 70%에 해당하는 만 65세 이상 노인에게 최대 월 20만 원을 지급하는 것에서 시작해, 매년 물가상승률을 반영해 기준 연금액을 인상하고 있다. 공무원연금, 사립학교교직원연금, 군인연금, 별정우체국연금 수급권자 및 그 배우자는 원칙적으로 기초연금 수급대상에서 제외된다.

노인주거복지시설은 양로시설, 노인공동생활가정, 노인복지주택이 있다. 양로시설과 노인공동생활가정의 무료 입소 대상자는 기초생활보장수급자(생계급여 또는 의료급여)로서 일상생활에 지장이 없는 65세 이상의 자, 부양의무자로부터 적절한 부양을 받지 못하는[9] 자로서 일상생활에 지장이 없는 65세 이상의 자이다. 실비입소대상자는 대상자의 당해연도 월 평균소득액[10]이 도시근로자 1인당 월 평균소득액 이하인 자로서 일상생활에 지장이 없는 65세 이상의 자이다. 유료 입소대상자는 입소자로부터 입소비용 전부를 수납하여 운영하는 양로시설 혹은 노인 공동생활가정의 경우 60세 이상인 사람이다.

노인복지주택은 단독취사 등 독립된 주거생활을 하는 데 지장이 없는 60세 이상이 대상이다.

다. 의료보장정책

노인 건강과 질병의 해결 및 예방을 위한 의료보장 프로그램은 국민 건강보험제도와 의료급여 건강진단 치매관련 사업 등이 있다. 치매검진사업은 치매의 위험이 높은 만 60세 이상을 대상으로 치매 조기검진을 실시하여 치매환자를 조기에 발견 · 관리하는 것이다. 치매환자 및 그 가족들의 삶의 질 제고를 위한 것이다. 시 · 군 · 구 보건소에서 사업을 실시하며 대상자는 만 60세 이상 모든 노인(치매선별검사), 기준 중위소득 120% 이하 자 및 보건소장 인정 자(치매진단 · 감별검사)이다. 보건소에서 1단계 치매선별검사를 실시하고, 그 중에서 인지기능저하자를 대상으로 보건소와 지정 · 연계한 거점병원에서 진단검사와 감별검사를 실시한다.

노인실명 예방관리 사업[11]이 있다. 노인 안 검진 및 개안수술, 저시력 노인을 위한

---

9) 노인보호전문기관에서 학대피해노인으로 입소의뢰를 받은 노인 및 긴급조치대상자 등이다

10) 본인과 그 배우자 및 생계를 같이 하는 부양의무자의 월 소득 합산액을 가구원수로 나눈 소득액이다. 도시근로자 1인당 월 평균소득액: 통계청장이「통계법 시행령」제3조의 규정에 의하여 고시하는 전년도(본인 등에 대한 소득조사일이 속하는 해의 전년도를 말한다)의 도시근로자 가구 월평균 소득을 전년도의 평균 가구원수로 나누어 얻은 1인당 월평균 소득액이다.

11) 노인실명예방관리의 근거는 노인복지법 제1조(목적), 제27조(건강진단 등) 제1조다. 곧 노인의 질환을 사전에 예방 또는 조기발견하고 질환상태에 따른 적절한 치료 · 요양으로 심신의 건강을 유지하고, 노후의 생활안정을 위하여 필요한 조치를 강구함으로써 노인의 보건복지증진에 기여함을 목적으로 한다. 제27조: 국가 또는 지방자치단체는 대통령령이 정하는 바에 의하여 65세 이상의 자에 대하여 건강진단과 보건교육을 실시할 수 있다.

재활사업 등을 통해 노인들이 실명하는 것을 예방하는 것이다. 고령사회에 적응할 수 있도록 노인에 적합한 각종 건강증진 및 관리프로그램의 개발 보급을 통해 건강 향상 및 의료비 절감이라는 필요성이 제기되었다. 또한 노화성 안질환은 자각증상이 없어 정기적으로 검진을 통한 개안 수술만이 유일한 치료방법으로 방치 시 실명에 이르게 되므로 안질환의 조기발견 및 검진 결과 수술 지원 등이 요구된다.

라. 노인복지서비스

소득 주택 보건의료와는 달리 노인이 가진 심리적 사회적 욕구와 관련된 사회적 서비스다. 노인돌봄기본서비스, 노인돌봄종합서비스, 단기가사서비스, 초기독거노인 자립지원 사업, 독거노인 사회관계 활성화 사업, 지역사회 자원연계 사업 등 기존의 6개 노인돌봄사업을 노인맞춤 돌봄서비스로 2020년 통합 개편해 시행하고 있다.

서비스 대상은 65세 이상 기초생활수급자, 차상위계층 또는 기초연금수급자 중 독거 · 조손가구 등 돌봄이 필요한 노인(대상자 선정도구[12])를 통해 우선순위에 따라 선정)이다. 서비스 신청은 본인, 신청자의 친족(배우자, 8촌 이내의 혈족, 4촌 이내의 인척) 및 이해관계인(친족을 제외한 이웃 등 그 밖의 관계인)이다. 신청서를 서비스 대상자의 주민등록상 주소지의 읍 · 면 · 동 주민센터에 제출한다.

〈표 9-5〉 서비스 내용

구분	대분류	중분류	소분류
직접 서비스 (방문 · 통원 등)	안전지원	방문 안전지원	• 안전 · 안부확인 • 정보제공(사회 · 재난안전, 보건 · 복지 정보제공) • 생활안전점검(안전관리점검, 위생관리점검) • 말벗(정서지원)
		전화 안전지원	• 안전 · 안부확인 • 정보제공(사회 · 재난안전, 보건 · 복지 정보제공) • 말벗(정서지원)

12) 신체 · 정신 · 사회참여 영역의 취약요인을 조사하여 대상자 선정여부, 서비스 제공시간의 범위 등을 산정한다.

구분	대분류	중분류	소분류
		ICT 안전지원	• ICT 관리 · 교육 • ICT 안전 · 안부 확인
	사회참여	사회관계 향상 프로그램	• 여가활동 • 평생교육활동 • 문화활동
		자조모임	• 자조모임
	생활교육	신체 건강분야	• 영양교육 • 보건교육 • 건강교육
		정신건강분야	• 우울예방 프로그램 • 인지활동 프로그램
	일상생활지원	이동 활동 지원	• 외출동행
		가사지원	• 식사관리 • 청소관리
연계서비스 (민간후원자원)	생활지원연계, 주거개선연계, 건강지원연계, 기타서비스		
특화서비스	개별 맞춤형 사례관리, 집단활동, 우울증 진단 및 투약지원		

이 밖에도 노인 일자리 및 사회활동 지원사업, 노인자원봉사활성화, 노인 여가복지지원 서비스가 있다.

(5) 노인복지정책의 과제

가. 기본 패러다임의 변화

노년기를 퇴직 질병 의존의 관점이 아닌 독립 참여 건강 행복으로 패러다임의 변화가 요구된다. 소외가 아닌 노인들의 사회참여, 통합 건강유지, 경제적 사회적 여유와 독립이 필요하다.

나. 재가복지 서비스 확대

시설중심에서 벗어나 재가복지서비스의 확충이 요구된다.

다. 소득보장 강화

사각지대에 놓인 노인들의 소득을 보장하는 정책과 근로능력이 있는 노인들에게 근로의 기회를 확대하는 것도 필요하다. 저임금의 단순노동보다는 경력에 부합하는 일자리를 개발하고 연결해 주어야 한다.

라. 전달체계 개선

지역 편중없는 재가 노인복지시설의 설립과 유지가 필요하다. 복지관 등의 민간복지시설이 도시지역에 집중되어 있는 것도 개선이 요구된다.

노인주거 및 의료복지시설의 확충도 시급하다. 아울러 종합적인 지역보건복지전달체계의 확립도 필요하다. 대도시로 집중된 병원과 요양시설은 접근성 면에서 시급히 해결해야 할 과제다.

마. 재원확대

나이가 들어가면서 의료비 건강한 섭생을 위한 생활비 등이 증가하고 있다. 노인들의 삶의 질 향상을 위한 재원마련은 지속적으로 진행되어야 한다.

3) 장애인복지정책

(1) 장애인복지

김동철(2013)은 "국가와 사회적 수준에서 장애인에 대한 인간으로서의 존엄한 권리를 보장하고 사회적으로 동등한 대우를 받도록 하는 제반 조치"로 장애인복지를 정의했다. 손광훈(2013)은 "심신의 결함으로 인해 가정생활 사회생활에 곤란을 갖는 것을 국가나 민간사회복지기관이 장애인들이 모든 생활에 곤란을 느끼지 않도록 의료적 교육적 직업적 심리적 사회적 제 문제에 걸쳐 원조하는 제도적 정책적 서비스의 조직적 활동과 노력"이라고 주장했다.

세계보건기구(WHO)는 1980년 국제장애분류(ICIDH · International Classification of Impairment, Disabilities, and Handicaps)를 발표했다. 즉 장애는 기능장애(Impairment)와 능력장애(Disability) 그리고 그에 따른 사회적인 장애(Handicap)로 구분된다고 했다. 또 이 3가지 장애는 분리된 것이 아니고 인과적 · 시간적 연속관계에 놓여 있음을 강조했다.

1997년 세계보건기구는 ICIDH-2를 발표했다. 기존의 기능장애를 활동(Activities)으로 사회적 불리를 참여(Participation)로 개정해 제시하였다. 그러나 두 장애개념은 장애인 개인에게 초점이 맞추어져 있어 환경에 대한 고려가 부족하다는 비판이 있다. 이에 WHO는 사회적 장애의 국제장애분류(ICIDH: International Classification of Impariments Disabilities and Handcaps)를 통해 장애개념을 확대했다. 즉 개인뿐 아니라 사회 환경적 맥락을 강조하였다. 개인적인 문제는 없으나 의도적인 따돌림이나 사회적 낙인 등에 의해 적절한 사회적 관계를 제한받는 경우에도 참여의 제한이라는 측면에서 볼 때 장애가 될 수 있다고 했다.

2019년 세계보건기구(WHO)는 "게임 중독도 질병"이라고 분류한 새 국제질병분류 11차 개정안(ICD-11)을 만장일치로 통과시켰다. 게임 중독이 질병이라는 분류가 통과된 배경에는 인터넷 게임으로 인해 뇌기능이 저하되고 다양한 건강 문제를 일으킬 수 있다는 점에서다. 인터넷 게임도 알코올이나 흡연과 같은 물질처럼 뇌의 도파민 보상회로에 변화를 가져와 즉각적 보상을 원하고 충동적인 경향을 보이는 뇌로 변할 수 있다는 지적이다.

(2) 우리나라의 장애인복지

장애인복지법은 1995년 개정되었다. 개정 전 장애인은 "지체장애 시각장애 청각 장애 언어장애 또는 정신지체 등 정신적 결함으로 인하여 장기간에 걸쳐 일상생활 또는 사회생활에 상당한 제약을 받는 자로서 대통령령으로 정하는 기준에 해당하는 자"로 규정했다. 개정 이후 내용을 보면 장애인을 "신체적 · 정신적 장애로 오랫동안 일상생활이나 사회생활에서 상당한 제약을 받는 자"로 규정하고 법정장애의 범위와 판정기준을 시행규칙에 명시하였다. 장애범주의 확대가 이루어진 것이다.

장애의 종류와 기준은 다음과 같다.

① 지체장애인(肢體障碍人)

- 한 팔, 한 다리 또는 몸통의 기능에 영속적인 장애가 있는 사람
- 한 손의 엄지손가락을 지골(指骨: 손가락 뼈) 관절 이상의 부위에서 잃은 사람 또는 한 손의 둘째 손가락을 포함한 두 개 이상의 손가락을 제1 지골 관절 이상의 부위에서 잃은 사람
- 한 다리를 가로발목뼈 관절(lisfranc joint) 이상의 부위에서 잃은 사람
- 두 발의 발가락을 모두 잃은 사람
- 한 손의 엄지손가락 기능을 잃은 사람 또는 한 손의 둘째 손가락을 포함한 손가락 두 개 이상의 기능을 잃은 사람
- 왜소증으로 키가 심하게 작거나 척추에 현저한 변형 또는 기형이 있는 사람
- 지체(肢體)에 위 각 목의 어느 하나에 해당하는 장애정도 이상의 장애가 있다고 인정되는 사람

② 뇌병변장애인(腦病變障碍人)

- 뇌성마비, 외상성 뇌손상, 뇌졸중(腦卒中) 등 뇌의 기질적 병변으로 인하여 발생한 신체적 장애로 보행이나 일상생활의 동작 등에 상당한 제약을 받는 사람

③ 시각장애인(視覺障碍人)

- 나쁜 눈의 시력(공인된 시력표에 따라 측정된 교정시력)이 0.02 이하인 사람
- 좋은 눈의 시력이 0.2 이하인 사람
- 두 눈의 시야가 각각 주시점에서 10도 이하로 남은 사람
- 두 눈의 시야 2분의 1 이상을 잃은 사람
- 두 눈의 중심 시야에서 20도 이내에 겹보임[복시(複視)]이 있는 사람

④ 청각장애인(聽覺障碍人)

- 두 귀의 청력 손실이 각각 60데시벨(dB) 이상인 사람
- 한 귀의 청력 손실이 80데시벨 이상, 다른 귀의 청력 손실이 40데시벨 이상인 사람
- 두 귀에 들리는 보통 말소리의 명료도가 50퍼센트 이하인 사람
- 평형 기능에 상당한 장애가 있는 사람

⑤ 언어장애인(言語障碍人)

음성 기능이나 언어 기능에 영속적으로 상당한 장애가 있는 사람

⑥ 지적장애인(知的障碍人)

정신 발육이 항구적으로 지체되어 지적 능력의 발달이 불충분하거나 불완전하고 자신의 일을 처리하는 것과 사회생활에 적응하는 것이 상당히 곤란한 사람

⑦ 자폐성장애인(自閉性障碍人)

소아기 자폐증, 비전형적 자폐증에 따른 언어 · 신체표현 · 자기조절 · 사회적응 기능 및 능력의 장애로 인하여 일상생활이나 사회생활에 상당한 제약을 받아 다른 사람의 도움이 필요한 사람

⑧ 정신장애인(精神障碍人)

다음의 장애 · 질환에 따른 감정조절 · 행동 · 사고 기능 및 능력의 장애로 일상생활이나 사회생활에 상당한 제약을 받아 다른 사람의 도움이 필요한 사람

- 지속적인 양극성 정동장애(情動障碍, 여러 현실 상황에서 부적절한 정서 반응을 보이는 장애), 조현병, 조현정동장애(調絃情動障碍) 및 재발성 우울장애
- 지속적인 치료에도 호전되지 않는 강박장애, 뇌의 신경학적 손상으로 인한 기질성 정신장애, 투렛장애(Tourette's disorder) 및 기면증

⑨ 신장장애인(腎臟障碍人)

신장의 기능장애로 인하여 혈액투석이나 복막투석을 지속적으로 받아야 하거나 신

장기능의 영속적인 장애로 인하여 일상생활에 상당한 제약을 받는 사람

⑩ 심장장애인(心臟障碍人)

심장의 기능부전으로 인한 호흡 곤란 등의 장애로 일상생활에 상당한 제약을 받는 사람

⑪ 호흡기장애인(呼吸器障碍人)

폐나 기관지 등 호흡기관의 만성적 기능부전으로 인한 호흡기능의 장애로 일상생활에 상당한 제약을 받는 사람

⑫ 간장애인(肝障碍人)

간의 만성적 기능부전과 그에 따른 합병증 등으로 인한 간기능의 장애로 일상생활에 상당한 제약을 받는 사람

⑬ 안면장애인(顔面障碍人)

안면 부위의 변형이나 기형으로 사회생활에 상당한 제약을 받는 사람

⑭ 장루 · 요루장애인(腸瘻 · 尿瘻障碍人)

배변기능이나 배뇨기능의 장애로 인하여 장루(腸瘻) 또는 요루(尿瘻)를 시술하여 일상생활에 상당한 제약을 받는 사람

⑮ 뇌전증장애인(腦電症障碍人)

뇌전증에 의한 뇌신경세포의 장애로 인하여 일상생활이나 사회생활에 상당한 제약을 받아 다른 사람의 도움이 필요한 사람

(3) 장애인복지정책의 추구 가치

① 존엄성

인간의 존엄성은 모든 기본권의 이념적 전제다. 장애인 인권의 기초다. 모든 인간은 인간으로서의 존엄과 가치를 소유한다는 것을 존중해야 한다.

② 자립

자립은 인간의 기본적인 욕구인 동시에 권리이며 인간다운 생활의 중요한 요소로 완전 참가와 평등의 가치를 구현하기 위한 조건이다. 일상자립, 직업자립, 경제적 자립도 포함된다.

③ 사회통합

장애인이 평등의 기초 위에서 사회의 일부분이 되어 사회적 문화적 모든 활동에 참여해야 한다. 비장애인에 비해 열등하거나 일탈된 계층으로 취급받지 않고 이들이 지역사회의 한 구성원으로 책임과 의무를 실천할 능력이 있는 인간으로 인식되어야 한다.

④ 권리

대한민국 헌법 제34조 제1항은 모든 국민은 인간다운 생활을 할 권리를 가진다고 규정하고 있다. 장애인을 특별한 존재로 취급하지 않고 권리와 의무의 주체로 생각해야 한다.

⑤ 정상화

장애의 심각성과 관계없이 장애인들은 사회구성원들과 같이 살아갈 수 있는 기회를 가져야 한다. 장애인을 다른 사람과 다른 욕구를 지닌 특별한 사람으로 생각해서는 안된다. 인간적인 욕구를 충족시키는데 특별한 곤란을 가진 보통시민이다.

⑥ 주류화

장애아동은 장애 정도에 관계없이 가능한 한 최대로 제한이 적은 환경에서 교육받아야 한다.

⑦ 평등과 참여

인간다운 생활을 가능하게 하는 생존의 평등이다. 비장애인과 동등한 경쟁을 할 수 있는 환경과 수준을 조성한 후에야 평등 논의가 진행되어야 한다.

⑧ 욕구충족

장애인과 비장애인이 공통적으로 가지고 있는 인간 욕구의 공통성이 오히려 더 클

수 있다. 자신의 힘으로 노력하는 것에 한계가 있을 경우 다른 수단을 개발 원조하는 것이 필요하다.

⑨ 기회의 균등화

일반의 사회관계를 장애인에게 개방해야 한다. 물리적 환경, 주택과 교통, 사회적인 서비스와 보건서비스, 교육과 노동의 기회, 스포츠와 레크리에이션의 시설을 포함한 문화 사회생활이라고 하는 사회 전체적인 기구를 모든 사람들이 이용할 수 있게 하는 과정이라고 기회의 균등화를 유엔은 설명했다.

⑩ 개별화

장애인들은 각기 다른 개성, 상황, 인생의 과제를 안고 있다. 이들의 욕구를 실현해 주는 것이 장애인복지의 근간이 된다.

(4) 장애인 권익지원

① 장애인 차별금지

2007년 장애인구가 210만명에서 2018년 258만명으로 급속히 증가함에 따라 장애인 일자리 및 사회참여 욕구도 빠르게 진행되었다. 장애를 사유로 한 차별을 금지하고 장애인들의 권리를 구제하기 위하여 장애인차별금지법을 2007년 제정하였다. 미국(1990년), 호주(1992년), 스웨덴(1999년), 독일(2002년) 등이 장애인차별금지법을 제정하였다.

가. 차별금지대상

장애인, 장애인을 대리 동행하는 사람이다. 또한 보조견과 장애인보조기구를 사용하는데 차별하는 행위다.

나. 차별

직접차별은 장애를 사유로 정당한 사유없이 제한 · 배제 · 분리 · 거부하여 불리하게 대하는 것이고, 간접차별은 장애인에 대하여 형식상으로는 제한 · 배제 · 분리 · 거부 등에 의하여 불리하게 대하지 아니하지만 정당한 사유 없이 장애를 고려하지 아니하는 기준을 적용함으로써 장애인에게 불리한 결과를 초래하는 것이다.

정당한 편의제공 거부에 의한 차별은 과도한 부담이나 현저히 곤란한 사정과 같은 정당한 사유 없이 장애인에 대하여 정당한 편의제공을 거부하는 것이다. 여기에서의 정당한 편의란 장애인이 장애가 없는 사람과 동등하게 같은 활동에 참여할 수 있도록 장애인의 성별, 장애의 유형 또는 정도, 특성 등을 고려한 편의시설 · 설비 · 도구 · 서비스 등 인적 · 물적 제반수단 제공과 조치다.

광고에 의한 차별은 광고의 내용이 장애인에게 정당한 사유 없이 제한 · 배제 · 분리 · 거부 등 불리한 대우를 표시 · 조장하는 경우를 말한다.

다. 차별금지영역 및 내용

고용차별은 모집 · 채용 · 임금 · 승진 · 인사 · 정년 · 퇴직 등 인사상 차별금지 및 직무수행에 필요한 정당한 편의제공 등 이다. 교육차별은 입학 거부 및 전학 강요 금지, 수업 · 실험 · 수학여행 등 활동 지원, 교육보조 인력 배치, 교통편의, 이동용 보장구, 학습시설, 화장실 등 정당한 편의제공 등이다. 재화와 용역의 제공 및 이용 상 차별은 비장애인과 동등한 재화와 용역의 이용 및 시설물, 교통수단, 정보통신, 의사소통, 문화, 체육 등에서 차별금지 및 정당한 편의제공 등 이다. 사법 · 행정절차 및 서비스와 참정권에서의 차별은 사법 · 행정서비스 이용 및 참정권 행사에 따른 정당한 편의제공 등 이다. 모 · 부성권, 성 등에서의 차별은 임신 · 출산 · 양육 등 모 · 부성권에 있어 차별금지 및 성에 대한 자기결정권 보장 등 이다. 가족 · 가정 · 복지시설, 건강권, 장애여성 및 장애아동 등에서의 차별은 장애인의 의사결정권 보장, 유기 · 학대 · 폭력 · 괴롭힘 등 금지 및 장애여성 및 장애아동에 대한 권리보호 강조 등이다.

라. 차별행위에 대한 구제

국가인권위원회에 진정하고 조사를 거쳐 권고절차를 받는다. 법무부 시정명령과 과태료(3천만 원 이하) 등을 부과 한다. 법무부장관의 시정명령을 정당한 사유 없이 이행하지 아니한 경우 손해배상을 청구할 수 있다.

(5) 장애인자립기반

① 장애인연금

장애로 인한 근로상실로 생활이 어려운 중증장애인에게 매월 일정 금액을 연금으로 지급하여 생활안정을 지원하는 사회보장제도다. 지급대상자는 18세 이상의 장애인연금법상 중증장애인(종전 1급, 2급 및 3급 중복) 중 본인과 배우자의 소득과 재산을 합산한 금액(소득인정액)이 선정기준액 이하인 사람이다.

기초급여는 근로능력의 상실 또는 현저한 감소로 인하여 줄어드는 소득을 보전해주기 위하여 지급하는 급여(대상자)로 만 18세~만 65세가 되는 전달까지 수급권을 유지하고 있는 자가 대상이다.

부가급여는 장애로 인하여 추가로 드는 비용의 전부 또는 일부를 보전해주기 위하여 지급하는 급여다. 만 18세 이상 장애인연금 수급자 중 국민기초생활보장 수급자와 차상위계층이 그 대상이다.

장애수당은 장애인복지법, 장애인연금은 장애인연금법에 따라 시행한다.

〈표 9-6〉 **장애인연금과 장애수당**

구분		장애인연금		장애수당
		기초급여	부가급여	
목적		근로능력감소에 따른 소득보전	장애로 인한 추가비용보전	장애로 인한 추가비용 보전
지급 대상	장애정도	장애인연급법상의 중증 장애인(종전 102드급, 3급 중복장애인)	장애인연금법상의 중증장애인(종전 1-2급, 3급 중복장애인)	장애인연금법상의 중증장애인에 해당되지 않는 사람(종전 3-6급)
	소득기준	선정기준액 이하	선정기준액 이하	기초수급자 및 차상위
지급금액		최대 30만 원	2만 원-38만 원	2만 원-4만 원

신청-자산조사-장애정도 심사(국민연금공단)-지급 결정-결과통지 및 지급의 순서를 밟는다.

② 장애수당

만 18세 이상의 등록장애인 중 장애인연금법상 중증장애인에 해당하지 않는 자(종전 3급~6급)로 국민기초생활수급자 및 차상위계층. 단, 만 20세 이하로서 「초 · 중등교육법」에 따른 학교에 재학(휴학 및 의무교육대상자 중 유예자도 포함) 중인 자는 제외한다.

③ 장애아동수당

지급대상은 국민기초생활보장법에 의한 수급자 및 차상위계층의 만 18세 미만 등록장애아동이다. 단, 「초 · 중등교육법」에 따른 학교에 재학(휴학 및 의무교육대상자 중 유예자도 포함) 중인 만 20세 이하의 장애인은 포함(단, 장애인연금을 받는 경우 제외)한다.

지급금액을 보면 기초수급(생계 또는 의료) 중증장애인은 월 20만 원이고, 기초수급(생계 또는 의료) 경증장애인은 월 10만 원이며, 기초수급(주거 또는 교육), 차상위 중증장애인은 월 15만 원이다. 또한 기초수급(주거 또는 교육), 차상위 경증장애인은 월 10만 원이다.

보장시설 입소(생계 또는 의료) 중증장애인은 월 7만 원이고, 보장시설 입소(생계 또는 의료) 경증장애인은 월 2만 원이다.

중증장애인은 장애인연금법상 중증장애인(종전 1급, 2급 및 3급 중복 장애인)이고, 경증장애인은 장애인연금법 상 중증장애인에 해당하지 않는 자(종전 3급~6급)이다.

④ 장애인 일자리

재정지원 장애인일자리 사업은 취업취약계층인 장애인에게 일자리 제공을 통한 사회 참여 기회 확대 및 소득 보장을 지원한다. 또한 근로 연계를 통한 장애인복지 실현 및 취업 연계 활성화를 기한다.

사업은 일반형 일자리(행정도우미, 전담지원행정도우미, 복지지원 요원), 복지일자리(참여형, 특수교육 복지 연계형[13]), 시각장애인 안마사 파견사업[14]), 발달장애인 요양

13) 사서보조, 우편물분류요원, 룸메이드, 주차단속보조원, 급식도우미 등 이다.

보호사 보조 일자리 사업[15] 등이 있다.

⑤ 중증장애인 생산품 우선구매제도

장애인직업재활시설 등 중증장애인 생산품 생산시설에서 생산한 중증장애인 생산품의 판매를 지원하여 근로장애인의 소득창출 및 안정적인 고용기회를 제공한다. 근거는 중증장애인생산품 우선구매 특별법이다. 중증장애인생산품은 장애인복지법 제58조에 따른 장애인 직업재활시설과 같은 법 제63조에 따른 장애인복지단체 및 정신보건법 제16조에 따른 정신질환자직업재활시설 중 보건복지부장관으로부터 지정을 받은 중증장애인생산품 생산시설에서 생산된 제품 및 생산시설에서 제공하는 노무용역 등의 서비스를 말한다.

중증장애인생산품의 수요자는 공공기관(국가기관, 지방자치단체, 공기업 등 공공기관)이고, 중증장애인생산품의 공급자는 중증장애인생산품 생산시설이다. 중증장애인생산품 판매자는 중증장애인생산품 판매시설이고 중증장애인생산품 업무수행기관은 (재)한국장애인개발원과 (사)한국장애인직업재활시설협회다.

⑥ 장애인 자립자금 대여

성년(만 19세 이상) 등록 장애인으로 가구의 소득인정액이 기준 중위소득 50% 초과 100% 이하 사람이 대상이다. 대여목적은 생업자금, 생업용 자동차 구입비, 출퇴근용 자동차 구입비, 취업에 필요한 지도 및 기술훈련비 등이다. 가구당 1,200만 원 이내 무보증이고, 자동차 구입자금의 경우 특수설비 부착 시 1,500만 원 이내다. 재산세 2만 원 이상 또는 연간소득 600만 원 이상이어야 한다. 보증 대출은 가구당 2,000만 원 이내이고, 재산세 2만 원 이상 또는 연간소득 800만 원 이상자이다.

14) 안마사 자격이 있는 미취업 시각장애인에게 일자리를 제공함으로써 생활 안정을 도모하고, 노인에게 안마서비스를 제공하여 건강 증진에 기여함을 목적으로 한다.

15) 발달장애인을 요양보호사의 전반적인 업무를 지원하는 일자리에 배치하여 특화된 일자리 직무능력 습득 및 일자리 경험을 통한 자립기반을 마련한다.

(6) 장애인 서비스

① 발달장애인 공공후원사업

의사결정능력 부족으로 어려움을 겪고 있는 성인 발달장애인에게 공공후견 서비스를 제공하여 궁극적으로 발달장애인의 자립생활 지원을 도모한다.

② 언어발달지원

시각, 청각, 언어, 지적, 자폐성, 뇌병변 등록장애 부모 및 등록장애 조손 가정의 만 12세 미만 자녀에게 필요한 언어발달진단, 언어 · 청능 등 언어재활 서비스, 독서지도, 수화지도 등을 제공 한다. 아동의 건강한 성장지원 및 장애가족의 자체 역량 강화를 목적으로 한다.

② 발달장애인 부모상담지원

과중한 돌봄 부담을 가지고 있는 발달장애인 부모에게 집중적인 심리 · 정서적 상담 서비스를 제공하여 우울감 등 부정적 심리상태를 완화시켜 발달장애인 가족의 기능을 향상시킨다.

④ 장애인활동지원사업

신체적 · 정신적 사유로 일상생활과 사회생활을 하기 어려운 장애인에게 활동지원서비스를 제공함으로써, 장애인의 자립생활을 지원하고 가족의 부담을 줄여 장애인의 삶의 질을 향상시킨다.

⑤ 발달재활서비스

성장기의 정신적 · 감각적 장애아동의 기능 향상과 행동 발달을 위한 적절한 발달재활 서비스다. 만 18세 미만 장애아동이 대상이다. 대상아동이 [초 · 중등교육법] 제2조에 따른 학교에 재학 중인(휴학생은 제외) 경우에는 만 20세가 되는 달까지 지원을 연장하되, 만 20세에 도래하기 전에 학교를 졸업하는 경우에는 졸업하는 달까지 인정한다. 장애유형은 뇌병변, 지적, 자폐성, 청각, 언어, 시각 장애 아동 등이다.

⑥ 장애아가족 양육지원

중증장애아동에 대해 양육자의 질병, 사회활동 등 일시적 돌봄서비스 필요시 일정한 교육과정을 수료한 돌보미를 파견하여 장애아동 보호 및 휴식을 지원한다. 가족관계 회복 및 돌봄부담 경감을 위해 장애아 가족 문화 · 교육프로그램, 휴식 박람회, 가족캠프 등 휴식지원 프로그램을 운영한다.

⑦ 발달장애인 가족휴식지원

발달장애인 가족의 양육부담을 경감하고 가족의 정서적 안정을 돕기 위해 휴식, 여가, 상담 서비스를 제공하고 서비스 이용 시 발달장애인의 일시적 돌봄을 제공한다.

⑧ 장애인활동지원

혼자서 일상생활과 사회생활을 하기 어려운 장애인에게 활동지원급여를 제공하여 장애인의 자립생활을 지원하고 그 가족의 부담을 줄이기 위한 제도다. 근거는 장애인활동지원에 관한 법률이고 신청 자격은 만 6세 이상 65세 미만의 등록 장애인이며 소득수준이나 장애유형에 관계없이 누구나 신청이 가능하다. 단 장애인생활시설 등에서 생활하는 장애인, 노인장기요양급여 이용 장애인 등은 신청할 수 없다.

⑨ 청소년발달장애학생 방과후 활동 서비스

발달장애학생에게 방과후 활동서비스를 제공하여 의미있는 여가 활동 및 성인기 자립준비를 지원한다. 다양한 참여 프로그램으로 방과후 돌봄사각지대를 해소하고 부모의 원활한 사회 · 경제적 활동을 지원하는 것이 목적이다. 국가와 지방자치단체는 발달장애인의 낮 시간 활동 및 지역사회 참여를 효과적으로 제공할 수 있는 주간 활동 지원을 위하여 노력하여야 한다.

서비스대상은 만 12세 이상 18세 미만의 「장애인복지법」상 등록된 지적 및 자폐성 장애인으로, 일반 중 · 고등학교 및 특수학교(중 · 고등학교에 해당하는 학급) 재학중인 학생이다. 다만 지역아동센터, 청소년 방과후 아카데미, 장애인 거주시설 입소자 등 다른 복지서비스 이용자는 제외 한다. 만 12세 이상으로 초등학교에 재학 중인 경우 재학증명서 제출 시 이용이 가능하고, 만 18세 이상 재학생의 경우 재학증명서 제출 시 이용이 가능하다.

(7) 장애인복지정책의 개선 방안

① 장애인복지 관련 법 제도 정비

실질적인 도움과 욕구해소를 위한 법제정과 개정, 제도 정비가 뒤따라야 한다. 서비스 기관이나 시설의 지역적 분포가 고르지 못해 접근성이 떨어지는 것도 보완이 필요하다.

② 정책개발

장애인복지에 대한 포괄적이고 맞춤식의 제반 정책이 나와야 한다.

③ 장애인복지재정 확대

대부분의 서비스가 저소득 장애인에 집중되고 있는 것은 재정의 취약성과 관련이 있다. 급여의 적정성과 내용도 미비하다. 적정하고 안정적인 서비스를 위해서는 재정 확충이 필요하다.

④ 정보권 확보

장애인의 정보통신접근을 용이하게, 또 확대해야 한다. 정보혁명이 전개되면서 장애인은 소통에 더 어려움을 겪고 있다, 정보격차가 발생하지 않도록 대책이 강구되어야 한다.

4) 아동복지정책

(1) 아동복지

① 아동의 정의

아동복지법에서는 아동을 18세 미만의 자로 규정하고 있다. 민법과 소년법에서는 20세 미만을 아동으로 정하였다. 근로기준법에서는 15세 미만인 사람을 소년으로 보았고, 청소년 기본법에서는 청소년을 9세이상 24세 이하의 사람으로 정하였다. 청소년 보호법에서는 19세미만의 사람을 청소년으로 규정하였다.

② 아동복지

아동복지(兒童福祉, child welfare)는 아동(child)과 복지(welfare)의 합성어이다. 아동복지의 개념 및 정의는 국가나 사회적 상황의 이념과 사회적 변화에 따라 다소 차이가 있고 학자마다 다양한 견해로 정의를 하고 있다. 어원적 측면에서 볼 때 아동복지란 아동이 편안하고 행복하게 잘 지내는 상태를 의미한다. 넓은 의미에서 보면 아동복지란 모든 아동의 안녕을 위한 신체적 · 사회적 · 심리적 발달을 보호하고 촉진하기 위해 경제, 교육, 보건, 노동 등 다양한 분야에 걸친 국가와 사회단체 및 개인이 행하는 정책, 법률, 서비스 등을 포함하는 포괄적인 모든 노력을 의미한다. 또한 좁은 의미에서 보면 아동복지란 보호자 또는 양육자에 의한 아동양육이 불가능한 경우에 아동과 그 가족을 위한 공공 및 민간기관에서 제공하는 사회복지 서비스의 분야로 볼 수 있다.

아동문제는 19세기 이후 산업혁명의 급속한 진전과 산업화, 도시화로 인한 광범위한 사회문제의 발생과 더불어 중요한 문제로 인식하기 시작하였다. 특히 산업혁명이라는 대변혁의 시기로 특징이 지어지는 근대사회는 아동복지의 발전과정에서 중요한 의미를 지니고 있다. 산업혁명 하에서 아동의 노동문제가 중요한 이슈가 되었다. 이 시기에 빈민법이 제정됨으로써 국가의 책임 하에서 아동을 보호하게 되었으며, 아동보호사업이 전개되었다. 19세기 후반에는 아동복지 측면에서 하나의 독립된 생애기로서 아동기에 대한 관심의 집중과 아동인권사상이 확대되었다.

20세기에 접어들면서 아동의 권리사상, 권리로서의 아동복지사상이 더욱 강조되었고 위탁가정과 아동시설은 아동을 보호하는 가장 발전된 형태로서의 위치를 차지하였다. 20세기 중반 이후 위탁가정보호와 아동시설은 아동의 개별적인 욕구에 맞게 효과적으로 대처할 수 있도록 발전하였다. 이후에도 아동문제를 전문적으로 해결할 수 있도록 발전되면서 아동의 욕구에 맞게 개발된 수용시설, 소규모의 집단위탁가정보호, 장애아동을 위한 특별수용시설, 특별 위탁가정보호의 개발 등이 이루어졌다.

아동복지 발전의 흐름은 집단적 수용보호로부터 소규모의 수용보호로, 시설보호 중심에서 가정 중심의 보호와 지역사회에 의한 보호의 강조로, 포괄적인 서비스로부터 분화된 다양한 서비스로, 비전문적 서비스로부터 전문적 서비스로 발전하였다.

(2) 아동복지정책

① 아동수당

아동에게 아동수당을 지급하여 아동 양육에 따른 경제적 부담을 경감하고 건강한 성장환경을 조성함으로써 아동의 기본적 권리와 복지를 증진하는 것이 목적이다. 지원근거는 아동수당법이고, 지원대상은 만 7세 미만 모든 아동(2019년 9월부터)이며, 아동 1인당 월 10만 원을 지급한다. 현금입금 원칙이지만 시 · 군 · 구 조례로 정하는 경우 지역상품권으로도 지급이 가능하다. 읍면동 주민센터나 온라인 복지로(PC, 스마트폰)에 신청한다.

② 정기적 아동실태조사

정기적(5년)으로 아동의 종합실태 조사를 실시한다. 아동의 건강 · 영양 · 정서 · 안전 등 전 부분 및 가구소득별 · 가구유형별 전체 아동실태를 포함한다.

③ 아동정책기본계획

관계부처 합동으로 아동 대상 아동정책기본계획을 2020년 8월 수립했다. 실질적인 아동의 삶 변화, 일상 속에서 아동권리 적극 보장으로 아동 행복체감도를 제고시키기 위함이다. 아동 중심 관점으로 정책 패러다임을 전환하고, 아동 특성을 고려했다.

핵심 과제는 권리주체로서 일상생활 속 아동의 권리 실현, 미래 주역으로서 건강하고 균형있는 발달 지원, 아동의 공정한 출발을 위한 국가책임 강화 등이다.

④ 아동인권 증진 지원

어린이날 및 어린이주간, 대한민국 아동총회 등 아동 관련 행사와 아동권리포럼 개최를 통해 아동이 권리 주체로서 인식되는 사회적 분위기를 조성한다. 국제적 기준에 부합하는 유엔아동권리협약의 이행 추진, 아동행사개최, 아동권리포럼 개최 등이 있다.

⑤ 입양

보호대상아동이 안정적인 가정환경에서 건전하게 성장할 수 있도록 지원함으로써 아동의 복지증진을 도모한다. 아동의 입양의뢰 후 5개월간은 국내입양을 우선 추진하고 그 이후에 국외입양 추진을 허용한다. 국내입양가정에 대해서는 입양기관에 지급하는 입양비용 지원(보건복지부 허가기관 270만 원, 시도 허가기관 100만 원), 입양아동 양육수당 지급(만 17세 전, 월 15만 원), 장애아동의 경우 장애아동 양육보조금 및 의료비 별도 지원(만 18세 전. 양육보조금: 장애의 정도가 심한 경우 월 62만 7천 원, 장애의 정도가 심하지 않은 경우 등 월 55만 1천 원을 지급)한다. 의료비는 연 260만 원 한도 내에서 지급한다.

국내외 입양인 사후서비스도 지원되는데 국외입양인에게는 모국방문, 한국어교육, 국내체류 쉼터 지원 등이 있다. 국내입양인에게는 입양가족 교육 및 심리상담 등이 있다.

(3) 아동권리

① 요보호아동 자립지원

보호대상 아동(아동복지시설, 가정위탁)의 자립준비 역량을 강화하고 18세 이후 사회 진출 시 안정적인 자립 기반을 마련할 수 있도록 지원한다. 보호아동의 자립의지·자립기술 향상을 위한 프로그램 운영 및 주거지원·취업훈련연계·정보제공 등으로 자립생활 정착을 지원한다. 지원대상은 대리양육 또는 가정위탁보호 중인 아동, 아동복지시설에서 보호 중인 아동, 가정위탁보호 종료되거나 시설에서 퇴소한 지 5년이 지나지 아니한 아동 등이다.

② 가정위탁지원

가정위탁아동이 건전한 사회인으로 자랄 수 있도록 위탁 아동 및 위탁 부모에 대한 경제적 · 사회적 지원을 확대한다. 보호대상 아동을 보호 · 양육하기를 희망하는 가정에 위탁 양육함으로써 가정적인 분위기에서 건전한 사회인으로 자랄 수 있도록 하는 것이 목적이다. 주요사업은 양육보조금 지원, 국민기초생활보장법에 의한 생계비 등 지원, 가정위탁아동 상해보험료 지원, 가정위탁아동 심리치료비 지원, 가정위탁아동에 대한 자립정착금 지원(지방이양), 가정위탁아동에 대한 대학진학자금 등 지원(지방이양), 위탁 가정 전세주택 지원(국토교통부) 등이다.

③ 아동복지 교사지원

지역사회에서 방치되기 쉬운 취약계층 아동에게 다양한 교육 프로그램을 제공하여 아동의 건전한 성장과 발달을 지원한다. 사회서비스 일자리 사업으로서 지역사회 우수 인력을 채용, 교육훈련을 통해 아동복지서비스 인력을 양성키 위한 것이다. 사업내용은 취약계층 아동에게 다양하고 체계적인 교육프로그램을 제공하는 것이다. 아동의 건전한 성장 지원을 위해 지역아동센터에 기초학습, 외국어지도, 독서지도, 예체능지도, 다문화 · 장애아동지도, 기타 등 6개 분야에 아동복지교사를 파견한다.

④ 아동복지시설 운영

가. 아동양육시설

보호를 필요로 하는 아동을 입소시켜 보호, 양육하는 시설이다.

나. 아동일시보호시설

보호를 필요로 하는 아동을 일시보호하고 아동에 대한 향후의 양육대책수립 및 보호조치를 행하는 시설이다.

다. 아동보호치료시설

불량행위를 하거나 불량행위를 할 우려가 있는 아동으로서 보호자가 없거나 친권자나 후견인이 입소를 신청한 아동 또는 가정법원, 지방법원 소년부지원에서 보호위탁된 아동을 입소시켜 그들을 선도하여 건전한 사회인으로 육성하는 시설 이다. 정서적 · 행동적 장애로 인하여 어려움을 겪고 있는 아동 또는 학대로 인하여 부모로부터 일시

격리되어 치료받을 필요가 있는 아동을 보호 · 치료하는 시설이다.

라. 자립지원시설

아동복지시설에서 퇴소한 자에게 취업 준비기간 또는 취업 후 일정기간 보호함으로써 자립을 지원하는 시설이다.

마. 지원대상 보호아동

시 · 도지사, 시장 · 군수 · 구청장이 보호자의 의뢰 또는 보호 필요아동 발견시 보호자 및 아동의 제반사항을 고려하여 결정한다.

바. 공동생활가정 운영

보호가 필요한 아동에게 가정과 같은 주거여건과 보호, 양육, 자립지원 서비스를 제공하는 것을 목적으로 하는 아동 공동생활가정을 운영한다.

대규모 집단시설 위주의 보호에서 소규모 가정형태 보호로의 전환 및 지역사회 중심의 아동보호를 위한 새로운 보호형태로 전개되었다. 국민복지기획단(1995년)에서 마련한 국민복지 기본구상에 그룹홈 도입이 논의되었고, 1996년 12월 그룹홈제도 도입을 결정하여 1997년부터 시범사업이 실시되었다. 2004년 아동복지법상 아동복지시설 종류에 공동생활가정이 추가되었다.

사. 드림스타트

가족해체에 따른 가족기능 약화 · 사회양극화로 빈곤의 대물림이 심화되고 있으나, 밀착형 서비스가 필요한 취약계층 아동에 대한 집중 관리가 미흡하다는 반성에서 비롯되었다. 모든 아동에게 동등한 출발기회 제공 및 건강하고 행복하게 성장할 권리 보장을 위해 아동의 욕구와 강점에 초점을 둔 통합 사례관리다. 국가 성장잠재력 제고를 위한 선제적 인적투자로써 아동에 대한 지원을 실행하는 것이다. 아동기의 빈곤은 아동의 전 생애는 물론 사회 전체 발전가능성을 저해하며, 아동발달에 대한 조기 개입으로 성장과 복지의 선순환을 달성하고 사회통합 유도 등 사회적 환원효과가 큰 것으로 분석되었다.

보건복지부가 총괄하고 시 군 구가 아동통합서비스 지원기관(드림스타트)를 설치 운영하고 있다. 2015년 이후 전국 시 · 군 · 구에 229개의 아동통합서비스 지원기관이 운영되고 있다.

아동의 양육환경 및 발달 상태 사정 결과에 따른 사례관리를 통해 건강 · 기초학습 · 사회성 함양 · 부모교육 · 가족지지 등 맞춤형 통합서비스를 제공하고 있다. 서비스 내용은 건강검진 및 건강관리, 기초학습 지원, 사회정서 증진 서비스, 부모 양육지원 등 아동발달 영역별 맞춤형 통합서비스 등이다.

아. 디딤씨앗통장

저소득 아동의 사회진출 시 필요한 자립자금 마련에 도움을 주기 위하여 아동복지시설 아동, 가정위탁 아동 등을 대상으로 아동발달지원계좌(CDA: Child Development Account)를 지원(2007년 도입)하고 있다. 명칭 공모전을 거쳐 선정된 '디딤씨앗통장'을 대국민 브랜드로 2009년부터 사용하고 있다.

사업내용은 아동이 보호자, 후원자의 후원으로 월 5만 원 이내의 금액을 저축하면 국가(지자체)에서 만 18세 미만까지 같은 액수(1:1 매칭펀드)를 지원하여 만 18세 이후 사회진출 시 학자금, 전세금, 창업자금 등으로 사용토록 하는 것이다.

지원대상은 만 18세 미만 아동으로서 아동복지시설 생활아동, 가정위탁아동, 소년소녀가정, 공동생활가정 및 장애인시설 생활아동, 기초생활수급가정(중위소득 40% 이하 기준)의 아동이다. 또 가정회복 및 정부의 가정보호 확대정책으로 중도에 가정으로 복귀하는 아동이 희망할 경우 계속 지원한다.

자. 자립수당

보호종료 아동에게 자립수당을 지급하여 보호종료 후 경제적 부담을 완화하고 안정적인 사회정착 및 복지향상을 통해 성공적 자립에 기여하기 위한 것이다. 지원대상은 2017년 5월 이후 아동복지시설, 가정위탁 보호종료 3년 이내 아동 중 보호종료일로부터 과거 2년 이상 연속하여 보호를 받은 아동, 만 18세 이후 만기 보호종료 또는 연장 보호종료된 아동 등이다. 지원금액은 매월 30만 원으로 현금지급된다.

(4) 아동학대

① 아동학대 예방 및 피해아동 보호

아동학대 예방 강화 및 피해아동 보호를 통한 아동의 건강한 성장환경 조성 및 권리 증진을 도모하기 위한 것이다. 사업내용은 아동학대 예방을 위한 정책수립, 관련 법·제도 마련 및 개선, 아동학대 예방 인프라 강화, 아동학대 예방 교육 및 홍보 등이다.

아동학대란 보호자를 포함한 성인이 아동의 건강 또는 복지를 해치거나 정상적 발달을 저해할 수 있는 신체적·정신적·성적 폭력이나 가혹행위를 하는 것과 아동의 보호자가 아동을 유기하거나 방임하는 것이다. 누구든지 아동학대범죄를 알게 된 경우나 의심이 있는 경우에는 시·도, 시·군·구 또는 수사기관에 신고할 수 있다. 아동학대 신고의무자는 어린이집·유치원·초중고교 종사자, 의사 등이다.

② 실종 아동 등의 보호 및 지원

취약계층인 아동 및 장애인(지적·자폐성·정신)의 실종예방을 위한 교육 및 홍보, 장기 실종아동가족 지원을 통한 가족 해체를 막는다. 사업내용은 실종아동 가족지원 및 사회적응을 위한 상담 및 치료서비스 제공, 무연고 아동 등에 대한 신상카드 데이터베이스 구축·운영, 실종 아동 등과 관련된 실태조사 및 연구, 실종 아동 등의 발생예방을 위한 연구·교육 및 홍보 등이다.

〈표 9-7〉 **실종아동 장애인 발생 및 가족복귀 현황 2020년 12월 말 기준 경찰청 통계** (단위: 명)

	총계		18세 미만 아동		장애인(지적 자폐 정신)	
	접수	미발견	접수	미발견	접수	미발견
2016년	28,412	8	19,870	5	8,542	3
2017년	28,481	12	19,956	5	8,525	7
2018년	30,861	22	21,980	10	8,881	12
2019년	29,911	174	21,551	99	8,360	75
2020년	26,224	152	19,146	205	7,078	47

③ 아동안전사고 예방사업

아동, 부모, 교사 또는 종사자의 안전의식 강화 및 대응능력 향상으로 아동이 안전하게 성장할 수 있는 환경을 조성한다. 2007~2012년까지 아동안전사고 예방사업을 실시했고, 2013년부터 안전교육 활성화를 위해 아동복지법에 맞춘 5대 의무교육 주제와 응급처치 교육 콘텐츠 개발 · 보급 및 예방홍보를 실시했다.

사업은 전국 아동복지시설, 보육시설 , 어린이집을 대상으로 한다. 내용은 아동안전 체험 콘텐츠 개발 및 체험안전교육, 아동 · 교사 대상 온 · 오프라인 안전교육 및 콘텐츠 보완 · 개선, 아동안전 예방 홍보 및 연구조사 등이다.

(5) 아동복지정책의 과제

아동복지정책의 문제는 가족[16], 사회환경[17], 부적응[18], 지원체계의 부족, 경제적 문제 등이다.

① 국가의 적극 개입

아동보호의 일차적 책임은 가정에 있다. 가정의 임무를 소홀히 할 경우 국가의 적극적인 대처가 필요하다.

② 저소득층 아동을 위한 포괄적인 지원

저소득층 아동들은 건강하게 성장할 권리를 상대적으로 박탈당하고 있다. 건강과 성장에 필요한 최소한의 조치도 받지 못하는 경우가 있다. 의식주는 물론 제반 상담에 이르는 다양하고 적절한 지원이 요구된다.

③ 시설 개선

시설에서 생활하는 아동들은 전인적 차원에서 양육되어야 한다. 가족의 한 구성원이라는 개념으로 시설의 장들과 직원들은 종사해야 한다. 전문가들에 의해 가정보다 더

16) 빈곤이나 실업에 의한 가족의 경제적 불안정, 가족제도의 붕괴, 양육결함 등은 아동문제로 이어진다.
17) 환경오염, 공해문제, 퇴폐향락업소, 교통문제, 슬럼지역 등은 아동의 성장에 부정적인 영향을 미친다.
18) 비장애 학생은 물론 장애아동의 경우 심리 정서적인 배려가 뒤따라야 한다. 그렇지 못할 경우 부적응으로 이어진다.

좋은 환경에서 돌봄을 받아야 한다.

④ 아동복지서비스 모형 개발

우리나라, 우리지역에 부합하는 서비스 모형의 개발과 확대가 시급하다. 아울러 기존 제도를 더욱 활성화시키고 효율적으로 실행 할 것인가에 대한 논의와 연구도 뒤따라야 한다.

5) 보육정책

(1) 보육정책 연혁

저소득층 자녀 위주의 탁아사업의 시행은 일제강점기인 1921년이고, 1982년 유아교육진흥법이 제정되었으며, 새마을유아원이 운영되었다. 1987년 남녀고용평등법에 따라 직장 탁아제가 도입되었고, 1991년 '탁아'에서 '보육'으로 용어를 전환했다.

제1차 중장기 보육기본계획 '새싹플랜'으로 여성의 사회진출 증가에 대응한 보육서비스가 공급되었으며, 제1차 중장기보육기본계획을 보완한 '아이사랑플랜'(2009~2012, 보건복지부)을 통해 보육의 국가책임을 강화했다. 또 보육서비스를 '영유아' 중심으로 설정했다. 제2차 중장기보육기본계획(2013~2017)에서는 무상보육제가 도입되었고, 수요자 맞춤식 지원을 추진하였다.

2013년 보육료 · 양육수당이 전 계층에 지원되었고, 3~5세 공통의 보육 · 교육과정인 누리과정이 도입되었으며, 2014년 입소대기시스템이 도입되었다. 2015년 모든 어린이집에 CCTV가 설치되었고, 임신 · 출산 · 육아 관련 웹사이트 통합, 아이사랑 포털이 운영되었다. 2016년 맞춤형보육이 도입 · 시행되었고, 3차 중장기보육기본계획(2018~2022)에 따라 보육의 공공성 강화, 효과적 보육서비스 제공을 위한 보육체계개편, 보육서비스의 품질향상, 부모양육지원 확대 등이 진행되고 있다.

(2) 보육사업 기획

① 영유아 보육료 지원

어린이집을 이용하는 영유아(0~5세 반)로 국적과 주민등록번호를 유효하게 보유하고 있는 자(소득 무관 전 계층)에게 지급한다.

신청은 읍·면·동 주민센터를 직접 방문 또는 복지로 웹사이트(www.bokjiro.go.kr), 모바일앱(복지로)을 통한 온라인으로 신청한다.

② 가정양육수당

어린이집·유치원·종일제 아이돌봄서비스를 이용하지 않는 취학 전 86개월 미만 영유아가 지원대상이다.

③ 시간제보육

가정양육 가구(가정 양육수당 수급 중)가 긴급·일시적으로 보육시설 이용이 필요한 경우 필요한 시간만큼 시간당 일정 비용을 지불하고 이용하는 보육서비스다. 신청방법은 온라인(아이사랑포털 www.childcare.go.kr)이다.

(3) 보육기반

① 3~5세 누리과정

가. 의의

만 3~5세아 보육·교육에 대한 국가 책임 강화라는 의미가 있다. 미래 인적자원 투자로서 보육·교육에 대한 지원을 확대하여 부모 양육부담 경감, 출발선 상 공정 기회 보장 및 건강한 성장 발달을 지원한다.

소득하위 70%에게만 지원하던 보육료 지원을 부모의 소득수준에 관계없이 만 5세아(2012년 3월부터) 및 만 3~4세아(2013년 3월부터) 전 계층으로 확대했다.

② 어린이집 입소대기

어린이집 입소대기는 입소를 희망하는 어린이집에 입소대기를 신청, 입소우선순위에 따라 입소를 결정하는 것이다. 돌봄 지원 필요성이 높은 가구의 영유아가 어린이집에 우선적으로 입소할 수 있도록 점수를 부여(영유아보육법 제28조 및 시행규칙 제29조)한다. 보육나이 만 0세~만 5세(단, 장애아동은 만 12세까지 가능)가 대상이고, 입소 우선순위를 적용하는 전체 어린이집에 대하여 입소대기 신청이 가능(직장, 협동어린이집 제외)하다. 온라인신청(아이사랑포털 www.childcare.go.kr)을 하고, 방문신청도 가능하다.

③ 어린이집 평가제

어린이집 평가제도는 보육·양육에 대한 사회적 책임강화 실현 및 안심 보육환경 조성을 위해 국가 차원에서 모든 어린이집을 주기적으로 평가하여 상시적인 보육서비스의 질을 확보하고자 하는 제도다. 2019년 6월부터 시행되고 있다.

〈표 9-8〉 **평가 등급의 기준 및 평가주기**

등급	등급구분(정의)	등급 부여기준	평가주기
A	국가 평가에서 제시하고 있는 기준을 모든 영역에서 충족함	4개 영역 모두 '우수'인 경우(필수 지표 및 요소 충속)	3년
B	국가 평가에서 제시하고 있는 기준을 대부분 충족함	'우수' 영역이 3개 이하이며 '개선 필요' 영역이 없는 경우	
C	국가 평가에서 제시하고 있는 기준 대비 부분적으로 개선이 필요함	'개선 필요' 영역이 1개 있는 경우	2년
D	국가 평가에서 제시하고 있는 기준 대비 상당한 개선이 필요함	'개선 필요' 영역이 2개 이상인 경우	

(4) 보육정책의 방향

보육서비스는 일 가족양립지원정책, 사회서비스, 아동서비스 등 복합적 목적을 갖는 공공재라는 인식이 자리잡아야 한다. 부모(특히 모)의 취업지원, 아동의 사회성 발달지원, 저소득층 아동의 발달성장환경 보완 등이 정책의 주 방향이어야 한다.

① 돌봄정책의 방향 정립

서비스의 질, 품질관리, 서비스인력의 처우개선, 중앙–지방정부 간 기능분담, 거버넌스 등을 둘러싼 방향성이 부족하다. 돌봄을 받을 권리(right to receive care)만 주목하고, 돌봄으로부터 해방될 권리(right not to care)나 돌봄을 할 수 있도록 시간을 가질 권리(right to have time for care)에 대한 깊은 고민이 부족하다(최은영, 2017). 균형잡힌 보육정책의 과제 역시 이러한 새로운 권리의 연장선 상에서 구상되고 실행되어야 할 것이다[19].

좋은 보육서비스는 초기 아동발달의 적절한 투자에 해당하며, 이를 충실히 수행해야 한다. 빈곤가구의 영유아가 기본적인 인지적 · 사회적 기술습득이 심각하게 저해될 경우 생애에 걸쳐 부정적 영향이 쌓인다는 문제의식 하에 저소득층 아동의 어린이집 이용을 촉진하고, 더 나은 발달환경 조성에 투자해야 하며, 개별지도와 추가 투자가 필요하다(최은영, 2019). 국공립어린이집의 지역편차 없는 확충, 아동발달을 고려한 보호 · 교육환경 조성, 교사의 근무여건 향상과 근무량 축소를 통한 대면서비스 품질 향상이 이루어 져야 한다.

② 노동시장관의 연동

어린이집 교사를 포함한 모든 취업 부모의 노동시간 단축과 유연성 확보, 자녀와 함께 보낼 수 있는 시간을 권리로서 확보하는 노력이 동반되어야 한다. 남녀가 모두 근로를 하되 유연함을 권리로서 누리고, 이렇게 확보된 시간은 남녀가 모두 돌봄 수행자로서의 역할을 맡는데 활용할 수 있어야 한다. 노동시장(시간)의 변혁적 변화와 조응하면서 교사의 노동환경을 개선함으로써, 품질을 높이고 부모의 일가족양립지원과 아동의 균등발달에 기여하는 방향으로 재편되어야 한다.

---

19) 정책전환이 일정한 원칙과 효과제고라는 틀 안에서 이루어진 것이 아니라 정치적 선택에 의해 이루어졌다는 데 있다. 예를 들면, 어린이집 서비스에 대한 신뢰가 낮아 이용을 꺼리는 대상에게 품질높은 서비스로 대응하지 않고, 시설에 보내지 않는다는 것을 전제로 양육수당을 도입한 것, 일가족양립정책인 보육서비스를 부모취업여부와 무관하게 모두에게 무상으로 공급하기 시작한 것 등이 이에 해당한다.

6) 청소년복지 정책

(1) 청소년복지의 개념

① 청소년

가. 청소년의 개념

청소년은 아동과 연령이 중복되어 오랫동안 아동의 개념에서 이해되어 왔던 것이 사실이다. 농경사회에서는 청소년이라는 개념 자체가 존재하지 않았다. 산업화로 인한 노동시장에서 훈련받은 노동력의 필요로 청소년이라는 용어가 탄생했다.

청소년이란 단어로 영어권에서는 adolescent와 youth로 구분사용하고 있다. adolescent는 청소년기는 다가오는 성인기 생활을 준비하는데 역점을 둔다. 주도적이며 적극적인 역할을 스스로 창출하기 보다는 기성세대의 가치나 규범을 수용하는 수동적 존재로 보는 경향도 있다.

youth는 사회심리학적 성격에 주목해 청소년기는 단순한 과도기가 아니라 고유한 인생 발달과정단계로 청소년의 자율성과 책임성뿐 아니라 권한 위임 성격적 성격의 참여와 시민정신 등을 인정하고 있다.

나. 법에 따른 개념

청소년기의 개념을 설명하는 것 중 하나가 신체발달 과정의 특성과 연령에 의한 기준을 사용하는 것이 보편적이다. 그러나 신체발달 징후들이 개인마다 다르기에 보편적인 기준을 제시하는 데는 한계가 있다. 1985년 유엔은 15세부터 24세 사이의 집단을 청소년으로 규정했고, 유엔식량농업기구는 10세부터 24세까지로 정의 했다. 우리나라에서도 청소년 기본법, 청소년복지지원법, 청소년활동 진흥법 등의 다양한 청소년 관련 법들이 제정되었는데 각 법마다 청소년들의 호칭과 적용연령에 차이를 두고 있다. 일반적인 청소년기의 발달특성 뿐 아니라 발달 영역별 특성을 고려했기 때문이다.

연령을 구분하는 것은 중점을 두는 분야가 다르기 때문이다. 세부 분야에 따라 청소년에 대한 연령의 범위와 그 정의를 달리하고 있다. 근로청소년은 근로에 임하는 최소한도의 신체적 능력에 중점을 두었고, 비행청소년은 상황에 따른 판단력과 분별력 등 사회인지적 능력을 중요시하는 것이다.

〈표 9-9〉 **청소년 관련법 상에서의 청소년 호칭과 연령**

법률	호칭	연령
청소년활동 진흥법	청소년	9세이상 24세 이하
청소년 기본법	청소년	9세이상 24세 이하
청소년복지지원법	청소년	9세이상 24세 이하
청소년 보호법	청소년	만 19세 미만
아동청소년의 성 보호에 관한 법률	아동 청소년	19세 미만
보호소년등의 처우에 관한 법률	소년	20세 미만
소년법	소년	19세 미만
민법	미성년자	19세 미만
형법	형사 미성년자	14세가 되지 아니한 사람
근로기준법	연소자	18세 미만
아동복지법	아동	18세 미만
한부모가족 지원법	아동	18세 미만
국민기초생활보장법	아동	18세 미만
보호관찰 등에 관한 법률	소년	19세 미만

자료: 조성연 외, 청소년복지론(2019), 창지사

(2) 청소년복지

① 청소년복지의 정의

과거 청소년복지는 아동복지영역에 포함되어 아동의 특성과 복지서비스 등과 구분되지 않고 다루어져 왔다. 청소년복지라는 단어가 사용된 것은 1991년 청소년 기본법이 제정된 이후로 보고 있다. 청소년 기본법 제 3조 4항은 "청소년복지란 청소년이 정상적인 삶을 누릴 수 있는 기본적인 여건을 조성하고 조화롭게 성장 · 발달할 수 있도록 제공되는 사회적 · 경제적 지원을 말한다"고 규정하였다.

청소년복지는 특정 보호를 필요로 하는 청소년 집단에 국한되는 것이 아니라 일반청소년까지 포함한다. 보편적인 서비스로 청소년에 대한 직접적인 서비스뿐 아니라 간접적으로 제공되는 정책과 제도를 통해 청소년의 생활여건 향상과 복지증진에 기여하는 것을 청소년복지라 할 수 있겠다.

청소년복지의 개념은 날로 확대되고 있는데 사회의 발달로 청소년복지가 대응해야 할 변화가 확대되었기 때문이다. 과거 요보호 청소년복지정책이 주를 이루었지만 현재는 전체 청소년들의 삶의 질 개선을 위한 복지로 확대되고 있다.

② 청소년의 권리

가. 청소년 기본권

청소년 기본권은 헌법과 청소년 기본법, 청소년 헌장에 규정되어 있다. 헌법 제 10조는 “모든 국민은 인간으로서의 존엄과 가치를 가지며, 행복을 추구할 권리를 가진다. 국가는 개인이 가지는 불가침의 기본적 인권을 확인하고 이를 보장할 의무를 진다.”고 명시했다.

헌법 31조에는 “모든 국민은 능력에 따라 균등하게 교육을 받을 권리를 가진다. 국가는 평생교육을 진흥하여야 한다. 학교교육 및 평생교육을 포함한 교육제도와 그 운영, 교육재정 및 교원의 지위에 관한 기본적인 사항은 법률로 정한다”고 하였다. 또한 34조에서는 “모든 국민은 인간다운 생활을 할 권리를 가진다”라고 명시 청소년도 인간다운 삶을 살 권리가 있음을 보여주었다.

청소년기본법 5조는 청소년의 권리와 책임을 정하고 있다. 즉 청소년의 기본적 인권은 청소년활동 · 청소년복지 · 청소년보호 등 청소년육성의 모든 영역에서 존중되어야 한다. 청소년은 인종 · 종교 · 성별 · 나이 · 학력 · 신체조건 등에 따른 어떠한 종류의 차별도 받지 아니한다. 청소년은 외부적 영향에 구애받지 아니하면서 자기 의사를 자유롭게 밝히고 스스로 결정할 권리를 가진다. 청소년은 안전하고 쾌적한 환경에서 자기발전을 추구하고 정신적 · 신체적 건강을 해치거나 해칠 우려가 있는 모든 형태의 환경으로부터 보호받을 권리를 가진다. 청소년은 자신의 능력을 개발하고 건전한 가치관을 확립하며 가정 · 사회 및 국가의 구성원으로서의 책임을 다하도록 노력하여야 한다 등이다.

나. 청소년 헌장

1990년 청소년 헌장을 제정 선포했고, 1998년 개정했다. 전문에서는 "청소년은 자기 삶의 주인이다. 청소년은 인격체로서 존중받을 권리와 시민으로서 미래를 열어갈 권리를 가진다. 청소년은 스스로 생각하고 선택하며 활동하는 삶의 주체로서 자율과 참여의 기회를 누린다. 청소년은 생명의 가치를 존중하며 정의로운 공동체의 성원으로 책임 있는 삶을 살아간다. 가정, 학교, 사회 그리고 국가는 위의 정신에 따라 인간다운 삶을 보장하고 청소년 스스로 행복을 가꾸며 살아갈 수 있도록 여건과 환경을 조성한다"고 규정했다.

〈청소년의 권리〉

- 청소년은 생존에 필요한 기본적인 영양, 주거, 의료, 교육 등을 보장받아 정신적, 신체적으로 균형있게 성장 할 권리를 가진다.
- 청소년은 출신, 종교, 학력, 연령, 지역 등의 차이와 신체적, 정신적 장애를 이유로 차별받지 않을 권리를 가진다.
- 청소년은 물리적 폭력 뿐만 아니라 공포와 억압을 포함하는 정신적인 폭력으로부터 보호받을 권리를 가진다.
- 청소년은 사적인 삶의 영역을 침해받지 않을 권리를 가진다.
- 청소년은 자유로운 의사에 따라 건전한 모임을 만들고 올바른 신념에 따라 활동할 권리를 가진다.
- 청소년은 배움을 통해 진리를 추구하고 자아를 실현해 갈 권리를 가진다.
- 청소년은 건전하고 다양한 문화, 예술활동에 자유롭게 참여할 권리를 가진다.
- 청소년은 다양한 매체를 통하여 자신의 삶에 필요한 정보에 접근할 권리를 가진다.
- 청소년은 자신의 삶과 관련된 정책 결정 과정에 민주적 절차에 따라 참여할 권리를 가진다.

〈청소년책임〉

- 청소년은 자신의 삶을 소중히 여기며 자신이 선택한 삶에 책임을 진다.
- 청소년은 앞 세대가 물려준 지혜를 시대에 맞게 되살려 다음 세대에 물려줄 책임이 있다.
- 가정, 학교, 사회, 국가, 인류공동체의 성원으로서 자기와 다른 삶의 방식도 존중할 줄 알아야 한다.
- 청소년은 삶의 터전인 자연을 소중히 여기고 모든 생명들과 더불어 살아간다.
- 청소년은 통일시대의 주역으로서 평화롭게 공존하는 방법을 익힌다.
- 청소년은 남녀평등의 가치를 배우고 이를 모든 생활에서 실천한다.
- 청소년은 가정에서 책임을 다하며 조화롭고 평등한 가족 문화를 만들어 간다.
- 청소년은 서로에게 정신적, 신체적 폭력을 행사하지 않는다.
- 청소년은 장애인을 비롯한 소외 받기 쉬운 사람들과 더불어 살아간다

③ 청소년복지권

청소년복지권이란 청소년이 인간으로 존중되고 생활할 수 있는 최소한의 권리를 말한다. 독립된 인간으로서 최소한의 기본적인 생활을 영위할 뿐 아니라 인간다운 생활을 할 권리가 있는 존재로 인식되어야 한다. 국가는 이를 보장해 주어야 한다.

헌법, 청소년 기본법, 청소년복지지원법, 청소년 헌장, 아동권리선언 등에 명시되어 있다.

④ 청소년의 학생인권

학생들의 자발적인 참여와 교사의 전문적인 자율권 확대가 필요하다. 대입으로 인해 학생인권은 무시되고 있다. 대학입시제도의 개선과 학벌보다 능력 중심의 사회로 변화되어야 한다.

학생들은 인권침해의 희생자 일 뿐 아니라 가학적인 폭력행위로 인해 가해자가 되기도 한다. 인권교육은 내실있게 또 지속적으로 진행되어야 한다. 학생들이 권리를 행사하고 자율적인 인격체로 존중받을 수 있는 사회적 관계와 문화를 창출하는 것이 요구

된다. 학교사회사업의 제도화도 전개되어야 한다.

(3) 청소년복지의 실제

① 중독

가. 약물 중독

약물 중독은 고의 혹은 실수로 치료적 약물을 과량 복용하여 약물이 나타내는 치료적 효과 외의 독성 부작용이 발생할 것으로 예견되는 상태를 말한다. 학령기 이전의 소아에서는 치료적 약물이 아닌 가정 내 물질(비누, 화장품 등)에 실수로 노출되는 '무독성 노출 혹은 복용(Nontoxic exposure or ingestion)'이 가장 흔하며, 이 경우 대부분 별 다른 처치 없이 관찰할 수 있는 안전한 경우이다. 청소년기 이상의 연령에서 발생하는 약물 중독은 대부분 자살을 시도하는 등의 의도적인 경우가 많다. 약물 중독은 자살 발생률이 높은 청소년기와 노년기에서 그 빈도가 높은 경향을 보인다.

〈약물 중독 요인〉

- 개인적 요인: 생물학적 요인, 성격, 인성결함 등이 있다. 본인의 물질이 불균형을 이루거나 어떤 물질이 많다면 감정과 행위에 영향을 줄 수 있다.
- 가족요인: 경제적으로 어렵거나 안정적이지 못한 가정환경, 부모의 처벌적 훈육방식이나 방임적 양육, 가족 구성원 중 약물 중독자의 여부, 부모의 삶의 태도, 부모와의 관계 등이다.
- 사회적 환경요인: 부적절한 또래 집단이나 교사와의 부정 적 관계, 청소년의 약물 사용이나 남용에 대해 허용적인 사회환경 등이다.

〈약물중독이 청소년에게 미치는 영향〉

- 신체 정신적으로 발달과제를 성취해야 하는 시기이므로 인체에 해로운 물질을 사용하면 신체 정신의 발달에 부정적 영향을 준다.
- 약물을 하면 친구가 바뀌고 집안 밖에서 생활태도가 바뀐다. 장기 학교결석, 가족과의 불화 등이 이어진다.

- 성인의 제재를 거부하면서 반항심이나 반발심을 성인들에게 표출한다. 약물은 이런 행위를 더 악화시킨다.
- 가벼운 술 담배에서부터 본드 부탄가스 필로폰 등으로 확대하는 경향을 갖는다.

나. 인터넷 중독

프로필 기반 서비스는 나이 학력 등 개인정보와 사진, 친구 목록 등이 프로필 페이지에 제공되어 이를 기반으로 인맥을 형성하는 서비스다. 인터넷은 초고속 인터넷, 스마트폰, 넷북 등 첨단 기술의 발달로 우리 생활에 없어서는 안될 필수적인 존재가 됐다. 인터넷 중독이라는 용어는 1996년 정신과 의사인 Goldberg가 처음으로 사용하였다. 인터넷 중독이란 인터넷을 과다 사용하여 인터넷 사용에 대한 금단과 내성이 생겨, 이로 인해 일상생활의 장애가 유발되는 상태로 정의한다.

K. Young은 인터넷 중독을 병리적이며 강박적인 인터넷 사용이라고 규정하고 최초로 구체적인 진단 기준을 만들었다. Young은 5가지로 인터넷 중독 유형을 분류하였다.

- 사이버 섹스 중독: 섹스나 포르노 등의 내용물을 담고 있는 인터넷 사이트들(음란채팅, 음란물 공유, 성인 방송 등)을 강박적으로 계속 드나드는 경우다.
- 사이버 관계 중독: 온라인을 통한 인간관계에 과도하게 몰두해 있는 경우다. 이런 경우 실제 인간관계를 등한시하게 되기도 한다.
- 네트워크 강박증: 강박적으로 온라인 게임, 쇼핑, 주식 매매 등을 하는 경우이다.
- 정보 과부하: 강박적으로 웹사이트나 자료를 검색한다. 필요한 정보보다는, 정보 수집 자체에 집착하는 것이 보통이다.
- 컴퓨터 중독: 강박적으로 온라인 게임에 몰두한다. 우리나라 청소년들과 젊은 성인들에게서 자주 관찰되는 유형이다.

② 청소년 성매매

성인들이 어린 청소년에게 금전적인 지원이나 기타 편의를 제공하는 대가로 청소년을 성행위의 대상으로 삼는 행위다. 원조교제라고고 불렸는데, 이는 일본에서 건너온 말로, 한국에서 성행하는 10대 청소년들의 '원조교제'는 청소년을 상대로 한 1회성 윤락이 대부분이기 때문에 '원조교제'를 대체하는 용어로 등장하였다.

청소년의 성매매는 매년 증가하는 추세다. 청소년 비행이나 가출과도 연관을 갖는다. 인터넷과 스마트폰을 활용해 채팅 이메일 등을 통한 성매매가 은밀히 이루어지고 있다.

가. 성매매 발생요인

- 개인적 요인: 성에 대한 부적절한 태도, 조숙한 성경험, 왜곡된 성 가치관, 물질주의적 가치관, 성학대나 성폭력 경험, 유해물질 노출 등이다.
- 가족관련 요인: 가족해체, 관심과 애정 부족, 가정폭력, 가족의 해체, 부모 갈등, 경제적 어려움 등이다.
- 친구관련 요인: 청소년기는 또래의 영향력이 크다. 어떤 유형의 친구를 사귀는 가에 따라 청소년의 삶이 달라질 수 있다.
- 학교관련 요인: 입시 위주의 학교교육에 적응치 못하는 청소년들에게 방황과 자존감을 저하시킨다. 학업중도 탈락이나 가출 등으로 이어질 수 있다.
- 사회 문화적 요인: 이중적 성윤리, 성 상품화, 성매매를 조장하는 분위기 등이다. 향락주의, 물질 만능주의 등의 분위기는 부정적 요인이다.

③ 가출

가. 가출 청소년

호기심이나 심각한 가족문제 때문에 적극적인 의지로 집을 나오는 가출, 부모로부터 집을 쫓겨나오는 가출, 더 이상 머물 수 있는 집이 없는 상황 등 여러 가지다. 부모의 허락 여부, 연령, 기간 등의 요소를 고려해 정의된다. 기본적으로 보호자의 동의나 허락없이 집에서 벗어나는 행위로 보호자가 소재를 알지 못한다. 여성가족부는 가출을 "부모나 보호자의 동의 없이 하루 이상 무단으로 집에 들어가지 않는 행위"로 보았다. 상당수의 가출은 개인적인 어려움이나 가족 상황에 대처하기 위한 방법이 될 수 도 있다. 청소년 가출을 비행이나 일탈이 아닌 생존을 위한 적응의 관점에서도 보아야 한다.

나. 가출의 원인

- 개인 요인: 자아개념이 낮고 충동적이고, 대인관계가 원만치 않으며 자신감이나 인내심이 부족하며, 정신적으로 불안하거나 우울하고, 쉽게 화를 내는 경향이 있다(한상철, 2000). 가출 청소년은 심각한 심리정서적, 성격적 장애가 있어 이런 특성이 가출에 직접적인 요인이 된다는 연구도 있다(남영욱 외, 2001).
- 가족 요인: 부모와 다른 가족구성원들과의 관계, 가정 환경적 요인 등
- 학교 요인: 또래 및 교사와의 관계 학교환경 등
- 사회적 요인: 다양한 유해환경

④ 학업중단

청소년기의 학업성취는 성인기 이후 독립적인 생활을 할 수 있는 능력을 갖추고 준비하기 위한 것이다. 학업중단은 학업을 지속하지 못하는 원인과 책임을 청소년 개인뿐만 아니라 사회적인 측면을 포함해 접근하는 개념이다.

가. 개인적 요인: 자아존중감, 책임감, 인지 학습능력

나. 가족적 요인: 부모의 소득이나 교육 수준, 결손가족이나 빈곤가족, 가족구성 의지지

다. 친구와 학교: 비행경험이 있는 친구나 처벌 경험이 있는 친구의 유무. 권위주의 획일주의 집단주의 등 비민주주의적 방식으로 운영되는 학교. 경쟁적인 분위기, 비현실적인 학교교칙, 학습내용에 대한 불만, 교사의 처벌과 낙인, 무관심 등

⑤ 폭력

가. 집단따돌림

상습적으로 힘없는 개인에 대한 집단 공격(group attack)이 지속적으로 이루어지는 학대이다.

가해 학생과 피해 학생 간의 힘의 불균형(연령, 신체 크기나 힘 등)에서 발생하는 부정적 행동이다. 부정적인 행동은 의도적으로 해를 가할 목적으로 공격하는 행동을 의미하는 것으로, 폭행이나 위협, 못살게 굴기, 놀리기, 소외시키기 등을 포함하는 포

괄적 행동을 말한다.

가해 청소년들은 대부분 호전적 기질이 강하고 질투심이 많고 자기 힘을 과시하고 싶어하며 따돌림을 당한 경험이 있다. 학업은 부진하며 신체적인 약점도 있다.

부모의 과보호도 원인이 된다. 경쟁적인 교육풍토도 개선되어야 한다.

나. 학교폭력

학교 폭력 예방 및 대책에 관한 법률 제 105조 78항에 따르면 학교 내외에서 학생을 대상으로 발생한 상해, 폭행, 감금, 협박, 약취 · 유인, 명예 훼손 · 모욕, 공갈, 강요 · 강제적인 심부름 및 성폭력, 따돌림, 사이버 따돌림, 정보 통신망을 이용한 음란 · 폭력 정보등에 의하여 신체 · 정신 또는 재산상의 피해를 수반하는 행위다.

다. 청소년 자살

- 원인: 우선 아동기에서 성인기로 전환되어가는 발달학적 과업 달성과 관련한 문제가 있다. 하나의 주체적인 인간으로 성장하기 위해 정신적 독립을 달성하는 과정에서 피치 못하게 벌어지는 부모와의 갈등이 한 예다. 다른 문제로는 청소년기 우울증이 있다. 청소년기 우울은 비행청소년 같은 행동적 문제로 나타나는 경우가 많다.
- 특징: 청소년의 경우 자살에 있어 남성과 여성의 차이는 거의 없다. 또 청소년의 자살은 사전 계획 없이 순간적인 충동에 의해 이루어지는 경우가 많다. 작고 사소한 계기, 즉 친구와의 다툼, 부모의 꾸중, 경쟁에서의 패배 등이 자살로 이어지게 하는 사건들이다. 정서적으로 불안정한 청소년들은 자신에게 당면한 문제를 풀어내기보다 자살로 회피하려는 경향이 강하다.

(4) 청소년복지의 과제

청소년복지에 대한 제도와 관심은 여전히 미흡하다. 소득양극화 현상으로 인한 청소년 간의 괴리감, 학교 밖 청소년과 다문화가족 청소년의 증가 등으로 빈곤 위기 청소년들이 늘고 있다. 이들은 기본적인 생활조차 어렵다.

① 청소년 개념의 정립과 통일

서로 다른 범주와 용어는 아동과 청소년의 구분을 모호하게 할 뿐 아니라 청소년의 활동을 계획하고 실행하는 것을 어렵게 하고 있다. 청소년, 미성년자, 연소자, 아동 등에 대한 통일된 개념과 범주에 대한 정의가 이루어져야 한다. 청소년이라는 개념을 보다 확실하게 정의하고 연령 범위를 통일 관련법을 정비하고 시행해야 한다. 청소년복지의 개념을 확대해 청소년의 삶과 연결되는 교육 노동 문화 등을 포함하는 통합적인 청소년복지정책이 수립되어야 할 것이다.

② 국가의 책임 인식

2005년 국무총리 산하 국가청소년 위원회가 청소년 업무를 관장했다. 2008년 이명박 정부 들어 보건복지가족부 내의 아동청소년정책실로 이관하고 아동청소년 활동정책관과 아동청소년 복비정책관 청소년 보호 중앙점검단을 만들었다. 2010년 청소년 업무가 여성가족부로 이관되었다. 청소년 가족정책실내에 청소년 정책관을 두었고 청소년 정책과, 청소년 활동진흥과, 청소년활동안전과, 청소년 자립지원과, 학교 밖 청소년 지원과, 청소년 보호환경과 체계로 운영되고 있다.

지역사회청소년 통합지원체계(CYS-Net)를 전국적으로 확대 실시하는데 국가와 지방자치단체의 역할이 요구된다. 충분한 예산확보와 관심, 지역사회조직의 적극 참여가 필요하다.

③ 청소년복지에 대한 통합 통계시스템 구축

경찰청은 경찰에 신고된 가출 청소년의 수, 여성가족부는 가출 아동 중 청소년 쉼터에 입소하거나 청소년 상담시설을 이용한 청소년의 수로 파악하고 있다. 일반청소년을 위한 복지정책 시행 뿐 아니라 위기청소년에 대한 각종 정책을 시행하기 위해서는 예산확보가 중요하다. 이를 위해서는 정확한 통계가 있어야 한다. 이를 바탕으로 통계시스템을 구축해야 한다.

④ 청소년 관련 법의 정비

관련 법들이 연령에 대한 정의가 다양하고, 청소년과 아동의 구분도 모호하다. 정부 부처별로 유사한 성격의 사업을 경쟁적으로 실시함에 따라 정책 대상자의 중복과 누락이 발생하고 있다. 국가 예산의 비효율적 집행도 문제다. 청소년 관련 법 들에서 제외된 사각지대 청소년들을 위한 법과 제도가 마련되어야 한다.

⑤ 청소년복지 행정체계 정비

정권이 바뀔 때마다 중앙단위 청소년 조직이 변경되고 있어 조직의 불안정하고 전담 부서도 바뀌고 있다. 일관성과 체계를 갖춘 정책의 집행이 어렵다. 청소년복지행정은 관련기관들의 자발적인 협조와 지원, 학교와 지역사회내의 공공기관, 청소년 단체의 상호협력이 필요하지만 유기적이고 긴밀한 협조가 이루어지지 못하고 있다. 중앙 각 부처별로 분산되어 있는 청소년복지 업무를 총괄 조정 협의할 수 있는 통합적인 행정 시스템을 구축해야 한다.

⑥ 전문인력의 확충

청소년복지서비스는 상담 직업교육 수련활동 보호 등 다양한 분야의 활동과 업무를 수행한다. 따라서 전문적인 소양과 능력을 갖춘 전문 인력이 필요하다. 청소년 전문가를 양성할 체계가 미약하고, 양질의 서비스를 제공해 줄 수 있는 전문 인력이 부족하다. 재교육을 받을 수 있는 체계적인 훈련시스템도 강구되어야 한다. 전문인력에 대한 사회 경제적 대우를 높여 만족감을 갖고 청소년 업무에 종사하도록 해야 한다.

⑦ 청소년 인권 신장과 참여

청소년은 여전히 자유롭게 의사를 표현하지 못하고 있다. 정부와 지자체의 적극적인 홍보와 청소년 관련법을 내실있게 시행해 청소년의 인권이 충분히 보장되고 참여가 대폭 확대되도록 힘써야 한다.

10
CHAPTER

공공부조정책

1. 국민기초생활보장제도
2. 긴급복지 지원
3. 의료급여
4. 기초연금

1. 국민기초생활보장제도

1) 국민기초생활보장제도의 의의

국민기초생활보장제도가 추구하는 것은 단순 생계지원에서 벗어나 수급자의 자립과 자활을 촉진하는 생산적 복지다. 생계유지가 어려운 저소득층의 종합적 빈곤대책을 표방하고 있는 국민기초생활보장제도는 40년간의 시혜적 단순 보호 차원의 생활보호제도에서 벗어나 저소득층에 대한 국가의 책임을 강화했다는 점에서 그 의의를 찾을 수 있다.

종전의 거택 · 자활보호의 구분을 없애고 근로능력 여부 · 연령 등에 관계없이 국가의 보호를 필요로 하는 중위소득 이하 가구에 대하여 수준 별로 지원을 하고 있다. 근로능력자에 대해서는 근로 유인장치를 두어 근로 의욕이 감퇴되는 것을 방지하고 있다. 보육 간병 재가복지 등 지역사회복지자원을 연계 · 제공하여 근로능력자가 안심하고 근로활동에 종사할 수 있도록 여건을 조성하는 것이 필요하다.

2) 연혁

빈곤에 관한 최초의 기본 시책은 1948년 제정 · 공포된 「헌법」 제19조의 '노령 질병 등 생활무능력자에 대한 국가의 보호' 규정에서 비롯되었다. 그러나 경제사정 등으로 구체적인 하위 법령이 제정되지 않았고, 예산상의 배정도 이루어지지 못해 선언적 규정에 머물러야 했다.

1950년대부터 1960년대 초반기의 빈곤정책은 민간이 주가 되었다. 영세성을 벗어나지 못했고, 자선적 성격이 짙었으며, 대부분 비전문가에 의해 주도되었다. 6 · 25 전쟁으로 인한 전재민의 의식주와 후방 국민의 기본 생활유지를 위한 구호사업이나 전쟁고아 수용과 보호 사업이 주를 이루었다. 1950년 8월 4일 피난민 수용소에 대한 임시조치법이 제정 · 공포되었다. 빈곤정책이 본격적으로 추진된 것은 1961년 12월 31일 제정된 「생활보호법」부터다. 47조에 3개 항의 부칙으로 이루어진 「생활보호법」은 제1조에 "노령 질병 기타 근로능력 상실로 인해 생활유지능력이 없는 자 등에 대한 보호와 그 방법을 규정해 사회복지 향상에 기여함을 목적으로 한다."고 명시하였다.

「생활보호법」은 보호대상자의 범위를 확대했으며 보호의 종류도 다원화하였다. 즉, 생계보호, 의료급여, 해산보호 등으로 다원화하여 건강하고 문화적인 최저생활을 유지할 수 있는 기반을 조성해 놓았다. 그러나 시행과정에 있어 대상자 선정의 비합리성, 급여의 저급성, 운영의 비합리성이 나타났다.

65세 이상의 노인이나 18세 미만의 아동, 임산부로 생계보호 대상자를 제한하면서 실질적으로 생계가 어려운 많은 저소득자가 보호받지 못하였다. 1997년 외환위기를 맞으면서 「생활보호법」의 한계는 더욱 극명하게 드러났다. 생존의 위협에 노출되면서도 국가나 지방정부로부터 그 어떤 공적 부조도 받지 못하는 '복지의 사각지대'를 더 이상 방치해서는 안 된다는 국민적 공감대가 형성되었다.

1999년 6월 21일 김대중 대통령은 "중산층과 서민이 안심하고 살 수 있도록 국민기초생활보장기본법을 제정하겠다."고 발표하였다. 1999년 8월 9일 보건복지상임위 법안심사소위는 김홍신 의원이 발의한 법안과 1998년 8월 9일 보건복지상임위 법안심사소위를 통과했던 안을 절충해 「국민기초생활 보장법」을 마련하였다. 이 법은 같은 해 8월 11일 법제사법위원회를 통과하였고, 9월 7일 법률 제6024호로 제정되었다.

3) 내용

(1) 수급권자와 중위소득

가. 수급권자

기초생활보장법의 목적은 생활이 어려운 사람에게 필요한 급여를 행해 최저생활을 보장하고 자활을 조성하는 것이다(국민기초생활 보장법 제1조).

국민기초생활 보장법에 명시한 수급권자란 이 법에 의해 급여를 받을 수 있는 자격을 가진 사람을 말한다. 또, 이 법에 의해 급여를 받는 사람이 곧 수급자다. 수급권자는 소득인정액과 부양의무자 기준을 충족시켜야 한다. 최저보장수준이란 국민의 소득 지출 수준과 수급권자의 가구 유형 등 생활실태, 물가상승률 등을 고려하여 급여의 종류별로 공표하는 금액이나 보장수준을 말한다.

나. 수급자 선정기준

국민기초생활보장제도에서 가구는 수급자 선정, 급여액 결정 및 지급의 기본단위다. 소득평가액 및 재산의 소득환산액을 합한 소득인정액은 가구를 단위로 산정하고, 급여는 가구를 단위로 하여 지급하는 것이 기본원칙이다.

① 기준 중위소득

기준 중위소득이란 보건복지부장관이 급여의 기준 등에 활용하기 위하여 중앙생활보장위원회의 심의 의결을 거쳐 고시하는 국민 가구소득의 중위 값이다. 맞춤형급여 도입 이전의 최저생계비에 해당하는 개념이다.

기준 중위소득은 급여종류별 선정기준과 생계급여 지급액을 정하는 기준이고, 부양의무자의 부양능력을 판단하는 기준이 된다. 수급자 선정 및 급여 기준으로 최저생계비 기준을 활용하지 않더라도 기준 중위소득이 수급자의 최저생활을 보장하는지 여부를 확인하기 위하여 최저생계비[1]를 3년마다 계측하고 있다.

---

1) 최저생계비는 국민의 건강하고 문화적인 생활을 유지하기 위하여 소요되는 최소한의 비용을 의미한다. 보건복지부 장관은 매년 9월 1일까지 중앙생활보장위원회의 심의 · 의결을 거쳐 다음 연도의 최저생계비를 공표하며, 3년마다 계측조사를 실시해야 한다.
우리나라의 최저생계비는 전물량 방식으로 지역별, 가구 규모별, 가구 유형별로 계측한다. 계측조사는 전국 일반 가구와 저소득 가구를 대상으로 각 가구의 소득과 재산 지출실태를 조사한다. 이 조사를 토대로 4인 가구를 표준 가구로 설정하고 가구 균등화 지수를 도출한다. 이어 필수품목의 가격과 사용량을 토대로 표준 가구의 최저생계비를 결정한다.
전물량 방식(market basket 방식, Rowntree 방식)은 인간생활에 필수적인 모든 품목에 대하여 최저한의 수준을 정하고, 이를 화폐가치로 환산(가격×최저소비량)한 총합으로 최저생계비를 구하는 방식이다. 보충급여 체계에서 의료비, 교육비 등 급여 종류별 기준액 산정과 장애인, 노인 등의 가구 유형별 부가급여 기준 결정에 유용한 반면, 필수품 선정에 있어서 연구자의 자의성이개입될 수 있는 개연성이 있다.
반물량 방식(Engel, Orshansky 방식)은 최저식료품비를 구하여, 여기에 엥겔계수(식료품비 / 총소득)의 역수를 곱한 금액을 최저생계비로 보는 방식이다. 전물량 방식보다 계측이 간편하고 연구자의 자의성을 줄일 수 있으나, 엥겔지수를 도출하기 위한 최저 생활수준을 설정하는 데도 자의성을 배제하기 힘들고, 전물량 방식에 비해 가구 유형별 최저생계비 계측이 곤란한 단점이 있다.
상대빈곤선 방식은 평균(또는 중위) 소득(또는 지출)의 '일정 비율' 이하에서는 그 사회의 대다수가 일반적으로 누리고 있는 생활수준을 향유하지 못한다고 보고, 그 수준을 최저생계비로 보는 방식이다. 계측이 가장 간단명료하고, 절대빈곤 문제를 어느 정도 해결한 선진국에서 유용하게 사용되나, 무엇을 기준으로 그 기준의 어떤 수준을 최저생계비로 설정할

〈표 10-1〉 2023년도 기준 중위소득

	1인 가구	2인 가구	3인 가구	4인 가구	5인 가구	6인 가구	7인 가구
기준 중위소득	2,077,892	3,456,155	4,434,816	5,400,964	6,330,688	7,227,981	8,107,515

출처: 2023 국민기초생활 보장 사업 안내. 보건복지부

기준 중위소득의 기초자료는 통계법에 따라 공표되는 우리나라 가구소득 중 가계금융복지조사를 사용한다. 가구원 수의 차이에 따라 가구소득을 조정[2)]한다.

② 소득인정액

소득인정액이란 보장기관이 급여의 결정 및 실시 등에 사용하기 위하여 산출한 개별 가구의 소득평가액과 재산의 소득환산액을 합산한 금액을 말한다.

소득인정액＝소득평가액(실제소득－가구특성별 지출비용－근로소득공제)＋재산의 소득환산액 [(재산－기본재산액－부채)×소득환산율]이다. 소득평가액과 재산의 소득환산액이 (－)인 경우는 0원으로 처리한다. 가구의 소득인정액을 가구규모별 급여종류별 선정기준과 비교하여 급여종류별로 수급자 선정 및 생계·주거급여액을 결정한다.

〈표 10-2〉 2023년도 급여종류별 수급자 선정기준

	1인 가구	2인 가구	3인 가구	4인 가구	5인 가구	6인 가구	7인 가구
생계급여 선정기준 (기준중위소득 30%이하	623,368	1,036,846	1,330,445	1,620,289	1,899,206	2,168,394	2,432,255
의료급여 선정기준 (기준중위소득 40%이하	831,157	1,382,462	1,773,927	2,160,386	2,532,275	2,891,193	3,243,006

것인지가 문제다.

소비자물가 상승률 적용 방식은 기준연도의 최저생계비에 소비자물가 상승률을 적용하여 당해 연도 최저생계비를 추정하는 방식이다. 물가는 소비 지출에 비해 안정적이고, 비계측연도 최저생계비 결정방식에 대한 국민의 이해·설득이 용이하며, 가장 쉽게 연도별 최저생계비를 추정할 수 있어 널리 쓰인다. 그러나 소득·기호 변화 및 기술의 발전에 따르는 생활필수품의 내용 및 질의 변화를 반영하지 못하는 것은 단점이다.

2) 가구규모 균등화

	1인 가구	2인 가구	3인 가구	4인 가구	5인 가구	6인 가구	7인 가구
주거급여 선정기준 (기준중위소득 47%이하)	976,609	1,624,393	2,084,364	2,538,453	2,975,423	3,397,151	3,810,532
교육급여 선정기준 (기준중위소득 50%이하	1,038,946	1,728,077	2,217,408	2,700,482	3,165,344	3,613,991	4,063,758

출처: 2023 국민기초생활 보장 사업 안내. 보건복지부

재산의 소득환산액=(일반 금융재산의 종류별가액－기본재산액－부채+자동차 재산가액)×재산의 종류별 소득환산율이다. 여기에서 재산은 일반재산(주거용재산), 금융재산, 자동차, 기타 산정되는 재산을 포함한다.

거주하는 지역에 따라 급여의 차이를 두었는데 대도시가 많고 중소도시 농어촌으로 갈수록 보장액은 감소한다. 즉 생계 주거 교육급여의 경우 대도시(6,900만 원), 중소도시(4,200만 원), 농어촌(3,500만 원)에 차이를 두었다. 의료급여는 대도시가 5,400만 원이고 중소도시는 3,400만 원이며 농어촌은 2,900만 원이다. 소득환산율은 주거용재산(월1.04%), 일반재산(월4.17%), 금융재산(월6.26%), 자동차(월100%) 별로 각각 정하였다.

③ 부양의무자

부양 의무자의 범위는 수급권자의 1촌의 직계혈족 및 그 배우자(사망한 1촌의 직계혈족의 배우자는 제외)다. 부양의무자 제도 적용은 의료급여 수급자에 적용된다. 부양의무자 제도 미적용은 생계급여, 주거급여, 교육급여 수급자다.

부양능력 판정 기본원칙은 부양능력 없는 경우 수급자로 보장이 결정된다. 부양능력이 미약할 경우 부양비 부과를 조건으로 수급자로 보장이 결정된다. 부양비 부과로 수급권자 소득인정액이 급여종류별 선정기준을 초과하는 경우 급여종류별 선정이 제외된다.

부양의무자가 없는 경우, 부양의무자가 있어도 부양능력이 없는 경우, 부양의무자가 부양능력이 미약한 경우로서 수급권자에 대한 부양비 지원을 전제로 부양능력이 없는

것으로 인정하는 경우, 부양의무자가 있어도 부양을 받을 수 없는 경우, 부양의무자 기준이 폐지 된 경우 수급자가 된다.

(2) 급여의 신청

급여는 신청주의다. 생활이 어려운 저소득 가구의 가구원, 그 친족 및 기타 관계인이 해당 가구의 급여를 신청하는 것이 원칙이다. 단 직권주의를 예외적으로 인정하고 있다. 사회복지담당공무원은 급여를 필요로 하는 자가 누락되지 않도록 관할 지역 내에 거주하는 수급권자(생활이 어려우나 급여신청을 하지 않았거나 신청서를 작성할 수 없는 사람)에 대한 급여를 본인의 동의를 얻어 직권으로 신청할 수 있다.

〈표 10-3〉 **신청구비서류**

필수 신청서	구비서류(필요시)
• 사회보장급여 신청(변경)서 • 금융정보 등 제공 동의서[3] (부양의무자 포함. 주거급여, 교육급여 수급권자는 동일, 보장가구가 아닌 부양의무자의 금융정보 등 제공 동의서는 제출하지 않음)	• 제적등본[4] • 임대차계약서 등 임대차계약관계를 증빙할 수 있는 서류 • 사용대차 확인서 • 소득 · 재산 확인서류 • 위임장 및 신분확인서류 • 외국인등록사실증명서 등

(3) 조사

① 조사의 개요

급여신청이 있는 경우 수급권자 · 부양의무자의 소득 재산 등 급여의 결정 및 실시에 필요한 사항에 대하여 조사를 실시하여야 한다. 급여결정 이후에도 수급자의 수급자격

3) 급여신청 시 수급권자의 가구원 및 부양의무자로부터 동의서를 징수한다. 다만, 부양의무자가 있어도 부양을 받을 수 없는 경우로 부양의무자의 금융정보 등 제공동의서를 제출하지 못하는 경우에는 - 신청 구비서류를 제출하지 못한 사유로 신청 · 접수 단계에서 수급권자의 보장신청 접수를 거부하는 일이 없도록 해야 한다. 부양 거부 · 기피 및 부양을 받을 수 없다고 주장하는 경우의 조사방법에 따라 수급자격 판단 및 지방생활보장위원회의 심의 · 의결 절차를 진행한다.

4) 가족관계기록사항에 관한 증명서로 부양의무자를 확인할 수 없는 경우에는 제적등본을 이용한다. 사회보장정보시스템, 행정정보의 공동이용을 통해 우선적으로 확인하고 전산조회가 어려울 경우 제출을 요구한다. 부양의무자의 부양능력판정을 적용하지 않는 주거급여, 교육급여만 신청하는 수급권자라도, 보장가구에 포함되는 사람 또는 제외되는 사람의 확정에 필요한 경우 가족관계기록사항을 확인하여야 한다.

여부 및 급여의 적정성을 확인하기 위하여 연간조사계획에 따라 매년 1회 이상 수급자 및 부양의무자의 소득 재산 등에 대하여 확인조사를 실시한다.

자산조사는 사회보장정보시스템을 통해 조회(통보)된 공적자료를 우선 적용하는 것을 원칙으로 하고, 사회보장정보시스템으로 조회된 소득 재산이 사실과 다르다고 주장하는 경우 해당 공적자료 제공 기관의 자료를 수정하도록 하고 입증자료 제출 시 수정 결과를 적용한다. 사회보장정보시스템을 통해 조회된 공적자료가 불충분한 경우는 지출실태조사에 의한 소득확인을 통해 소득을 추가 반영할 수 있다.

조사는 신청조사와 확인조사가 있다. 신청조사는 수급권자 또는 그 친척, 그 밖에 관계인의 급여신청에 대해 해당 시장 · 군수 · 구청장이 급여의 결정 및 실시를 위하여 수행하는 조사다. 조사 대상과 내용은 급여를 신청한 수급권자 가구 및 그 부양의무자 가구에 대하여 필요한 사항을 조사한다. 사회보장정보시스템을 통한 자료 변동 확인, 필요 자료의 제출요구 및 확인을 위한 것이다. 조사내용은 부양의무자 유 · 무, 부양의무자의 부양능력 및 부양여부 등이 조사 대상이다. 또한 수급권자 · 부양의무자의 소득 · 재산유무, 수급권자의 근로능력 · 취업상태 · 자활욕구 등 자활지원계획 수립에 필요한 사항 등이다. 그 밖에 수급권자의 건강상태 · 가구특성 등 생활실태도 대상이다.

확인조사는 수급자의 수급자격 및 급여의 적정성을 확인하기 위하여 시장 · 군수 · 구청장이 연간조사계획에 따라 매년 1회 이상 정기적으로 조사를 수행하는 것이다. 수급자 가구 및 그 부양의무자 가구(조사내용은 신청조사와 동일)가 그 대상이다.

수급자의 자격, 급여의 종류 및 급여액 등을 변경하고, 부정수급자 등에 대해서는 보장비용 징수 등의 행정절차를 수행하고, 동일 보장가구원이 아닌 자가 5인 이상 함께 거주하는 것을 발견했을 때는 해당 지자체 시설담당 공무원에게 통보한다.

② 근로능력 판정

18세 이상 64세 이하의 수급자로서 다음의 근로능력 없는 수급자에 해당하지 않는 사람은 근로능력이 있는 사람으로 인정된다. 18세 미만 및 65세 이상인 수급자는 당연 근로능력 없는 수급자다.

근로능력 없는 수급자는 다음과 같다.

- 장애인고용촉진 및 직업재활법 규정에 따른 중증장애인
- 질병 · 부상 또는 그 후유증으로 치료 또는 요양이 필요한 사람 중에서 근로능력평가를 통해 시장 · 군수 · 구청장이 근로능력이 없다고 판정한 사람
- 질병 · 부상자에 대한 근로능력평가용 진단서 등의 제출을 통한 근로능력평가는 생계 · 의료급여 수급(권)자만 적용하며, 주거 · 교육급여 수급(권)자는 적용하지 않는다. 생계급여수급(권)자는 근로능력자에 대한 조건부수급자로 지정한다. 의료급여수급(권)자는 의료급여 종별을 결정하기 위하여 근로능력평가를 실시한다.
- 그 밖의 근로가 곤란하다고 보건복지부장관이 정하는 사람

  20세 미만의 중 · 고교 재학생, 장애인고용촉진 및 직업재활법 시행령에 따른 중증장애인에 해당하지 않는 장애인복지법상 장애의 정도가 심한 장애인, 국가유공자 등 예우 및 지원에 관한 법률 시행령에 따른 상이등급에 해당하는 자 중 3급 이상의 상이등급 해당 자, 노인장기요양보험법 시행령에 따른 장기요양 1~5등급 판정자, 보건복지부 고시 의료급여수가의 기준 및 일반기준의 희귀 · 중증난치질환 해당자 및 건강보험의 본인일부부담 산정특례에 관한 기준 의 중증질환(암환자, 중증화상환자만 해당) 등록자, 산정특례 등록한 본인에 한해 희귀 · 중증난치질환 및 암환자는 5년간, 중증 화상환자는 1년(6개월 연장 가능)간 근로능력평가 유예, 희귀 · 중증난치질환자 등록제에 따른 의료급여 산정특례 등록신청서 제출 · 확인
- 신규 급여신청자(신청일 현재 건강보험 가입대상)의 경우 시 · 군 · 구청에서 건강보험공단(지사)에 공문으로 산정특례 등록여부 확인, 인체 면역 결핍 바이러스 환자(HIV/AIDS, 상병코드 B20~B24)의 경우 최초급여 신청 시에만 일반진단서로 확인하고, 이후 유효기간 없이 계속 적용한다.

③ 소득조사

급여 종류별 수급자 선정기준의 소득은 소득평가액을 의미한다. 실제소득에서 가구특성별 지출비용, 근로소득공제를 차감하고 남은 금액이다. 부양의무자의 부양능력 판

정소득액은 실제소득에서 질병, 교육 및 가구특성을 고려하여 보건복지부장관이 정하여 고시하는 금액을 차감 제외한 금액이다.

소득평가액은 다음의 수식으로 산정된다.

소득평가액 = − 실제소득 − 가구 특성에 따른 지출요인 − 근로를 유인하기 위한 요인 − 그 밖의 추가적인 지출요인

실제소득 산정에 포함되는 소득은 근로, 사업, 재산, 이전 소득이다. 근로소득[5)]은 상시근로시근로자 소득, 일용근로자 소득, 자활근로소득, 공공일자리 소득이다. 상시근로자 소득은 3개월 이상 계속적으로 고용되어 월정액 급여를 지급받는 자의 근로소득이다. 일용근로자 소득은 근로계약에 따라 일정한 고용주에게 3개월 이상 계속하여 고용되지 아니한 자, 건설공사 종사자(동일한 고용주에게 계속하여 1년 이상 고용된 자 제외), 하역(항만)작업 종사자(통상 근로를 제공한 날에 급여를 지급받지 아니하고 정기적으로 근로대가를 받는 자 제외)들의 소득이다. 자활근로, 자활공공근로, 자활기업, 취업성공패키지(고용노동부)의 일경험지원프로그램 등 자활급여의 일환으로 사업에 참여하여 근로를 제공하고 받는 급여 및 수당이 자활 근로 소득이다. 공공일자리 소득에는 노인일자리사업, 장애인일자리사업, 공공근로 등이 포함된다.

사업소득에는 농업소득, 임업소득, 어업소득, 기타 사업소득이 있다. 농업소득은 영농업, 과수 · 원예업, 양잠업, 종묘업, 특수작물생산업, 가축의 사육업, 종축업 또는 부화업 등과 이에 부수하는 업무에서 얻는 소득이다 공적자료(농지원부) 또는 신고를 통해 농지 소유여부, 면적, 재배작물을 파악한다. 농산물 소득정보의 단가를 참조하여 작황상황, 시장가격, 재료비 등을 고려하여 경작면적에 작물별 단가를 곱하여 농업소득을 산정한다.

임업소득은 영림업 · 임산물생산업 또는 야생조수사육업과 이에 부수하는 업무에서

5) 근로의 제공으로 얻는 소득. 소득세법에 따라 비과세되는 근로소득은 제외된다. 소득세 법에 따세법에 따른 연장근로 · 야간근로 또는 휴일근로를 하여 받는 급여, 소득세법 시행령에 따른 국외 등에서 근로를 제공 하고 받는 급여는 소득에 포함된다.

얻는 소득이다. 수급(권)자에게 임업협동조합, 임산물종합유통센타, 임산물직매장, 목재종합 집하장 등 해당지역 임산물 유통기관의 판매기록 등 필요한 자료를 제출하도록 하여 소득을 산정한다.

어업소득은 어업과 이에 부수하는 업무에서 얻는 소득이다. 어가(漁家)가 어업경영의 결과로 얻은 총수입에서 동 수입을 획득하는데 소요된 소모적 비용을 차감한 금액이다. 수급(권)자에게 수협의 어가별 위판기록, 어촌계 자료 등을 통하여 어종별 출하량 및 수입 관련 자료 등 필요한 자료를 제출하도록 하여 소득을 산정한다. 공적자료를 통해서 소득이 과소 파악되는 대상자는 지출실태조사표에 의한 소득 확인 방법을 통해 추가 조사를 진행한다.

기타 사업소득으로 분류되는 것은 도매업 · 소매업, 제조업, 기타 사업에서 얻는 소득이다.

재산 소득은 임대소득, 이자소득, 연금소득이 있다. 임대소득은 부동산 동산 권리, 기타 재산의 대여로 발생하는 소득이다. 사회보장정보시스템을 통해 조회되는 국세청의 임대소득을 우선 반영한다. 또한 공적자료 조회 결과 건물 · 상가, 본인 거주 외의 주택을 보유한 경우 임대차 계약서 등을 제출토록 하여 소득을 파악한다.

이자소득은 예금 주식 채권의 이자와 배당 또는 할인으로 발생하는 소득으로서 사회보장정보시스템을 통해 조회되는 이자소득에서 이자소득 공제액 24만 원을 차감한 금액이다. 사회보장정보시스템을 통해 제공되는 이자소득 조회결과를 반영하고, 이자소득 발생 적금 · 저축 등의 가입기간을 확인 하여 12개월 초과 상품인 경우 초과된 개월수(월단위산정)만큼 연간 최대 24만 원(월 2만 원)범위 내에서 추가 공제한다.

연금소득은 소득세법에 따라 발생하는 연금 또는 소득과 보험업법의 연금보험에 따라 발생하는 소득이다. 사회보장정보시스템으로 제공되는 금융정보 등 조회결과를 적용한다.

주택연금 및 농지연금은 한국주택금융공사법에 따른 주택담보노후연금보증 등에 따라 정기적으로 금융회사 등으로부터 지급받는 금액과 한국농어촌공사 및 농지관리 기금법에 따른 농지를 담보로 한 농업인의 노후 생활안정지원사업에 따라 금융회사 등으로부터 지급받는 금액이다. 주택연금 및 농지연금 등 가입여부를 확인하여 적용하고, 매월 수령하는 연금액은 소득으로 반영하고, 그 중 50%는 소득에서 공제한다. 지급받은 연금누적액은 부채로 반영한다.

이전소득에는 사적이전소득[6], 부양비, 공적이전소득이 포함된다. 부양비는 부양의무자의 부양능력이 미약한 경우 부양의무의 이행을 위하여 생계 의료급여 수급(권)자에게 정기적으로 일정액의 생활비(부양비)를 지원하는 것을 전제로 부양능력이 없는 자로 인정 한다. 해당 부양의무자로부터 정기적으로 생활비 지원이 있어 이를 이미 사적이전소득으로 산정한 경우는 부양비 산정 시 이를 차감하여 계산한다.

공적이전소득은 정기적으로 지급되는 각종 수당 · 연금 · 급여 · 기타 금품(일시금으로 받는 금품은 재산으로 산정)이다.

가구특성별 지출요인은 장애요인으로 인한 금품, 질병요인으로 인한 금품, 양육요인으로 인한 금품, 국가유공요인으로 인한 금품 등이 있다.

근로를 유인하기 위한 요인은 생계 주거 · 교육급여 수급자의 근로 사업소득 30%를 공제한다. 의료급여 수급자의 공제 기준은 등록 장애인과 대학생 등에 따라 공제율을 달리하고 있다. 하나 이상의 근로소득 공제 항목에 해당하는 경우 가장 유리한 하나의 항목을 적용하며, 자활근로 참여자로 자활근로 소득공제(30%)와 생계급여 근로소득공제 적용에 따른 공제액이 같을 경우에는 자활근로소득공제 우선 적용한다.

그 밖의 추가적인 지출요인은 1년에 6회 이상 정기지원 사적이전소득 중 부양의무자, 친인척 등의 월별지원금액 총합 중 수급자 가구 기준 중위소득의 15% 이하 금액을 공제한다. 또 국민연금에 가입한 수급자의 국민연금공단에서 발급된 고지서에 따른 본인 부담분 연금보험료의 75%에 해당하는 금액, 농어민가구의 특성을 반영한 지출요인, 대학생(34세 이하, 1년 이내 휴학생 포함)자녀 등록금을 가구의 근로 사업소득에서

6) 부양의무자 또는 후원자 등으로부터 정기적으로 지원받는 금품이다. 정기지원 사적이전소득은 보장기관이 그 소득을 부과한지 1년 이내에서만 유효하며, 1년이 지난 후 재조사하여 지속 지원되는 사실이 확인되지 않으면 즉시 삭제한다. 보장기관은 정기지원 사적이전소득이 부과된 수급자의 지원 지속성 여부를 판단하기 위하여 연간조사계획에 따라 연 1회 이상 확인조사를 실시해야 한다. 확인 조사 시 사적이전소득을 재조사하여 부과기간이 1년이 도래되지 않은 시점이라도 수정된 금액으로 갱신 또는 정기지원 사적이전소득이 성립되지 않을 경우 즉시 삭제한다.

지출한 경우의 해당 지출금액을 공제한다.

④ 재산조사

가. 일반재산

일반재산은 다음과 같다

- 지방세법에 따른 토지(논, 밭, 임야 등), 건축물(건물,시설물 등) 및 주택이다. 종중재산, 마을공동 재산 등 공동재산은 공동명의로 변경 등기 완료시 그 지분만큼 재산으로 산정하고, 타인에게 명의 변경 시에는 재산산정에서 제외한다.
- 항공기 및 선박
- 주택 · 상가 등에 대한 임차보증금(전세금 포함)
- 100만 원 이상의 가축 · 종묘 등 동산(장애인 재활보조기구 등은 제외)
- 입목재산
- 어업권
- 회원권(골프 회원권, 콘도미니엄 회원권, 종합체육시설 회원권, 승마 회원권, 요트 회원권 등)
- 조합원 입주권
- 건물이 완성되는 때에 그 건물과 이에 부수되는 토지를 취득할 수 있는 권리(분양권)
- 자동차 중 일반재산의 소득환산율인 월 4.17%를 적용하는 자동차

나. 금융재산

현금 및 금융실명거래 및 비밀보장에 관한 법률에 따른 금융자산과 보험 상품이다.

다. 자동차

승용자동차, 승합자동차, 화물자동차, 특수자동차, 이륜자동차가 해당된다.

라. 주거용 재산

단독주택, 공동주택, 준주택 및 그 부속토지다. 또 단독주택, 공동주택, 준주택에 대한 임차보증금(전세금 포함)이 있다. 이외에도 일용품 등의 소매점, 미용원 등 해당

재산이 거주를 목적으로 하며, 수급(권)자 또는 부양의무자가 거주하는 것으로 시장 · 군수 · 구청장이 인정하는 경우 주거용 재산이다.

주거용 재산 인정은 다음과 같다

〈표 10-4〉 수급권자의 주거용 재 산 한도액

	대도시	중소도시	농어촌
생계 · 주거 · 교육급여	1.2억 원	9,000만 원	5,200만 원
의료급여	1억 원	6,800만 원	3,800만 원

④ 부채

임대보증금 및 금융실명거래 및 금융회사[7] 등으로부터 받은 대출금 및 주택연금과 농지연금의 누적액이다. 보건복지부장관이 정하여 고시하는 금융회사 외 기관 대출금, 법에 근거한 공제회 대출금, 법원에 의해 확인된 사채 중 미상환액도 포함된다.

임차인에게 받은 임대보증금, 금융회사 대출금, 주택연금 및 농지연금의 누적액, 금융회사 외 기관 대출금, 법에 근거한 공제회 대출금, 법원 판결문(지급명령, 지급결정 포함)으로 확인된 사채, 법원의 화해 · 조정조서로 확인된 사채 도 인정된다.

⑤ 재산의 소득환산액

재산을 소득으로 환산하는 수식은 다음과 같다.

재산의 소득환산액=(재산의 종류별 가액－기본재산액－부채)×재산의 종류별 소득환산율
※ 재산의 소득환산 결과 "－"값은 불인정(이 경우는 0원으로 처리)

가. 기본재산액

보장가구의 기본적 생활 유지에 필요하다고 인정되어 보건복지부장관이 정하여 고

7) 제1금융권은 특수은행, 일반은행, 지방은행이다. 제2금융권은 보험회사, 신탁회사, 증권사, 종합금융회사, 상호저축은행, 여신금융회사(카드회사, 캐피탈회사, 리스회사, 할부회사, 신기술금융회사)등이다. 대부(중개)업체도 금융권에 포함된다.

시하는 금액으로 소득환산에서 제외되는 재산 가액이다. 지역별 전세가격(최저주거면적 전세가격) 등의 차이를 감안하되, 가구 규모와 관계없이 대도시 6,900만 원, 중소도시 4,200만 원, 농어촌 3,500만 원으로 정한다.

기본재산액 공제방식은 주거용재산, 일반재산, 금융재산의 순서로 공제한다. 공제결과 기본재산액이 남는 경우에도 수급자는 100% 재산의 소득환산율이 적용되는 자동차의 가액에서는 공제하지 않는다.

나. 재산 종류별 소득환산율

- 주거용재산: 수급(권)자의 주거안정성을 고려하여, 일반재산의 1/4 수준으로 환산율 완화
- 일반재산: 지역별 전세가격 등 재산 수준, 신규 수급자 규모 등을 감안하여 기본재산액을 초과하는 일반재산을 2년 동안에 최대한 사용하는 경우의 환산율 적용
- 금융재산: 현금으로 쉽게 바꿀 수 있는 점을 고려하여 일반재산의 1.5배 수준의 환산율 적용
- 소득환산율이 100% 적용되는 자동차(수급자가 재산가액에서 차감 또는 감면되거나 일반재산 환산율이 적용되는 자동차를 제외한 자동차를 보유하는 경우, 기초생활보장 수급자로 선정 보장하기 곤란하다는 현재의 국민 정서를 감안하여 월 100% 환산율 적용)

⑥ 부양의무자 조사

부양의무자 조사 순서는 다음과 같다

- 부양의무자의 유무확인
- 부양의무자의 부양능력(소득 · 재산) 및 부양여부 사실조사
- 부양을 받을 수 없는 경우의 확인
- 부양능력의 확인

4) 급여

급여는 7가지의 원칙이 있다.

첫째, 최저생활보장의 원칙이다. 생활이 어려운 사람에게 생계, 주거, 의료, 교육, 자활 등 필요한 급여를 행하여 최저생활을 보장하는 것이다. 둘째, 보충급여의 원칙이다. 생계급여 수급자에 대한 최저보장수준은 생계급여액과 수급자 가구의 소득인정액을 합한 수준이 생계급여 선정기준 이상이 되도록 지원한다.

셋째, 자립지원의 원칙이다. 근로능력이 있는 수급자에게 자활사업에 참여하는 것을 조건으로 생계급여를 지급한다. 근로능력이 있는 생계급여 수급자가 조건부과 제외사유에 해당되지 않는 경우에는 조건부 수급자로 지정하여 수급자 가구별로 자활지원계획을 수립하고 자활사업에 참여하도록 조건을 부과한다. 조건 불이행자에게는 수급자 본인의 생계급여 일부 또는 전부를 지급하지 않는다.

넷째, 개별성의 원칙이다. 급여 수준을 정함에 있어 수급권자의 개별적 특수상황을 최대한 반영하는 것이다. 이를 위해 수급자 및 부양의무자의 소득 · 재산, 수급자의 근로능력 · 취업상태 · 자활욕구 등 자활지원계획수립에 필요한 사항, 기타 수급자의 건강상태 · 가구 특성 등 생활실태에 관한 사항 등을 조사한다.

다섯째, 가족부양 우선의 원칙이다. 급여신청자가 부양의무자에 의해 부양될 수 있는 경우 기초생활보장급여에 우선해 부양의무자에 대한 보호가 먼저 이루어져야 한다. 수급자에게 부양능력을 가진 부양의무자가 있음에도, 이 법에 따른 급여를 수급자에게 계속 지급하기로 결정하는 경우에는 부양의무자로부터 지급된 급여만큼 보장비용을 징수할 수 있다. 단, 교육급여는 보편적 서비스에 해당하며 사회적 투자의 개념이 강하므로 부양의무자의 우선보호원칙을 적용하지 않으며, 교육급여 수급자 가구의 소득인정액만으로 보장 여부를 결정한다.

여섯째, 타 급여 우선의 원칙이다. 급여신청자가 다른 법령에 의해 보호받을 수 있는 경우 기초생활보장급여에 우선하여 다른 법령에 의한 보호를 행한다.

일곱째, 보편성의 원칙이다. 국민기초생활 보장법에 규정된 요건을 충족시키는 국민에 대하여는 성별 · 직업 · 연령 · 교육 수준 · 소득원 기타의 이유로 수급권을 박탈하지 않는다.

(1) 생계급여

생계급여는 수급자에게 의복, 음식물 및 연료비와 그 밖에 일상생활에 기본적으로 필요한 금품을 지급하여 그 생계를 유지하게 하는 데 목적이 있다. 생계급여 액은 생계급여 최저보장수준(대상자 선정기준)에서 가구의 소득인정액을 차감한 금액이다.

기준 중위소득의 100 분의 30%에 해당하는 대상자에게 지급된다.

2021년부터 부양의무자 기준이 폐지됐다. 곧 모든 가구의 1촌 지계혈족(부모, 자녀)의 소득 재산 수준도 함께 고려하는 부양의무자 기준이 폐지된다. 단 고소득(연 1억: 세전), 고재산(9억 원)의 부양의무자가 있는 경우 부양의무자 기준은 지속 적용된다.

생계급여액은 생계급여 최저보장수준(대상자 선정기준)에서 가구의 소득 인정액을 차감한 금액이다.

수식은 다음과 같다.

생계급여액 = 생계급여 최저보장수준(대상자 선정기준) − 소득인정액

생계급여는 십원 단위로 지급한다. 1원 단위로 계산하되, 1원 단위에서 올림을 한다. 2021년 생계급여 선정기준(급여기준)은 기준 중위소득의 30%에 해당한다.

〈표 10-5〉 2023년도 생계급여 최저보장수준 및 선정기준

	1인가구	2인가구	3인가구	4인가구	5인가구	6인가구	7인가구
기준 중위소득(A)	2,077,892	3,456,155	4,434,816	5,400,964,	6,330,688	7,227,981	8,107,515
생계급여 선정 및 급여기준 (A의 30%)	623,368	1,036,846	1,330,445	1,620,289	1,899,206	2,168,394	2,432,255

생계 급여는 금전지급이 원칙이다. 세대주의 알코올중독 등으로 자녀를 포함한 가구 구성원의 기본적인 생계유지를 위하여 필요하다고 인정되는 경우에는 식품권, 식당이용권 등 물품으로 지급할 수 있다.

급여는 수급자가 신청한 계좌에 시장 · 군수 · 구청장이 사회보장정보시스템을 통하여 직접 입금 조치해야 한다. 다음은 예외적으로 해당 금전을 수급자에게 직접 지급한다.

- 수급자가 금융회사 또는 우편관서가 없는 지역에 거주하는 경우
- 수급자가 통장을 개설할 수 없는 경우
- 수급(권)자에 대한 압류 등으로 통장 계좌로 급여를 입금하면 수급(권)자가 사용할 수 없는 경우
- 세대주가 알코올중독 등으로 사실상 의사무능력 상태라서 통장관리가 곤란한 경우
- 기타 급여의 목적을 달성하기 위하여 수급(권)자에게 직접 현금으로 지급하는 것이 필요하다고 특별자치시장 · 특별자치도지사 · 시장 · 군수 · 구청장이 인정하는 경우 등

생계급여는 수급자의 주거에서 실시하되, 다음에 해당하는 경우에는 보장시설[8]이나 타인의 가구에 위탁하여 급여가 가능하다.

- 수급자의 주거가 없는 경우
- 주거가 있어도 그 곳에서 급여의 목적을 달성할 수 없는 경우
- 수급자가 희망하는 경우

급여는 매월 20일 정기지급하고 토 · 공휴일인 경우에는 그 전일에 지급한다. 자격변동 등의 사유나 보장결정일이 급여생성기준일인 15일 이후인 경우에는 매월 말일 추가 지급한다.

---

8) 수급자 4인 가구 중에서 가구원 1인이 보장시설에 입소한 경우, 보장시설에 입소한 가구원은 시설구원은 시설 소재지로 전출 처리하여 시설에서 급여를 실시하고, 나머지 3인은 3인가구 선정기준을 적용하여 수급자격 적합 여부를 재확인한 후 3인가구 급여기준으로 급여를 실시한다.

(2) 주거급여

주거급여는 수급자에게 주거안정에 필요한 임차료, 유지수선비 등을 지급하는 것을 말한다. 임차료는 월 임차료를 지급하거나 전세금(임차보증금 포함)을 대여하는 것으로 한다.

(3) 교육급여

교육급여는 수급자에게 입학금, 수업료, 학용품비, 그 밖의 수급품을 지급하는 것이다. 교육급여는 교육부 장관의 소관으로 한다. 교육급여 수급권자는 부양의무자가 없거나 부양의무자가 있어도 부양을 받을 수 없는 사람이다. 교육급여 선정기준은 중위소득의 100 분의 50 이상이다.

(4) 해산급여

해산급여는 수급자에게 조산, 분만 전과 분만 후 필요한 조치와 보호를 목적으로 행하는 급여다. 출산여성 1인당 70만 원을 지급하고 있다.

출산의 경우 출생증명서를, 사산의 경우 의사나 한의사 또는 조산사의 사실 확인서나 사산의 사실을 증명할 수 있는 이웃 주민의 확인서를 첨부해야 한다.

(5) 장제급여

장제급여는 수급자가 사망한 경우 사체의 검안, 운반, 화장 또는 매장, 그 밖의 장제조치를 행하기 위한 급여다. 장제에 필요한 비용을 지급하는 것이 원칙이지만 적당한 사유가 있을 경우 물품으로도 지급할 수 있다.

사망자 1인당 80만 원이 지급된다. 단독 가구주가 사망한 경우에는 직접 장제를 실시할 수 있는 사람을 지정해 장제급여를 할 수 있다.

(6) 의료급여

의료급여법에 따른 급여를 말하며, 국민기초생활 보장법에 의한 수급자는 누구나 혜택을 받을 수 있다. 부양의무자가 없거나 중위소득의 100 분의 40 이상이 되어야 한다.

수급권자의 의료급여는 진찰검사, 약제 치료재료의 지급, 처치수술과 그 밖의 치료, 예방과 재활, 입원, 간호, 이송과 그 밖의 치료목적 달성을 위한 조치 등이다. 수급권자가 자신의 고의 또는 중대한 과실로 인한 범죄행위에 기인하거나 고의로 사고를 발생시킨 경우 의료급여를 행하지 않는다.

(7) 사회 취약계층 특별보장

특별보장은 주거가 일정하지 않은 취약계층에 대한 특별보장과 교정시설 출소예정자에 대한 특별연계보장, 지역사회자원 활용을 통한 민관연계보장체계 운영 등이다

① 주거가 일정하지 않은 취약계층에 대한 특별보장

비닐하우스, 판자촌, 쪽방 등에 거주하는 자, 노숙자 등으로서 주민등록상의 문제로 인하여 기초생활보장 수급자가 될 수 없었던 자에 대한 보호대책이다. 거주불명 등록이 되었거나, 확인이 불가능한 자 또는 주민등록지와 실제거주지가 다른 자 등과 같이 주민등록상의 문제로 신원확인이나 소득 · 재산조사가 곤란하고 잦은 이동성 등의 사유로 최소한의 관리수단이 미흡하여 수급자에서 제외되는 사람들이 대상이다.

② 교정시설 출소예정자에 대한 특별연계보장방안

교정시설 출소자 중 생활이 어려워 국가의 보호가 필요한 자가 기초생활보장제도에 대한 이해부족 등의 사유로 보호가 필요한 시기에 적절히 보호받지 못하여 사회적응 곤란, 재범유혹, 노숙자로 전락 또는 사망에 이르는 문제 해소를 위하여 급여신청의 특례를 부여한 것이다.

교정시설 출소예정자 중 생활이 어려운 자에 대하여 출소 전에 기초생활 보장 사업과의 연계를 통해 출소 즉시 기초생활보장제도로 보장받을 수 있도록 상호 연계보장체계를 구축한다.

③ 지역사회 자원 활용을 통한 민관 연계보호장 운영방안

지역사회의 민간 사회복지사, 유관 공공기관 등의 협조를 받아 노령, 장애, 질환, 실직 등으로 생활이 어렵지만 기초생활보장제도에 대한 이해부족 등으로 국가의 보장을 받지 못하고 있는 저소득 주민을 적극적으로 발굴하는 복지다. 보장기관은 해당 주민의 생활실태 및 소득·재산 조사를 실시하여 기초생활보장 적용대상에 해당될 경우 수급자로 선정하여 보장한다. 수급권자가 아닌 저소득 가구에 대하여는 기초연금 등 다른 사회복지서비스 지원 및 민간지원 방안 강구해 나간다.

④ 보장시설

기초생활보장의 급여는 수급자의 주거에서 행하는 것이 원칙이나, 수급자가 주거가 없거나 숙식을 제공하는 시설에서 생활하기를 원하는 경우에는 보장기관이 해당 수급자에 대한 급여지급 업무를 「사회복지사업법」에 의한 사회복지시설에 위탁할 수 있으며, 이와 같이 급여지급 업무를 위탁받은 시설을 보장시설이라고 한다.

5) 수급자 관리

(1) 수급자 관리

수급자 가구에 대하여 정기적인 확인조사, 수급자의 신고·신청 등에 따라 급여종류별 수급자격, 급여액 급여종류 변동 여부 등에 대해 지속적으로 확인과 관리를 실행한다. 부정수급자 확인과 보장비용 징수도 수급자 관리의 주요 사항이다. 수급자의 소득 등 변경사항에 대한 정보나 자료는 복지대상자 통합조사표와 복지대상자 통합관리카드에 기록, 관리한다.

수급자 증명서의 발급대상은 수급자(특례수급자 포함), 그 친권자, 후견인 등이다.

폭력피해자(가정폭력, 성폭력 등), 성매매 피해자 등으로 사생활보호가 필요하거나, 본인의 보호요청이 있는 경우에는 본인 외 제3자에 대하여 증명서 발급을 제한한다. 전국 시·군·구청장 또는 읍 면 동장에게 신청하며, 신청자가 수급자 본인인 경우 별

도 신청서 작성없이 신분증명서 확인 후 발급이 가능하다. 수급자 증명서는 무료로, 즉시 발급된다. 생계 의료 주거급여 수급자는 시 군 구청장의 직인이 날인되어 발급되며, 교육급여 수급자 증명서를 단독으로 신청하였을 경우에는 시 도교육감 직인이 날인되어 발급된다. 사망자, 중지자 등이 사후 수급 이력 증빙자료를 요청하는 경우, 행복e음 전산 기록을 확인하여 보장기관 내부 결재 문서로 제공 한다.

(2) 수급자격 변동 사항 등의 확인 및 관리

확인 대상은 수급자 가구의 급여 종류별 수급자격 및 금액, 관리 주체(해당 보장기관) 등의 결정에 영향을 미치는 모든 변동 사항이다. 수급자의 거주지, 세대구성, 주거실태, 소득 재산 · 생활실태 등을 확인해야 한다. 수급자의 근로능력 취업상태 등 조건부과 및 자활 지원계획 수립에 필요한 사항, 부양의무자의 소득 재산 및 부양능력 유무 등을 확인해야 한다.

확인 방법은 일반적인 확인방법과 사회보장정보시스템을 이용한 확인이 있다. 일반적인 확인 방법으로는 수급자의 신고의무 이행, 수급자와 그 친족 기타 관계인의 급여 변경 신청, 보장기관의 확인조사 등이다.

소득 · 재산 가구원등 변동사항(전입 · 전역 · 출소 · 사망 · 전출 · 출국 등)이 발생한 경우 사회보장정보시스템으로 처리할 일을 알려주며, 소득재산 공적자료 변동사항은 사회보장정보시스템을 통해 통보된 공적자료를 우선 적용하는 것을 원칙으로 한다.

6) 과제와 전망

(1) 수급자 선정의 문제

“급여를 받을 사람이 받지 못하고 안 받아도 될 사람이 혜택을 받고 있다.” 수급자 선정의 문제를 대변해 주고 있는 말이다. 신청자나 부양의무자의 소득과 재산을 살펴보면 소득을 임의로 축소하거나 재산을 미신고한 사례가 여전히 발견되고 있다.

꼭 필요한 사람에게 혜택이 돌아가는 공공부조의 정신을 실현시키기 위해서는 가구별 현황에 대한 면밀한 조사가 병행되어야 한다. 전문 인력의 확충과 객관적 자료를 통해 인간다운 생활을 충족시킬 수 있도록 해야 할 것이다.

(2) 부양의무자 문제

점차 부양의무자의 범위가 축소되고 있으나 여전히 논란거리다. 1인 가구의 증가, 노령화와 이혼과 재혼의 증가로 부양의무자 기준은 점차 유명무실해지고 있다. 또, 조손가정이 늘어나면서 빈곤선에서 좀처럼 헤어나지 못하고 있는 세대도 늘어나고 있다. 국가의 보호가 필요한 빈곤에 처해 있지만 부양의무기준에 따라 보호받지 못하는 일은 없어야 한다.

(3) 급여 수준의 문제

매년 물가 상승률 정도로 상향화되는 생계 급여지만 적절성 면에서는 여전히 아쉬움으로 남는다. 국민의 건강하고 품위있는 생활 유지를 위해서는 턱없이 부족하다. 인간다운 생활을 하기에는 너무도 낮은 수준이다.

(4) 전달체계상의 문제

수급자 선정과 관리를 위한 전문 인력의 확충은 아무리 강조해도 지나치지 않다. 복지수요의 복잡화와 다양화로 인해 급여와 서비스 간의 통합성, 계속성, 책임성, 접근가능성 등은 논란이 되고 있다.

복지행정의 효율성과 전문화를 위한 조직 정비도 고려할 대상이다. 수급자의 개별적 욕구를 제대로 파악하지 못하고 있다. 제도를 보완하고는 있지만 사각지대는 여전히 존재하고, 문제점을 노정시키고 있다.

(5) 예산문제

국민기초생활보장제도의 재원은 상승하고는 있지만 그 수요에 비해 턱없이 빈약하다. 사회복지예산은 소득 재분배 효과를 고려해야 한다. 따라서 부유세 등의 목적세를 통해 국민기초생활보장의 재원을 보충하는 방안도 필요하다. 재원이 확충되지 않는다면 국민의 삶의 질 향상과 최저생활보장은 구호에 불과하다

(6) 취약한 자활사업

국민기초생활보장제의 핵심이라 수 있는 자활사업이 프로그램의 다양성 부족, 근로유인책 미비 등으로 정착되지 못하고 있다. 현재의 사업을 보다 다양화하는 것도 필요하다. 간병, 집수리, 청소, 폐자원활용, 음식물 재활용, 영농사업, 외식사업, 장애인 통합교육보조원, 신생아 도우미 지원사업 등으로 초기에 비해 다양화된 것은 틀림없다. 그러나 단순 반복적인 일에서 벗어나 삶의 질 향상은 물론 자아실현을 위한 일자리의 개발과 보급은 보다 적극적으로, 또 제도적으로 보장되어야 할 것이다

2. 긴급복지 지원

1) 긴급복지 지원

(1) 기본원칙

가. 선지원 후처리 원칙

위기상황에 처한 자 등의 지원요청 또는 신고가 있는 경우 긴급지원 담당공무원 등의 현장 확인(접수 후 1일 이내)을 통해 긴급한 지원의 필요성을 포괄적으로 판단하여 우선지원(지원 결정 1일, 지원 1일 등 추가 2일 이내 - 총 72시간 이내)을 신속하게 실시하고 나중에 소득, 재산 등을 조사하여 지원의 적정성을 심사한다.

나. 단기 지원 원칙

위기상황에 처한 사람에게 일시적으로 신속하게 지원한다. 생계 주거시설이용 연료비지원의 경우 1개월, 의료 교육지원의 경우 1회가 원칙이다. 시 군구청장의 결정에 의해 생계 주거시설이용 연료비지원의 경우 추가로 2개월이 가능하다. 위기상황이 지속되는 경우에는 긴급지원 심의위원회를 통해 생계 · 시설이용 · 연료비 지원은 3개월, 주거지원 9개월, 의료 · 교육지원의 경우 1회 추가 지원이 가능하다.

〈표 10-6〉 **단기지원 원칙**

지원	원칙	시 · 군 · 구청장 결정	긴급지원심의위원회
생계, 시설이용, 연료비	1개월	추가 2개월	추가 3개월
주거시설	1개월	추가 2개월	추가 9개월
의료, 교육지원	1회		추가 1회

지원이 종료되면 동일한 위기사유로 인하여는 다시 지원할 수 없다. 다른 위기사유가 발생하였더라도 긴급지원이 종료된 때로부터 3개월 이내에는 지원이 불가하다.

다. 타 법률 지원 우선의 원칙

재해구호법 국민기초생활 보장법 의료급여법 사회복지사업법 가정폭력 방지 및 피해자보호 등에 관한 법률 성폭력방지 및 피해자보호 등에 관한 법률 사회복지공동모금회법 등 다른 법률에 의하여 긴급지원과 동일한 내용의 구호 · 보호나 지원을 받고 있는 경우에는 긴급지원을 제외한다.

지원요청 또는 신고를 받은 때 시장 · 군수 · 구청장이 가구특성, 생활실태 등을 고려하여, 긴급지원보다는 국민기초생활보장, 의료급여, 시설보호 등 다른 법률에 의한 지원의 대상이 되는 것이 적합하다고 판단되는 경우에는 해당 지원에 연계하도록 한다. 다른 법률에 의한 지원결정이 완료되기 전까지 긴급지원 신청자의 위기상황을 고려하여 우선 긴급지원은 가능하다.

라. 가구 단위 지원의 원칙

가구 단위로 산정하여 지원하는 것을 원칙으로 한다. 가정폭력, 성폭력 또는 학대 등으로 인하여 위기상황에 처한 자에 대하여는 폭력 또는 학대를 당한 자 및 그와 함께 보호를 받아야 하는 자를 하나의 가구로 본다. 의료 · 교육지원 등의 경우 필요한 가구 구성원에 한하여 지원한다.

(2) 긴급지원의 종류

가. 금전 또는 현물 등의 직접 지원

생계지원, 의료지원, 주거지원, 사회복지시설 이용지원, 교육지원, 그 밖의 지원 등이다.

나. 민간기관 · 단체와의 연계 등의 지원

대한적십자사, 사회복지공동모금회 등의 사회복지기관 · 단체와 연계해 지원한다.

(3) 긴급지원의 실효성 확보

가. 지원금품에 대한 압류 등 금지(법 제18조)

긴급복지지원법에 따라 긴급지원대상자에게 지급되는 금전 또는 현물은 압류할 수 없다. 긴급지원대상자는 지급되는 금전 또는 현물을 생계유지 등의 목적 외의 다른 용도로 사용하기 위하여 양도하거나 담보로 제공할 수 없다.

나. 국가 및 지방자치단체의 책무(법 제4조)

국가 및 지방자치단체는 위기상황에 처한 자를 찾아내어 최대한 신속하게 필요한 지원을 하도록 노력하여야 한다. 긴급지원의 지원대상 및 소득 또는 재산 기준, 지원 종류 · 내용 · 절차와 그 밖에 필요한 사항 등 긴급지원사업에 관하여 적극적으로 안내해야 한다.

국가 및 지방자치단체는 「긴급복지지원법」에 의한 지원 후에도 위기상황이 해소되지 아니하여 계속 지원이 필요한 것으로 판단되는 자에 대하여는 다른 법률에 의한 구호 · 보호 또는 지원을 받을 수 있도록 노력하여야 한다. 국가 및 지방자치단체는 다른 법률에 의한 구호 · 보호 또는 지원이 어렵다고 판단되는 경우에는 민간기관 · 단체와의 연계를 통하여 구호 · 보호 또는 지원을 받을 수 있도록 노력하여야 한다.

다. 개인정보의 보호(법 제13조제7항, 제19조)

긴급지원을 담당하는 공무원 또는 공무원이었던 자는 긴급지원의 조사과정에 얻은 정보와 자료를 긴급지원 목적 외에 다른 용도로 사용하거나 다른 사람 또는 기관에 제공하여서는 안된다. 위반할 경우 3년 이하의 징역 또는 3천만 원 이하의 벌금에 처한다.

(4) 긴급지원체제

시장 군수 구청장은 신고가 접수되면 현장 확인 및 지원을 결정해야 하고, 지원이 결정되면 곧 지원에 돌입한다. 긴급지원심의위원회는 시장 군수 구청장의 요청에 따라 긴급지원 연장결정, 적정성 심사, 지원비용 환수 등을 심의 의결한다.

(5) 긴급지원 절차

긴급지원의 절차는 [그림 10-1]과 같다.

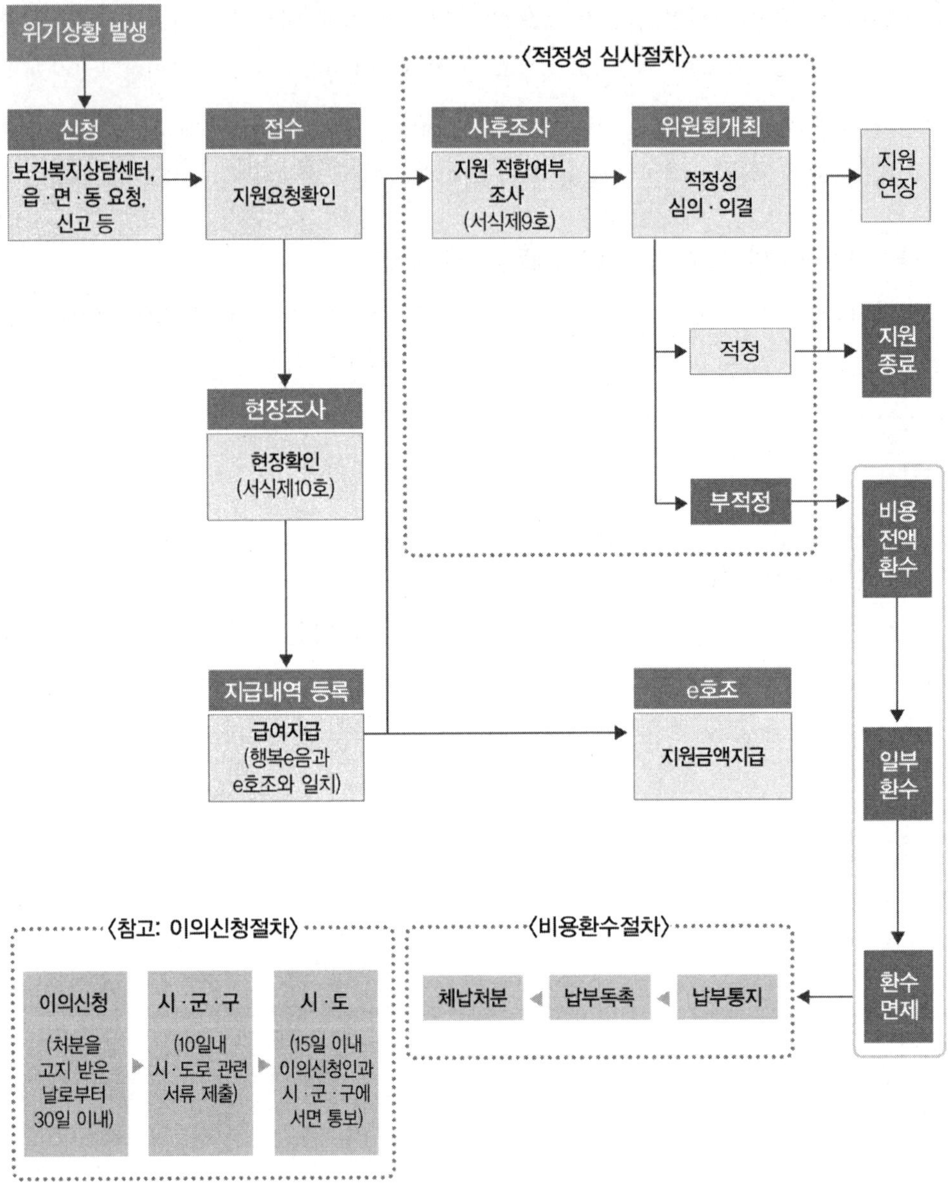

[그림 10-1] 긴급지원 절차

2) 긴급지원대상자의 발굴과 선정

(1) 긴급지원 대상자의 발굴

① 발굴 조사

시 · 도 및 시 · 군 · 구는 위기상황에 처한 사람에 대한 발굴조사를 연 1회 이상 정기적으로 실시하여야 한다. 시 · 도 및 시 · 군 · 구는 정기 발굴조사 또는 수시 발굴조사를 위하여 필요한 경우 관계 기관 법인 단체 등의 장에게 자료의 제출, 위기상황에 처한 사람의 거주지 등 현장조사 시 소속 직원의 동행 등 협조를 요청할 수 있다. 이 경우 관계 기관 법인 단체 등의 장은 정당한 사유가 없으면 이에 따라야 한다. 시 · 도 및 시 · 군 · 구는 위기상황에 처한 사람에 대한 발굴체계의 운영 실태를 정기적으로 점검하고 개선 방안을 수립하여야 한다.

② 활용자원

가. 발굴 협력 · 신고 의무자

- 의료법에 의한 의료기관의 종사자
- 유아교육법, 초 · 중등교육법 및 고등교육법에 의한 교원, 직원, 산학 겸임 교사, 강사
- 사회복지사업법에 의한 사회복지시설의 종사자
- 국가공무원법 및 지방공무원법에 의한 공무원
- 장애인 활동 지원에 관한 법률에 따른 활동 지원기관의 장 및 그 종사자와 같은 법에 따른 활동 지원인력
- 학원의 설립 · 운영 및 과외교습에 관한 법률에 따른 학원의 운영자 강사 직원 및 같은 법에 따른 교습소의 교습자 직원
- 건강가정기본법에 따른 건강가정지원센터의 장과 그 종사자
- 청소년 기본법에 따른 청소년시설 및 청소년단체의 장과 그 종사자
- 청소년 보호법에 따른 청소년 보호 재활센터의 장과 그 종사자
- 평생교육법에 따른 평생교육기관의 장과 그 종사자

- 지방자치법에 따른 행정리의 이장 및 행정동의 하부조직으로 두는 통의 통장
- 별정우체국법에 따른 별정우체국의 직원, 동 리의 새마을지도자 및 부녀회장
- 진료 상담 등 직무수행 과정에서 긴급지원대상자가 있음을 알게 된 경우에는 관할 시장 군수 구청장에게 이를 신고하고, 긴급지원대상자가 신속하게 지원을 받을 수 있도록 노력하여야 한다.

나. 기존 응급지원관련 종사자

- 노인보호전문기관, 아동보호전문기관, 장애인권익옹호기관, 노숙인 시설 및 노숙인 종합지원센터, 경찰관서, 119 응급구조대 등

다. 저소득층에 대한 접근성이 높은 자

- 통 리 · 반장, 새마을 지도자 및 부녀회, 학교사회복지사, 대한적십자사 봉사원, 복지도우미, 가스 검침원, 종교인 등

(2) 긴급지원대상자 선정

① 위기상황

가. 주소득자가 사망, 가출, 행방불명, 구금시설에 수용되는 등의 사유로 소득을 상실한 경우

나. 중한 질병 또는 부상을 당한 경우

다. 가구구성원으로부터 방임(放任) 유기(遺棄)되거나 학대 등을 당한 경우

라. 가정폭력을 당하여 가구 구성원과 함께 원만한 가정생활이 곤란하거나 가구구성원으로 부터 성폭력을 당한 경우

마. 화재 또는 자연재해 등으로 인하여 거주하는 주택 또는 건물에서 생활하기 곤란하게 된 경우

바. 주소득자 또는 부소득자의 휴업, 폐업 또는 건물에서 생활하기 곤란하게 된 경우

사. 주소득자 또는 부소득자의 실직으로 소득을 상실한 경우

아. 보건복지부령으로 정하는 기준에 따라 지방자치단체의 조례로 정한 사유[9]가 발

생한 경우

자. 그 밖에 보건복지부장관이 정하여 고시하는 경우가 발생하는 경우

- 주소득자와 이혼한 때. 이혼한 날로부터 12개월 이내
- 단전된 경우
- 교정시설에서 출소(만기출소자, 가석방자, 형(구속)집행정지자 등 포함)한 자가 생계가 곤란하고 다음의 요건을 모두 충족한 경우
- 가족으로부터 방임(放任) · 유기(遺棄) 또는 생계유지의 곤란 등으로 노숙을 하는 경우로서 복지사각지대 발굴 대상자로서 관련 부서로부터 생계가 어렵다고 추천을 받은 경우
- 통합사례관리 대상자로서 관련 부서로부터 생계가 어렵다고 추천을 받은 경우
- 자살한 자의 유족, 자살을 시도한 자 또는 그의 가족인 자살 고위험군으로서 관련 기관으로부터 생계가 어렵다고 추천을 받은 경우
- 코로나바이러스 감염증-19로 인하여 주소득자 또는 부소득자가 무급휴직 등으로 소득을 상실한 경우
- 코로나바이러스 감염증-19로 인하여 자영업자인 주소득자 또는 부소득자의 소득이 급격히 감소한 경우
- 코로나바이러스 감염증-19로 인하여 특수형태 근로종사자 또는 프리랜서[10]인 주소득자 또는 부소득자의 소득이 급격히 감소한 경우

---

9) ① 가구원의 보호, 양육, 간호 등의 사유로 소득활동이 미미한 경우, ② 「국민기초생활보장법」에 따른 급여가 중지된 경우, ③ 「국민기초생활 보장법」에 따라 급여를 신청하였으나 급여의 실시 여부와 내용이 결정되기 전이거나 수급자로 결정되지 아니한 경우, ④ 수도, 가스 등의 공급이 그 사용료의 체납으로 인하여 상당한 기간 동안 중단된 경우, ⑤ 사회보험료, 주택임차료 등이 상당한 기간 동안 체납된 경우, ⑥ 그 밖에 제1호부터 제5호까지에 준하는 사유가 있는 경우

10) 교육: 학습지교사, 학원 및 교육연수기관 강사, 스포츠 강사 및 트레이너, 방과후 교사 등
- 운송: 지입기사(레미콘트럭 등), 구난차기사, 기타 자동차 운전원(학원버스 운전기사 등), 공항 · 항만 · 시장 · 철도 · 창고 관련 하역종사자 등
- 여가: 연극배우, 작가(방송작가, 사진작가 등), 애니메이터, 여가 및 관광서비스 종사원 등
- 판매: 방문판매원, 영업사원, 대출 · 신용카드모집인, 보험설계사, 텔레마케터 등
- 서비스: 골프장캐디, A/S기사, 정수기 방문점검원, 수도 · 가스 · 전기 검침원, 간병인, 대리운전 · 퀵서비스기사, 가사 · 육아도우미 등
- 기타: 생활정보신문배포원,, 의료판매중간관리자, 심부름기사, 목욕관리사, 북큐레이터, 통 · 번역가, 애경미용사, 웨딩플래너, 음악가 등

② 현장 확인

위기 상활에 처했는가의 여부, 다른 법률에 의한 지원대상자인지의 여부, 소득 및 재산확인 등이다.

3) 긴급지원의 실시

(1) 생계지원

① 지원대상

긴급복지지원법 내지 제9호의 어느 하나에 해당하는 사유로 생계유지가 곤란한 사람이 지원대상이다.

② 지원내용

식료품비 의복비 냉방비 등 생계유지에 필요한 비용 또는 현물을 지원한다.

③ 지원방법 및 절차

금전 지원을 원칙으로 한다. 지원 결정 후 지체 없이 긴급지원대상자 명의의 금융기관 또는 체신관서 계좌로 입금한다. 다만, 금융기관 또는 체신관서가 없는 등의 사유로 계좌 입금이 곤란한 경우 긴급지원 대상자에게 직접 지급할 수 있다. 긴급지원대상자가 거동이 불편하여 금융기관을 이용하기 어렵거나, 직접 물품을 구매하기 곤란한 경우 등 현금으로 지원하는 것이 적당하지 아니한 경우에는 현물을 지원할 수 있다.

④ 지원 기준

〈표 10-7〉과 같다.

〈표 10-7〉 긴급지원 생계 지원 기준 표

가구구성원수	1인	2인	3인	4인	5인	6인
지원금액	474,600	802,000	1,035,000	1,266,900	1,496,700	1,722,100

(2) 의료 지원

① 대상

수술 또는 입원이 필요한 중한 질병 또는 부상으로 인하여 발생한 의료비를 감당하기 곤란한 사람이다. 지원 요청 후 사망한 자도 포함하고, 동일 상병 기지원자 는 제외한다. 단 동일 상병이라도 지원종료 후 2년이 경과한 경우에는 재지원이 가능하다. 상이한 상병일 경우 기 의료지원 종료시점과 관계없이 다시 의료지원이 가능하다.

② 지원내용

각종 검사 및 치료 등 의료서비스 및 약제비가 지원된다. 300만 원의 범위 내에서 의료기관 등이 긴급지원대상자에게 제공한 의료서비스 비용 중 약제비, 본인부담금 및 비급여 항목에 대하여 지원된다.

(3) 주거지원

위기사유의 발생으로 임시거소(臨時居所) 제공 또는 주거비 지원이 필요하다고 인정되는 사람에게 지원된다. 시장 · 군수 · 구청장은 국가 또는 지방자치단체가 소유한 임시거소를 제공하거나 임시로 거처할 수 있는 주거를 제공해야 한다.

긴급복지 주거지원 기준은 〈표 10-8〉과 같다

〈표 10-8〉 긴급복지 주거지원 기준 (원/월)

	1-2인	3-4인	5-6인
대도시	387,200	643,200	848,600
중소도시	290,300	422,900	557,400
농어촌	183,400	243,200	320,300

(4) 사회복지시설 이용 지원

위기 사유 발생으로 사회복지사업법에 따른 사회복지시설에서 제공하는 서비스가 필요하다고 인정되는 사람이 대상이고 해당 시설의 운영자에게 비용을 지급하는 것이 원칙이다.

(5) 교육지원

긴급지원 주 급여를 받는 가구 중 초·중·고등학생으로 학비 지원이 필요하다고 인정되는 사람(해당 분기의 학비를 완납한 가구도 지원 가능)이 대상이다. 지원결정 후 긴급지원대상자 명의의 금융기관 또는 체신관서 계좌로 입금하는 것이 원칙이다. 다만, 긴급지원대상자가 금융기관 또는 체신관서가 없는 지역에 거주하는 등 부득이한 사유가 있는 경우에는 해당 금액을 현금으로 지급할 수 있다.

(6) 그 밖의 지원

긴급지원 대상가구의 위기상황을 극복하기 위해 필요한 비용 또는 현물을 지원하는 것이다.

① 연료비

연료비는 동절기(10~3월)에 난방, 취사를 위해 기름, 가스, 전기, 연탄, 화목 등의 구입 또는 사용에 필요한 비용이다. 동절기에 한해서 월별 지원하는데 월 98,000원을 지급한다.

② 해산비

1인당 70만 원 현금 지급하며 쌍둥이는 140만 원을 지급한다.

③ 장제비

가구 구성원이 사망한 경우로 1인당 80만 원을 지급한다.

④ 전기요금

긴급지원 주급여(생계 주거) 대상자의 연체된 전기요금(재공급 수수료 포함)을 지급한다. 50만 원 범위 내에서 지원한다. 한국전력공사 아름다운재단 등 다른 기관(단체)

에서 지원받는 경우에는 지원요금을 차감한 나머지 요금에 대하여 지원한다.

4) 사후조사

(1) 사후조사 목적

긴급지원대상자의 소득 또는 재산 등을 조사하여 우선 실시한 지원이 적정한지 여부를 판단하는 자료를 확보하기 위한 것이다. 또 위기상황이 해소되지 아니하여 계속 지원이 필요한 경우에 국민기초생활 보장법 등 다른 법률에 의한 구호, 보호 또는 지원으로 연계하기 위한 조사다. 긴급지원대상자의 소득, 재산 그 밖의 필요한 사항을 조사한다. 긴급지원 결정일로부터 1개월 이내 1회에 한하여 조사한다.

(2) 사후조사 일반 원칙

가. 전산자료 조회

행복e음(사회보장정보시스템)"을 통하여 조사한다.

나. 금융재산 조회

5) 긴급지원 대상자의 관리

(1) 긴급지급의 적정성 검사

(2) 지원연장 결정

(3) 지원 중단 및 환수결정

3. 의료급여

1) 의료급여

1961년 12월 생활보호법이 제정되면서 의료보호에 관한 규정이 최초로 제정되었으나, 시행령 미비로 구체적인 사업이 실시되지 못하였다. 그 후 1970년대 중반에 들어서면서 경제성장 우선정책으로 빈부격차가 심화되면서 계층간 의료수혜의 불평등이 사회적 갈등으로 표출됨에 따라 의료보장제도의 필요성이 부각되었다. 1976년 10월 생활보호자를 대상으로 주로 국·공립의료기관에서 무료 의료급여사업을 실시하였고, 1977년 12월 취약계층에게 국가재정에서 기본적인 의료혜택을 제공하는 의료보호법이 탄생하였다. 2001년 종전의 의료 보호법을 의료급여법으로 전면 개정하여 의료급여 수급기간을 폐지하고 예방·재활 등에 대하여도 의료급여를 행하도록 하는 등 제도의 미비점을 전면적으로 개선·보완하였다. 2007년 7월부터 1종 수급권자의 외래진료시 본인부담제 및 선택의료급여기관제를 실시하고 있다..

2) 의료급여 수급권자

1990년부터 관리업무를 전산체계가 전국망으로 구축되어 있는 공단(구, 공무원 및 사립학교 교직원 의료보험관리공단)으로 하여금 수탁 관리하도록 하였다. 2001년 10월부터 복지행정 전산망을 구축하여 보장기관별로 수급권자 자격을 전산으로 처리하고 그 자료를 공단으로 전송하여 공단에서는 전국의 수급권자 자격을 전산관리하고 있다.

국민건강보험공단은 의료급여법에 의거 의료급여사업 중 일부업무를 위탁받아 수행하고 있는데 심사평가원의 심사·조정결과에 따른 급여비용의 지급, 전산 기기에 의한 수급권자의 자격, 개인별 급여내역의 관리 의료급여의 제한에 필요한 실태조사 및 자료수집 등을 수행하고 있다.

(1) 선정 및 기간

매년 보건복지부장관이 선정기준을 각 시 · 도지사에게 시달하여 거주지를 관할하는 보장기관장이 가구단위 급여 또는 개인단위 급여를 기준으로 국민기초생활보장법에 의해 수급자를 선정한다. 다른 법률에 의해 보건복지부장관이 의료급여가 필요하다고 인정한 사람을 대상으로 의료급여수급권자의 자격관리 및 의료혜택 부여 등의 관리체계를 운영하고 있다.

(2) 선정유형

① 1종

가. 국민기초생활보장법에 의한 수급권자

나. 행려환자

다. 재해구호법에 따른 이재민으로서 보건복지부장관이 의료급여가 필요하다고 인정한 사람

라. 의사상자 등 예우 및 지원에 관한 법률에 따라 의료급여를 받는 사람

마. 입양특례법에 따라 국내에 입양된 18세 미만의 입양아동

바. 독립유공자 예우에 관한 법률, 국가유공자 등 예우 및 지원에 관한 법률 및 보훈보상대상자 지원에 관한 법률의 적용을 받고 있는 사람과 그 가족으로서 국가보훈처장이 의료급여가 필요하다고 추천한 사람 중에서 보건복지부 장관이 의료급여가 필요하다고 인정한 사람

사. 무형문화재 보전 및 진흥에 관한 법률에 따라 지정된 국가무형문화재의 보유자(명예보유자를 포함)와 그 가족으로서 문화재청장이 의료급여가 필요하다고 추천한 사람 중에서 보건복지부장관이 의료급여가 필요하다고 인정한 사람

아. 북한이탈주민의 보호 및 정착지원에 관한 법률의 적용을 받고 있는 사람과 그 가족으로서 보건복지부장관이 의료급여가 필요하다고 인정한 사람

자. 5 · 18 민주화운동 관련자 보상 등에 관한 법률에 따라 보상금 등을 받은 사람과

그 가족으로서 보건복지부장관이 의료급여가 필요하다고 인정한 사람

차. 노숙인 등의 복지 및 자립지원에 관한 법률에 따른 노숙인 등으로서 보건 복지부 장관이 의료급여가 필요하다고 인정한 사람

② 2종

국민기초생활보장 수급권자 중 의료급여 1종 수급권자 기준에 해당되지 않는 사람이다.

(3) 자격유지기간

① 의료급여 개시일 적용

가. 국민기초수급자(시설수급자, 특례자 포함)는 국민기초 수급자로 책정된 날부터 개시

나. 이재민은 특별재난지역으로 선포된 원인이 된 재해가 발생한 날부터 개시

다. 의사상자는 의사상 행위를 한 날부터 개시

라. 입양 후 30일 이내 신청 시는 입양일로 소급 취득, 그 이후 신청 시는 결정일부터 개시

마. 북한이탈주민은 하나원 퇴소일(사회 진출일)로부터 10일 이내 신청시는 퇴소일로 소급 취득하되, 그 이후 신청시는 결정일부터 개시

바. 행려환자는 진료를 시작한 날부터 개시

② 의료급여 종료일

의료급여 수급권자 요건에 해당되지 아니하게 된 때 종료된다. 이재민 등 보장기관이 특별하게 기간을 정하는 경우에는 보장기관에서 정한 기간까지만 자격이 유지된다. 의료급여 수급권자가 건강보험 당연적용 사업장에 고용되었을 경우 당연히 건강보험 가입자가 되는 것은 아니며, 건강보험에 가입할 지 의료급여를 유지할 지는 당사자가 선택할 수 있다.

(4) 급여 비용의 부담

① 1종

입원은 본인 부담이 없다. 제1차 의료급여기관(의원, 보건의료원)의 경우 1,500원이고, 2차 의료급여 기관은 2,000원, 3차 의료급여기관은 2,500이다. 약국에서의 본인부담금은 처방은 500원, 직접 조제는 900원이며 보건소는 무료다.

1종 수급권자 외래 본인부담금 면제자는 다음과 같다.

가. 등록 결핵질환자, 중증질환자, 희귀질환자 및 중증난치질환자 보건복지부장관이 고시하는 결핵질환, 중증질환자, 희귀질환 및 중증난치질환을 가진 자로서 산정특례 등록한 자

나. 선택의료급여기관 이용자

다. 20세 이하인 자로 중고등학교 재학 중인 자

라. 임산부

임신임을 신고한 날부터 출산예정일 후 6개월까지 본인부담 면제. (유산, 사산시) 당초 신고받은 출산예정일부터 6개월까지 본인부담 면제.

마. 가정간호대상자

가정간호 전담부서가 설치된 의료급여기관에서 가정간호를 받고 있음을 증명할 수 있는 서류(가정간호 진료대상 확인서, 진단서 등)를 첨부한 경우에 한하여 본인부담면제

바. 당연 적용(사유 발생시 일괄 적용)

보건복지부장관이 고시하는 결핵질환, 중증질환자, 희귀질환 및 중증난치질환을 가진 자로서 산정특례 등록한 자

사. 신청에 의한 적용(외래진료 본인일부부담 면제신청서 제출시 적용. 20세 이하 재학자, 임산부, 가정간호대상자

② 2종

급여비용 총액의 10%, 고위험 임신부의 경우 급여비용의 5%, 제왕절개분만 산모 본

인부담금 없음. 의료기관 외래의 경우 의원 보건의료원은 1,500원, 제2차 의료급여기관은 1,500원, 제3차 의료기관은 의료급여 비용 총책의 15%다. 약국의 경우 처방조제는 500원, 직접조제는 900원이다.

다음은 2종 수급권자 본인 부담금 특례조항이다.

가. 자연분만 산모(입원)는 본인부담이 없다.

나. 6세 미만 아동(입원)은 본인부담이 없다.

다. 6세 이상 15세 이하 아동(입원)은 3%이다.

라. 중증질환자 중 뇌혈관 · 심장질환자(수술 · 약제투여 · 입원)는 본인부담이 없다(최대 30일).

마. 고위험 임신부는 5%이다.

바. 제왕절개분만 산모(입원)는 본인부담이 없다.

사. 임신부, 조산아 및 저체중 출생아(만3세까지)의 경우 병원급 이상(외래)는 5%다.

아. 정신질환으로 병원급 이상 외래 이용시에는 10%(조현병은 5%)이다.

자. 치매치료의 입원 5%, 병원급 이상 외래 5%이다.

차. 1세 미만 아동의 외래 치료의 경우 의원급은 면제, 병원급 이상 5%이다.

③ 보건기관(보건소, 보건지소, 보건진료소) 이용 식대 본인부담

1, 2종 모두 보건기관 이용 시 본인부담금은 없다.

식사 종류(일반식, 치료식, 멸균식, 분유, 산모식, 경관영양유동식)별 식대의 20%고, 자연분만 · 6세 미만 입원(1 · 2종 모두) 및 행려환자는 면제된다.

④ 65세 이상 노인 틀니 및 치과 임플란트

틀니의 경우 제1 · 2 · 3차 의료급여기관 입원 · 외래시 1종 5%, 2종 15%이다.

치과 임플란트의 경우 제1 · 2 · 3차 의료급여기관 입원 · 외래시 1종 10%, 2종 20%이다.

⑤ 선별급여

급여항목별로 30~90%가 본인부담이다.

⑥ 병원급 이상 의료급여기관 상급병실(2 · 3인실) 입원료 본인일부부담

상급 종합병원 2인실 50%, 3인실 40%이다. 종합병원 병원 한방병원은 2인실 40%, 3인실 30%다. 요양병원과 치과병원은 상급 병실료 지원이 없다.

4. 기초연금

1) 기초연금의 의의

기초연금이란 노인에게 매월 일정액의 연금을 지급해 국가발전과 자녀양육에 헌신해 온 노고에 보답하려는 제도다. 대부분의 우리나라 노인은 격동의 현대사를 모두 거치면서 우리나라가 선진국이 되는 토대를 마련하였고, 자녀가 잘 살 수 있도록 헌신해 왔지만 자신을 위한 대비에는 소홀했다.

이런 현실을 감안하여 국가가 사회를 위해 헌신해 온 생활이 어려운 노인에게 기초연금을 지급함으로써 노인의 생활안정을 지원하고 복지를 증진하는 데 그 목적을 둔 제도적 장치다(기초연금법 제1조).

기초연금은 기초노령연금의 선별적 부조제도에서 보편적 성격이 강화된 제도다. 국민연금 중심의 단일 노후보장체계를 중층적 보장체계로의 질적 전환을 가져왔다.

2) 발전과정

(1) 기초노령연금법 제정 · 공포

2007년 4월 25일 기초노령연금법이 제정 · 공포되었다. 법제정 · 공포된 후 전문가를 포함한 효과적인 운영 방안이 논의되었다. 소득인정액을 산정할 때 사적 연금(개인연금보험 등)을 금융재산에 포함(연금급여텀)하기로 하였다.

2008년 1월 1일부터 70세 이상 노인에게, 같은 해 7월부터는 65세 이상 노인에게 시행되었다.

기초노령연금제를 폐지하고 2014년 7월 1일부터 「기초연금법」을 시행하였다. 국가재정의 지속 가능성을 확보하면서 노인세대를 위한 안정적인 공적 연금제도를 마련하여 65세 이상의 노인 중 소득 기반이 취약한 70%의 노인에게 기초연금을 지급함으로써 노인 빈곤 문제를 해소하고 노인의 생활안정과 복지증진에 기여하려는 의도이다.

2014년 이 법 제정 이후 65세 이상 노인 상대빈곤율이 2013년 48.1%에서 2015년 44.8%로 감소하였다. 그러나 2016년 46.5%로 그 비율이 다시 상승하는 등 노인 빈곤 문제가 여전히 심각함을 고려하여, 현재 20만 원 수준인 기준연금액을 2018년 25만 원으로 인상함으로써 기초연금을 통한 노후소득 보장을 강화하였다.

2019년 65세 이상인 사람 중 소득인정액이 100분의 20 이하인 사람에게 적용하는 기준연금액을 30만 원으로 인상하고, 인상된 기초연금액 수령으로 기초연금 수급자 사이에 가처분 소득의 역전 현상이 발생할 우려가 있으므로 기초연금액을 감액할 수 있는 근거 규정을 신설하였다.

기초연금 제도 시행 이후 우리나라의 65세 이상 노인빈곤율은 감소하고 있으나, OECD 회원국과 비교할 때 노인빈곤 문제는 여전히 심각한 수준인 점을 고려하여 2020년 12월 31일까지 한시적으로 기준연금액을 30만 원으로 하는 저소득 기초연금 수급권자의 범위를 65세 이상인 사람 중 소득인정액이 100분의 20 이하인 사람에서 100분의 40 이하인 사람으로 확대하고, 2021년에는 모든 기초연금 수급자의 기준연금액을 30만 원으로 인상하였다.

3) 내용

(1) 수급권자

65세 이상의 노인으로 소득인정액이 선정기준액 이하인 사람이다. 2021년 선정기준은 단독가구 1,690,000원이고, 부부가구는 2,704,000원이다.

(2) 소득인정액

소득인정액 = 소득평가액(①) + 재산의 소득환산액(②)

소득평가액 산정식은 다음과 같다.

소득평가액 = {0.7 × (근로소득 - 98만 원)} + 기타소득

기타 소득은 사업소득, 재산소득, 공적이전소득, 무료 임차소득으로 분류된다. 사업소득은 기타사업소득과 임대소득의 합이고, 기타사업소득은 도매업 소매업 제조업 농업 어업 임업, 기타 사업에서 얻는 소득이다. 재산소득은 이자소득과 연금소득의 합이고, 공적이전소득은 각종 법령의 규정에 의해 정기적으로 지급되는 각종 수당 · 연금 · 급여 · 기타 금품이다.

무료 임차소득은 자녀 소유의 고가 주택에 거주하는 본인 또는 배우자에 대하여 임차료에 상응하여 소득으로 인정하는 금액이다.

(3) 기초연금액

① 기초연금액

기초연금 수급권자에 대한 기초연금의 금액은 기준연금액과 국민연금 급여액 등을 고려하여 산정[11]한다. 기준연금액은 보건복지부장관이 그 전년도의 기준연금액에 통계청의 전국소비자물가변동률을 반영하여 매년 고시한다. 고시한 기준연금액의 적용기간은 해당 조정연도 1월부터 12월까지다.

기초연금 수급권자 중 기준연금액을 기초연금액으로 지급하는 대상자는 공적연금(국민연금, 직역연금, 연계연금) 수급권이 없는 사람, 국민연금법에 따른 장애연금 · 유족연금 수급권자, 국민연금과 직역연금의 연계에 관한 법률에 따른 연계노령유족(퇴직

11) 공적 노후소득보장체계는 국민연금을 주축으로 하고 국민연금액에서 부족한 부분은 기초연금으로 보전하여 모든 국민이 노후에 최소한의 생활을 할 수 있는 사회안전망을 제공하고자 국민연금 급여액 등을 고려하여 산정한다.

유족)연금수급권자, 장애인연금법에 따른 수급권자, 국민기초생활보장법에 따른 수급권자, 국민연금 급여액 등이 기준연금액의 150% 이하인 자 등이다.

② 기초연금액의 감액

기초연금 수급자와 비수급자 간의 형평성 제고를 위해 감액한다.

- 국민연금 감액: 국민연금 · 연계연금 급여액(A급여액 등)에 따라 감액하는 대상을 보면, 국민연금 수급권자는 산정된 국민연금 소득재분배급여금액(A급여액)을 통해 기초연금액을 산정한다. 서식은 다음과 같다.

기준연금액 − (2/3 × A급여액) + 부가연금액이다.

연계노령연금 수급권자는 국민연금 A급여액과 연계퇴직연금액의 1/2을 합산한다. 서식을 보면 다음과 같다.

기준연금액 − 2/3 × (A급여액 + 연계퇴직연금액의 1/2) + 부가연금액

특례를 적용받는 기초연금 수급자의 경우 기초연금액을 기준연금액의 50%로 산정한다.

- 부부감액: 본인과 그 배우자가 모두 기초연금 수급권자인 경우에는 각각의 기초연금액에서 기초연금액의 20%를 감액한다. 단독가구와 부부 1인 수급가구는 기준연금액의 10%, 부부 2인 수급가구는 기준연금액의 20%를 최저연금액으로 지급한다.
- 소득역전 감액: 소득인정액과 기초연금액(부부2인 수급가구는 부부감액 적용 이후)을 합산한 금액이 선정기준액 이상인 경우에는 선정기준액을 초과하는 금액의 범위에서 기초연금액의 일부를 감액한다.

③ 타제도와의 관계

- 직역연금(연금일시금 포함) 수급권자와 그 배우자에게는 기초연금을 지급하지 않는다.
- 국민연금 수급권자에게 지급하는 기초연금액은 '기준연금액−2/3×소득재분배급여

액)+부가연금액'으로 하며, 국민연금 급여액 등이 기준연금액의 100분의 150 이하인 사람에게 지급하는 기초연금액은 기준연금액으로 한다.

- 장애인연금 수급권자 중 기초연금법에 따른 기초연금 수급권자에게는 장애인연금 기초급여를 지급하지 않는다.
- 노인일자리사업에서 공익활동 유형은 기초연금 수급자를 대상으로 선정기준(소득, 가구구성, 활동역량 등)에 따라 선발하여 운영한다.
- 기초연금법에 따른 기초연금 수급자는 저소득층 등에 대한 요금감면 서비스 대상에 해당한다.

④ 비용의 분담

국가는 지방자치단체의 노인인구 비율 및 재정 여건 등을 고려하여 기초연금의 지급에 드는 비용 중 40% 이상 90%이하 범위에서 비용을 부담한다. 국가가 부담하는 비용을 뺀 비용은 시 도와 시 군 구가 상호 분담한다. 부담비율은 보건복지부장관과 협의하여 시 도의 조례 및 시 군 구의 조례로 정한다. 재정이 상대적으로 열악하나 사회복지 분야의 예산 지출 규모는 비교적 큰 시 군 의 경우, 재정부담 완화를 위해 국가가 해당 시 군 구의 기초연금 지급에 드는 비용 중 일부를 추가 지원할 수 있다.

(4) 연금 신청

기초연금은 만 65세 이상이고 한국 국적을 가지고 있는 국내 거주(주민등록법에 따른 주민등록자)하는 노인 중 가구의 소득인정액이 선정기준액 이하인 사람이다.

① 직역연금 수급권자 제외 요건 확인

다음에 해당 될 경우 수급권자에서 제외 된다

가. 공무원연금법, 공무원 재해보상법」 또는 사립학교교직원 연금법에 따른 퇴직연금, 퇴직연금일시금, 퇴직연금공제일시금, 장해연금, 비공무상 장해연금, 비직무상 장해연금, 장해일시금, 비공무상 장해일시금, 비직무상 장해일시금, 퇴직유족

연금, 장해유족연금, 순직유족연금, 직무상유족연금, 위험직무순직유족연금, 퇴직유족연금 일시금 또는 퇴직유족일시금

나. 「군인연금법」에 따른 퇴역연금, 퇴역연금일시금, 퇴역연금공제일시금, 퇴역유족연금, 퇴역유족연금일시금 또는 「군인 재해보상법」에 따른 상이연금, 상이유족연금, 순직유족연금, 순직유족연금일시금

다. 별정우체국법에 따른 퇴직연금, 퇴직연금일시금, 퇴직연금공제일시금, 유족연금 또는 유족연금일시금

라. 「국민연금과 직역연금의 연계에 관한 법률」에 따른 연계퇴직연금 또는 연계 퇴직유족연금 중 직역재직기간이 10년 이상인 경우의 연계퇴직연금 또는 연계 퇴직유족연금

② 소득인정액 요건

본인 및 배우자의 소득평가액과 재산의 소득환산액을 합산한 금액이 소득 인정액이다. 소득인정액이 선정기준액 이하인 사람에게 지급한다.

산정방식은 만 65세 이상인 사람 중 기초연금 수급자가 100분의 70 수준이 되도록 보건복지부장관이 정하여 고시하는 금액이고, 만 65세 이상인 사람 및 그 배우자의 소득 · 재산수준과 생활실태, 물가상승률 등을 고려하여 산정한다. 해당 연도 선정 기준 액은 전년도 12월 31일까지 보건복지부장관이 결정 · 고시하고, 1월 1일부터 12월 31일까지 적용한다.

기본재산액은 기본적 생활 유지에 필요하다고 인정되어 보건복지부장관이 정하여 고시하는 금액으로 소득환산에서 제외되는 재산가액[12]이다.

(5) 기초연금액

국민연금을 받지 않고 사람(무연금자), 국민연금 월 급여액이 기준연금액의 150%이하인 경우, 국민연금의 유족연금이나 장애연금을 받고 있는 자, 장애인연금을 받고 있

12) 대도시는 1억3천5백만 원, 중소도시는 8천5백만 원), 농어촌 지역은 7천2백5십만 원이다.

는 경우에 기초연금액은 기준연금액으로 산정된다.

위의 4가지 범주에 들어가지 않을 경우 소득 재분배 급여(A급여)에 따른 산식에 의해 연금액이 산정된다. 소득 재분배 급여란 국민연금 급여액 중 기초연금적 성격을 가진 부분으로, 개인별 기초연금액을 결정하는 기준이 되는 급여이다. 가입 기간이 길수록, 일찍 가입할수록 A급여액은 증가한다. 가입 기간이 동일하더라도 가입 시기와 가입 이력에 따라 A급여액은 다를 수 있다.

A급여는 국민연금급여액 중 기초연금적 성격을 가진 부분으로 개인별 기초연금 액을 결정하는 기준이 되는 금액이다.

4) 연금의 신청

연금을 신청하려는 자는 연금지급신청서에 적혀 있는 소득이나 재산을 확인할 수 있는 서류, 보건복지부령으로 정하는 금융정보 등의 제공동의 서면, 연금신청자의 신분확인 서류 등을 제출해야 한다.

신청기간은 연중이며, 만 65세 미만인 사람은 만 65세 생일이 속하는 달의 1개월 전부터 신청 가능하다.

신청 시 제출서류는 사회복지서비스 및 급여제공(변경)신청서, 소득·재산신고서, 연금을 지급받을 본인계좌 통장사본, 금융정보 등 제공동의서, 신청자 신분증서(주민등록증, 자동차 운전면허증, 여권, 장애인등록증), 전산으로 소득·재산이 조회되지 않거나, 실제 소득·재산과 다른 경우 실제 소득 및 재산을 확인할 수 있는 서류, 위임장 및 대리인의 신분증서이다.

5) 연금의 지급기간과 시기

연금은 수급권자로 결정된 경우 연금을 신청한 날이 속하는 달부터 수급권이 소멸한 날이 속하는 달까지 매월 정기적으로 지급한다. 연금은 매월 25일(토요일이거나 공휴일인 경우에는 그 전일로 함)에 수급권자가 지정하는 금융기관의 계좌에 입금하는 방법으로 처리한다. 금융기관이 없는 지역에 수급권자가 거주할 경우에는 해당 금액을 수급권자에게 직접 지급할 수도 있다.

6) 연금의 상실

수급권자가 사망하거나, 국적을 상실하거나 국외로 이주할 때 등에는 수급권을 상실한다. 또한, 수급권자가 금고 이상의 형을 선고받고 그 집행이 종료되지 않거나 집행을 받지 않기로 확정되지 않은 동안에는 연금의 지급이 정지된다.

7) 수급권의 보호

수급권은 양도나 압류할 수 없으며, 담보로도 제공해서는 안 된다. 기초연금으로 지급받은 금품은 압류할 수 없다.

8) 문제와 전망

(1) 문제점

① 적절성과 충분성 면에서 불합격

여전히 노인들은 경제적 여유가 없다. 30만 원이 최고 금액이지만 국민연금 감액, 부부감액, 소득 역전 감액으로 민원을 사고 있다. 감액없이 전액을 일률적으로 지급해야 한다는 주장도 거세다. 노인들에게 최소한의 인간다운 삶을 보장해 주자는 취지에서다.

② 정확한 소득 및 재산조사 필요

더 많은 급여를 받기 위해 재산의 소득환산율을 고의로 낮게 설정하거나, 기초연금 수급을 위해 소유하고 있는 자산을 처분하거나 축소할 경우 효율적인 개입 방안이 없는 것도 개선 거리다. 방치, 방임할 경우 국가재정의 열악화를 가져 오기 때문이다. 이는 결국 복지적 지원과 개입이 꼭 필요한 노인에게 혜택과 지원이 돌아가지 못하는 결과를 낳을 수 있다. 현실적인 소득 및 재산조사가 이루어져야 하며, 수급자의 정보 관리와 사후 관리를 강화해 기초연금의 효용성과 필요성을 제고하는 방향으로 홍보해야 할 것이다.

(2) 전망

기초연금의 보조금도 상향화되어야 할 것이다. 보편적 복지를 위해서는 감액제를 없애고 일률적인 금액을 지급할 필요가 있다. 조사에 들어가는 막대한 행정 비용도 문제지만, 노령 빈곤층과 중산층 모두를 아우르는 보편적 복지의 실현이 진행되어야 할 것이다.

11

CHAPTER

사회보험

1. 국민연금
2. 산업재해 보상보험
3. 고용보험
4. 건강보험
5. 노인장기요양보험

1. 국민연금

1) 국민연금의 의의

보험원리에 따라 운영되는 대표적인 사회보험제도다. 가입자, 사용자로부터 정률의 보험료를 받고, 이를 재원으로 사회적 위험에 노출되어 소득이 중단되거나 상실될 가능성이 있는 사람들에게 다양한 급여를 제공하는 제도다. 국민연금제도를 통해 제공되는 급여에는 노령으로 인한 근로소득 상실을 보전하기 위한 노령연금, 주소득자의 사망에 따른 소득상실을 보전하기 위한 유족연금, 질병 또는 사고로 인한 장기근로능력 상실에 따른 소득상실을 보전하기 위한 장애연금 등이 있다. 이러한 급여를 지급함으로써 국민의 생활안정과 복지증진을 도모하는데 의의가 있다[1].

2) 필요성

(1) 세계에서 가장 빠른 고령화 속도

아주 빠른 속도로 노령화가 진행되고 있다. 생활수준 향상과 의료기술의 발달로 평균수명이 늘어나고, 출산율은 급속도로 감소하고 있기 때문이다. 우리나라의 65세 이상 노령인구비율은 2000년 7.0%로 시작하여 2026년에는 21.4%에 도달할 것으로 예상되고 있다(2017~2067년 장래인구추계 기준). 특히 노인인구비율 증가는 세계에서 유례를 찾아볼 수 없을 정도로 빠르게 진행되고 있다. OECD 통계 자료에 따르면 일본의 경우, 노인인구비율이 7%에서 14%로 진입하는데 걸린 기간은 24년인 반면, 우리나라는 7%에서 14%까지 17년이 소요되었다. 그리고 노인인구비율이 14%에서 21%까지 도

1) 산업화 이전에도 인간은 질병 · 노령 · 장애 · 빈곤 등과 같은 문제를 겪어 왔다. 이 시기의 위험은 사회구조적인 차원의 문제라기보다는 개인적인 문제로 인식했다. 따라서 문제의 해결 역시 사회구조적인 대안보다는 개인이나 가족의 책임 아래에 두었다. 산업사회로 넘어오면서 환경오염, 산업재해, 실직 등과 같이 개인의 힘만으로는 해결하기 어려운 각종 사회적 위험이 부각되었다. 부양 공동체 역할을 수행해오던 대가족 제도가 해체됨에 따라, 개인 차원에서 다루어지던 다양한 문제들이 국가개입 필요성이 요구되는 사회적 문제로 대두되기 시작했다.

달하는 기간은 우리나라는 9년이 걸릴 예정이나, 일본은 12년, 프랑스는 32년, 영국은 52년, 그리고 미국은 20년이 소요될 것으로 예상되고 있다

(2) 급감하는 출산률

평균수명은 늘어난 반면, 신생아 출산율이 빠른 속도로 감소하고 있다. 1980년 2.83명이던 한국의 출산율은 2019년에 0.92명으로 떨어졌으며 2020년 0.84명을 기록하였다. OECD 국가의 인구 통계상 최저 수준이다. 고령화 사회로의 진입은 부양해야 할 노령인구가 증가한다는 것을 의미하는데, 통계청의 자료에 따르면 현재의 저출산이 지속될 경우 베이비붐 세대의 고령인구 진입 및 기대수명 증가로 2030년에는 2.6명이 1명을, 2050년에는 1.3명이 노인 1명을, 2065년에는 0.9명이 1명을 부양해야 하는 실정이다.

(3) 부모를 부양하지 않는 세대

과거 노인은 농경사회 지혜의 원천으로, 대가족 제도의 어른으로 존경의 대상이었다. 그러나 오늘날에는 노년인구가 많아지고 산업화 사회, 핵가족 제도의 영향으로 노인을 존경의 대상보다는 부양의 대상으로 부담스럽게 생각하는 시각이 더 커지고 있다.

경제적 어려움이 노인들에게 가장 해결이 어려운 문제로 나타나고 있으나 가족구조, 부양의식 변화 등으로 인해 사적부양의 역할은 축소되고 있다. 젊고 소득활동 능력이 있을 때 체계적으로 자신의 노후를 준비해야 한다.

(4) 이루지 못한 자조

가난한 사람은 "지금 먹고살기도 힘든데 무슨 노후 준비냐?"며 노후준비를 하지 않게 되고, 젊은 사람들은 "20, 30년 후의 노후준비를 왜 벌써부터 하느냐?"며 노후준비에 대한 인식이 부족하다. 노후준비방법(19세 이상 가구주 대상)에 대한 2019년 통계청 사회 조사 결과에 따르면, 응답자의 1/4가량은 노후준비를 전혀 하고 있지 않았고, 그 이유로는 노후준비능력이 없기 때문이라는 응답이 절반 가량을 차지하는 것으로 나타

났다. 노후준비를 하고 있는 경우에도, 국민연금이나 공무원 · 군인 · 사립학교 교직원 연금 등의 공적연금을 이용하는 사람들은 67.6%로, 나머지 1/3 이상은 예금 · 적금 · 저축성보험(15.6%), 사적연금(6.9%), 퇴직금(4.1%) 등에 의존하고 있었다. 특히 60세 이상 가구주의 경우 국민연금 이용 비중은 50% 미만인 것으로 나타났다.

퇴직금 금융소득이나 퇴직금만으로는 노후생활이 어렵고 개인연금제도 또한 대다수가 중도해지 하는 등 노후보장수단으로는 한계가 있기 때문에 노후빈곤문제는 앞으로 심각한 사회문제로 대두될 것이다(국민연금 관리공단 2021).

(5) 사회적 위험의 증가

뉴노멀, 제 4차 산업혁명, AI-로봇, 펜데믹 등의 새로운 환경이 도래하면서 위험이 찾아오고 있다. 겪어 보지 못했고 예측할 수 없는 위험은 우리를 어렵게 한다. 이러한 위험에 대한 대책 마련이 시급하다. 위험을 개인 또는 가족 스스로 해결하기에는 어려움이 많기 때문에 국가가 나서서 사회구성원간의 공동체적 연대와 세대간의 부양시스템 마련이 필요하다.

3) 국민연금의 연혁

(1) 도입준비

1960년대 추진된 경제개발계획으로 산업화, 도시화, 핵가족화, 노령화가 빠른 속도로 진행되고, 이로 인해 발생된 사회문제의 해결방안으로 1973년 국민복지연금법이 제정 · 공포되었다. 그러나 1973년 발생한 석유파동의 영향에 의한 경제 불황으로 1974년 1월부터 시행 예정이었던 국민연금제도를 무기한 연기하였다. 이후 제6차 경제사회발전 5개년 계획이 실행되고 이 기간 동안 경제가 다시 발전하여 국민부담능력이 크게 향상됨으로써 국민연금제도 실시를 위한 제반 여건이 마련되었다.

(2) 도입

노동시장 확대와 계속적인 출생률 저하 등으로 국민연금 제도에 대한 필요성이 증가되면서 1986년부터 종전의 국민복지연금 제도를 수정 보완하여 1988년 1월부터 국민연금 제도를 시행하였다.

기금운용 등 효율적 관리운영을 위해 1987년 9월에 독립기관으로 국민연금공단을 설립하였으며, 10인 이상 사업장에 근무하는 18세 이상 60세 미만의 근로자 및 사업주를 대상으로 우선 실시하였다.

(3) 확대

1988년 1월부터 상대적으로 관리가 용이한 10인 이상 사업장의 '18세 이상~60세 미만' 근로자 및 사업주를 우선 대상으로 시행되었다. 1992년 1월 1일 상시근로자 5~9명 사업장의 근로자와 사용자를 가입대상으로 포괄한 것을 기점으로 1995년 7월 1일 농어촌지역(군지역)으로 제도가 확대되었다. 1995년 8월 4일부터는 상시근로자 5명 이상 사업장의 외국인 근로자 및 사용자에게도 제도를 확대 적용하였다. 이후 1999년 4월 1일부터 도시지역으로 확대 적용되었다. 2003년 7월 1일부터는 5인 미만의 영세사업장, 근로자 1인 이상 법인, 전문직종 사업장을 포괄함은 물론, 임시 · 일용직과 시간제 근로자의 가입자격을 완화하였다.

〈표 11-1〉 **국민연금제도의 변천**

시기	내용
1973. 12. 24	국민복지연금법 공포(석유파동으로 시행 연기)
1986. 12. 31	국민연금법 공포【법률 제3902호】(구법 폐지)
1987. 09. 18	국민연금관리공단 설립
1988. 01. 01	국민연금제도 실시(상시근로자 10인 이상 사업장)
1992. 01. 01	사업장 적용범위 확대(상시근로자 5인 이상 사업장
1993. 01. 01	특례노령연금 지급 개시
1995. 07. 01	농어촌지역 연금 확대 적용
1999. 04. 01	도시지역 연금 확대 적용(전 국민 연금 실현)

시기	내용
2000. 07. 01	농어촌지역 특례노령연금 지급
2001. 11. 01	텔레서비스 시스템 전국 확대 운영
2003. 07. 01	사업장 적용범위 1단계 확대(근로자 1인 이상 법인 · 전문직종사업장
2006. 01. 01	사업장 적용범위 확대완료(근로자 1인 이상 사업장 전체)
2008. 01. 01	완전노령연금(가입기간 20년 이상) 지급 개시
2009. 08. 07	국민연금과 4개 직역연금 가입기간 연계사업 시행
2011. 04. 01	장애인복지법 상 장애 전(全) 등급 심사 개시
2012. 07. 01	10인 미만 사업장 저소득근로자에 대한 국민연금 보험료 지원사업 시행(두루누리 사업)
2014. 07. 25	기초연금 지급 개시
2015. 06. 22	노후준비지원법 제정과 국민연금공단에 중앙노후준비지원센터 지정 · 운영
2016. 08. 01	구직급여 수급자를 대상으로 실업크레딧 시행
2016. 11. 30	경력단절 여성 대상으로 추후납부를 확대

출처: 국민연금 관리공단. 2021

4) 국민연금의 특성

(1) 사회보험의 강제성

국민연금은 모든 국민이 가입대상이다. 대부분의 사회보험제도는 강제가입을 의무로 하고 있다. 강제적용을 하지 않는다면, 국민연금에 가입하지 않거나 보험료를 납부하지 않을 수 있다. 가입을 기피하는 사람이 많을수록 노후빈곤층이 확대되고, 이것이 사회문제화 될 경우 결국 국가는 빈곤해소의 문제를 조세 등을 통해 해결해야 한다. 이렇게 되면 성실하게 본인의 노후를 준비한 사람은 노후를 준비하지 못한 사람의 노후의 일정부분을 책임지게 되는 이중부담이 발생하기 때문에 소득활동을 하는 사람은 누구나 의무적으로 가입하도록 하였다(국민연금 관리공단 2021).

(2) 소득재분배 기능

국민연금은 동일한 세대 내의 고소득계층에서 저소득계층으로 소득이 재분배되는 세대내 소득재분배 기능과 미래세대가 현재의 노인세대를 지원하는 세대간 소득재분배 기능을 갖는 다. 저소득 계층의 경우 전체가입자의 평균소득이 자신의 소득보다 높기 때문에 고소득계층과 비교하였을 때 자신이 낸 보험료에 비해 상대적으로 더 많은 연금을 받는데 비해 고소득 계층은 전체가입자의 평균소득이 자신의 소득보다 낮기 때문에 저소득층에 비해 상대적으로 이러한 연금혜택이 적다.

세대간 소득재분배 기능은 국민연금제도 도입초기단계 가입자의 제도순응성을 높이기 위해 도입하였다. 미래세대는 자신의 노후만을 준비하면 되지만 국민연금 초기가입자의 경우에는 자신의 노후는 물론 부모 부양이라는 이중부담을 지고 있어 이들의 부담을 완화하기 위해 낮은 보험료에서 출발, 단계적으로 보험료를 높여가도록 한 것이다.

(3) 연금의 안전성

국민연금은 국가가 최종적으로 지급을 보장하기 때문에 국가가 존속하는 한 반드시 지급된다고 봐야 할 것이다. 적립된 기금이 모두 소진될 경우 그 해 연금지급에 필요한 재원을 그 해에 걷어 지급하는 부과방식으로 전환해서라도 연금을 지급한다는 것이 공단의 설명이다. 일부국가는 초기에는 기금을 적립하여 운영하다가 연금제도가 성숙되면서 부과방식으로 변경했다.

현재 전 세계적으로 공적연금제도를 실시하고 있는 나라는 170여 개국에 달하지만 연금지급을 중단한 예는 한 곳도 없다. 최악의 경제 상황에 직면했던 80년대 남미 국가들과 90년대의 옛 공산주의 국가에서도 연금지급을 중단한 사례는 없다(국민연금 관리공단 2021).

(4) 급여의 적절성

노령연금 이외에도 장애, 유족연금 등이 있다.

국민연금은 물가가 오르더라도 실질가치가 보장된다. 연금을 지급할 때는 과거 보험료 납부소득에 연도별 재평가율을 적용하여 현재가치로 재평가하여 계산한다. 예를 들어 1988년도에 100만 원의 소득으로 국민연금에 가입되었다면 이를 2020년 현재가치로 재평가하면 약 651만 원의 소득액으로 인정하여 국민연금을 계산한다. 연금을 받기 시작한 이후 매년 1월부터 전년도의 전국소비자물가변동률에 따라 연금액을 조정하여 지급한다(국민연금 관리공단. 2021).

5) 가입유형

(1) 사업장 가입자

국민연금에 가입된 사업장의 18세 이상 60세 미만의 사용자 및 근로자로서 국민연금에 가입된 자다. 1인 이상의 근로자를 사용하는 사업장 또는 주한외국기관으로서 1인 이상의 대한민국 국민인 근로자를 사용하는 사업장에서 근무하는 18세 이상 60세 미만의 사용자와 근로자는 당연히 사업장가입자가 된다. 지역가입자가 사업장에 취업하면 자동적으로 사업장가입자가 되고, 지역가입자 자격은 상실된다.

(2) 지역가입자

국내에 거주하는 국민으로서 18세 이상 60세 미만인 자 중 사업장가입자가 아닌 사람은 당연히 지역가입자가 된다. 다른 공적연금에서 퇴직연금(일시금), 장애연금을 받는 퇴직연금 등 수급권자, 국민기초생활보장법에 의한 수급자 중 생계급여 또는 의료급여 또는 보장시설 수급자, 소득활동에 종사하지 않는 사업장가입자 등의 배우자 및 보험료를 납부한 사실이 없고 소득활동에 종사하지 않는 27세 미만인 자는 지역가입자가 될 수 없다.

(3) 임의가입자

사업장가입자와 지역가입자가 될 수 없는 사람도 60세 이전에 본인의 희망에 의해 가입신청을 하면 임의가입자가 될 수 있다. 다른 공적연금에서 퇴직연금(일시금), 장애연금을 받는 퇴직연금 등 수급권자, 국민기초생활보장법에 의한 수급자 중 생계급여 또는 의료급여 또는 보장시설 수급자, 소득활동에 종사하지 않는 국민연금이나 다른 공적연금 가입자 또는 수급권자의 배우자 및 보험료를 납부한 사실이 없고 소득활동에 종사하지 않는 27세 미만인 자는 가입을 희망하는 경우 임의가입자가 될 수 있다.

(4) 임의계속가입자

납부한 국민연금 보험료가 있는 가입자 또는 가입자였던 자로서 60세에 달한 자가 가입기간이 부족하여 연금을 받지 못하거나 가입기간을 연장하여 더 많은 연금을 받기를 원할 경우는 65세에 달할 때까지 신청에 의하여 임의계속 가입자가 될 수 있다.

6) 사업장

근로자를 사용하는 사업소 및 사무소를 말하며 사업소, 영업소, 사무소, 점포, 공장 등 근로자를 사용하고 있는 곳은 모두 사업장에 해당된다.

(1) 당연 적용사업장

당연 적용사업장이란 국민연금법에 의하여 국민연금에 의무적으로 가입해야 되는 사업장이다. 1인 이상의 근로자를 사용하는 모든 사업장은 국민연금 의무가입 대상이다.

국민연금이 시작된 1988년에는 10인 이상의 근로자를 사용하는 사업장을 당연적용사업장으로 하였으나 이후 제도를 점차 확대하여 현재는 1인 이상의 근로자를 사용하는 사업장은 모두 당연 적용사업장이다.

(2) 신고대상사업장

국민연금에 당연 가입하여야 하는 사업장은 근로자를 1인 이상 사용하고 있는 사업장이다. 사업장은 근로자를 사용하는 사업소 및 사무소로, 민법, 상법상의 개인이나 법인, 특별법 상의 법인체 여부, 영리 비영리 여부를 불문하며, 국가 지방자치단체, 학교는 물론, 국내에서 영업 중인 외국인회사, 대사관 등 주한외국기관으로서 1인 이상의 근로자를 사용하는 경우도 포함된다.

(3) 납부예외 및 납부재게

납부예외란 국민연금에 가입하여 연금보험료를 납부해야 할 가입자가 휴직 등의 사유로 연금보험료를 납부할 수 없는 경우에 신청에 의하여 해당 기간 동안 연금보험료 납부를 면제함으로써 그 부담을 경감시켜 주는 제도다.

납부예외 기간에는 보험료를 납부하지 않으므로 이 기간은 가입기간에 포함되지 아니하고, 연금급여의 산정 시 그 만큼 연금액이 줄어들게 된다. 납부예외 중 장애를 입거나 사망하게 되더라도 장애연금 또는 유족연금의 수급요건을 충족할 경우 해당 연금을 받을 수 있다.

납부예외 신청대상은 휴직 중인 경우(산전후휴가, 육아휴직 등), 휴직기간 중 급여가 휴직 직전 적용중인 기준소득월액의 50% 미만인 경우에 한하여 납부예외를 인정한다. 또 병역법 제3조의 규정에 의한 병역의무를 수행하는 경우다. 이때 의무군인으로서 육 · 해 · 공군, 공익근무요원, 경비교도대원, 전 · 의경, 의무소방원을 포함한다.

(4) 가입대상

1인 이상의 근로자를 사용하는 사업장 또는 주한외국기관으로서 1인 이상의 대한민국 국민인 근로자를 사용하는 사업장(당연적용사업장)에 근무하는 사용자와 근로자는 외국인을 포함하여 모두 국민연금에 가입하여야 한다. 가입대상에서 제외되는 경우는 다음과 같다

① 18세 미만이거나 60세 이상인 사용자 및 근로자. 다만, 18세 미만 근로자는 2015년 7월 29일부터 사업장가입자로 당연 적용하되, 본인의 신청에 의해 적용제외가 가능하다.

② 공무원연금, 군인연금, 사립학교교직원연금, 별정우체국연금 가입자 등 타 공적 연금 가입자 공무원연금법 · 공무원 재해 보상법 · 사립학교교직원연금법 또는 별정우체국법에 의한 퇴직연금 · 장해연금 또는 퇴직연금일시금 수급권을 취득하거나 군인연금법에 의한 퇴역연금 · 퇴역연금일시금, 군인 재해보상법에 따른 상이연금 수급권을 취득한 자. 다만, 퇴직연금 등 수급권자가 국민연금과 직역연금의 연계에 관한 법률 제8조에 따라 연계 신청을 한 경우에는 사업장 가입 대상이다.

③ 일용근로자 또는 1개월 미만의 기한을 정하여 사용되는 근로자. 1개월 이상 계속 사용되면서, 1개월간 근로일수가 8일 이상 또는 근로시간이 60시간 이상인 사람을 근로자에 포함한다.

④ 소재지가 일정하지 아니한 사업장에 종사하는 근로자

⑤ 1개월 동안의 근로시간이 60시간(주당 평균 15시간) 미만인 단시간 근로자

⑥ 노령연금수급권을 취득한 자 중 60세 미만의 특수직종 근로자

⑦ 조기노령연금 수급권을 취득한 자

7) 지역가입자

(1) 지역가입자의 대상

국내에 거주하는 국민으로서 18세 이상 60세 미만인 자 중 사업장가입자가 아닌 사람은 당연히 지역가입자가 된다. 다음은 지역가입자 제외대상이다.

① 사업장가입자

② 만 18세 미만이거나 만 60세 이상인 경우

③ 공무원연금법, 군인연금법, 사립학교교직원연금법, 별정우체국법의 적용을 받는 공무원, 군인, 사립학교교직원, 별정우체국 직원

④ 노령연금수급권을 취득한 자 중 60세 미만의 특수직종 근로자

⑤ 조기노령연금 수급권을 취득한 자

⑥ 퇴직연금 등 수급권자: 공무원연금법 · 공무원 재해 보상법 · 사립학교교직원연금

법 또는 별정우체국법에 의한 퇴직연금 · 장해연금 또는 퇴직연금일시금 수급권을 취득하거나 군인연금법에 의한 퇴역연금, 퇴역연금일시금, 군인상이연금 또는 군인 재해보상법에 따른 상이연금 수급권을 취득한 자

⑦ 기초수급자: 국민기초생활보장법에 의한 수급자 중 생계급여 수급자 또는 의료급여 수급자 또는 보장시설 수급자

⑧ 18세 이상 27세 미만인 자로서 학생이거나 군복무 등으로 소득이 없는 자, 별도의 소득이 없는 배우자

⑨ 1년 이상 행방불명된 자

(2) 소득기준월액 결정

지역가입자 또는 지역 임의계속가입자는 사업장가입자와는 달리 정기적인 소득신고를 받지는 않는다. 가입기간 중 기준소득월액 결정은 공단에서 사전에 가입자의 종사업종 변경여부 및 현재 적용중인 기준소득월액의 적정성 여부를 과세자료 등에 의거 조사, 확인한 후 결정한다.

지역가입자 또는 지역임의(계속)가입자는 변경된 소득의 신고를 통지받은 경우 그 통지를 받은 날이 속하는 달의 다음달 15일까지 공단에 변경된 소득을 신고하여야 한다.

지역가입자의 소득월액은 가입자 또는 대리인이 신고한 소득으로 기준소득월액이 결정되며, 그 결정을 한 날이 속하는 달의 다음 달부터 적용되므로, 이미 신고한 소득월액은 소급해서 변경되지 않는다.

(3) 농어업에 대한 연금보험료 국고 보조

1995년부터 시작된 제도로 농산물 수입개방으로 여건이 어려운 농어촌 지역의 경제적 부담을 덜어주기 위하여 연금보험료의 일부를 농어촌 구조개선특별회계에서 지원해주고 있다

지원대상은 농어업인 지역가입자, 농어업인 지역 임의계속가입자다. 보험료를 납부하는 월에 대해서만 국고보조금이 지원되며, 지역가입자라 하더라도 보험료를 납부하

지 않았다면 지원되지 않는다.

종합소득이 6천만 원 이상인 사람, 재산세 과세표준의 합계액이 10억 원 이상인 사람, 주소가 변동되는 등 더 이상 농어업에 종사하지 않게 된 경우에는 농어업인에서 제외된다.

8) 임의가입자

임의가입은 사업장가입자나 지역가입자가 될 수 없는 사람도 국민연금에 가입하여 연금 혜택을 받을 수 있도록 하는 제도로 사업장가입자와 지역가입자 이외의 18세 이상 60세 미만자가 본인이 희망할 경우 신청에 의하여 될 수 있다.

타 공적 연금가입자, 조기노령연금 수급권을 취득한 자, 노령연금수급권을 취득한 60세 미만의 특수직종근로자, 사업장가입자 지역가입자 외국인 등은 임의 가입 신청 대상자에서 제외된다.

9) 임의계속가입자

임의계속가입은 60세에 도달하여 국민연금 가입자의 자격을 상실하였으나, 가입기간이 부족하여 연금을 받지 못하거나 가입기간을 연장하여 더 많은 연금을 받고자 하는 경우 65세에 달할 때까지 신청에 의하여 가입할 수 있다. 60세가 되어도 가입기간이 부족하여 노령연금을 받을 수 없는 경우 신청하고 있다. 임의계속가입자는 크게 세 분류다.

(1) 사업장 임의계속가입자

사업장가입자로 가입 중 60세 이상이 되었는데, 계속 사업장에 종사하면서 임의계속가입자로 보험료 납부를 희망할 경우(기준소득월액의 9% 전액 본인부담)이다.

(2) 지역 임의계속가입자

지역가입자로 가입 중 60세 이상이 되어 임의계속가입자가 된 경우. 계속해서 지역가입자의 기준에 해당하는 소득이 있을 경우

(3) 기타 임의계속가입자

임의로 가입 중 60세 이상이 되어 임의계속가입자가 된 경우

10) 외국인 가입자

우리나라에 거주하고 있는 외국인은 내국인과 동등하게 국민연금에 가입해야 한다. 18세 이상 60세 미만의 외국인이 국민연금에 가입된 사업장에 근무하면 사업장가입자가 되고, 그 외의 외국인은 지역가입자가 된다.

(1) 가입대상

① 외국인 사업장가입자

국민연금 적용사업장에 종사하는 18세 이상 60세 미만의 외국인인 사용자 또는 근로자

② 외국인 지역가입자

국내에 거주하는 18세 이상 60세 미만의 외국인으로서 사업장가입자가 아닌 자

(2) 가입대상 제외자

① 연수생(연수취업은 가입대상), 유학생, 외교관 등 법령에 의해 국민연금 의무가입을 제외한 경우

② 국민연금과 같은 성격의 연금제도에서 대한민국 국민을 의무적으로 가입시키지 않는 나라의 국민[2)]

---

2) 해당 외국인의 본국법이 국민연금법에 의한 "국민연금에 상응하는 연금(국민연금과 같은 성격의 연금제도로서 사회경제

③ 우리나라와 사회보장협정을 맺은 나라에서 우리나라로 파견된 근로자가 본국의 가입증명서를 제출할 경우

11) 연금보험료

연금보험료는 연금급여를 지급하기 위한 재정 마련을 목적으로 법률에 근거하여 납부되는 것으로서 국민연금의 주된 재원이다.

연금보험료를 납부기간 내에 납부하지 않으면 다른 공과금과 마찬가지로 연체금(연금보험료의 3~9%, 2020년 1월 16일부터는 2~5%로 인하)이 가산된다. 일정기간 납부하지 않을 경우 국세 체납처분의 예에 따라 납부의무자의 재산에 압류처분 등 강제징수를 통하여 연금보험료로 충당하게 되므로 재산상의 불이익이 가해질 수도 있다.

(1) 사회보험 징수통합제도(2011년 1월 1일 시행)

3개의 사회보험공단(국민건강보험공단, 국민연금공단, 근로복지공단)에서 따로 수행하던 건강보험, 국민연금, 고용보험, 산재보험 업무 중 유사, 중복성이 높은 보험료 징수업무를 국민건강보험공단이 통합하여 운영하는 제도다.

보험료 고지사업장, 지역가입자에게 각각의 고지서를 한 봉투에 담아 한 번에 발송한다.

(2) 보험료와 보험료율

가입자 자격취득시의 신고 또는 정기결정에 의하여 결정되는 기준소득월액에 보험료율을 곱하여 산정한다.

연금보험료 = 가입자의 기준소득월액 × 연금보험료율

적 위험분담형태의 소득보장제도)"에 관하여 대한민국 국민에게 적용되지 않는 경우

① 기준소득월액

기준소득월액이란 국민연금의 보험료 및 급여 산정을 위하여 가입자가 신고한 소득월액에서 천 원미만을 절사한 금액을 말하며, 최저 33만 원에서 최고 524만 원까지의 범위로 결정한다. 신고한 소득월액이 33만 원보다 적으면 33만 원을 기준소득월액으로 하고, 524만 원보다 많으면 524만 원을 기준소득월액으로 한다.

② 기준소득월액 상한액과 하한액

기준소득월액 상한액과 하한액은 국민연금 사업장가입자와 지역가입자 전원(납부예외자 제외)의 평균소득월액의 3년간 평균액이 변동하는 비율을 반영하여 매년 3월말까지 보건복지부 장관이 고시하며 해당연도 7월부터 1년간 적용한다. 2021년 7월 1일부터 2022년 6월 30일까지 적용할 최저 · 최고 기준소득월액은 각각 33만 원과 524만 원이다.

〈표 11-2〉 **기준소득 월액 상한액과 하한액 추이**

상한액	하한액	적용기간
2,000,000	70,000	1988.11-1995.3
3,600,000	220,000	1995.4-2007.3
3,600,000	220,000	2007.4.~2008.3.(근로자) 2007.4.~2008.6.(사용자
3,600,000	220,000	2008.4-2009.6(근로자) 2008.7.~2009.6.(사용자)
3,600,000	220,000	2009.7.~2010.6.
3,680,000	230,000	2010.7.~2011.6.
3,750,000	230,000	2011.7.~2012.6.
3,890,000	240,000	2012.7.~2013.6.
3,980,000	250,000	2013.7.~2014.6.
4. 080,000	260,000	2014.7.~2015.6.
4,210,000	270,000	2015.7.~2016.6.
4,340,000	280,000	2016.7.~2017.6.

상한액	하한액	적용기간
4,490,000	290,000	2017.7.~2018.6.
4,680,000	300,000	2018.7.~2019.6.
4,860,000	310,000	2019.7.~2020.6.
5,03,000	322,000	2020.7.~2021.6.
5,240,000	330,000	2021.7.~2022.6.
5,530,000	350,000	2022.7.~2023.6.
5,900,000	370,000	2023.7.~–2024.6.

(3) 사업장 가입자의 보험료율

사업장가입자의 경우 보험료율인 소득의 9%에 해당하는 금액을 본인과 사업장의 사용자가 각각 절반, 즉 4.5%씩 부담하여 매월 사용자가 납부하여야 한다. 사업장가입자의 연금보험료는 가입자가 개별적으로 납부할 수 없고, 사용자에 의하여 일괄적으로 납부한다. 기준소득월액은 1년에 한번 산정하므로 실제 보수의 4.5%와는 맞지 않을 수 있다.

(4) 지역가입자의 보험료율

지역가입자/임의/임의계속가입자는 보험료를 본인이 전액 부담한다. 제도시행 초기 보험료 납부에 대한 부담을 줄여주기 위하여 3%에서 시작 하여, 2000년 7월부터 매년 1%씩 상향조정되어 2005년 7월 이후 9%까지 상향 조정되었다. 농어업인의 경우 일정한 조건에 해당되면 보험료의 일부를 국고에서 지원받을 수 있다.

(5) 보험료 납부기간

가입자(사용자)는 가입자 자격을 취득한 날이 속하는 달의 다음 달부터 가입자 자격을 상실한 날의 전날이 속하는 달까지 매월 연금 보험료를 납부해야 한다.

(6) 농업어업인에 대한 연금보험료 국고 보조

보조금이란 기관이나 단체, 기업, 개인에 대하여 국고에서 경비를 보조해 주는 것으로 국민연금의 경우 농어촌지역의 경제적 부담을 덜어주기 위해 국가의 농어촌특별세에서 농어업에 종사하는 가입자에게 매월 보험료의 일정액을 보조해주는 것을 말한다.

지원 대상은 농어업인 지역가입자와 농어업인 지역 임의계속가입자다. 보험료를 납부하는 월에 대해서만 국고보조금이 지원되며(체납보험료 포함), 지역가입자라 하더라도 보험료를 납부하지 않는 경우에는 지원되지 않는다.

2021년 국고보조대상자 1인당 월별 지원 금액은 기준소득월액 1,000,000원(보험료 90,000원) 이하의 경우 본인 보험료의 50%에 해당하는 금액을 지원한다. 기준소득월액 1,000,000원 초과의 경우 1,000,000원 보험료의 50%에 해당하는 금액(45,000원)을 정액 지원한다. 2021년부터 최대지원액이 45,000원으로 상향되었다.

농어업인으로 국고보조를 받다가 시지역으로 전출하여 농어업에 종사하지 않거나, 재산세 과세표준 합계액이 10억 원 이상 또는 종합소득금액이 6천만 원 이상인 경우 농어업인 국고보조가 중단된다. 도시지역에 거주한다 하더라도 농어업에 종사하면 농어업 인에 대한 국고보조를 계속해서 지원받을 수 있고, 농어업에 종사하던 가입자가 더 이상 종사하지 않을 경우에는 가입자내용변경신고서에 해당내용을 기재하여 제출하여야 한다. 지연 및 허위 신고한 경우, 지원받는 기간 중 농어업 인에서 제외되는 사유가 확인되는 경우에는 해당 기간에 이미 지원된 연금 보험료가 환수할 수 있다.

(7) 연금보험료 추후 납부

추후 납부를 신청하는 현재시점의 연금보험료로 추납 신청대상 기간에 대해 납부할 수 있는 기회를 부여하는 제도다. 추후 납부 대상기간(최대 10년 미만 한도)의 범위에서 신청할 수 있다. 추후 납부 개월 수만큼 가입기간으로 추가로 인정하는 제도로 강제사항이 아니다.

신청 자격은 국민연금에 소득신고하거나 임의(계속)가입 중인 경우다. 추납 대상기간은 연금보험료를 1개월 이상 납부한 이후 무소득 배우자, 기초수급, 행방불명사유로 적용이 제외된 기간, 사업 중단이나 실직 등으로 인한 납부 예외기간, 1988년 1월 이후 군 복무기간 등이다. 자격유지 기간 중 신청이 가능하다. 보험료는 전액을 일시에 납부하거나 금액이 클 경우 월 단위 최대 60회 분할하여 납부할 수 있다.

추납보험료는 추후납부를 신청한 날이 속하는 달의 연금 보험료에 추후 납부하고자 하는 기간의 월수를 곱한 금액으로 산정한다.

12) 국민연금 급여

국민연금은 나이가 들거나 장애 또는 사망으로 인해 소득이 감소할 경우 일정한 급여를 지급하여 소득을 보장하는 사회보험으로서 지급받게 되는 급여의 종류는 노령연금(분할연금), 장애연금, 유족연금, 반환일시금, 사망일시금이 있다.

〈표 11-3〉 국민연금 급여의 종류와 내용

<table>
<tr><th colspan="2">연금 급여(매월 지급)</th><th colspan="2">일시금 급여</th></tr>
<tr><td>노령연금</td><td>노후 소득보장을 위한 급여
국민연금의 기초가 되는 급여</td><td rowspan="2">반환
일시금</td><td rowspan="2">연금을 받지 못하거나 더 이상 가입할 수 없는 경우 청산적 성격으로 지급하는 급여</td></tr>
<tr><td>장애연금</td><td>장애로 인한 소득감소에 대비한 급여</td></tr>
<tr><td>유족연금</td><td>가입자(였던 자) 또는 수급권자의 사망으로 인한 유족의 생계 보호를 위한 급여</td><td>사망
일시금</td><td>유족연금 또는 반환일시금을 받지 못할 경우 장제부조적 · 보상적성격으로 지급하는 급여</td></tr>
</table>

(1) 급여의 특징

연금을 받는 동안 매년 전국 소비자 물가변동률을 반영하여 연금액을 조정함으로써 물가가 인상되더라도 연금액의 실질가치가 보장된다. 소득능력이 상실되거나 감소된 경우에 본인 또는 유족에게 기본적인 생활을 할 수 있도록 연금 형태의 급여를 제공한다. 국가가 운영하고 지급을 보장하는 노후준비수단이다.

출산, 군복무[3] 및 실업[4]에 대해 연금 가입기간을 추가 인정해주는 크레딧 제도를 통해 노령연금 수급기회를 확대하였다. 2자녀인 경우 12개월, 3자녀 30개월, 4자녀 48개월을 추가로 인정한다.

수급권자에게 지급된 급여로서 185만 원 이하의 금액에 대해서는 압류하지 못하도록 하여 국민연금 급여를 통한 기본적인 생활을 보장한다. 급여수급 전용계좌인 국민연금 안심통장으로 국민연금 급여를 지급받는 경우 압류로부터 원천적으로 보호된다.

(2) 노령연금

노령연금은 국민연금의 기초가 되는 급여로 국민연금 가입자가 나이가 들어 소득활동에 종사하지 못할 경우 생활안정과 복지증진을 위하여 지급되는 급여로써 가입기간(연금보험료 납부기간)이 10년 이상이면 60세(조기노령연금의 경우 55세) 이후부터 평생 동안 매월 지급받을 수 있다.

조기 노령연금은 가입기간이 10년 이상이고 55세(수급연령 상향규정 적용: 55~60세) 이상인 사람이 소득 있는 업무에 종사하지 않는 경우에 본인이 신청하면 60세(노령연금 수급개시연령) 전이라도 지급받을 수 있는 연금이다. 가입기간 및 처음 연금을 받는 연령에 따라 일정률[5]의 기본연금액에 부양가족연금액을 합산하여 평생 동안 지급받는다. 55세, 55세(수급연령 상향규정 적용: 55~60세) 이후에 연금을 신청하여 지급받다가 60세(노령연금 수급개시연령) 전에 소득이 있는 업무에 종사할 경우는 그 소득이 있는 기간 동안 연금지급이 정지된다.

3) 병역의무를 이행한 자에게 6개월의 가입기간을 추가로 인정한다.

4) 2016년.8월.1일부터 시행되었다. 구직급여 수급자가 연금보험료의 납부를 희망하고 본인 부담분 연금보험료(25%)를 납부하는 경우, 국가에서 보험료(75%)를 지원하고 그 기간을 최대 12개월까지 가입기간으로 추가 산입한다.

5) 55세 70%, 56세 76%, 57세 82%, 58세 88%, 59세 94% 다.

〈표 11-4〉 노령연금 수급개시 연령

출생연도	수급개시 연령		
	노령연금	조기 노령연금	분할 연금
1952년생 이전	60세	55세	60세
1953–56년생	61세	56세	61세
1957–60년생	62세	57세	62세
1961–64년생	63세	58세	63세
1965–68년생	64세	59세	64세
1969년생 이후	65세	60세	65세

(3) 분할연금

분할연금제도는 혼인기간 동안 배우자의 정신적 · 물질적 기여를 인정하고 그 기여분을 분할하여 지급함으로써 이혼한 배우자의 안정적인 노후생활을 보장하기 위한 제도다. 이혼한 자가 배우자이었던 자의 노령연금액 중 혼인기간에 해당하는 연금액을 나누어 받는다.

배우자의 가입기간 중 혼인 기간이 5년 이상이 되어야 한다. 또한 배우자와 이혼하였을 것, 배우자였던 사람이 노령연금 수급권자일 것, 분할연금 수급권자 본인이 60세가 되었을 것 등을 충족시켜야 한다.

급여수준은 배우자였던 자의 노령연금액(부양가족연금액 제외) 중 혼인기간에 해당하는 연금액의 1/2이다. 2016년 12월 30일 이후 분할연금 지급사유가 발생한 건에 대해서는 분할비율을 당사자 간 협의 또는 법원의 재판으로 달리 결정할 수 있다. 배우자였던 자가 소득이 있는 업무에 종사하여 감액된 연금액을 지급받더라도 감액 전의 노령연금액을 기준으로 혼인기간에 해당하는 연금액을 나눈 금액을 분할연금액으로 지급한다.

(4) 장애연금

장애연금은 가입자나 가입자였던 자가 질병이나 부상으로 신체적 또는 정신적 장애가 남았을 때 이에 따른 소득 감소부분을 보전함으로써 본인과 가족의 안정된 생활을 보장하기 위한 급여로서 장애정도(1급~4급)에 따라 일정한 급여를 지급하며, 초진일 요건과 국민연금보험료 납부요건이 모두 충족되어야 한다.

장애등급은 질병이나 부상의 완치 일을 기준으로 노동력 손실 또는 감소정도에 따라 1급~4급으로 결정하며, 완치되지 않은 경우에는 초진일로부터 1년 6개월이 경과된 날을 기준으로 장애등급을 결정한다. 1년 6개월이 경과된 시점의 장애정도가 장애등급(1급~4급)에 해당하지 않았으나 그 장애가 악화되어 60세가 되기 전에 장애등급에 해당되면 청구한 날과 완치된 날 중 빠른 날을 기준으로 장애등급을 결정한다.

(5) 유족연금

유족연금은 국민연금에 일정한 가입기간이 있는 사람 또는 노령연금이나 장애등급 2급 이상의 장애연금을 받던 사람이 사망하면 그에 의하여 생계를 유지하던 유족에게 가입기간에 따라 일정률의 기본연금액에 부양가족 연금액을 합한 금액을 지급하여 남아있는 가족들이 안정된 삶을 살아갈 수 있도록 하기 위한 연금이다.

국민연금법상 유족이란 사망자에 의하여 생계를 유지하고 있던 가족으로 배우자, 자녀, 부모, 손자녀, 조부모 중 최우선 순위의 자에게 유족연금을 지급한다. 배우자는 사실혼 배우자를 포함하고, 자녀는 25세 미만 또는 장애등급 2급 이상이다. 부모(배우자의 부모 포함)는 60세 이상 또는 장애등급 2급 이상이고, 손자녀는 19세 미만 또는 장애등급 2급 이상이 대상이다. 조부모(배우자의 조부모 포함)는 60세 이상 또는 장애등급 2급 이상의 조건을 충족시켜야 한다.

연금을 받을 수 있는 대상자가 동 순위로 2인 이상인 경우에는 같은 금액을 나누어 지급하지만, 그 중 대표자를 선정하여 청구하는 경우에는 그 대표자에게 지급할 수 있다.

(6) 유족연금 차액보상금

연령도달[6]로 유족연금 수급권이 소멸되는 자녀 또는 손자녀인 수급권자에 대해 수급권이 소멸할 때까지 지급받은 유족연금액이 사망일시금으로 지급받는 경우보다 적은 경우 그 차액을 보전해 줌으로써 수급권자의 생계를 보호하고 다른 수급권자와의 형평을 맞추기 위해 도입되었다.

(7) 반환일시금

반환일시금은 60세 도달, 사망, 국적상실, 국외이주 사유로 국민연금에 더 이상 가입할 수 없게 되었으나 연금 수급요건을 채우지 못한 경우, 그동안 납부한 보험료에 이자를 더해 일시금으로 지급하는 급여다.

수급 요건은 가입기간 10년 미만인 자가 60세가 된 경우[7], 가입자 또는 가입자였던 자가 사망하였으나 유족연금에 해당되지 않는 경우, 국적을 상실하거나 국외로 이주한 경우다.

반환 일시금은 가입기간 중 본인이 납부한 연금보험료에 대통령령으로 정하는 이자를 더하여 받는다. 반환일시금 산정시 적용하는 이자율은 연금 보험료를 낸 날이 속하는 달의 다음 달부터 지급사유발생일이 속하는 달까지의 기간에 대하여 해당 기간의 3년 만기 정기예금 이자율을 적용한다.

(8) 사망일시금

가입자 또는 가입자였던 사람이 사망하였으나 유족이 없어 유족연금 또는 반환일시금을 지급받을 수 없는 경우 더 넓은 범위의 유족에게 지급하는 장제 부조적 보상적 성격의 급여다.

---

6) 자녀 및 손자녀인 유족의 생계보호를 보다 더 보장하기 위해 지급연령 상한을 18세에서 19세로 상향(2012.4.1.)하였고, 자녀의 경우 19세에서 25세로 상향(2016.11.30.)조정 하였다.

7) 60세 도달로 반환일시금을 수령한 경우에는 국민연금에 재가입할 수 없다. 60세 도달 시점에서 가입기간이 부족하여 연금을 지급받을 수 없는 경우에 반환일시금을 지급 받지 않고 본인 희망에 의하여 계속가입을 신청하시면 가입할 수 있다.

수급의 우선순위는 배우자, 자녀, 부모, 손자녀, 조부모, 형제자매 또는 사망자에 의하여 생계를 유지하고 있던 4촌 이내의 방계 혈족 순위 최우선 순위자에게 지급한다. 지급되는 일시금은 가입자 또는 가입자였던 자의 반환일시금에 상당한 금액으로 최종기준 소득월액 또는 가입중의 기준 소득월액의 평균액 중 많은 금액의 4배를 초과할 수 없다.

(9) 외국인에 대한 급여

외국인도 우리 국민과 동일하게 노령연금, 유족연금, 장애연금을 수급할 수 있는 요건에 해당되는 경우 국민연금법상의 연금급여는 모두 지급받을 수 있다. 사회보장협정이나 상호주의가 적용되지 않은 국가의 외국인 가입자에게는 본국 귀환 시 반환일시금을 지급하지 않았으나, E-8(연수취업), E-9(비전문취업), H-2(방문취업)에 해당하는 체류자격으로 국민연금에 가입한 외국인에 대하여는 2007년 5월 11일 이후 반환일시금을 지급한다. 외국인이 본국귀환을 사유로 반환일시금을 청구하는 경우 2007년 8월 29일 부터 출국이 확인된 경우에 한해 반환일시금을 지급하고 있다.

외국인 가입자의 반환일시금은 그 외국인의 본국 법에서 대한민국 국민에게 대한민국 반환일시금제도에 상응하는 급여를 지급하는 경우, 대한민국과 외국인의 본국 간에 반환일시금 지급에 관한 사회보장협정이 체결된 경우, 출입국관리법 시행령의 E-8(연수취업), E-9(비전문취업), H-2(방문취업)에 해당하는 체류자격으로 국민연금에 가입한 경우에 한해 수급자격을 부여했다.

(10) 연금 일시금에 대한 과세

2001년 1월 1일 및 2002년 1월 1일 소득세법 개정에 의하여 국민연금법상 노령연금 및 반환일시금에 대한 소득세 과세규정이 신설되었다. 노령연금과 분할연금은 과세 대상이고, 장애연금 및 유족연금은 비과세 대상이다. 사망으로 인하여 받는 반환일시금은 비과세 대상이다.

13) 과제와 전망

국민연금의 안정성과 적절성은 국민연금 최대의 과제다. 지속적으로 논란이 집중되고 있는 것도 바로 이 부분이다.

(1) 연금재정의 안정성

저부담 · 고급여 체제로 출범한 국민연금은 태생적으로 재정수지의 적자를 안고 있었다. 이에 1998년과 2007년, 2015년 「국민연금법」을 개정하여 연금재정의 장기안정화를 도모하였고, 매 5년마다 계산을 통해 40~50년 후의 연금재정을 예측하고 있다. 수급연령도 60세에서 2013년부터 매 5년마다 1세씩 인상해 2033년에는 65세부터 연금을 받을 수 있도록 하였다.

연금보험료의 부담은 증가시키되, 받는 급여를 낮추는 것을 골자로 한 국민연금은 급여의 적절성에 대한 논란을 불러일으켰다. 기여율의 상향조정이 불가피하지만 국민적 공감대의 형성이 부족한 실정이다.

그러나 감사원(2015)은 국민연금의 고갈은 2045년에 올 것이라고 주장하고 있다. 기금이 소진되면 군인연금, 공무원연금과 같이 국가예산 지원으로 연금시급이 이루어져야 하지만 국가보증이 명시적으로 법률화되지는 않았다. 감사원은 저출산 고령화 - 생산인구비율 감소 - 저성장 지속 등 '경제적 악재'에 의해 고갈시점이 더 빨라질 가능성도 제기하였다.

기금의 안정적인 운용을 위해서는 보험료율을 상향조정해 보험료율을 현재의 9%에서 15%까지 높여야 한다는 안이 제기 되었다. 급여 수준도 20년에 걸쳐 매년 0.5%씩 점진적으로 하향조정해야 한다는 주장도 있다. 국민연금의 고갈과 급여의 적절성, 기여율에 대한 논의는 앞으로도 계속될 것으로 전망된다.

(2) 국민연금의 개혁

점진적 연금제도 개선은 재정의 안정성과 급여의 적절성을 이룰 수 없다는 의견으로 아예 구조적인 개혁을 이룩하자는 것이다.

(3) 기금운영 투명성 제고

2001년부터 공공자금관리기금 위탁 및 예탁 제한이 폐지되면서 수익성이 높은 주식시장이나 금융상품의 투자가 가능하게 되었다. 정부는 투자가 금지되었던 해외투자, 벤처 및 코스닥 투자, 주가지수 선물거래를 시행하고 있다.

노무현 정부 당시 청와대는 국민연금을 신용불량자의 구제자금으로 사용하겠다고 발표해 논란을 빚었다. 신용불량자에 대한 조처는 기금증식에 도움이 되기는커녕 기금을 잠식할 위험이 농후하다. 국민연금을 담보로 대출받은 이들이 대출금을 변제하지 못해 노후연금급여권을 상실하게 된다면, 연금 사각지대가 더욱 확대되어 고령화 사회에 치명적인문제를 낳을 수 있다.

정부는 기금운용에 대한 내·외부 평가를 통해 기금운용의 객관성과 공정성을 확보해야 한다. 아울러 자산배분, 위험관리, 성과평가 등을 체계적으로 연계하여 관리해 나가야 할 것이다.

(4) 국민연금의 보편성 제고

여전히 연금 사각지대가 존재한다. 또 연금을 받아도 금액이 적어 안정적인 생활을 이루지 못하고 있는 영세사업장, 임시근로자, 일시 및 일용직, 실업자, 영세 자영업자 등에 대한 보장성 확대가 필요하다.

(5) 지역가입자의 소득 파악

지역가입자인 자영업자나 농어민 가입자의 소득 파악이 제대로 되지 않는 경우가 있다. 소득 파악이 상대적으로 용이한 근로자는 국민연금에 많은 기여를 하게 되는 반면, 소득 파악이 쉽지 않은 지역가입자로 인해 지급받는 연금급여는 상대적으로 낮아진다. 이에 현실적인 소득 파악 체계 구축이 필요하며, 범정부적 노력이 요구된다.

2. 산업재해 보상보험

1) 목적

근로자[8]의 업무상의 재해를 신속하고 공정하게 보상하며, 재해근로자의 재활 및 복귀를 촉진하기 위하여 이에 필요한 보험시설을 설치 · 운영하고, 재해 예방과 그 밖에 근로자의 복지 증진을 위한 사업을 시행하여 근로자 보호에 이바지하는 것을 목적으로 한다.

2) 산업재해

업무상의 사유에 따른 근로자의 부상, 질병, 장해 또는 사망을 의미한다.

3) 가입대상

근로자를 사용하는 모든 사업장은 산재 · 고용보험 당연적용 사업장이다. 당연적용 사업장에서 사업주의 성립신고 전에 업무상재해를 당한 근로자도 산재보상이 가능 하다. 사업주는 성립일로부터 보험료를 납부하여야 하며, 이 산재보험료의 5배 이내에서 재해자에게 지급된 보험급여액의 50%를 납부하는 불이익을 받을 수 있다.

4) 보험료

(1) 보험료 적용

하나의 적용사업장에 대하여는 하나의 보험료율을 적용한다.

8) 근로자는 직업의 종류와 관계없이 임금을 목적으로 사업이나 사업장에서 근로를 제공하는 사람이다.

(2) 보험료율

매년 6월 30일 현재, 과거 3년간의 보수총액에 대한 보험급여 총액의 비율을 기초로 재해 발생의 위험성에 따라 분류된 업종별 보험료율을 세분화하여(보통 매년12월 31일경 고시)적용한다.

5) 급여

(1) 요양급여

업무상 재해를 당한 근로자가 요양 후 치유되었으나 정신적 또는 신체적 결손이 남게 되는 경우 그 장해로 인한 노동력 손실보전을 위하여 지급되는 보험급여다.

(2) 휴업급여

업무상 재해를 당하거나 업무상 질병에 걸린 근로자가 요양으로 인하여 취업하지 못한 기간에 대하여 피재근로자와 그 가족의 생활보호를 위하여 지급하는 보험급여다

(3) 장해급여

업무상 재해를 당한 근로자가 요양 후 치유되었으나 정신적 또는 신체적 결손이 남게 되는 경우 그 장해로 인한 노동력 손실보전을 위하여 지급되는 보험급여다.

(4) 유족급여

근로자가 업무상 사유로 사망 시 또는 사망으로 추정되는 경우 그 근로자와 생계를 같이 하고 있던 유족들의 생활보장을 위하여 지급되는 보험급여이며, 장의비는 그 장제에 소요되는 비용으로 실비의 성격을 갖는다.

(5) 상병보상연금

요양개시 후 2년이 경과하여도 치유되지 아니하고 요양이 장기화됨에 따라 해당 피재근로자와 그 가족의 생활안정을 도모하기 위하여 휴업급여 대신에 보상수준을 향상시켜 지급하게 되는 보험급여다.

(6) 간병급여

요양을 종결한 산재근로자가 치유 후 의학적으로 상시 또는 수시로 간병이 필요하여 실제로 간병을 받는 자에게 보험급여를 지급하는 제도다

6) 평가

산재발생 사실을 미보고 하는 다양한 요인에 대한 연구와 대책이 필요하다. 산재은폐의 원인으로 지적되고 있는 보험료율 할증, 벌금이나 과태료 및 개선비용 그리고 하청업체의 경우 재계약에서의 불리함 등과 같은 경제적 이유를 짚어야 한다. 또한 기업의 이미지 훼손과 같은 문화적 이유, 근로감독과 같은 행정적 이유 별로 진단과 대책이 필요하다.

경미한 재해에 대해서는 지도감독을 완하하고, 중재대해에 대해서는 근로감독 강화와 같은 이원화된 안전보건행정이 필요하다. 소득보장 기능 확대 및 재활급여 기능의 강화를 비롯한 산재보험제도 전반에 대한 재구성도 고민해 보아야 할 것이다.

3. 고용보험

1) 의의

전통적 의미의 실업보험 사업을 비롯 고용안정 사업과 직업능력사업 등 노동시장정책을 연계해 통합적으로 실시하는 사회보장보험이다.

2) 전개 과정

1997년 1월 고용보험의 재취업 기능을 강화하기 위하여 고용보험 적용대상 연령을 제한하고, 사업주 등에 대한 지원 범위를 확대하였다.

1997년 8월, 「근로기준법」상의 임금 외의 기타 금품에 대하여도 「고용보험법」상 임금의 개념에 포함하였다. 1998년 3월, 실업급여의 최저수준과 최저 지급기간을 상향조정하고 실업의 급증 등 고용상태가 극도로 어려운 기간에 한하여 실업급여의 지급기간을 연장하였다.

2000년 4월, 저소득 실직자에 대한 실업급여의 지급 수준을 상향 조정하였다. 2006년 1월, 유산·사산휴가를 받은 경우에도 급여를 지급하였다. 2012년 1월, 자영업자도 고용보험의 실업급여 혜택을 받을 수 있도록 하고, 일과 가정의 양립을 지원하기 위하여 육아를 이유로 근로시간을 단축한 근로자에게 소득 감소의 일부를 보전해 주는 육아기 근로시간 단축 급여 제도를 신설하였다.

2013년 4월, 경영사정이 어려워진 사업주가 무급휴업 또는 무급휴직 등을 실시하는 경우에는 해당 근로자에게 필요한 지원을 할 수 있도록 하였다. 2013년 6월, 65세 이후에도 고용보험을 적용하였다. 2014년 10월, 아빠의 달 육아휴직 특례제도를 시행하였다. 2015년 12월 근로시간단축 지원금을 지급하였고, 2016년 5월 실업 크레딧 제도를 도입하였다. 2017년 8월 중소기업 청년 추가 고용장려금을 실설하고, 2019년 9월 배우자출산휴가 지급 시스템을 구축하였다. 2020년 6월 피보험자의 관리가 고용노동부에서 근로복지공단으로 이관되었으며, 긴급 고용안정 지원자금이 지급되었다. 2021년 3월 고용보험 인터넷 서비스가 개편되었다.

3) 고용보험의 내용

(1) 적용대상 및 가입

1998년 10월 1일부터 1인 이상의 근로자가 있는 사업주는 의무적으로 고용보험에 가입해야 한다. 당연적용 사업장은 사업이 개시되거나 사업이 적용 요건을 충족하게 되었을 때, 사업주 혹은 근로자의 의사와 관계없이 자동적으로 보험관계가 성립된다. 임의 사업가입자는 고용보험법의 당연가입 대상 사업이 아닌 사업의 경우 근로복지공단의 승인을 얻어 보험에 가입할 수 있다. 적용 예외대상은 농업, 임업, 어업 중 법인이 아닌 자가 상시근로자 4인 이하를 고용하는 사업이다. 또, 가구 내 고용활동과 달리 분류되지 아니한 사람이 소비 생산활동을 하는 경우도 적용에서 제외된다. 건설업자 등이 아닌 자가 시공하는 2천만 원 미만인 공사, 연면적 $100m^2$ 이하인 건축물의 건축 혹은 연면적이 $200m^2$ 이하인 건축물의 대수선에 관한 공사도 적용에서 제외된다.

(2) 보험료

개산보험료와 확정보험료가 있다. 개산보험료는 선납 방식으로 피보험자인 근로자에게 당해 연도 지급할 1년 치의 예상 임금 총액에 해당 보험료율을 곱하여 개략적으로 산정한 보험료를 말한다. 개산보험료는 일시 납부하거나 분기별로 4회에 걸쳐 납부할 수 있으며, 일시 납부 시에는 보험료의 5%가 공제된다. 확정보험료는 당해 연도가 지나고 보통 그 다음해의 3월 31일까지 신고하는 보험료이다.

이미 납부한 개산보험료보다 확정보험료가 많은 경우에는 그 부족액을 추가 납부하고, 초과 납부한 경우에는 초과금액을 반환 받거나 다음 년도 개산보험료에 충당 신청할 수 있다. 법정 기일 내에 보험료를 납부하지 않으면 연체금과 가산금이 부과된다.

(3) 개인

① 재직 근로자 훈련지원

기업과 근로자의 직업능력 개발지원을 통해 인적자원의 질을 향상시키고 근로자 스스로 직무능력 향상 노력을 유인 급변하는 경제상황에 대처하는 것을 목적으로 한다.

② 실업자 훈련지원

훈련지원에 필요한 훈련비, 훈련 수당을 지원하고 민간 훈련기관이나 대한 상공회의소 등의 취업훈련을 의뢰한다. 실업자들의 재취업을 위한 훈련을 지원한다.

③ 실업급여

근로자가 실직하였을 때 급여를 지급해 실업으로 인한 생계불안을 극복하고 생활안정을 도모하며 재취업의 기회를 지원한다. 실직 전 18개월(초단시간의 경우에는 24개월) 중 고용보험 가입 사업장에서 180일 이상 근무해야 하고, 회사의 경영사정 등과 관련해 비자발적인 사유로 이직해야 한다(자발적인 이직이나 중대한 귀책사유로 해고된 경우는 제외한다).

④ 육아 휴직급여

근로자가 8세 이하 혹은 초등학교 2학년 이하의 자녀를 양육하기 위해 남녀고용평등과 일 가정 양립지원에 관한 법률에 의한 육아휴직을 30일 이상 부여받은 경우 지급되는 급여다. 육아유직 첫 3개월 동안은 월 통상임금의 100분의 80(상한액 월 150만 원, 하한 액 70만 원), 나머지 기간에 대해서는 월 통상임금의 100분의 50(상한액 월 120만 원, 하한 액 월 70만 원)을 지급하고 급여 중 일부를 직장 복귀 6개월 후에 합산하여 일시불로 지급한다.

⑤ 출산전후 휴가 관리

임신 출산 등으로 인하여 소모된 체력을 회복시키기 위해 부여하는 제도다.

⑥ 고용보험 미적용자 출산급여

소득활동을 하지만 고용보험 미적용으로 출산전후 휴가급여를 받지 못하는 여성에게 출산급여를 지원하는 제도다.

⑦ 배우자 출산휴가급여

근로자가 배우자가 출산한 경우 배우자 출산휴가를 부여받고 휴가 기간 중 최고 5일분에 대해 급여를 지급한다.

⑧ 구직 등록

워크넷에 구직신청을 하면 고용센터의 전문 상담원과 상담을 통해 원하는 일자리를 추천한다.

4) 일용 근로자 고용보험 확대

2004년 법개정으로 모든 일용근로자의 고용보험 가입이 의무화되었다. 일용 근로자란 1월 미만의 기간 동안 고용되는 근로자다. 비계공, 벽동공, 목수, 용접공 등 건설근로자가 해당된다. 중국집 배달원, 급식 조리원, 식당 주방 보조원, 백화점 세일기간 동안 고용된 사람들도 해당된다. 일용근로자가 가입하면 실업급여, 취업알선, 훈련비와 수당이 지급된다.

5) 자영업자 고용보험 제도

자영업자의 생활 안정과 재취업을 지원하는 제도다. 0~49인의 근로자가 있는 자영업자는 본인이 희망하는 경우 가입이 가능하다. 고용안정 직업능력 개발사업과 실업급여에 모두 가입해야 한다.

4. 건강보험

1) 건강보험의 의의

질병은 모든 사람이 겪을 수 있는 사회문제다. 가장이 심각한 병에 걸리면 가족 모두의 신변과 안전이 위협받는다. 19세기 초반부터 서구 자본주의 국가는 질병이라는 위험요인에 대처하는 방법을 모색해 왔다. 상호 부조 기금이나 공제조합 등이 그 예다.

개인 혹은 사적인 집단에 의해 결성된 의료보장은 질병 발생의 불확실성과 정보의 비대칭성으로 효율적인 대처를 하지 못하였다. 보건의료를 시장에 맡길 경우 실패할 수밖에 없다는 교훈이기도 하다. 공적인 의료보장의 필요성은 이렇게 제기되었다. 질병이라는 사회적 위험에 공동 책임을 지게 함으로써 위험을 분산하는 동시에 사회적 연대를 이루는 것이 의료보장제도의 목표다.

의료보장제도는 몇 가지 특수성을 갖는다.

첫째, 정보의 비대칭성이다. 소비자가 의료 정보에 대해 제대로 알기는 쉽지 않다. 둘째, 수요의 불확실성과 불규칙성이다. 셋째, 치료의 불확실성이 있다. 넷째, 공급의 법적 독점성이다. 한정된 면허권자에게 생산권이 주어진다. 다섯째, 우량재라는 점이다. 질병을 줄일 경우 그 혜택은 당사자는 물론 가족, 사회 전체로 환원된다. 여섯째, 외부효과를 꼽을 수 있다(양봉민, 1999).

2) 도입과 발전

우리나라의 「의료보험법」이 제정된 것은 1963년이다. 그러나 강제성이 배제되면서 시행시기가 늦춰졌고, 1977년 500인 이상 사업장에 한해 제도가 시행되었다. 1987년에는 한방의료보험이 실시되었다. 1988년 농어촌 주민, 1989년 도시 자영업자까지 의료보험의 대상이 확대되면서 전 국민 의료보험시대를 열었다.

1990년대 들어 의료보험조합 간 재정력 격차에 따른 급여의 하향 평균화, 보험료 부담의 불공평성, 지역의료보험에 대한 국고지원금의 증가, 급여 범위의 제한 등에 따른 국민적 불만이 표출되었다. 1997년 말, 1단계로 지역의료보험과 공 교의료보험(공무원 및 사립학교교직원 의료보험공단)을 통합하는 「국민의료보험법」이 국회 입법으로 제정되었다. 국민의료보험관리공단이 출범하고 공무원과 교원의료보험공단, 227개 지역조합이 통합되었다.

의료보험의 완전 통합을 제창했던 김대중 정부는 1999년 12월 31일 「국민건강보험법」을 개정했고, 2000년 7월 1일 국민건강보험을 출범시켰다. 「국민건강보험법」은 다보험자 방식으로 운영되었던 의료보험 관리체계를 단일보험자로 통합 운영해 효율성과 보험료 부담의 형평성을 높이고, 질병의 예방과 건강증진 등의 포괄적의료서비스를 제공하기 위해 제정되었다. 이를 담당할 국민건강보험공단이 출범했다.

공공부조인 의료보호는 1961년 「생활보호법」부터 시작해 1977년 의료보험법 제정 등을 통해 시행되었고, 2000년 10월부터 「국민기초생활 보장법」에 따라 대상자에게 의료급여를 제공하고 있다.

2001년 7월부터 5인 미만 사업장 근로자가 직장가입자에 가입되었다. 2011년 1월 건강보험, 국민연금, 고용보험, 산재보험 등 사회보험의 징수가 통합되었다.

3) 건강보험의 유형

의료보장제도는 각국의 고유한 문화와 전통을 배경으로 하는 역사적 산물로서 단순분류에는 어려움이 있으나 일반적으로 2가지로 분류하고 있다.

곧 사회보험(SHI: Social Health Insurance)방식, 국민보건서비스(NHS: National Health Service)방식인데 국민건강보험방식이 추가되기도 한다. 우리나라는 사회보험방식을 취하면서 전 국민을 대상으로 단일 보험자가 운영하는 국민건강보험방식이다.

(1) 사회보험방식

사회보험방식은 국가의 의료보장에 대한 책임을 기본으로 하고 있지만, '의료비에 대한 국민의 자기 책임의식'을 일정 부분 인정하는 체계이다. 정부기관이 아닌 보험자가 보험료로써 재원을 마련하여 의료를 보장하는 방식이다. 사회보험방식을 행하고 있는 국가는 독일, 프랑스 등이다.

(2) 국민건강보험방식

국민건강보험방식은 SHI와 마찬가지로 사회 연대성을 기반으로 보험의 원리를 도입한 의료보장체계이다. 유럽의 SHI방식과 그 운영방식이 대체로 흡사하지만, 국가 내 '보험자(의료에 대한 사회보험 관리운영기구)'가 1개라는 점에서 유럽의 SHI방식과 차이가 있다.

NHI방식의 의료보장체계로 운영하는 대표적인 국가는 한국과 대만을 들 수 있는데, 사회보험의 운영원리를 자국의 사회적 · 경제적 실정에 맞게 적용했다는 점에서 의의가 있다.

(3) 국가보건서비스방식

국가보건서비스방식은 '국민의 의료문제는 국가가 모두 책임져야 한다.'는 관점에서 정부가 일반 조세로 재원을 마련하여 모든 국민에게 무상으로 의료를 제공(universal type)하는 국가의 직접적인 의료관장 방식으로 일명 조세 방식 또는 베버리지 방식이라고 한다. 의료기관의 상당 부분이 사회화 내지 국유화되어 있으며, 영국의 베버리지가 제안한 이래 영국, 스웨덴, 이탈리아 등이 그 대표적인 국가이다.

NHS방식을 채택하고 있는 나라에서는 소득 수준에 관계없이 모든 국민에게 포괄적이고 균등한 의료를 보장하며 정부가 관리주체로서 의료공급이 공공화 되어 의료비 증가에 대한 통제가 강하다.

(4) 제도별 특성

조세제도를 통한 재원조달은 비교적 소득 재분배 효과가 강하다는 장점이 있으나, 반면에 의료의 사회화로 상대적으로 의료의 질이 저하될 소지가 있으며 조세에 의한 의료비 재원조달에 많은 어려움이 있어 정부의 과다한 복지비용 부담이 문제가 되고 있다.

또한, 의료수용자 측의 비용의식 부족과 민간보험의 확대 그리고 장기간 진료대기문제 등 부작용이 나타나고 있어 이에 대한 제도개혁의 필요성이 증가되고 있다.

한편, SHI방식과 NHI방식을 취하고 있는 나라에서는 조합원이 대표의결기구를 통해 건강보험운영에 관한 의사결정에 참여함으로써 제도운영의 민주성을 기할 수 있고, 국민의 비용의식이 강하게 작용하여 상대적으로 양질의 의료를 제공할 수 있다는 장점은 있으나, 소득유형 등이 서로 다른 구성원에 대한 단일 보험료 부과기준 적용의 어려움, 의료비 증가에 대한 억제 기능이 취약하여 보험재정 안정을 위한 노력이 필요하다.

4) 국민건강보험의 내용

(1) 목적

① 사회연대성

국민의 건강욕구를 해결하는 데 드는 사회적 비용을 국가가 사회연대성 원리에 따라 공동체적으로 해결하려는 사회보장제도다.

「국민건강보험법」 제1조는 제정 목적을 "국민의 질병 부상에 대한 예방 진단 치료 재활과 출산 사망 및 건강증진에 대하여 보험급여를 실시함으로써 국민건강을 향상시키고 사회보장을 증진함을 목적으로 한다."라고 규정하고 있다.

② 보험료 부담의 형평성

통일된 기준에 의한 보험료 부담으로 형평성을 제공한다. 고소득 근로자가 저소득 자영업자를, 고소득 자영업자가 저소득 근로자를 돕게 되는 효과를 거둬 계층 간부담의 형평성을 도모하였다.

③ 보험재정의 안정성

전국 차원의 보험료 징수와 급여의 통제가 이루어지면서 적정한 보험료와 적정한 수가, 적정한 급여를 보장받는 것이다.

④ 급여의 포괄성

치료 중심에서 예방과 재활, 건강증진 프로그램을 통해 다양한 건강상의 위험을 보장하는 포괄적 급여를 실시하고 있다

(2) 운영자와 보험자

건강보험사업은 보건복지부 장관이 운영한다(건강보험법 제2조). 국민건강보험은 비영리 특수공법인인 국민건강보험공단을 통해 집행된다. 우리나라의 국민건강보험은 보건복지부 장관이 관장하므로 국영 방식이지만 실제로는 국민건강보험공단이라는 특수공법인을 설립해 위탁관리 · 운영하므로 혼합방식에 속한다. 공적인 통제가 가능하면서 전문성을 확보하기 위해서다.

국민건강보험공단의 업무는 「국민건강보험법」(제14조)을 통해 다음과 같이 규정하고 있다.

가입자 및 피부양자의 자격관리, 보험료 기타 이 법에 의한 징수금의 부과 징수, 보험급여의 관리, 가입자 및 피부양자의 건강유지증진을 위해 필요한 예방사업, 보험급여비용의 지급, 자산의 관리운영 및 증식사업, 의료시설의 운영, 건강보험에 관한 교육훈련 및 홍보, 건강보험에 관한 조사연구 및 구제협력, 이 법 또는 다른 법령에 의해 위탁받은 사업, 기타 건강보험과 관련하여 보건복지부 장관이 필요하다고 인정한 사업이다.

건강보험심사평가원은 요양급여비용 심사와 요양급여의 적정성을 평가하고, 급여와 관련된 복지부 업무를 지원하는 급여업무 전반을 수행한다.

(3) 강제적용과 대상자

① 강제적용

가. 강제적용 이유

법률에 의한 강제가입이다. 일정한 법적 요건이 충족되면 본인의 의사에 관계없이 강제적용이 된다. 보험가입을 기피할 경우 국민 상호 간 위험부담을 통하여 의료비를 공동으로 해결하고자 하는 건강보험제도의 목적 실현이 어렵기 때문이다. 질병 위험이 큰 사람만 역으로 보험에 가입할 경우 보험재정이 파탄되어 원활한 건강보험 운영이 불가능하게 되는 것을 막기 위한 조치다.

나. 형평부과

민간보험은 급여의 내용, 위험의 정도, 계약의 내용 등에 따라 보험료를 부담하는 것이 보통이다. 그러나 사회보험방식인 건강보험에서는 사회적인 연대를 기초로 의료비 문제를 해결하려는 것이 목적이므로 소득 수준 등 보험료 부담능력에 따라 차등적으로 부담한다.

다. 균등 수혜

민간보험은 보험료 부과 수준, 계약기간 및 내용에 따라 차등급여를 받지만 사회보험은 보험료 부과 수준에 관계없이 관계 법령에 의하여 균등하게 보험급여가 이루어진다.

라. 보험료 납부의 강제성

강제보험제도의 실효성을 확보하기 위하여 피보험자에게는 보험료 납부의 의무가 주어지며, 보험자에게는 보험료 징수의 강제성이 부여된다.

마. 단기보험

장기적으로 보험료를 수탁하는 연금보험과는 달리, 1년 단위의 회계연도를 기준으로 수입과 지출을 예정하여 보험료를 계산하며 지급조건과 지급액도 보험료 납입기간과 관련 없이 단기다.

② 적용대상자

우리나라는 사회보험인 건강보험과 공적 부조인 의료급여를 통해 국내에 거주하는 전 국민의 의료보장을 포괄하고 있다. 건강보험은 직장가입자와 지역가입자로 적용대상을 구분하는데, 직장가입자는 사업장의 근로자 및 사용자와 공무원 및 교직원, 그리고 그 피부양자로 구성되고 지역가입자는 직장가입자를 제외한 자를 대상으로 한다. 건강보험 대상자 중 피부양자는 직장가입자에 의하여 주로 생계를 유지하는 자로서 보수 또는 소득이 없는 자를 의미하며, 직장가입자의 배우자, 직계존속(배우자의 직계존속 포함), 직계비속(배우자의 직계비속 포함) 및 그 배우자, 형제 · 자매를 포함한다.

5) 보험급여

(1) 보험료

① 직장 가입자

보수월액보험료(2021년도 기준)
건강보험료[9] = 보수월액[10] × 보험료율[11](6.86% = 가입자 3.43% + 사용자 3.43%)

② 지역가입자

지역가입자의 보험료는 가입자의 소득, 재산(자동차 포함)을 참작하여 정한 부과요소별 점수를 합산한 보험료 부과점수에 점수 당 금액을 곱하여 보험료 산정 후 경감률 등을 적용하여 세대단위로 부과 합다. 부과요소는 소득[12], 재산[13], 자동차[14]다.

---

9) 장기요양보험료=건강보험료×장기요양보험료율(11.52%)

10) 직장가입자가 당해 연도에 받은 보수총액을 근무월수로 나눈 금액이다.

11) 건강보험료율: 6.86%(가입자+사용자부담), 장기요양보험료율: 건강보험료의 11.52%

12) 사업 · 이자 · 배당 · 연금 · 기타 · 근로소득

13) 토지, 주택, 건축물, 선박, 항공기, 전세/전월세

14) 사용연수 9년 미만의 승용차 중 4천만 원 이상이거나 배기량 1600CC 초과 승용차와 그 밖의 승용자동차만 부과

(2) 요양급여

① 요양급여

가입자 및 피부양자의 질병 · 부상 · 출산 등에 대하여 진찰 · 검사, 약제 · 치료재료의 지급, 처치 · 수술 · 기타의 치료, 예방 · 재활, 입원, 간호, 이송 등의 요양급여를 실시한다.

② 비용의 일부부담

요양급여를 받는 자는 대통령령이 정하는 바에 의하여 그 비용의 일부를 본인이 부담한다.

입원진료 시에는 요양급여비용 총액의 20%(CT, MRI, PET 등 보건복지부장관이 정하는 의료장비), 식대총액의 50%, 외래진료는 외래진료 요양기관 종별 및 소재지에 따라 차이가 있다. 약국 본인부담금은 요양급여비용 총액의 30%다. 상급종합병원은 50%, 종합병원은 40%다. 산정특례 미등록 암환자는 20%, 미등록 희귀 중증난치성 질환자는 30~60%다.

③ 급여비용의 청구와 지급

요양기관은 요양급여비용의 지급을 공단에 청구할 수 있다. 이때 심사청구를 받은 건강보험심사평가원은 이를 심사한 후 지체 없이 그 내용을 공단 및 요양기관에 통보하여야 한다.

④ 비급여

- 다음 질환으로서 업무 또는 일상생활에 지장이 없는 경우에 실시 또는 사용되는 행위 · 약제 및 치료재료
  - 단순한 피로 또는 권태
  - 주근깨 · 다모(多毛) · 무모(無毛) · 백모증(白毛症) · 딸기코(주사비) · 점(모반) · 사마귀 · 여드름 · 노화현상으로 인한 탈모등 피부질환
  - 발기부전(impotence) · 불감증 또는 생식기 선천성기형 등의 비뇨생식기 질환

- 단순 코골음
- 질병을 동반하지 아니한 단순 포경(phimosis)
- 검열반 등 안과질환
- 기타 가목 내지 바목에 상당하는 질환으로서 보건복지부장관이 정하여 고시하는 질환

- 다음의 진료로서 신체의 필수 기능개선 목적이 아닌 경우에 실시 또는 사용되는 행위 · 약제 및 치료재료
  - 쌍꺼풀 수술(이중검수술), 코성형 수술(융비술), 유방확대 · 축소술, 지방흡인술, 주름살제거술 등 미용목적의 성형수술과 그로 인한 후유증치료
  - 사시교정, 안와 격리증의 교정 등 시각계 수술로써 시력개선의 목적이 아닌 외모개선 목적의 수술
  - 치과교정. 다만, 입술 입천장갈림증(구순구개열)을 치료하기 위한 치과교정 등 보건복지부장관이 정하여 고시하는 경우는 제외한다.
  - 씹는 기능 및 발음 기능의 개선 목적이 아닌 외모 개선 목적의 턱, 얼굴(악안면) 교정술
  - 관절운동 제한이 없는 반흔구축 성형술 등 외모 개선 목적의 반흔 제거술
  - 안경, 콘택트렌즈 등을 대체하기 위한 시력교정술
  - 질병 치료가 아닌 단순히 키 성장을 목적으로 하는 진료
  - 그 밖에 가목부터 사목까지에 상당하는 외모개선 목적의 진료로서 보건복지부장관이 정하여 고시하는 진료

- 다음 의 예방진료로서 질병 · 부상의 진료를 직접목적으로 하지 아니하는 경우에 실시 또는 사용되는 행위 · 약제 및 치료재료
  - 본인의 희망에 의한 건강검진(법 제52조의 규정에 의하여 공단이 가입자 등에게 실시하는 건강검진 제외)
  - 예방접종(파상풍 혈청주사 등 치료목적으로 사용하는 예방주사 제외)

- 구취제거, 치아 착색물질 제거, 치아 교정 및 보철을 위한 치석제거 및 구강보건 증진 차원에서 정기적으로 실시하는 치석제거. 다만, 치석제거 만으로 치료가 종료되는 전체 치석제거로서 보건복지부장관이 정하여 고시하는 경우는 제외한다.
- 불소부분도포, 치면열구전색(치아홈 메우기) 등 치아우식증(충치) 예방을 위한 진료. 다만, 18세 이하인 사람의 치아 중 치아우식증(충치)이 생기지 않은 순수 건전 치아인 제1 큰어금니 또는 제2 큰어금니에 대한 치면열구전색(치아홈 메우기)은 제외한다.
- 멀미 예방, 금연 등을 위한 진료
- 유전성 질환 등 태아 또는 배아의 이상 유무를 진단하기 위한 유전학적 검사
- 장애인 진단서 등 각종 증명서 발급을 목적으로 하는 진료
- 기타 가목 내지 마목에 상당하는 예방진료로서 보건복지부장관이 정하여 고시하는 예방진료

- 보험 급여시책상 요양급여로 인정하기 어려운 경우 및 그밖에 건강보험 급여원리에 부합하지 아니하는 경우로서 다음 각목에서 정하는 비용 · 행위 · 약제 및 치료재료

(3) 건강검진

건강검진은 건강보험 가입자들의 건강을 유지 증진하고, 경제적 손실을 최소화하며 장기적으로 보험급여비의 지출을 줄이고자 1980년에 시작되었다. 1988년에 직장피부양자 건강검진이 실시되었고, 1990년에 공무원 및 사립학교교직원(이하공교) 피보험자 건강검진이 실시(특정암 검진 포함)되었다. 이어 1995년 지역조합 피보험자 건강검진, 2000~2001년 특정암검사, 2007년 생애전환기 건강진단 및 영유아건강검진, 2016년 학교 밖 청소년 건강 검진 등이 실시되었다.

① 일반건강검진

공통 항목은 문진 및 체위검사, 흉부방사선 검사, 혈액검사, 요검사, 구강검진 등이다. 성 연령별 항목은 혈액검사, B형 간염, 골다공증, 인지기능 장애, 우울증, 생활습관평가, 노인신체기능, 치면세균막검사 등이다.

② 암 검진

위암, 유방암, 대장암, 간암, 자궁경부암, 폐암 등이다.

(4) 국민건강보험과 민간보험

민간보험을 실손보험이라고도 하는데, 사람의 질병 또는 상해로 인한 손해(의료비에 한함)를 보험회사가 보상하는 보험상품이다.

(5) 진료비 지불제도

① 인두제

의사가 담당하는 환자 수에 따라 일정 금액을 지급하는 방식이다. 주치의 등록제를 실시하는 국가에서 자신을 주치의로 등록한 환자 수에 따라 비용을 지급한다.

② 행위별 수가제(fee for service)

개별 서비스 행위마다 개별 가격으로 환산하여 지급하는 방식이다. 우리나라가 운영하고 있는 방식으로 가장 시장 지향적이며 의료기관의 과잉진료 진료비 지불방식 중 비용절감 효과가 낮다. 청구된 심사비는 의심날 경우 일일이 심사를 해야 하므로 관리가 어렵고, 그 비용도 많이 든다.

③ 포괄수가제(DRG: diagnosis related group)

질병군에 따라 정액의 수가를 지급하는 방식이다. 맹장수술은 얼마라고 정하는 방식으로 수가를 지불한다. 백내장, 편도, 맹장, 탈장, 치질, 자궁수술, 제왕절개 분만 등 7개 질병에 대한 포괄수가제가 2012년 7월 동네의원과 중소병원이 도입했고, 2013년

7월부터는 종합병원과 상급종합병원으로 확대됐다. 특진의사를 지정하여진료를 받는 선택진료, 상급병실을 이용하는 경우, 초음파 검사 등 일부 항목은 제외되어 이에 대한 병원비는 환자에게 별도로 청구된다.

④ 일괄(총액) 계약제

의료기관의 1년간 운영비에 대해 사전에 계약을 맺은 후 진료비를 지급하는 제도이다.

6) 국민건강보험의 평가와 과제

(1) 평가

① 소득 재분배 효과

일반적으로 건강보험은 소득 재분배 기능을 어느 정도 수행해 빈곤을 부분적으로 경감시키는 데 도움을 준다(Feldstein, 1983)고 알려져 있다. 건강보험 통합 이후 소득 재분배에 대한 연구에서 전반적으로 소득 재분배의 효과가 있다는 연구 보고가 있다(박용치, 2002).

국민건강보험제도의 소득 재분배 기능은 이용자의 성격과 제도의 특징에 따라 결정된다. 의료서비스의 이용률이 세대 간 차이가 있고, 보험료 부담률은 소득에 비례해 계층 간 소득 분배가 발생한다. 의료급여제도는 일반 조세를 재정으로 기여능력이 없는 저소득층에게 보험료를 부담시키지 않고, 본인부담도 상대적으로 적어 수직적 소득 재분배 효과가 크다.

(2) 건강보험 통합의 효율성

건강보험의 통합은 질병치료 중심에서 재활과 예방으로의 전환을 의미한다. 포괄적인 서비스의 기초를 마련함으로써 급여확대를 기대할 수 있고, 보험료 부담의 형평성을 실현할 기반을 마련해 주었다.

(3) 민간의료보험제의 필요성

민간의료보험제의 도입은 1994년 1월 발족한 보건복지부 장관 직속의 의료보장개혁위원회가, 공공의료보험이 국민의 의료욕구를 충족시키는 데 한계가 있어 이를 보완하는 보충적 수단으로 민간의료보험의 역할을 강조한 데서 비롯되었다.

1996년 11월 국무총리 직속의 의료개혁위원회는 공보험 급여에서 제외되고 있는 의료서비스에 대해 보충적인 민간보험 확충을 건의하였다.

민간의료보험제의 필요성은 첫째, 공공의료보험은 형평성에 중점을 두었기 때문에 급여확대를 통한 보장성 강화는 어렵다. 둘째, 공공의료보험은 서비스 및 약제, 재료 등 급여범위가 획일적이기에 의료소비자의 다양하고 수준 높은 의료욕구를 충족시키기에는 한계가 따른다. 셋째, 공공의료보험 도입으로 규제된 보험수가는 시장가격보다 낮게 책정되고 획일화된 보험수가는 가격과 서비스 질 경쟁의 유인을 제한하고 새로운 의료기술과 의약품 개발의 유인을 제한할 소지가 있다

그러나 민간보험의 도입이 무분별하게 이루어진다면 극단적일 경우 의료의 기본적 욕구조차 정부차원에서 해결해 주지 못하는 기형적 형태를 낳을 수 있다. 민간보험이 공적 보험의 대안으로 자리할 수는 없다. 민간보험은 국가주도인 공공의료보험의 약점을 보완하는 방향으로 정립되어야 한다.

(4) 과제와 전망

국민의 건강증진과 예방을 위해서는 다각적인 노력과 개선이 요구된다.

① 지역가입자 보험료의 적정화

여전히 일부 지역가입자들의 온전한 소득이 보험료로 산정되지 못하고 있다는 지적이 있다. 소득 파악이 제대로 이루어지지 않아 직장가입자와의 형평성이 논란이 되고 있다.

② 보험관리와 운영

효율적인 관리와 책임 경영이 의료보장의 개혁 방향이다. 보험료 부담의 형평성, 보험급여의 포괄성, 제도운영의 효율성과 투명성 확보, 의료자원의 효율적 활용과 의료서비스의 질 향상, 보험재정의 건전성 확보가 관건이다.

③ 재정 안정화

보장성 강화, 인구감소 등으로 보험재정은 어려움에 봉착해 있다. 보험료를 인상하고 본인부담을 높이는 방향으로 개혁의 방향은 잡히지만 실행에 어려움을 겪고 있다. 의료공급제도의 비효율 제거는 보다 심도 있게 지속적으로 이루어져야 한다.

④ 의료의 공공성 확보

의료의 공공성이 확보된 국가일수록 국민의 건강 수준이 높은 것으로 나타났다. 공공병상률이 높은 국가와 총 의료비 중 본인부담률이 낮은 국가(재정에서의 공공성이 확보된 국가)의 기대수명이 높고 영아 사망률 역시 낮았다. 우리나라도 국민의 건강증진을 위해서는 공공의료 수준의 질과 접근성을 높여야 한다.

5. 노인장기요양보험

1) 의의와 발전과정

2008년 7월 1일부터 시행된 제도로 수급자에게 배설, 목욕, 식사, 취사, 조리, 세탁, 청소, 간호, 진료의 보조 또는 요양상의 상담 등의 장기요양급여를 사회적 연대원리에 의해 제공하는 사회보험제도이다. 우리나라보다 먼저 고령화 현상을 겪고 있는 선진국은 우리나라보다 앞서 다양한 방식으로 장기요양서비스를 제공하고 있다.

고령이나 노인성 질병 등의 사유로 일상생활을 혼자서 수행하기 어려운 노인 등에게 제공하는 신체활동 또는 가사활동 지원 등의 장기요양급여에 관한 사항을 규정하여 노후의 건강증진 및 생활안정을 도모하고 그 가족의 부담을 덜어 줌으로써 국민의 삶의 질을 향상하도록 함을 목적으로 한다.

고령화의 진전과 함께 핵가족화, 가족구성원의 경제활동 참여가 증가하면서 종래 가족의 부담으로 인식되던 장기요양문제가 이제 더 이상 개인이나 가계의 부담으로 머물지 않고 이에 대한 사회적 · 국가적 책무가 강조되고 있다.

2007년 4월 2일 「노인장기요양보험법」이 국회 본회를 통과해 같은 해 4월 27일 공포되었다. 노인장기요양보험제도는 그간 가족의 영역에 맡겨져 왔던 치매, 중풍 등 노인에 대한 장기간에 걸친 간병, 장기요양 문제를 사회연대 원리에 따라 국가와 사회가 분담하는 것이다. 2014년 기존의 3등급에서 5등급으로 노인장기요양 등급체계를 개편하였다.

2018년 1월 인지지원등급 신설했다. 신체적 기능 상태와 관계없이 모든 치매질환 노인까지장기요양서비스 대상자가 될 수 있도록 개선하였다. 2018년 8월 장기요양 본인 부담금 감경대상자를 확대하였다. 2019년 12월부터 장기요양기관 지정제를 시행해 부실기관에 대한 관리를 강화하였다. 2019년 12월부터 거짓이나 부정한 방법 또는 고의로 사고발생, 본인의 위법행위에 기인하여 장기요양 인정을 받은 경우 직권 재조사를 할 수 있게 되었다.

2) 내용

(1) 장기요양 인정신청

가. 신청 자격

65세 이상의 노인 및 65세 미만으로 노인성 질병을 가진 자가 신청 대상이다. 노인성 질병이란 치매, 뇌혈관성질환, 파킨슨병 등 보건복지부 장관이 정하여 고시한 질병을 말한다.

〈표 11-5〉 **노인성 질병**

구분	질병명	질병코드
한국표준질병 사인분류	가. 알츠하이머병에서의 치매	F00
	나. 혈관성 치매	F01
	다. 달리 분류된 기타 질환에서의 치매	F02
	라. 상세불명의 치매	F03
	마. 알츠하이머병	G30
	바. 지주막하출혈	I60
	사. 뇌내출혈	I61
	아. 기타 비외상성 두개내 출혈	I62
	자. 뇌경색증	I63
	차. 출혈 또는 경색증으로 명시되지 않은 뇌졸중	I64
	카. 대뇌경색증을 유발하지 않은 뇌전동맥의 폐쇄 및 협착	I65
	타. 뇌경색증을 유발하지 않은 대뇌동맥의 폐쇄 및 협착	I66
	파. 기타 뇌혈관질환	I67
	하. 달리 분류된 질환에서의 뇌혈관장애	I68
	거. 뇌혈관질환의 후유증	I69
	너. 파킨슨병	G20
	더. 이차성 파킨슨증	G21
	러. 달리 분류된 질환에서의 파킨슨증	G22
	머. 기저핵의 기타 퇴행성 질환	G23
	버. 중풍후유증(中風後遺症)	U23.4
	서. 진전(振顫)	R25.

(2) 신청

국민건강보험공단 지사에 본인 또는 대리인을 통해 신청이 가능하다. 대리인은 가족, 친족 또는 이해관계인, 사회복지 전담공무원, 치매안심센터의 장(신청인이 치매환자인 경우에 한정), 시장 · 군수 · 구청장이 지정하는 자다.

(3) 신청의 종류

① 인정 신청

장기요양인정 신청을 처음 하는 경우로, 신청 자격을 가진 자가 장기요양급여를 받고자 할 때 신청한다. 의사소견서와 장기요양 인정신청서가 필요하다.

② 등급변경 신청

장기요양급여를 받고 있는 동안 신체적 · 정신적 상태의 변화가 있는 경우에 신청한다. 장기요양변경신청서와 의사소견서가 필요하다.

③ 갱신 신청

장기요양인정 유효기간 종료가 예정된 경우이다. 유효기간 종료 90일 전부터 30일전이 신청의 시기가 된다. 장기요양변경신청서와 의사소견서를 제출한다.

④ 급여 종류 · 내용 변경 신청

장기요양 급여의 종류 또는 내용을 변경하고자 하는 경우로 변경 사유 발생 시 신청한다. 장기요양급여종류 · 내용변경신청서, 사실 확인서 등이 필요하다.

⑤ 이의 신청

통보받은 장기요양인정등급에 이의가 있는 경우 처분이 있은 날로부터 90일 이내에 해야 한다. 이의신청서와 사실 입증서류를 제출해야 한다.

(4) 등급판정

등급판정은 주관적 개념이 아닌 심신의 기능 상태에 따라 일상생활에서 도움이 얼마나 필요한가를 지표화한 장기요양인정 점수를 기준으로 한다.

장기요양인정 점수를 기준으로 다음과 같은 6개 등급으로 등급판정을 한다.

〈표 11-6〉 등급판정표

등급	장기요양인정점수
1	95점 이상
2	75점 이상 95점 미만
3	60점 이상 75점 미만
4	51점 이상 60점 미만
5	45점 이상 51점 미만
인지지원	45점 미만

장기요양등급판정위원회는 등급판정기준에 따라 장기요양인정신청자의 등급을 결정함으로써 수급자 여부를 판정한다.

등급판정 절차는 우선 인정신청에 의해 시작된다. 간호사, 사회복지사, 물리치료사 등으로 구성된 공단소속 장기요양 직원이 직접 방문하여 장기요양인정조사표에 따라 52개 항목과 특기 사항을 조사한다. 장기요양 인정점수 산정신청인의 심신 상태를 나타내는 52개 항목의 조사 결과를 입력하여 장기요양 인정점수를 산정하게 된다.

등급판정위원회의 심의·판정등급 판정위원회는 방문조사 결과, 의사소견서, 특기 사항을 기초로 신청인의 기능상태 및 장기요양이 필요한 정도 등을 등급판정기준에 따라 심의와 판정을 한다.

〈표 11-7〉 장기요양인정 조사표

영역	항목
신체기능 (12항목)	• 옷벗고 입기 • 세수하기 • 양치질하기 • 식사하기 • 목욕하기 • 체위변경하기 • 일어나 앉기 • 옮겨앉기 • 방밖으로 나오기 • 화장실 사용하기 • 대변 조절하기 • 소변 조절하기

<table>
<tr><th>영역</th><th colspan="2">항목</th></tr>
<tr><td>인지기능
(7항목)</td><td colspan="2">• 단기 기억장애
• 지시불인지
• 날짜불인지
• 상황판단력 감퇴
• 장소불인지
• 의사소통/전달장애
• 나이/생년월일 불인지</td></tr>
<tr><td>행동변화
(14항목)</td><td colspan="2">• 망상
• 서성거림, 안절부절못함
• 물건 망가트리기
• 환청, 환각
• 길을 잃음
• 돈/물건감추기
• 슬픈상태, 울기도함
• 폭언, 위협행동
• 부적절한 옷입기
• 불규칙수면, 주야혼돈
• 밖으로 나가려함
• 대/소변 불결행위
• 도움에 저항
• 의미가 없거나 부적절한 행동</td></tr>
<tr><td>간호처치
(9항목)</td><td colspan="2">• 기관지절개관 간호
• 경관영양
• 도뇨관리
• 흡인
• 욕창간호
• 장루간호
• 산소요법
• 암성통증간호
• 투석간호</td></tr>
<tr><td rowspan="2">재활
(10항목)</td><td>운동장애(4항목)</td><td>관절제한(6항목)</td></tr>
<tr><td>• 우측상지
• 우측하지
• 좌측상지
• 좌측하지</td><td>• 어깨관절
• 팔꿈치관절
• 손목 및 수지관절
• 고관절
• 무릎관절
• 발목관절</td></tr>
</table>

출처: 장기요양 보험법 시행규칙 별지 제 5호 서식

등급판정은 다섯 단계로 나뉘는데 1단계는 심신상태를 나타내는 52개 항목 조사결과이고, 2단계는 영역별 점수를 합한다. 완전자립(운동장애 없음, 관절 제한없음)은 1점이고, 부분도움 불완전운동장애 한쪽관절제한의 경우는 2점이다. 완전도움 완전운동장애 양관절제한의 경우 3점이다. 3단계는 영역별 득점 환산표에 따라 영역별 100점 환산 점수를 산정한다. 4단계는 청결, 배설, 식사, 기능보조, 행동변화대응, 간접지원, 간호처치, 재활훈련 등 8개 서비스 군별 수형 분석도에 적응해 점수를 환산한다. 이런 단계를 거쳐 장기요양 등급을 결정한다.

3) 급여의 종류와 내용

장기요양급여는 장기요양인정서가 도달한 날부터 받을 수 있다. 돌볼 가족이 없는 경우 등 대통령령이 정하는 부득이한 사유가 있는 경우에는 장기요양인정신청서를 제출한 날부터 장기요양인정서가 도달되는 날까지의 기간 중에도 장기요양급여를 받을 수 있다.

장기요양인정자는 장기요양기관과 자율적인 계약을 통하여 급여를 이용한다. 이때 공단은 수급자에게 장기요양기관에 대한 자료를 객관적, 자율적으로 선택할 수 있도록 정보의 제공 · 안내 · 상담을 실행해야 한다.

장기요양급여는 크게 재가급여, 시설급여, 특별 현금급여로 나누어진다.

(1) 재가급여

① 방문요양

장기요양요원이 수급자의 가정을 방문하여 목욕, 배설, 화장실 이용, 옷 갈아입기, 머리감기, 취사, 생필품 구매, 청소, 주변정돈 등을 도와주는 급여이다. 인지 활동형 방문 요양은 1~5등급 치매수급자에게 인지자극활동 및 잔존기능 유지 향상을 위한 일상생활 함께하기 훈련을 제공하는 급여다. 이는 기존의 방문요양과는 달리 빨래, 식사

준비 등의 가사지원은 제공할 수 없으나, 잔존기능 유지와 향상을 위해 수급자와 함께 옷 개기, 요리하기 등은 가능하다.

② 방문목욕

장기요양요원이 목욕설비를 갖춘 차량을 이용해 수급자의 가정을 방문, 목욕을 제공하는 급여이다.

③ 방문간호

장기요양요원인 간호사가 의사, 한의사, 치과의사의 지시에 따라 가정을 방문해 간호진료의 보호요양에 관한 상담 또는 구강위생을 제공하는 급여이다.

④ 주 · 야간보호

수급자를 하루 중 일정한 시간 동안 장기요양기관에 보호해 목욕, 식사, 기본간호, 치매 관리, 응급 서비스 등 심신기능의 유지 향상을 위한 교육, 훈련 등을 제공하는 급여이다.

⑤ 단기보호

수급자를 월 9일 이내 기간 동안 장기요양기관에 보호하여 신체활동 지원 및 심신기능의 유지와 향상을 위한 교육과 훈련 등을 제공하는 장기요양 급여이다.

⑥ 복지용구

수급자의 일상생활 · 신체활동 지원에 필요한 용구로서 보건복지부 장관이 정하여 고시하는 제품을 제공하거나 대여하여 노인장기요양보험 대상자의 편의를 도모하고자 지원하는 급여이다. 수동휠체어, 전동 · 수동 침대, 욕창방지 매트리스, 욕조용 리프트, 이동욕조, 보행기 등이 있다.

(2) 시설급여

노인요양기관이나 노인요양 공동생활가정에 입소하는 것이다. 노인요양시설은 장기간 입소한 수급자에게 신체활동 지원 및 심신기능의 유지 · 향상을 위한 교육 · 훈련 등을 제공한다. 입소정원은 10명 이상이다. 노인요양 공동생활가정은 장기간 입소한 수급자에게 가정과 같은 주거여건에서 신체활동 지원 및 심신기능의 유지 향상을 위한 교육 · 훈련 등을 제공한다. 입소정원은 5~9명이다.

(3) 특별 현금급여(가족요양비)

수급자가 섬 · 벽지에 거주하거나 천재지변, 신체 · 정신 또는 성격 등의 사유로 장기요양급여를 지정된 시설에서 받지 못하고 그 가족 등으로부터 방문요양에 상당하는 장기요양 급여를 받을 때 지급하는 현금급여다.

신체 정신 또는 성격 등으로 인하여 가족 등으로부터 장기요양을 받아야 하는 경우에는 감염병의 예방 및 관리에 관한 법률에 의한 감염병 환자로서 감염의 위험성이 있을 때가 해당된다. 또 정신장애인, 신체적 변형 등의 사유로 대인과의 접촉을 기피하는 경우(안면화상, 한센병)다.

가족요양비 수급자는 재가급여, 시설급여를 중복하여 받을 수 없으나, 기타 재가급여(복지용구)는 가족요양비와 중복수급이 가능하다. 가족요양비 지급액은 매월 15만원이다.

4) 외국의 장기요양보험

(1) 독일

독일의 다섯 번째 사회보험인 사회적 장기요양보험(sozialen pflegeversicherung)은 1995년에 도입되었다. 독일의 장기요양보험은 장기요양이 필요한 사람과 그 가족뿐 아니라 일반 국민에게도 장기요양에 소요되는 재정을 지원하고 있다.

모든 건강보험 의무가입자와 임의가입자, 그리고 건강보험에 가입된 피부양자는 장기요양보험에 가입하여야 한다. 장기요양 필요 상태는 건강상의 이유로 자립상태의 침해 또는 기능장애가 있으며 이로 인하여 타인의 도움을 필요로 하는 상태다.

장기요양을 필요로 할 경우 장기요양 대상자나 부양가족이 대상자 본인이 가입한 장기요양보험조합에 등급판정 신청을 하여야 한다. 신청을 받은 장기요양보험조합은 MDK(공적의료보험소속의료지원단)에 요양인정과 등급판정을 위한 도움욕구조사를 의뢰하는 절차를 밟는다.

급여는 시설, 재가, 현금 급여가 있다. 시설급여는 완전주거시설과 부분 주거시설에서의 요양급여와 단기보호가 포함된다. 2등급 이상 등급판정을 받은 수급권자는 완전주거시설에서 장기요양을 받을 권리가 있다. 재가급여는 방문요양, 현금 · 현물연계급여, 재가급여를 이용하는 공동생활 가정을 위한 추가급여, 대리수발, 보장구 및 주거환경개선지원금 등으로 구분된다.

현금급여 재가급여수급권자가 현물급여 대신 선택할 수 있는 현금급여와 대리수발비나 주거환경개선금과 같이 현금으로 추가 지급되는 급여들이 있다.

등급은 5등급으로 나누어진다.

(2) 일본 개호보험

2000년 4월부터 시작된 일본 개호보험은 사회보험방식에 의한 장기요양 보장제도이다.

대상은 40세 이상의 전체 국민이고 65세 이상인 자를 제1호 피보험자로, 40세 이상~64세 이하 건강보험 가입자를 제2호 피보험자로 구분하고 있다. 개호 인정은 신청에 따라 요개호 인정 절차에 따라 1차 판정(면접조사, 주치의 소견서), 2차 판정(개호인정심사회)에 따라 인정여부(요개호, 요지원 및 등급결정)가 결정된다.

보험급여는 개호급여, 개호예방급여, 시정 촌 특별급여(지역지원사업)가 있다. 개호급여는 거택 개호서비스, 거택 개호서비스계획, 시설 개호서비스, 지역밀착형 개호서비스다. 개호 예방급여는 개호 예방서비스, 개호 예방지원으로 구분된다. 일본은 급여의 수급자인 요개호자 및 요지원자 개인이 해결해야만 하는 과제를 위해 적절한 수급자 중심에서 개호서비스를 종합적, 일체적, 효율적으로 이용할 수 있도록 케어매니지먼트 체계를 운영하고 있다.

(3) 영국

노인과 장애인을 대상으로 하는 사회서비스는 중앙정부에서 주도하는 것이 아닌 지방정부의 서비스로 발달해왔다. NHS가 관리하는 보건의료 서비스와 지방정부가 관리하는 사회서비스는 영국 노인의 신체적, 정신적 복지를 책임진다. 영국의 장기요양에서의 돌봄의 주요 책임은 개인과 그들의 가족에게 있다는 원칙을 가지고, 자신의 돌봄 비용을 충당할 수 없는 아주 심각한 욕구만을 가진 사람들만 지원한다.

노인과 장애인을 구분하지 않고, 돌봄 욕구 사정에 근거하여 연령이나 장애 유무에 상관 없이 서비스를 제공받을 수 있다.

재가서비스, 시설 서비스, 현금서비스로 구분된다.

재가 서비스는 가정봉사 서비스, 식사서비스, 데이케어, 단기 주거보호, 전문적 지원, 복지용구 등을 제공한다. 시설서비스는 지방자치단체 케어법에 근거하여 시설 거주자와 서비스 위원회(거주자들에 대해 돌봄의 책무 이행)에 대한 광범위한 책임을 부여받고 있다. 레지덴셜 홈은 자신의 일상생활을 가정에서 대처하기 어려운 사람들을 대상으로 하며, 음식 제공 및 개인 돌봄과 같은 추가적인 도움이 필요한 자에게 제공 한다. 너싱홈은 규칙적인 치료를 필요로 하는 사람들을 대상으로 한다.

보건의료와 사회서비스의 정책 전반은 중앙정부가 책임을 지고 있지만, 실제적인 욕구사정, 서비스계획 수립 및 진행 등 거의 모든 절차는 지방정부에서 수행한다. 중앙정부는 운영관리에 대한 지원을 하며, 지방정부가 장기요양기관, 급여비용 심사 지급 등 제도운영의 책임 주체다. 또한, 지방정부는 요양시설과 케어매니지먼트를 통해 수급자의 이용을 지원한다.

5) 동향과 전망

(1) 재정 안정화

장기요양서비스는 만성적인 질환이나 활동장애를 가진 노인이 생존하는 동안 계속해 제공되는 것이므로 노인인구의 증가와 평균 수명의 연장 등 고령화 사회의 진전에 따라 요양서비스 수요도 지속적으로 증가할 것으로 예상된다.

국민기초생활보장 수급대상 노인의 증가 및 65세 미만 인구 중 노인성 질병을 가진 인구의 증가가 예상된다. 독거노인의 수가 폭발적으로 늘어나고 전통적인 가족형태가 1인 가구로 변화되고 있어 이 역시 장기요양서비스 수요의 증가요인으로 작용할 것이다.

(2) 신뢰성 있는 요양등급판정

등급판정의 객관성과 신뢰 확보는 노인장기요양보험의 성패를 좌우한다고 해도 과언이 아니다. 투명한 판정과 일관성 유지는 관건이다. 요양등급 판정과 분류체계를 객관적으로 운영해야 한다. 예산 현황, 시기, 또는 지역에 따라 요양등급의 판정이 다르다는 일부 국민들의 주장에도 귀를 기울여 보다 객관적인 판정을 내려야 할 것이다.

(3) 재가서비스 활용촉진

시행되고 있는 노인장기요양보험제도는 재가서비스보다 시설서비스 중심으로 운영될 가능성이 크다. 우선적으로 재가서비스 공급을 확대하고 장기요양 관리요원에 대한 교육 강화, 복지용구 대여의 활성화 등 재가서비스 이용을 권장하는 정책적 노력이 요구된다.

(4) 시설 인프라 확충

요양시설의 공급을 확대하고 민간의 참여 유도를 위해 지역 간 시설 공급의 불균형 문제를 해소하고 서비스 공급자 간 경쟁을 촉진할 필요가 있다. 각 공급자가 제공하는 서비스의 질을 표준화된 방식으로 측정하고, 요양서비스 품질 정보에 대한 소비자의 접근을 더 용이하게 해야 한다.

12

CHAPTER

직역연금

1. 공무원연금
2. 사립학교 교직원 연금
3. 군인연금

1. 공무원연금

1) 목적

공무원연금제도는 공무원의 퇴직 또는 사망과 공무로 인한 부상 · 질병 · 장애에 대하여 적절한 급여를 실시함으로써, 공무원 및 그 유족의 생활안정과 복리향상에 기여함을 그 목적으로 한다.

공무원 연금은 공적연금제도(Public Pension System)로 공무원의 노령 · 장애 · 사망 등 소득 상실사유 발생시에 적절한 급여를 실시한다. 퇴직연금급여 이외에 재해보상급여, 부조급여, 퇴직수당 및 후생복지사업 등을 제공한다.

2) 재정체계

(1) 비용부담

공무원연금의 비용부담은 기여제 방식으로 공무원과 국가 또는 지방자치단체가 공동으로 부담하고 있다. 공무원이 매월 기준소득월액의 8%~9%를 기여금으로 납부하고 국가 또는 지방자치단체가 보수예산의 8%~9%를 부담금으로 납부하고 있다. 사용자 책임급여인 재해보상급여 및 퇴직수당과 부조적 성격의 급여인 재해부조금 및 사망조위금에 소요되는 비용은 국가나 지방자치단체가 전액을 매년 부담하고 있다.

(2) 재정방식

공무원연금제도의 재정방식은 적립방식의 기초에 의해 설계되었다. 급여지출 비용의 예상액과 기여금 · 부담금 및 그 예정 운용수익금의 합계액이 장래에 재정적 균형을 유지하기 위하여 제도 초기부터 공무원연금기금을 조성해 왔다. 제도 도입 당시 보수월액의 2.3%의 기여율을 1969년에 3.5%, 1970년에는 5.5%, 1996년에는 6.5%, 1999년에는 7.5%, 2001년에는 8.5%였다. 그리고 2010년 기준소득월액으로 변경되어 2015년까지 7%, 2016년 8%에서 단계적으로 인상하여 2020년 이후 9%로 점차 상향 조정함으로써 수정된 적립 방식에 가까운 제도로 운영하고 있다. 도입 이후 50여년이 경과한 공무원연금제도는 성숙단계에 들어서면서 수입 · 지출상 불균형 구조가 더욱 심화되어, 2001년부터는 사실상 급여부족분 전액을 사용자(국가 또는 지방자치단체)가 보전하는 부과방식 형태로 전환되었다.

(3) 연금재정의 회계구조

공무원연금제도의 회계는 연금회계와 기금회계로 구분되어 있다. 연금회계는 공무원이 부담하는 기여금과 국가 또는 지방자치단체가 부담하는 부담금 등을 수입으로 하고, 연금급여 등 제 급여를 지출로 하는 회계다. 기금회계는 연금회계로부터 적립된 기금을 관리 운용하는 회계다.

연금회계에서 수지흑자가 발생하면 그 흑자분이 기금회계에 전입처리 되고, 적자가 발생하면 그 부족분을 기금회계로부터 이입 충당하게 된다. 이 경우 연금회계에서 기금회계로 전입되는 전입금은 적립금과 결산잉여금으로 구성되는데 적립금은 미리 예산에 계상된 금액으로서 당해연도 기금수입이 되고, 결산잉여금은 당해 회계연도의 결산 후 남는 금액으로서 당해연도 기금수입이 된다.

연금제도 운영에 필요한 비용부담 방식에는 기여제(Contributory System)와 비기여제(Non-Contributory System)가 있다. 기여제는 급여에 소요되는 비용을 국가 또는 지방자치단체와 공무원이 공동으로 부담하는 방식을 말하고, 비기여제는 공무원은 비용을 부담하지 않고 국가 또는 지방자치단체가 소요비용 전액을 부담하는 방식이다.

3) 운영체계

공무원 연금제도의 운영주체와 기능은 다음과 같다.

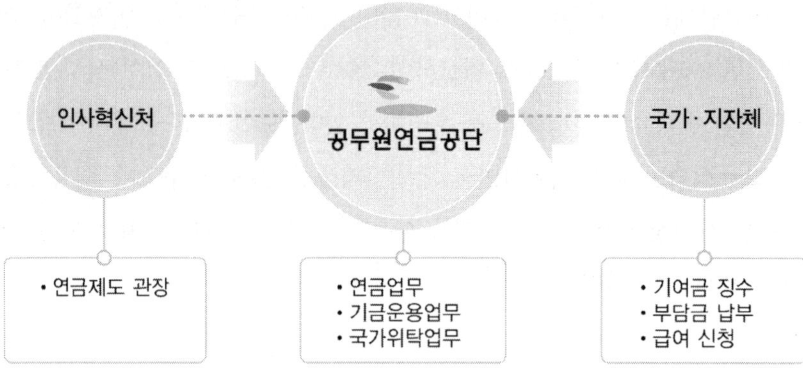

[그림 12-1] **공무원연금 제도 운영주체**

출처: 공무원 연금 공단. 2021

4) 재정방식

퇴직급여 및 유족급여는 공무원 본인이 납부하는 기여금과 국가 및 지자체가 부담하는 연금부담금을 재원으로 하며, 매년도 기여금과 연금부담금으로 당해연도 급여비용을 충당할 수 없을 경우에는 그 부족분을 정부가 추가로 부담(보전금)한다.

〈표 12-1〉 **공무원 연금 부담과 급여**

비용부담	급여지급
기여금(공무원) – 기준소득월액의 8~9% 부담금(국가/지자체) – 보수월액의 8~9% * 연도별 비용부담률 '16년8%, '17년8.25%, '18년8.5%, '19년8.75%, '20년9%	퇴직급여 – 퇴직연금 등 4종 유족급여 – 유족연금 등 5종
정부보전금(국가/지자체)	급여부족분
재해보상부담금(국가/지자체)	재해보상/부조급여
퇴직수당부담금(국가/지자체)	퇴직수당

출처: 공무원 연금 공단. 2021

공무원연금법 상의 각종급여는 공무원 본인이 매월 기준소득월액의 일정비율을 불입하는 기여금과 국가 또는 지방자치단체에서 보수예산의 일정비율을 부담하는 연금 부담금 및 정부가 고용주로서 일부 급여의 지급에 소요된 비용을 부담하는 제 부담금(퇴직수당 부담금, 재해보상 부담금) 등을 재원으로 형성된다.

기여금은 기준소득월액의 9.0%이고 연금 부담금은 보수 예산의 9.0%이다.

〈표 12-2〉 **연도별 부담률**

구분	2016년	2017년	2018년	2019년	2020년~
적용보수	기준소득월액(기여금) / 보수예산(부담금)				
부담률	8%	8.25%	8.5%	8.75%	9%

출처: 공무원 연금 공단. 2021

5) 급여내용

공무원연금 급여는 크게 단기급여와 장기급여로 나누워진다. 단기급여는 공무상요양비 재해부조금 사망조위금 등 3종이 있고, 장기급여로는 퇴직급여 4종, 유족급여 6종, 장해급여 2종 순직유족급여 2종 및 퇴직수당 등 15종이 있다.

〈표 12-3〉 **공무원연금의 종류**

<table>
<tr><td rowspan="6">장기급여</td><td rowspan="2">퇴직급여</td><td>(조기)퇴직연금(* 분할연금)
퇴직연금공제일시금
퇴직연금일시금, 퇴직일시금</td></tr>
<tr><td>유족연금 , 유족연금일시금
유족연금부가금, 유족연금특별부가금
유족일시금, 유족보상금</td></tr>
<tr><td>장해급여</td><td>장해연금, 장해보상금</td></tr>
<tr><td>순직유족급여</td><td>순직유족연금, 순직유족보상금</td></tr>
<tr><td>위험직무순직유족급여</td><td>위험직무순직유족연금, 위험직무순직유족보상금</td></tr>
<tr><td>퇴직수당</td><td></td></tr>
<tr><td rowspan="2">단기급여</td><td>요양급여</td><td>공무상요양비</td></tr>
<tr><td>부조급여</td><td>재해부조금, 사망조위금</td></tr>
</table>

출처: 공무원 연금 공단. 2021

급여의 지급 요건은 다음과 같다.

〈표 12-4〉 지급 요건

구분	종류	지급 요건
퇴직급여	퇴직연금	공무원이 10년 이상 재직하고 퇴직한 때 * 분할연금: 퇴직연금수급권자와 이혼시 지급
	퇴직연금일시금	10년 이상 재직후 퇴직한 공무원이 퇴직연금에 갈음하여 일시금으로 지급받고자 할 때
	퇴직연금공제일시금	10년 이상 재직후 퇴직한 공무원이 10년을 초과하는 재직기간중 일부기간을 일시금으로 지급받고자 할 때
	퇴직일시금	공무원이 10년 미만 재직하고 퇴직한 때
유족급여	유족연금	10년이상 재직한 공무원이 재직 중 사망한때 퇴직연금 또는 조기퇴직연금 수급자가 사망한때 장해연금 수급자가 사망한때
	유족연금부가금	10년 이상 재직한 공무원이 재직중 사망하여 유족연금을 청구한 때
	유족연금특별부가금	퇴직연금수급권자가 퇴직후 3년 이내에 사망한 때
	유족연금일시금	10년 이상 재직한 공무원이 재직중 사망하여 유족연금에 갈음하여 일시금으로 지급받고자 할 때
	유족일시금	10년 미만 재직한 공무원이 사망한 때
재해보상 급여	장해급여	장해연금: 공무상 질병 · 부상으로 인하여 장애상태로 되어 퇴직한 경우 장해 보상금: 장해연금에 갈음하여 일시금으로 지급받고자 할 때
	유족급여	순직유족연금,순직유족보상금, 위험직무순직유족연금, 위험직무순직유족보상금
퇴직수당	퇴직수당	공무원이 1년이상 재직하고 퇴직 또는 사망한 때 ('91. 10. 1 시행)

출처: 공무원 연금 공단. 2021

단기급여는 다음과 같다

〈표 12-5〉 **단기급여**

재해보상급여	요양급여 공무상요양비	공무상 질병 · 부상으로 인하여 요양기관에서 요양을 할 때 또는 공무상 질병 부상 치유 후 재발한 때(재요양)	동일한 질병 · 부상에 대하여 실제 요양기간 2년(730일) 범위 내에서 요양에 소요되는 비용 단, 1년이하의 기간단위로 연장가능
	재해부조금	공무원의 주택이 수재 · 화재 기타 재해로 인하여 재해를 입은 때(공무원, 공무원의 배우자 또는 공무원이 상시 거주하는 직계존비속 소유의 주택)	위와 같음
부조급여	사망조위금	공무원의 배우자, 부모(배우자의 부모 포함), 자녀가 사망한 때 공무원이 사망한 때	

출처: 공무원 연금 공단. 2021

6) 재정전망

공무원 연금은 장기적으로 수입확대, 지출감소 등의 재정개선이 이루어지지 않는다면 연금제도의 지속가능성 유지에 어려움이 있을 것으로 전망되었다(2020, 국회 예산처).

공무원연금은 적립금이 이미 소진되어 재정수지 적자는 보전금으로 충당하고 있다. 문제는 재정수지 적자가 지속적으로 증가하고 있음이다. 중장기적이고 지속적인 노력이 시급하다. 공적연금의 재정 상태를 개선하려면 보험료율, 연금지급률, 수급개시연령 등의 조정을 통해 이루어지는 것이 보통이다. 그동안 우리나라는 사회적 합의가 이루어지고 관련 법률의 개정이 이루어져왔다. 그러나 개혁으로 인해 사회적 혼란이 야기되거나 막대한 비용이 발생하였으며 사회적 합의를 이루지 못해 법률의 개정이 진행되지 못하였다.

정치인들이 표를 잃기 싫어서 '해야 할 개혁'에는 손을 대지 않고 있다. 문제가 다음 세대로 이전되어 자칫 세대 간의 갈등으로 이어질 수도 있다. 연금 재정 개선을 위해 북유럽에서 시행하고 있는 자동 조정 장치를 도입하자는 주장도 있다.

2. 사립학교 교직원 연금

1) 의의와 목적

사립학교 교직원 연금제도는 사학 교직원만을 위한 공적 연금제도로서 법률에 의해 가입이 의무화되어 있으며, 가입 기간과 부담금 납부 및 각종 급여의 지급 요건 등이 일률적으로 정형화되었다.

사학연금제도는 사립학교 교직원 및 사무직원의 퇴직, 사망, 직무상 질병, 부상, 장애에 대하여 급여제도를 확립함으로써 교직원 및 그 유족의 생활안정과 복리향상을 목적으로 1975년 1월 1일부터 시행하였다. 부담률과 급여의 내용은 공무원연금과 동일하다.

2) 발전과정

1975년 퇴직한 교육공무원이 3년 이내에 사립학교 교원으로 임용된 때에는 재직기간의 합산을 받을 수 있도록 하고, 재직기간이 30년 이상인 교원에 대하여는 부담금의 납부를 면제하는 등 연금제도의 혜택을 확대하였다. 1978년 사립학교와 학교경영기관에 근무하는 사무직원도 교원과 동일하게 연금대상자로 인정하였다. 1980년 공무원 연금제도에 맞추어 부담금 및 급여액의 산정기초를 보수월액으로 하고, 직무상 재해에 대한 급여의 비용에 관한 규정을 신설하며 법 시행 전 재직기간의 소급 통산기간을 연장하였다.

1983년 병역법에 의한 군복무기간을 재직기간에 산입하였다. 재해보상 부담제도 등을 개선하여 사립학교 교직원의 수혜 범위를 확대하고, 학교에서 법인부담금을 부담하는 경우의 감독청의 승인 절차를 폐지하였다. 1991년 공무원이 퇴직할 경우에 퇴직급여 외에 퇴직수당을 지급하도록 「공무원연금법」이 개정됨에 따라 급여의 종류 · 급여의 사유 · 급여액 및 급여의 제한 등에 관하여 「공무원연금법」이 준용되었다.

1996년 연금비용 부담률을 상향조정하는 한편, 「공무원연금법」의 개정에 맞추어 퇴직연금 등 일부 급여의 지급에 관한 요건을 조정하였다. 2005년 직무로 인한 질병 등으로 요양급여를 받은 자에 대하여 요양기간이 경과한 후에도 필요한 경우 간병비 등을 지급하거나 재요양을 받을 수 있도록 하고, 국가부담금의 범위를 확대하였다. 2007년 육아나 임신 · 출산으로 인한 휴직기간의 경우에도 전체 기간을 퇴직수당의 산정 시에 재직기간으로 인정하였다.

2010년 부담금 인상과 연금지급률을 인하하였다. 2011년 교직원의 배우자 등이 사망한 경우에 지급하는 사망조위금과 재해부조금의 급여 산정 시 개인의 기준소득월액에서 공무원 전체의 기준소득월액 평균액으로 변경하였다. 2014년 수급권자에게 지급된 일정 금액 이하의 급여액에 대해서는 압류할 수 없도록 하였다. 2016년 「공무원연금법」의 개정에 따른 연금지급률 인하 등을 통해 장기적으로 지속 가능한 사학연금제도의 기반을 마련하고, 퇴직연금의 소득 재분배를 통해 형평성을 제고하며, 기준소득월액 상한을 하향 조정하였다.

3) 적용 범위

사학연금의 적용대상은 초등학교에서부터 대학교에 이르는 사립학교와 사립 특수학교, 이를 설치 운영하는 학교 경영기관에서 근무하는 정규 교직원이다.

사립유치원, 각종 학교, 기술학교, 공민학교 등의 정규 교직원과 법률에 의해 대학원을 설치 운영하는 연구기관의 교직원도 소속기관이 교육부 장관이 지정을 받으면 그 대상이 될 수 있다.

4) 비용부담

갹출형제도로 가입자인 사학 교직원과 사용자인 법인, 국가가 공동으로 부담하고 있다. 가입자 개인의 경우 매월 기준 소득월액의 8%에서 9%로, 법인의 경우 교원에 대해서는 4.705%에서 5.294%다. 직원은 8%에서 9%다. 국가는 교원에 대해 3.295%에서 3.706%를 부담한다. 재해 보상급여는 법인이 전액부담하고 사용자 부담 성격의 급여인 퇴직수당의 경우 법인과 국가, 공단이 매년 전액을 부담한다.

〈표 12-6〉 **사학연금 비용부담체계** (단위 %)

연도	교원			직원	
	개인	법인	국가	개인	법인
2016년	8.000	4.750	3.295	8.000	8.000
2017년	8.250	4.852	3.395	8.250	8.250
2018년	8.500	5.000	3.500	8.500	8.500
2019년	8.750	5.147	3.603	8.750	8.750
2020년 이후	9.000	5.294	3.706	9.000	9.000

출처: 사립학교 교직원 연금 공단 2021

5) 재정 전망

사학연금 관리공단은 현행 제도가 지속될 경우 2028년에 사학연금의 규모가 최고점에 달할 것으로 추정하고 있다. 2029년에는 총지출이 총수입을 초과할 것으로 예상하고 있으며, 2049년에는 사학연금기금이 고갈될 것으로 추정하고 있다. 따라서 연금재정의 안정을 위한 제도개혁이 필요하다. 이를 위해서는 먼저 이해관계자의 합의가 전제되어야 할 것이다.

3. 군인연금

1) 군인연금의 의의

군인연금은 국가방위의 주체로서 성실히 군에 복무하고 전역한 직업군인의 생활안정을 위한 종합적인 사회보장제도로 1963년부터 시행되었다.

첫 시행 당시 대상자를 현역 및 소집되어 실역에 복무하는 군인으로 하였다. 급여의 종류는 퇴역연금, 퇴직일시금, 상이연금, 유족연금, 유족일시금 및 재해보상금이었다. 군인이 납부하는 기여금과 국가가 부담하는 부담금으로 연금 기금을 조성하도록 하였다.

2) 발전과정

1980년 연금급여의 산정기준인 보수월액을 군인의 계급과 복무기간에 따라 지급되는 월급여액으로서 봉급과 상여금의 연지급액을 12로 평균한 금액 및 대통령령으로 정하는 수당액을 합한 금액으로 정하였다. 기여금의 납부상한을 33년으로, 군인이 20년 이상 복무 중에 사망한 경우에는 그 유족에게 유족연금 부가금을 지급하도록 하였다. 1981년 연금 수급권자의 생활안정을 도모하고, 「공무원연금법」과 균형을 맞추었다. 1983년 퇴역연금 일시금과 퇴역연금 공제일시금제도를 신설하고 병의 복무기간과 사립학교교직원의 재직기간을 연금지급 복무기간에 산입하도록 하였다. 1985년 퇴직급여 가산금 · 유족급여 가산금 · 유족연금 특별부가금 및 사망조위금 지급제도를 신설하였다.

1988년 퇴역연금 또는 상이연금 수급권자의 사망 시 그 유족이 지급받는 유족연금액을 종전에는 군인이었던 자의 퇴직 당시의 보수년액의 100 분의 30에 상당하는 금액으로 하던 것을 100 분의 70에 상당하는 금액으로 상향 조정하였다. 군인 이수재 · 화재 및 기타 재해로 인하여 재산상 손해를 입은 때에는 보수월액의 6배에 상당하는 금액의 범위 안에서 재해부조금을 지급하도록 하였다. 1991년 퇴직수당제가 도입되었고, 1996년 연금 안정화를 위해 비용부담을 상향 조정하였다.

2013년 기여금과 부담금을 인상하고, 보수 산정의 기초를 봉급과 상여금으로 구성된 보수월액에서 과세소득 중심의 기준소득월액으로 변경하며, 연금급여의 산정기준을 '퇴직 전 3년간의 소득'에서 '전체 복무기간의 소득'으로 변경하였다. 또한, 유족연금의 지급 수준을 하향 조정하고, 순직 유족연금은 감액조정 대상에서 제외하며, 유족자녀의 유족연금 수급연령을 상향 조정하였다. 2016년 150만 원 이하의 급여는 압류할 수 없도록 하였다. 또한, 공무수행 중 부상 등을 입은 군인이 군 병원 진료 능력 제한으로 민간병원에서 요양을 받는 경우 그 진료비를 치료가 완료되는 시점까지 국가가 부담할 수 있도록 하였다.

3) 군인연금 법령

(1) 군인연금법
(2) 군인재해보상법

4) 급여의 종류

퇴직급여는 퇴직하는 군인에게 지급하는 급여이고, 퇴직 유족급여는 퇴직연금을 받을 권리가 있는 자가 사망한 경우 그 유족에게 지급하는 급여다. 재해유족급여는 상이연금을 받을 권리가 있는 자가 사망하거나 군인이 공무상 사망한 겨우 그 유족에게 지급한다.

장해급여는 군인이 공무상 부상 혹은 공무상 질병으로 인하여 장해를 입은 경우 지급한다. 퇴직수당은 1년 이상 복무 후 퇴직한 군인에게 지급한다.

급여의 종류는 다음과 같다

〈표 12-7〉 군인연금의 종류

구분	대상	지급액
퇴역연금	19년 6월 이상 복무 후 퇴직자	전기간평균 기준소득월액 ×(복무년수×1.9%)
퇴역연금 일시금	19년 6월 이상 복무 후 퇴역연금에 갈음해 일시금 희망자	기준소득월액×복무년수 ×〔0.975×〈복무년수–5〉×0.065〉〕
퇴역연금공제일시금	20년 초과복무기간중 일정기간을 일시급으로 신청한 자	기준소득월액×공제복무년수× 〔0.975+(공제복무년수×0.0065)〕
퇴직일시금	5년–19년 5월 복무후 퇴직자	기준소득월액×복무년수×〔0.975 +〈(복무년수–5)×0.065〉〕
	5년미만 복무후 퇴직자	기준소득월액×복무년수×0.78
퇴직수당	1년이상 복무 후 퇴직 자	기준소득월액×복무년수× 복무연수별 지급 비율(6.5%–39%)
퇴역유족연금	퇴직연금 수급자가 사망 혹은 19년 6월 이상 복무자 중 공무 외 사망	퇴직연금의 70%(2013년 이후 신규임용자는 퇴직연금의 60%)
퇴역유족연금부가금	19년 6월 이상 복무 중 사망한 경우 퇴역유족연금 선택자	퇴역연금 일시금의 25%
퇴역유족연금 특별부가금	퇴역 상이연금 수급월로부터 3년 이내 사망자(20년 이상 복무자)	퇴역 유족 연금부가금× (36–퇴역 상이연금 수령월수)/36
퇴역유족연금일시금	19년 6월 이상 복무자가 군복무중 사망한 경우 퇴역유족 연금에 갈음해 유족이 원할 때	퇴역연금 일시금액과 동일
퇴직유족일시금	19년 6월 미만 복무자가 사망시	퇴직일시금액과 동일
상이유족연금	상이연금 수급자가 사망	상이연금의 70%
순직유족연금	복무 중 공무상 사망	기준소득월액 43%. 유족 1명당 5%씩
순직유족연금일시금	복무 중 공무상 사망한 경우 순직유족연금에 갈음해 유족이 원할 때	퇴역연금 일시금액과 동일
상이연금	공무상 질병 혹은 부상으로 퇴직한 자	기준소득월액의 32.5%–52%
공무상요양비	복무 중 공무상 질병 혹은 부상으로 민간병원에서 요양시	건강보험 부담금 정산
사망보상금	복무중 공뭇2021년 10월 15일 사망한 경우(병 포함)	전사: 공무원 전체 기준소득월액 평균액의 60배. 특수직무 순직: 45배, 일반순직: 24배

구분	대상	지급액
장애보상금	복무중 부상 혹은 질병으로 심신장애판정을 받고 퇴직하거나 퇴직 후 6개월 이내에 복무 중 부상 혹은 질병으로 인한 심신장애판정을 받은 경우	일반장애: 공무원 전체 기준소득월액의 3~9배, 전상: 2.5배, 특수직무공상: 1.8배
사망조위금	군인 본인, 배우자, 본인 혹은 배우자의 직계존속, 자녀가 사망한 경우	본인사망: 기준소득월액의 2배
재난부조금	재해로 재산상 손해 시	전파, 반파, 1/3파

출처: 군인연금 관리공단 2021.

5) 재정전망

군인연금의 가장 큰 과제는 재정 적자 문제다. 국회 예산정책처가 사회보험 중에서 군인연금이 가장 우려된다는 분석을 내놓았다. 지출이 수입액의 2배이기 때문이다. 예산정책처는 "군인연금은 지출대비 수입 비율이 가장 낮아 국가 지원 적자보전금이 2028년 2조4000억 원까지 증가한다"며 "군인연금도 공무원연금처럼 부담률 인상, 연금 지급 연령 조정, 지급률 인하 등의 개선을 검토할 필요가 있다"고 지적했다.

군인연금이 적자를 줄이고 지속가능하려면, 최소한 공무원 수준의 개혁을 해야 한다. 공무원연금의 경우 2015년에 개혁해 국민연금 수준과 비슷하게 했다. 이전 공무원연금 기여율이 공무원 7%에서 9%로 늘어났다. 소득 중에 7%를 납입하다가 9%를 납입하도록 단계적으로 인상했다.

13

CHAPTER

사회복지정책의 과제

1. 사회복지정책의 환경변화
2. 분야 별 과제

1. 사회복지정책의 환경변화

1) 저출산 고령화

우리나라의 2021년 출생아 수가 25만 명에도 미치지 못했다. 2012년 48만5000명에서 불과 9년 만에 반 토막 수준이 됐다. 2020년, 사상 처음 인구가 자연 감소했다. 2002~2016년 연 40만 명 대 출생아 수는 2017년(35만7771명) 30만 명 대로, 또 2020년에는 20만 명대를 기록했다. 우리나라의 2020년 합계출산율은 0.84다. OECD 회원국 평균(1.63명)에 한참 떨어진다. 이들 국가 중 출산율이 0명 대 인 국가는 우리나라가 유일하다.

인구학에서는 일반적으로 합계출산율이 1.3 수준 아래로 떨어져 3년이 지속되면 초 저출산 현상이 발생했다고 여긴다. 단순히 저출산이 아니라 초 저출산이라는 명칭을 사용하는 이유는 합계출산율이 1.3 밑으로 떨어져 3년 정도가 지나면 다시 1.3 보다 높은 수준으로 돌아가기가 매우 어렵기 때문이다. 출산율이 1.0도 되지 않는 수준을 3년이 넘게 경험하고 있는 나라는 홍콩이나 마카오 같은 도시국가를 제외하고는 우리나라가 유일하다. 우리나라보다 더 오랫동안 초 저출산을 경험해 온 이탈리아나 스페인도 합계출산율이 1.0 아래로 내려간 적은 없다. 신종 코로나바이러스 감염 증(코로나19) 장기화에 따라 출산을 계획한 부부가 줄어든 데다, 결혼식을 미뤄. 출산율의 선행 지표인 혼인율은 더 줄고 있기에 문제가 더 심각하다.

아이 울음소리를 듣기 어려운 상황에서 노인 인구는 초고속으로 늘어나고 있다. 65세 이상 고령인구 비율은 2020년 15.7%에서 2025년에는 20.2%로 20% 선을 넘어 초고령사회로 진입한다. 2045년 이후엔 한국이 일본을 제치고 세계 1위 고령 국가가 될 것으로 예측되고, 현 추세가 이어지면 2060년 노인인구 비율은 45%를 넘을 전망이다.

인구는 2050년 쯤 부터 매년 40만~57만 명 씩 빠르게 줄어들 것으로 예측된다. 서울 강남구 인구(2020년 기준 53만9000명)가 매년 사라지는 셈이다. 30년 후의 출생아 수는 최근 태어난 여자 아이의 수로 결정되는데, 지금처럼 한명 씩 낳는 것을 가정하면 향후 10년 동안 일하는 인구로만 현재의 부산시 인구(337만 명)에 해당하는 인구가 사라지는 것이다. 지금은 유아 관련 산업 부문 등 사회 일부 영역에서만 체감하는 인구 절벽 현상이 이때가 되면 전 사회분야로 파급된다.

2) 세계화

정치 경제 문화 등 사회의 여러 분야에서 국가 간 교류가 증대하여 개인과 사회집단이 갈수록 하나의 세계 안에서 삶을 영위해 가는 과정이다.

국제화가 국가 간의 교류가 양적으로 증대되는 현상을 말한다면, 세계화(globalization)는 양적 교류의 확대를 넘어서 세계사회가 독자적인 차원을 획득하는 과정이다. 세계화가 단일한 지구적 시장과 경쟁 원칙을 강화함으로써 인류에게 발전을 가져온다고 보는 시각이 세계화 긍정론이다. 세계화 부정론자들은 초국적 자본에 의한 세계 경제의 지배와 그에 따른 지구적 수준에서의 불평등이 강화된다는 점을 강조한다. 반대론자들은 환경 평화 여성 인권 등의 반 세계화 운동을 포함한 인간적인 세계화를 만들기 위한 대안 제시에 주력하고 있다.

절충론도 있다. 곧 세계화는 지구적 불평등을 강화시키는 위기인 동시에 경제 · 문화적 삶을 향상시킬 수 있는 새로운 기회라고 본다. 세계화에 대한 균형 잡힌 이해를 요청하며, 사실판단에 기반 한 가치판단을 중시하고 있다.[1)]

우리사회에서 세계화는 경제와 문화, 정치 등 거의 모든 영역에서 진행되어 왔다. 경제 영역에서의 세계화는 1990년대부터 한국경제의 탈국가화를 가져 왔으며, 1997년 외환위기를 계기로 미국식 기업운영으로 대표되는 글로벌 스탠더드가 강조되었다. 경제적 세계화는 외환위기를 단시간 내에 극복하는 데 나름대로 기여했지만 동시에 고용, 소득, 소비에서의 사회 양극화를 강화하는 결과를 초래했다.

1) 세계화에 대한 균형 잡힌 이해를 요청하며, 사실판단에 기반한 가치판단을 중시하고 있다.

문화 영역에서의 세계화는 미국화다. 해방 이후 한국사회에서는 물질문화에서 정신문화에 이르기까지 미국식 가치와 생활양식의 영향이 증가해 왔다. 정치적 세계화는 국제통화기금과 같은 정부 간 조직과 다양한 비정부조직의 영향력 증가에서 찾을 수 있는데, 국가의 의사결정에 상당한 영향을 미치고 있다.

3) 제4차 산업혁명

4차 산업혁명[2)]의 어원은 2010년 독일의 제조업 혁신 전략인 하이테크 전략 2020의 10대 프로젝트 중 '인더스트리 4.0'에서 찾을 수 있다. 4차 산업혁명은 2016년 다보스 포럼에서 처음 제시되었고, 그 이후로 과학기술의 발전으로 인한 변화를 가리키는 핵심어로 부상하였다[3)].

(1) 4차 산업혁명의 의미

사람과 사물과 공간이 인터넷으로 초 연결되고, 빅 데이터에 기반 사이버 시스템과 물리적 시스템이 연동된다. 인공지능 기술에 의해 복합 시스템이 최적으로 제어되는 초 지능, 초 융합의 유례없는 혁명이다. 이전의 산업혁명이 기계화에 의해 인간의 행동 반경을 확대하고 고속화하는 것이었다면, 4차 산업혁명은 인간의 지능이 확장되고 있는 산업혁명이다.

4차 산업혁명의 기술적 동인은 인공지능, 사물 인터넷, 로봇, 빅 데이터, 클라우드, 드론, 가상현실, 증강현실, 적층 생산기법, 자율 주행 차, 스마트 팩토리, 스마트시티,

---

2) 2016년 WEF에서 '4차 산업혁명'이란 용어가 등장한 이후 학계에서 일부 논란이 있었다. 요컨대 1차, 2차 산업혁명과 달리 역사적으로 검증되지도 않았고 3차도 정리되지 않은 상태에서 웬 4차냐 하는 것 이었다

3) 세계경제포럼의 창립자이자 회장인 Schwab(2016)은 물과 증기의 힘을 이용해 생산을 기계화한 1차 산업혁명, 전기의 힘으로 대량생산의 길을 연 2차 산업혁명, 디지털 혁명시대인 3차 산업혁명을 토대로 현재 4차 산업혁명이 일어나고 있다고 했다. 그는 물리학 영역, 디지털 영역, 생물학영역에 대한 변화에 대해 언급하였다. 물리학 영역에서는 드론 등을 활용한 무인 우송수단과 절삭이 필요 없는 3D 프린트, 인간과 협업이 가능한 로봇공학, 기존에 없던 신소재 등이 등장하여 디지털 영역에서는 만물인터넷이라고 불리는 사물인터넷과 보안성이 뛰어난 인터넷 상거래의 블록체인이 활성화되며, 생물학 영역에서는 유전자 편집, 의학과 농업에 대안을 제시하는 합성생물학이 대두될 것이라 하였다(임종헌 · 유경훈 · 김병찬, 2017)

스마트헬스, 나노, 바이오 과학 등이다. 사회경제적 동인은 글로벌화, 인구통계학적 변화, 신흥경제국 부상, 기후 위기, 에너지 위기 등이다.

신기술 등장과 함께 국가와 산업의 파괴적 재구성 과정에서 사회적 갈등이 증폭되고, 인간의 정체성 도덕성 윤리 인간관계에 혼돈을 초래할 것이라는 지적도 있다.

(2) 인공지능(AI)

인공지능(AI)은 4차 산업혁명의 핵심이다. 인간의 지능으로 할 수 있는 사고, 학습, 자기 개발 등을 컴퓨터가 할 수 있도록 하는 방법을 연구하는 컴퓨터 공학 및 정보기술의 한 분야다. 컴퓨터가 인간의 지능적인 행동을 모방할 수 있도록 하는 것을 인공지능으로 정의하고 있다.

인공지능은 컴퓨터 과학의 다른 분야와 직간접으로 많은 관련을 맺고 있다. 정보기술의 여러 분야에서 인공 지능적 요소를 도입하여 그 분야의 문제 풀이에 활용하려는 시도가 매우 활발하게 이루어지고 있다. 자동번역 시스템이 실용화되었고 진화를 거듭하고 있다. 가장 일찍 발전한 인공지능 분야는 인간의 하고 있는 전문적(의사의 진단, 매장량 평가, 화합물의 구조 추정, 손해 배상 보험료의 판정 등)을 대신하는 것이다. 또 이론 증명과 신경망 분야에서도 비약적인 발전을 거듭하고 있다.

4) 도시화

도시[4]가 되어 가는 과정으로 인구의 도시 집중과 이에 따른 지역적 · 사회적 변화 양상을 일컫는 개념이다. 인구 10만 명 이상의 도시 수가 1960년 9개시에 불과했으나, 1985년에 36개 시로 성장하였고, 1995년에는 55개 시로 늘어나 한국의 도시가 점점

---

4) 도시를 다루는 학문분야는 다양하다. 사회과학 가운데는 도시지리학 · 도시사회학 · 도시경제학 · 지역개발학 · 도시행정학 등의 분야에서 도시라는 주제가 중심적인 위치를 차지한다. 자연과학 가운데는 건축학 · 도시계획학 · 토목공학 · 조경학 등의 분야에서 도시를 핵심적인 주제로 연구한다. 지리학에서 정의되는 도시는 지표면의 일부를 점유하는 지역으로서 ① 다수의 인구가 비교적 좁은 지역에 밀집해서 거주해 인구밀도가 상당히 높고, ② 농업 · 임업 · 수산업 등의 1차 산업비율이 낮은데 반해 제조업 · 건설업 · 상업 등의 2 · 3차의 도시적 산업비율, 즉 비농업적 산업비율이 높으며, ③ 주변지역에 재화와 용역을 제공해 주는 중심지로 정의된다. 네이버 지식백과

거대 도시화되어 가는 추세에 있다. 1995년에는 인구규모 25만 명 이상의 도시가 21개였으며 2007년에는 39개로 늘어났다. 2010년 이후 수도권, 충청권, 호남권, 대경권, 동남권 등의 5개 대 권역과, 강원권, 제주권 등의 2개 소 광역권을 중심으로 권역별 도시 성장을 모색하고 있다.

도시화 측정은 인구지표, 토지이용지표, 농촌요소의 감퇴지표, 도시요소의 증대지표로 이루어진다. 21세기 도시정부는 세계화 과정 속에 기업과 공동체의 파트너십을 개발하고 도시의 불균형과 빈곤 등을 해소하기 지속적이고 핵심적 역할을 해야 한다.

인구는 도시화에 가장 큰 영향을 미치는 요소 중 하나다. 이주 규모와 증가율은 도시화의 특성을 규정짓는 특성적 요소다. 밀집과 슬럼의 증가는 높은 사망률로 이어지고, 많은 도시의 매력적인 요소들은 사람들의 이주를 유도하며, 국제항만이나 공항을 갖춘 도시[5]들은 이민자들을 끌어 모은다.

도시화는 정책적 변화에 직접적으로 영향을 미치는데, 도시 거주자나 교외지역의 거주자들은 선거에 그들의 경제적 · 사회적 발전을 위한 의지를 표명하고 이는 여당과 야당의 표 차이로 전달된다. 독특한 도시의 구조물 안에서 젊은 하위문화가 꽃피는 것을 통해 도시화는 문화의 역동적인 변화에 기여한다. 환경과 도시화의 복합적인 관계는 지역적으로부터 범 지구적인 측면까지 다양한 문제를 낳고 있다.

5) 지방화와 자치분권

각종 권한과 기능을 중앙에서 지방 또는 지역으로 이양하거나 분산시켜 지역의 자율성과 독립성을 높여 나가는 분권현상이다. 중앙이 행사해 온 각종 권한을 지방 또는 지역으로 이양하는 것뿐만 아니라 지방자치를 구현하거나 확대하고, 한 국가의 정치사회체계를 중앙 집권적 구조에서 지방 분권적 구조로 점차 전환시켜 나가는 것을 말한다.

---

5) 부강한 도시경제는 인구의 변화와 도시화의 관계를 조정하기도 하는데, 예를 들어, 출산율과 이주율은 사람들의 인식과 경제적 기회에 대한 기대에 따라 크게 달라지곤 한다.

지방화는 중앙의 각종 권한과 기능을 지방에 이양하는 데서 시작하여 지방자치를 실질적으로 구현하고, 궁극적으로 한 국가의 정치 사회 체계를 중앙 집권에서 지방 분권으로 구조적으로 변화시켜 나가는 것이다. 지방의 창의와 다양성을 존중하고 중앙정부의 간섭과 개입을 최소화해야 한다. 지방화를 한층 더 공고히 하기 위해서는 지역과 지역 주민들의 노력이 뒷받침되어야 한다. 지방화는 정치적 측면에서 지역 분권주의에 입각하여 지역의 자율성과 지방자치를 실현하고, 경제적 측면에서 지역의 특성과 실정을 감안한 지역발전 전략을 수립 추진하여 경제적 자립 기반을 다져야 한다. 또 문화사회적 측면에서 지역 고유의 개성 있고 독자적인 문화를 창조할 수 있어야 한다. 지방화의 성공 여부는 지역 주민들이 지역 문제에 스스로 참여하여 결정하고 그 결과에 책임지는 자세에 있다.

많은 국가에서 다양한 이유에서 지방화를 추진하고 있으며, 앞으로도 더욱 더 확대될 전망이다. 지방화는 궁극적으로 다원적 지역 발전과 함께 지역 간 상호 보완을 통한 국가사회의 통합에도 기여할 수 있다.

자치분권은 중앙과 지방의 동반자 관계를 확립하고 주민자치를 강화하는 것이 핵심이다. 자치분권 실현을 위한 자치분권 종합계획을 세우고 실현한다. 근거는 지방자치분권 및 지방행정체제개편에 관한 특별법이다.

자치분권은 6개 전략, 33개 추진과제로 나뉘어 시행되고 있다. 우선 주민주권구현 부문에서는 주민 참여권 보장, 숙의 기반의 주민참여 방식 도입, 주민 자치회의 대표성 제고 및 활성화, 조례 제 · 개정의 주민직접발안제도 도입, 주민소환 및 주민 감사청구 요건의 합리적 완화, 주민투표 청구대상 확대, 주민 참여예산제도 확대 등이다.

중앙 권한의 획기적인 지방이양 부문에서는 중앙과 자치단체 간 사무 재 배분, 중앙 권한의 기능 중심 포괄 이양, 자치분권 법령 사전협의제 도입, 특별 지방행정기관 정비, 대도시 특례 확대, 광역단위 자치경찰제 도입, 교육자치 강화 및 지방자치와의 연계 협력 활성화 등이다.

재정분권의 추진 분야는 국세 지방세 구조개선, 지방세입 확충 기반 강화, 고향사랑 기부제. 국고보조사업 개편, 지방교부세 형평 기능 강화, 지역 상생발전기금 확대 및 합리적 개편 등이다.

중앙과 지방 및 자치단체간의 협력 강화 분야에서는 중앙과 지방 협력기구 설치 운영, 자치단체 간 협력 활성화 지원, 제주 세종형 자치분권 모델 구현 등이다. 자치단체의 자율성과 책임성 확대 분야는 지방의회 인사권 독립 및 의정활동정보 공개, 자치조직 권 강화 및 책임성 확보, 지방인사제도 자율성 및 투명성 확보, 지방공무원 전문성 강화, 지방재정 운영의 자율성 제고, 지방재정정보 공개 및 접근성 확대, 자치분권형 평가체계 구축, 자치단체 형태 다양화 등이다.

6) 뉴 노멀

뉴 노멀(New Normal)은 시대변화에 따라 새롭게 부상하는 표준이다. 5년 이상 단위의 세계 경제 특성과 트렌드 내에서 새로운 질서가 필요한 시점을 의미한다. 뉴노멀은 2008년 세계금융위기이후 저성장과 함께 낮은 소비, 낮은 물가, 낮은 수익률 등 20세기 산업화시대의 고 성장과 구분되는 경제적 현상을 중심으로 새로운 질서가 도래했음을 보여준다. 뉴노멀은 일정한 국가 또는 지역에 국한된 일시적인 경제적 현상이라기보다 장기적이고 복잡한 사회적 경제적 그리고 환경적 현상이며, 새로운 질서의 자연스러운 정착이라기보다 강제된 경향을 보인다. 20세기의 산업사회에서 없었던 급속한 기술변화와 함께 높은 사회경제적 불확실성 등은 정부뿐 만 아니라 개인과 기업 모두에게 기존과 다른 생존 전략을 요구하고 있다.

국가단위의 장기적인 경제침체와 불황은 단순히 국가경제에 한정되기보다 하위의 경제영역인 지역 또는 도시에도 영향을 미친다. 뉴노멀 현상은 기존의 보편적인 환경과는 다른 새로운 현상의 도래와 정착, 감소와 축소를 동반하는 새로운 현상의 일상화를 의미한다. 즉, 경제적 측면에서는 낮은 성장률, 소비율, 생산율, 수익률 등 기존의 확장 중심에서 벗어나 전반적으로 위축 또는 축소되는 현상이 나타나고 있다. 사회경제적 측면에서도 낮은 출산율과 인구 고령화에 따라 제조업의 급격한 감소와 실업률의 상승 등 변화를 보이고 있다.

7) 수도권 집중과 지방의 소멸위기

수도권 인구 집중이 극심하다. 1990년 42.8%였던 수도권 인구 비중이 2015년 49.5%로 뛰었고, 2020년에는 50%를 넘어섰다. 우리나라를 대표하는 1000대 기업의 본사 중 753개(75.3%)가 수도권에 있다. 이들 기업의 매출액이 전체의 86.3%를 차지한다.

수도권 주민들이 사용한 신용카드 사용액이 전 국민 사용액의 70%를 넘어섰다. 기업의 생산과 국민의 소비라는 두 측면에서 수도권의 집중 현상은 심각한 상태다. 이는 결국 지방소멸로 귀결되고 국가 경쟁력과 생존 자체를 위협하고 있다.

2021년 10월 행정안전부는 우리나라의 시 · 군 · 구 228곳 중 89곳을 인구 감소지역으로 지정했다. 행안부는 65세 이상 고령인구, 14세 이하 유소년 인구 또는 생산가능인구의 수, 인구 감소율, 출생률, 인구 감소의 지속성, 인구의 이동 추이 및 재정여건 등을 고려하여 국가균형발전위원회의 심의를 거쳐 인구 감소지역을 고시한다. 인구소멸지역에는 10년간 매년 1조 원의 지방소멸대응기금이 지원된다. 아이들이 줄어 학교가 문을 닫고 노인들만이 남아 적막강산이 된 것이 지방의 모습이다.

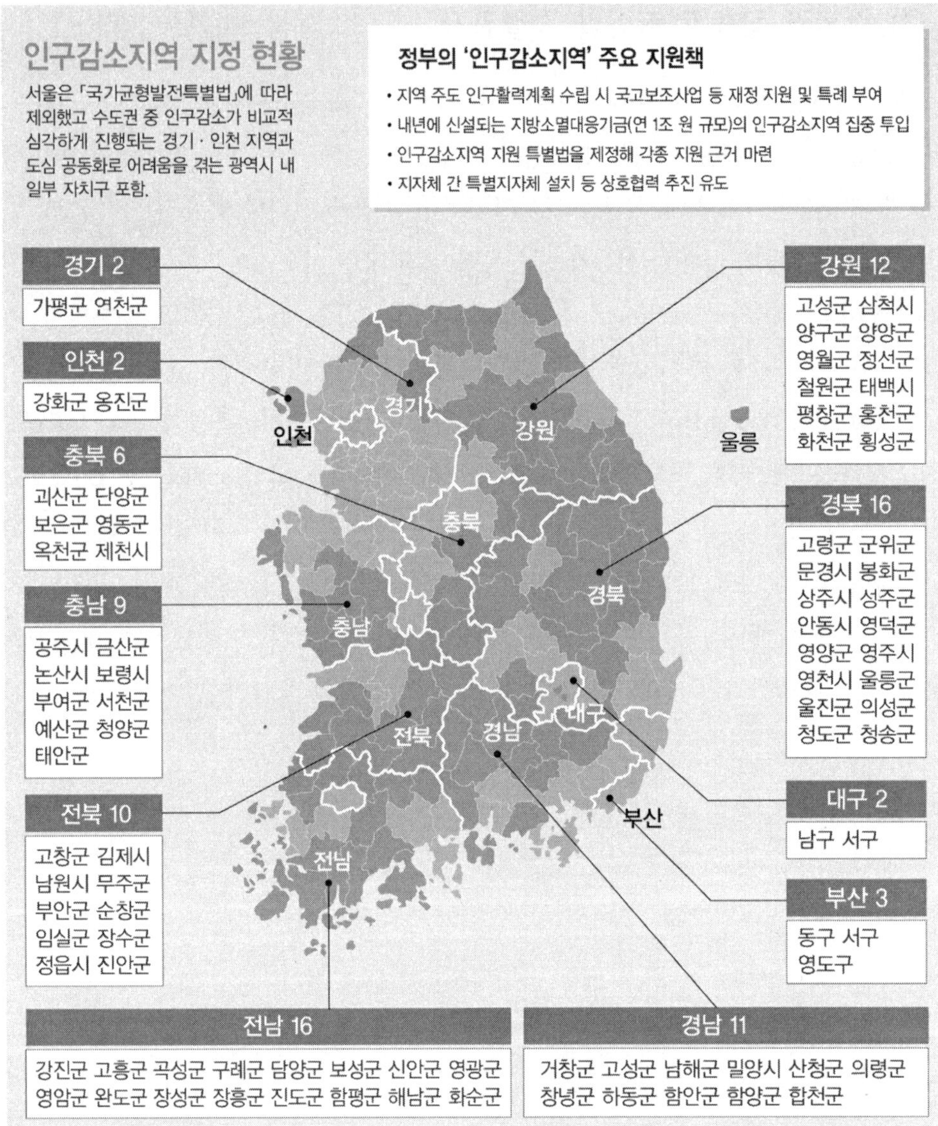

[그림 13-1] 인구감소지역 지정 현황

2. 분야별 과제

1) 소득 불평긍과 빈곤

우리나라의 소득불평등과 빈곤문제는 1990년대 초반부터 심화되었다. 지니계수는 1990년 0.256에서 1998년 0.285로 급증하였다. 2003년 이후 지속적으로 증가하여 2008년에는 0.296이었고, 2019년 0.390을 기록했다.

소득불평등과 빈곤의 심화는 경제활동 참여가 상대적으로 어려운 노인인구의 증가, 청년들의 늦은 취업 등 인구구조 변화에 기인한다. 노동시장의 격차 확대와 산업구조적인 원인을 파악하고, 적극적인 정책을 추진해야 한다.

현재의 소득 불평등과 빈곤문제 해결은 사회복지 급여를 통한 소득 재분배 정책으로는 매우 제한적이다. 현 시점에서 소득 불평등과 빈곤문제에 대한 정책 대응의 최우선 순위는 일자리 창출에 모아져야 할 것이다. 문제는 상대적으로 지위가 불안하고, 임금이 적은 분야의 취업이 늘고 있다는 점이다. 임금소득으로 가정을 꾸리고 아이를 교육시키며, 노후를 설계할 수 있는 '괜찮은 일자리'의 확대가 시급하다.

노인계층의 빈곤문제는 노후 소득보장의 확대만으로 해결하기 어려우며, 복지재정의 장기적 지속가능성을 고려할 때 전환이 필요하다. 새롭게 생겨나는 사회적 위험에 대한 국가 역할을 확대해야 한다.

2) 건강분야

기대수명은 빠르게 증가하고 있으나 건강수명은 오히려 짧아지고 있다. 2018년 건강수명은 64.4년으로 10년 전에는 65.7세였다. 생애 마지막 10~15 년을 질병 등으로 고통스럽게 지낸다는 통계다. 성별과 지역 간, 성별, 소득 별 건강 상태의 차이가 크다. 노인들이 만성적으로 앓고 있는 질환은 고혈압, 치은염 및 치주질환, 급성기관지염의 순이다. 또 입원질환은 노년성 백내장, 알츠하이머 치매, 폐렴 등의 순이다.

고령화는 노인 질병 및 치매 유병률의 증가, 노인 진료비의 증대 등을 유발해 노인수발과 장기요양의 사회적 책임으로 귀결되고 있다. 노인 자살률 1위는 결코 달갑지 않은 현상이다. 노인 자살은 개인 정신보건의 문제가 아닌 사회 및 경제적인 측면으로 바라봐야 한다. 자살예방을 위한 다양하고 지속적인 정책적 개입이 필요하다. 저 소득층과 일시적인 소득중단을 겪는 개인들에게 소득지원 체계를 확립하는 것이 필요하다.

경제 수준, 연령, 지역에 따라 건강불평등과 건강수준의 격차가 있다. 건강의 문제는 개인단위 접근과 지역단위의 접근이 병행되어야 한다. 노년기의 스트레스나 우울 등에 대한 저항력을 증진시키고 정신건강을 향상시키기 위한 보건복지정책들이 나와야 한다.

3) 가족복지

1인 가구는 이제 대세다. 2020년 1인 가구 수는 664만 3,354가구로 전체 가구의 31.7%를 차지한다.

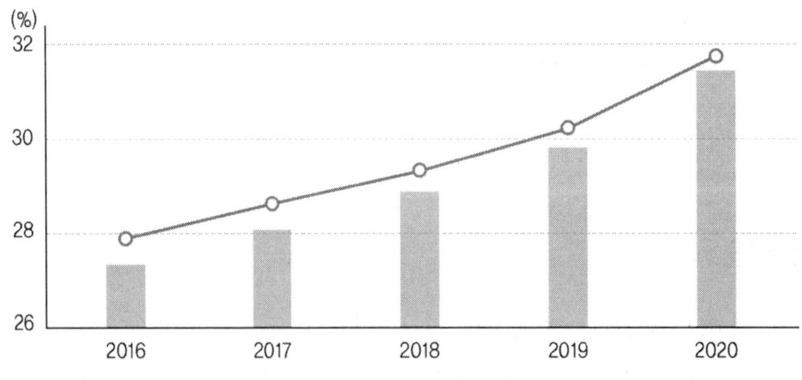

[그림 13-2] **1인 가구비율, 통계청**

과거 가족은 일차적 사회 안전망이자 관계망으로 역할을 해왔다. 1인 가구에 대한 사회안전망은 국가 차원에서 제공되어야 할 것이다. 연령대 별 1인 가구에 대한 맞춤형 지원과 대책이 요구된다.

부부와 미혼 자녀로 구성된 전통적인 핵가족 형태는 감소하고, 부부가족과 한부모와 자녀로 구성된 가구가 증가하고 있다. 다양한 가족 형태를 기초로 해당 가족에게 필요한 맞춤형 복지를 실천해야 한다. 가족에게 전통적으로 기대되었던 가족 구성원에 대한 돌봄 기능이 약화되고 있다. 이를 해결할 정책과 서비스 조직이 필요하다.

4) 지속가능한 복지재정의 확대

국민적 합의에 기초한 복지의 확대, 안정적 재원조달을 위한 기업들의 사회적 책임, 사회서비스 중심의 합리적 복지지출, 유연한 고용시장 등을 실현해야 한다.

양극화 해소는 지속적인 경제성장을 가능케 한다. 국제경쟁력을 확보하고 지식정보 기반사회로의 비약적 발전을 위해서는 인적 자본의 축적을 위한 '사람에 대한 투자'가 선행되어야 한다. 복지재정의 확대는 이러한 안정적 기반아래서 가능하다.

지속가능한 복지정책을 위해서는 먼저 재정 조세개혁을 통한 성장 형 복지국가의 비전 및 복지와 경제성장의 선순환 메커니즘을 제시해야 한다. 양극화 및 저 출산 고령화 대책은 미래의 국가경쟁력 확보와 조세수입의 증대 및 재정건전성의 유지를 위해 꼭 수행되어야 한다. 지속가능한 복지제도를 만들기 위해서는 사회구성원들의 합의와 정치에 대한 신뢰가 관건이다. 아울러 사회 구성원 간 연대가 필요하며, 사회적 위험으로부터 보호를 위해 전체 급여시스템을 재구성하는 동시에 고용 친화적 급여시스템을 만들어야 한다.

5) 정책의 우선순위 설정

복지정책의 우선순위는 각 국가 별로 다르다. 앵글로색슨 형 복지국가의 경우 상대적으로 보건, 가족, 주거 관련 지출의 비중이 크다. 스칸디나비아 형 복지국가의 경우 무능력, 가족, 적극적 노동시장 프로그램 관련 지출의 비중이 크다.

서유럽 과 남유럽 형 복지국가는 다른 유형의 복지국가에 비해 노령 및 유족, 실업급여의 비중이 크고 무능력 및 가족 관련 사회복지지출의 비중은 낮다. 우리나라의 경우 보건지출, 노령부문의 비중은 높은 수준이지만 상대적으로 유족, 근로무능력, 실업급여 관련 지출 비중은 낮다. 우리나라의 복지수준은 양적 규모가 낮은 수준이기 때문에 재원이 허용되는 한 모든 분야의 복지지출을 확대하는 것이 필요하다.

복지재정의 확대가 가장 시급한 분야는 출산율을 높이는 정책과 서비스다. 국공립보육시설의 확대를 통해 보육의 공공성 강화가 필요하다.

국민기초생활보장제도가 시행되고 있지만 사각지대 존재, 빈곤 위험계층에 대한 보호기능 미흡, 수급자의 탈 수급 촉진 기능 부족 등은 개선해야 할 부분이다. 노인빈곤을 낮추는 방안 마련, 공공의료를 확대하면서도 공공의료비 지출 증가에 따른 건강보험의 적자를 적정하게 관리해야 한다. 사회안전망의 공급은 현금급여보다는 사회서비스 중심으로 확대되어야 할 것이다. 적극적인 노동정책 추진은 분명 복지정책의 주요 방향이 된다.

6) 증세

중장기적 관점에서 과세 인프라를 강화하여 소득과세의 비중을 높여야 한다. 관건은 저 부담 저 복지에서 벗어나 증세를 이루는 것이다. 조세부담 증가와 이를 통한 복지확대로 어떠한 사회적 혜택을 누릴 수 있는 가 를 국민들에게 납득시켜야 한다. 중장기 복지국가 목표와 조세개혁의 로드맵을 제시하여 단기적인 정책과의 연관성을 명확하게 해야 한다.

공평과세를 실현하는 차원에서 조세체계의 누진성을 강화한 후 보편증세의 방식을 채택한다면 국민들의 조세저항을 최소화하면서 필요한 복지 재정을 확보할 수 있을 것이다. 소득세 최고세율이 적용되는 과세표준을 낮추어 적용대상자를 확대해야 하고,

고용주가 부담하고 있는 사회보장기여금의 비중을 확대하는 방안도 마련되어야 한다.

7) 공공 및 민간 지역사회전달체계의 강화

변화와 새로운 환경에 부합하는 사회복지 전달체계를 확충하는 것은 매우 중요하고 시급한 일이다. 변화에 적응하지 못하는 사회적 약자들은 더욱 더 힘들고 어려운 상황에 직면하고 있다. 한 번도 경험해 보지 못한 위기상황을 타개하기 위해서는 맞춤식 복지정책과 서비스가 필요하다. 이를 위해서는 정밀하게 짜여 진 공공과 민간의 지역사회 전달체계를 필요로 한다. 서비스 인력의 확충도 시급하다.

민관협의체 운영의 유연성을 확보하고, 여건과 상황에 따라 탄력적으로 운영해야 한다. 안정적 예산 확보는 전달 체계의 효율성을 높인다. 능력 있는 복지전문가들이 평가받을 수 있도록 평가방법과 평가지표를 개선해야 한다.

참고문헌

감사원(2015). 국민연금 운용 및 경영관리실태.

강근복 · 고숙희 · 유인봉 · 김관보 · 손희준 · 정충식 · 박근후 · 김근세(1999). 지식정보사회와 전자정부. 경기: 나남출판.

강민 외(2000). 국가와 공공정책. 경기: 법문사.

강영실(2006). 사회복지정책의 이해. 서울: 신정.

강호성 · 이복희(2002). 우리나라 사회복지제도에 관한 연구. 한국복지행정학회.

공방환(2001). 국민연금. 보건복지백서.

국민연금관리공단연구원(2003). 선진국 공적 연금제도 개혁의 교훈과 시사점.

국민연금연구센터(1997). 각국의 공적 연금제도 비교연구(Ⅲ). 제도연구 97. 국민연금연구센터.

국회예산정책처(2020). 4대 공적연금 장기 재정전망과 시사점. 예산정책연구 제9권 제3호.

권문일(1989). 1960년대의 사회보험. 하상락 편. 서울: 박영사.

권오구(1994). 사회복지발달사. 서울: 홍익재출판사.

김경우 · 양승일 · 강복화(2008). 사회복지정책론. 서울: 창지사.

김광석(1997). 한국사회보장법론. 경기: 법문사.

김기원(2000). 제3의 길 복지정책에 관한 소고. 서울장신대학교.

김기태 · 박병현 · 최송식(2000). 사회복지의 이해. 서울: 박영사.

김동국(1994). 서양사회복지사론－영국의 빈민법을 중심으로. 유풍출판사.

김득주(1986). 이데올로기론. 서울: 박영사.

김상균(1987). 현대사회와 사회정책. 서울대출판부.

김상균(2007). 사회복지개론. 파주. 나남출판사.

김연명(2001). DJ의 사회복지정책: 신자유주의를 넘어서. 한국사회복지학회 춘계학술대회 자료집.

김연명 · 박순우 · 전창배(2005). 영국보건의료체계 개혁에 관한 연구. 국민건강보험공단.

김영범(2001). 경제위기 이후 사회정책의 변화. 한국사회학 제35집.

김원섭(2015). 이명박 정부의 복지지출과 복지이념. 월간 복지동향, 제200호. 서울: 나눔의집.

김원섭 · 김수완(2006). 복지국가의 다층노후소득보장체계의 변화와 우리나라의 공 · 사 연금제도 발전방안. 국민연금연구원 정책보고서.

김은지(2006). 일본 공적 연금제도 개혁의 추진 현황 및 평가. KIEP 세계경제, 6월호.

김정근(2004). 소유권사회(Ownership Society)로 향하는 미국의 사회보장제도.

김태성(2001). 사회복지정책의 이해. 경기: 나남출판.

김태성(2003). 사회복지정책입문. 서울: 청목출판사.

김태성 · 김진수(2005). 사회보장론. 서울: 청목출판사.

김태성 · 성경륭(2000). 복지국가론. 경기: 나남출판.

김태성 · 성경륭(2007). 복지국가론. 경기: 나남출판.

김학만(2005). 정책집행론. 경기: 도서출판대왕사.

김한나(2008). 긴급복지지원사업에 대한 정책적 분석: 길버트와 테렐의 이론적 틀을 중심으로, 사회복지 실천 7.

김해동 · 정홍익(1985). 사회행정론. 한국방송대학출판부.

김형식(1995). T. H. Marshall의 시민적 권리론에 관한 소고. 한국사회복지학 제26호.

남기민(2007). 사회복지정책론. 서울: 학지사.

남세진(1992). 인간과 복지. 경기: 한울아카데미.

남세진 · 조홍식(1995). 한국사회복지론. 경기: 나남출판.

남찬섭(2001). 김대중 정부 복지개혁의 평가: 수사와 실제. 한국사회보장학회 2001년도 학술대회 자료집.

노병일(2009). 사회보장론. 경기: 공동체.

노시평 · 서휘석 · 송재복 · 장덕재(2002). 사회복지정책론. 대전: 도서출판 대경.

대통령비서실(1999). 새천년을 향한 생산적 복지의 길. 퇴설당.

류지성(2007). 정책학, 서울, 대영문화사.

박경일(2014). 사회복지정책론. 경기: 공동체.

박경일 · 김경호 · 서화정 · 윤숙자 · 이명현(2000). 사회복지학 강의. 경기: 양서원.

박광준(2001). 영국의 사회보장. 서울: 유풍출판사.

박능후(2003). 참여복지의의와 과제. 보건복지포럼.

박동서(1984). 한국행정론. 경기: 법문사.

박병현(2001). 세계의 사회보장. 서울: 유풍출판사.

박병현(2007). 사회복지정책론: 이론과 분석(개정2판). 경기: 학현사.

박석돈(2005). 사회보장론. 경기: 양서원.

박정호(2001). 사회복지정책론. 서울: 학지사.

박종삼 · 유수현 · 노혜련 · 배임호 · 박태영 · 허준수 · 김교성 · 김규수 · 김인 · 노혁 · 손광훈 · 송성자 · 이영실 · 전석균 · 정무성 · 정은 · 조휘일(2002). 사회복지학개론. 서울: 학지사.

박지연(2001). 일본의 개호보험제도와 그 영향. 건강보험동향. 국민건강보험공단.

박지연(2002). 일본의 장기요양보험 발전계획 골드플랜 21. 건강보험포럼. 국민건강보험공단.

박차상 외(2020). 사회복지정책론. 경기: 양성원.

박찬용(1999). 생산적 복지를 위한 구체적 상황. 한국보건사회연구원.

박현수(1991). 거대한 변화: 우리시대의 정치 경제적 기원. 서울: 민음사.

배준호(2005). 주요국 연금체계와 개혁이 주는 시사점. 한국응용경제학회.

보건복지부 2021). 2021년 기초연금 사업 안내.

보건복지부(2021). 2021년 국민기초생활보장사업 안내.

보건복지부(2021). 2021년 노인장기요양보험 사업 안내.

보험연구원(2015). 국민연금과 공무원연금 비교 연구.

이광석 외(2018). 사회복지정책론. 경기: 도서출판 대영문화사.

이봉주(2008). 복지차원에서 본 한국의 아동정책, 한국아동학회 학술대회논문집 2.

이태종 외(2015). 사회복지정책의 이해와 활용. 경기: 도서출판 대영문화사.

일각 학술편찬국(2009). 사회복지정책론, 서울 일각.

한국복지연구회(1985). 사회복지의 역사. 서울: 홍익재출판사.

한국사회복지협의회 편(1993). 사회복지사전. 한국사회복지협의회.

한나라당 정책공약위원회(2002). 한나라당 대선공약집. 한나라당.

함세남(1999). 선진국의 사회복지 발달사. 서울: 홍익재출판사.

함철호(1988). 한국사회복지에 대한 사회통제이론적 고찰. 한국의 사회복지.

현외성(2004). 사회복지정책강론. 경기: 양서원.

황선영 · 노병일 · 김세원(2017). 사회복지정책론. 서울: 창지사.

Aaron, H. (1967). Social Security: International Comparisons in Studies. In Economics of Income Maintenance. Otto Eckstein.

Abel-Smith, B. (2008). Social Security. Encyclopædia Britannica Online.

Abramovitz, M. (2004). Definition and Functions of Social Welfare Policy: Setting the Stage for Social Change. In The Dynamics of Social Welfare Policy, authored by Joel Blau. New York: Oxford Univ. Press.

Al, P. & Erskine, A. & May, M. (1998). The Student's Companion to Social Policy . Oxford, UK: Blackwell.

Alber, J. (1983). Some Causes of Social Security Expenditure Development in Western Europe 1949- 1977 . Open University Press.

Allan, C. & Clarke J. & Gewirtz, S. (2001). Comparing Welfare States (eds.). London: Sage.

American Hospital Association(2003). Economic Analysis of Healthcare Cost studies. Blue Cross Blue Shield Association.

Axinn, J. & Heman, L. (1992). Social Welfare. Longman.

Baccaro, L. (2002). Negotiation the Italian Pension Reform with the Unions: Lessons for Corporatist Theory. Industrial and Labor Relations Review, 55(3), pp.413-431.

Baker, J. (1979). Social Conscience and Social Policy. Journal of Social Policy, 8(2), pp. 177-206.

Baldwin, P. (1990). The Politics of Social Solidarity: Class Base of the European Welfare State 1875- 1975.

Baldwin, P. (1995). Promotion of Welfare. In Encyclopedia of Democracy . edited by S. M. Lipset. London: Routledge.

Bardach, E. (1977). The Implementation Game: What Happens After a Bill Becomes a Law. M. I. T. Press.

Barker, R. L. (2003). The Social Work Dictionary(5th ed). Washington DC: NASW Press

Be´and, D. (2001). Does Labor Matter? Institutions, Labor Unions and Pension Reform in France and the United States. Journal of Public Policy , 21, pp. 153-172.

고용노동부: www.moel.go.kr
고용보험: www.ei.go.kr
공무원연금공단: www.geps.or.kr
국민건강보험공단: www.nhis.or.kr
국민연금공단: www.nps.or.kr
국회예산정책처: www.nabo.go.kr
국회입법조사처: https://www.nars.go.kr
군인연금: www.mps.mil.kr
근로복지공단: www.kcomwel.or.kr
노인장기요양보험: www.longtermcare.or.kr
동아일보: www.donga.com
법제처: www.law.go.kr
보건복지부: www.mohw.go.kr
복지넷: www.bokji.net
사립학교교직원 연금: www.tp.or.kr
삼성경제연구소: www.seri.org
여성가족부: www.mogef.go.kr
조선일보: www.chosun.com
중앙일보: www.joongang.co.kr
한겨레신문: www.hani.co.kr
한국일보: www.hankookilbo.com

찾아보기

[인 명]

갈브레이스(Garbraith) / 31
기든스 / 119
대처 / 119
라운트리 / 115
램 / 80
롤스(Rowls) / 22
루스벨트 / 124
마셜 / 48
매츠매니한 / 78
미쉬라 / 44
바르다크 / 79
반 미터 / 77
반 호른 / 77
베아트리스 포터 / 116
베이커 / 42
블록 / 80
사바티에 / 78
시드니 웹 / 116
아이스톤(Eyestone) / 61
에스핑 앤더슨 / 161
와그너 / 12
윌다프스키 / 11
윌렌스키(Wilensky) / 10
질(Gil) / 13
찰스 부스 / 115
케인즈 / 37
콥와 엘더 / 61
티트머스(Titmuss) / 11
틸튼 / 159
퍼니스 / 159
프레스만 / 11
프레스만과 윌다프스키 / 76
프리드먼(Friedmann) / 21
하이에크(Friedrich Hayek) / 29
홉스 / 24

[내 용]

ㄱ

가사 간병 방문지원사업 / 205
가족 내 · 가족 간 이전 / 105
가출 / 248
간장애인 / 219
개호보험 / 134
갱생보호법 / 145
건강보험 / 336
결과의 평등 / 16
계급투쟁론 / 54
고용보험 / 332
골드플랜 / 134
공간적 전파(spacial diffusion) / 45
공공부분 재원 / 102
공공부조 / 192
공공선택모형 / 73
공동생활가정 운영 / 233
공무원연금 / 362
공민권 / 48
공평(equity) / 22
교육급여 / 271
국가보건서비스방식 / 338
국가중심이론 / 51
국민건강보험방식 / 338
국민기초생활보장제도 / 254
국민보건 서비스법 / 118
국민연금 / 304
국민최저수준 / 116
군인연금 / 371
권력 / 97
급진주의 / 28
기술적 실현 가능성 / 66
기업복지 / 105
기준 중위소득 / 256
기준소득월액 / 318
기초연금 / 293
기초연금액 / 295
기초연금액의 감액 / 296
기회 / 96
기회의 평등 / 15
긴급복지 지원 / 276
길버트법(1782년) / 110

ㄴ

납부예외 및 납부재게 / 312
노령연금 / 322
노인복지서비스 / 213
노인복지정책 / 208
노인장기요양보험 / 349
뇌병변장애인 / 217
뇌전증장애인 / 219
뉴 노멀 / 382
뉴딜정책 / 123
뉴욕의 인보조합 / 122

ㄷ

대빈곤 전쟁 / 126
대상체계 / 92
도시화 / 379
동원 모형 / 63
드림스타트 / 233
등급판정 / 352
또 다른 미국 / 125

ㅁ

마르크스주의 / 35
만족 모형 / 70
목적세 / 103
목표의 왜곡 / 80
목표체계 / 91
미쉬라의 분류 / 160
민주주의 / 24

ㅂ

반집합주의 / 29
반환일시금 / 325
베버리지 / 118, 179
보수주의 / 27
보수주의 복지국가 / 162
보육정책 / 237
복지국가 / 156
복지국가의 위기 / 171
복지국가의 재편 / 172
복지사회 / 174
복합적 의미의 사회복지 / 11
부과식 / 197
부양의무자 / 258
분화된 복지국가 / 160
비급여 / 343
빈곤가족 일시부조 / 128

ㅅ

사궁구휼(四窮救恤) / 136
사망일시금 / 325
사업장 / 311
사업장 가입자 / 310
사용자 부담 / 104
사회 안정 / 15
사회 취약계층 특별보장 / 272
사회권 / 49
사회문제 / 17
사회민주적 복지국가 / 163
사회민주주의 / 37
사회보장법 / 124
사회보장의 기능 / 188
사회보장의 목적 / 182
사회보장의 원칙 / 183
사회보장의 정의 / 178
사회보험방식 / 338
사회보험의 장점 / 195
사회보험의 특징 / 194
사회보험제도의 방식 / 196
사회복지 / 10
사회복지정책 / 12
사회복지정책의 영역 / 13
사회서비스 / 202
사회양심이론 / 42
사회적 연대 / 24
사회적 위험 / 185
사회적 최저수준(social minimum) / 31
사회정의 / 25
사회정책 / 12
사회조사 / 115
사회통합 / 15
산모 신생아 건강관리 지원사업 / 204
산업재해 보상보험 / 329
산업적 성취 · 업적 모델 / 164
생계급여 / 269
생계지원 / 284
생산적 복지시대 / 149
생존권 / 14
생존권보장 / 26
생활보호법 / 144
서비스 / 96
설죽 / 139
세계화 / 377
소극적 자유 / 20
소극적 집합주의 / 31
소득기준월액 결정 / 314
소득세 / 102
소득인정액 / 257
소득조사 / 261
소비세 / 103
수급권자 / 255
수도권 집중 / 383
수렴이론: 기술결정론 / 43
순수 민간 부문 / 100
스핀햄랜드법(1795년) / 110
시각장애인 / 217
시민권론 / 48

시식사업 / 140
시정법 / 137
식품권 프로그램 / 126
신구빈법(1834년) / 111
신자유주의 / 39
신장장애인 / 218
실업급여 / 334
심장장애인 / 219
쓰레기통 모형 / 72

ㅇ

아동복지정책 / 228
아동수당 / 230
아동양육시설 / 232
아동일시보호시설 / 232
아동학대 / 235
아사히 소송 / 132
아젠다 형성 / 60
안면장애인 / 219
어린이집 평가제 / 239
언어장애인 / 218
엔젤플랜 / 134
엘리자베스 구빈법 / 109
오바마 케어 / 129
오클랜드 프로젝트 / 76
외국인 가입자 / 316
요람에서 무덤까지 / 118
요양급여 / 330
우애조합 / 114
위계적 전파(hierarchical diffusion) / 45
위기상황 / 282
유족연금 / 324
육아 휴직급여 / 334
은면지제 / 138
음모이론(conspiracy theory) / 50
의료 지원 / 285
의료급여 / 271, 288
이슈 / 57
이슈 제기자 / 59
이슈화 견제전략 / 60
이익집단론 / 46
인공지능(AI) / 379
인보관운동 / 113
임의가입자 / 310
임의계속가입자 / 311
입양 / 231

ㅈ

자본논리론 / 53
자산조사 / 94
자선조직협회 / 113
자원전용 / 80
자유 / 20
자유주의 / 36
자유주의 적 복지국가 / 162
자치분권 / 380
자폐성장애인 / 218
작업장 테스트법 / 110
잔여적 개념 / 10
잔여적 복지 모델 / 164
장루 · 요루장애인 / 219
장애연금 / 323
장애인 서비스 / 226
장애인 연금 / 223
장애인복지정책 / 215
장제급여 / 271
장해급여 / 330
재가급여 / 355
재면지제 / 138
재분배 / 16
재산 종류별 소득환산율 / 267
재산세 / 103
재산의 소득환산액 / 266
재산조사 / 265
적극적 자유 / 20
적립식 / 197
적절성 / 23
전국민의 국민연금제도 / 149
전달체계 / 97
점증 모형 / 70
정신장애인 / 218
정주법(1662년) / 109
정책결정 / 68
정책결정 모형 / 69
정책대안 형성 / 63
정책의제 / 57
정책집행 / 75
정책평가 / 81
정치권 / 48
정치적 실현 가능성 / 66
제 4차 산업혁명 / 378
제3의 길 / 119
제도적 개념 / 10
제도적 재분배 모델 / 164
조건의 평등 / 16
조선구호령 / 141
조세비용 / 104
주 · 야간보호 / 356
주거급여 / 271
주거지원 / 285
중독 / 246
중앙정부 / 98
증서 / 96
증세 / 388
지방의 소멸위기 / 383
지방정부 / 99
지방화 / 380
지역가입자 / 310, 313
지역사회서비스 / 206
지적장애인 / 218
지체장애인 / 217

진보주의 / 27

ㅊ

참여복지 / 150
청각장애인 / 218
청년사회서비스 / 207
청소년 복지 정책 / 241
청소년 성매매 / 247
청소년 자살 / 250
청소년의 권리 / 243
청소년책임 / 245
최적 모형 / 72
출산전후 휴가 관리 / 335

ㅋ

콥과 로스의 이론 모형 / 62

ㅌ

탈 상품화 / 161
통합된 복지국가 / 161
특별현금급여(가족요양비) / 357

ㅍ

파레토 효율 / 23
페이비안 사회주의 / 33
평등 / 22
포괄수가제(DRG: diagnosis related group) / 346

ㅎ

학교폭력 / 250
합리 모형 / 69
해산급여 / 271
행위별 수가제 / 346
현금급여 / 95
현물급여 / 95
혜민국 / 139
혜민서 / 140
호흡기장애인 / 219
혼합 모형 / 71
확산(전파)이론 / 45
효율 / 23
휴업급여 / 330

3-5세 누리과정 / 238

저자 소개

■ **김세원**

대전대학교 사회복지학 박사

대전과학기술대학교 사회복지학과 교수

[개정판]

사회복지정책론

1판 1쇄 발행 — 2022년 3월 10일
2판 1쇄 발행 — 2023년 8월 21일

저　　자 - 김세원
발 행 인 - 강철원
발 행 처 - 양성원
주　　소 - 경기도 파주시 검산로 173번길 29-12
전　　화 - 031-946-3861(代)
팩　　스 - 031-946-3864
이 메 일 - tnwpub@naver.com
홈페이지 - tnwpub.co.kr
출판등록 - 2015년 8월 31일 제 2015-000211 호

ISBN 979-11-6126-546-9

정가 24,000원